本系列由澳门大学法学院策划并资助出版

澳门特别行政区法律丛书

葡萄牙法律经典译丛

澳门特别行政区法律丛书
葡萄牙法律经典译丛

刑事诉讼法

Direito Processual Penal

〔葡〕乔治·德·菲格雷多·迪亚士 / 著
(Jorge de Figueiredo Dias)

马哲　缴洁 / 译

社会科学文献出版社
SOCIAL SCIENCES ACADEMIC PRESS (CHINA)

澳門大學
UNIVERSIDADE DE MACAU
UNIVERSITY OF MACAU

总　序

　　葡萄牙法律经典译丛是澳门大学法学院在累积超过二十年教学科研经验的基础上，充分发挥自身优势，组织院内院外中葡双语精英（包括法律和法律翻译方面的专家）倾力打造的一套大型丛书。随着这套书的陆续出版，中国读者将有机会全方位接触在大陆法系内颇有特色，而且与中华人民共和国澳门特别行政区现行法律秩序关系密切的葡萄牙法学。

　　实际上，这套丛书的出版一开始就肩负着众多任务。首先，它当然是一个学术研究项目，系统地将一个国家或地区的代表性法学著作翻译成中文对乐于博采众长的汉语法学家群体而言，肯定有比较法意涵。这些法学论著不仅深深影响葡萄牙本国的立法和司法活动，而且直接影响继受葡萄牙法的非洲、拉丁美洲和亚洲法域（包括澳门）。深入研究相关著作既有助于他山攻玉、前车引鉴之事，也有利于中国与有关国家的交流理解。其次，由于澳门是中华人民共和国的一个特别行政区，而澳门现行法体系主要是继受葡萄牙法而来，系统地研究葡萄牙法学等于是对我国多元法制一个组成部分的一次内省。最后，这套丛书本身也是对澳门社会内部一些要求的响应。自20世纪80年代末，澳门开始建立本地的法学教育以来，就一直有声音指出以中文出版又能深刻揭示澳门现行法体系的法学文献奇缺。虽然经过二十多年的努力，状况有所改善，可是仍然难言足够。在一个双语（中、葡）运作的实证法体系中，以葡萄牙语为母语的法律职业者只参考葡语著作，而以汉语为母语的同行则难以接触同样的材料会使这个社会的法律职业人渐渐走向信息不对称（甚至割裂）。这对于澳门法律和社会的长远发展不是好事。因此，这套译著的推出对于澳门的法学教育和法律实务都肯定大有裨益。

尽管翻译葡萄牙法学著作的意义非同一般，然而在比较法的语境下，援引法国法、德国法或英美法和援引葡萄牙法的分量肯定是不一样的。法学界一般认为，古代的罗马法、近现代的法国法和英国法以及19世纪末到20世纪的德国法和美国法是法律概念和法学知识的输出者。因而，在实践论辩中援引上述法域的理论或立法实践在某种意义上是诉诸权威（有时被贯以"先进"之名）。当然，权威论证一直是法律修辞的一个重要组成部分。可是在比较法这幅色彩斑斓的画卷中，权威肯定不是唯一的颜色。不论学者也好，社会行动者也好，也许只有在历史的特定时刻和特殊的主观状态下才会频繁地诉诸权威。当自身已经累积一定的自信而再将目光投向外界时，可能就不再是寻找庇荫与垂怜，而是对同一天空下的不同经验、体验或生活方式的旁观与尊重，偶尔也可能因灵光一闪而备受启发。果真如此，葡萄牙法就是一个非常值得关注的对象。早在其律令时代，葡萄牙法就一直与西方法学史上著名的西班牙《七章法》有着千丝万缕的关系。到法典化时期，葡萄牙法虽然算不上时代的弄潮儿，但是其跟随欧洲法学主流的步伐一点不慢。1867年的《塞亚布拉法典》以《法国民法典》的新框架和新思维重整了律令时代的旧规则，并保留了旧法的很多传统内容；1966年的《民法典》则追随《德国民法典》的步伐，将原本充满法国法和旧律令印记的《民法典》改成五编制，可是又同时吸收了20世纪上叶制定的《意大利民法典》和《希腊民法典》的一些元素。这样曲折的发展过程注定了葡萄牙法学的面貌是丰富多彩的（真实地展示了大陆法系法、德两大流派如何融为一体），而且值得比较法学者的关注。

最后，感谢社会科学文献出版社谢寿光社长、杨群总编辑、祝得彬编辑等人的大力支持，他们的辛勤劳动是本丛书能在中国与读者见面的重要原因。

项目委员会主任

唐晓晴教授

作者简介

乔治·德·菲格雷多·迪亚士
JORGE DE FIGUEIREDO DIAS

1937 年 9 月 30 日生于维塞乌（Viseu），为安东尼奥·迪亚士（António Dias）与贝尔塔·阿德莱德·德·菲格雷多·迪亚士（Berta Adelaide de Figueiredo Dias）之子。已婚，有四名子女。

科英布拉大学法学院教授，讲授刑法学、刑事诉讼法学和刑事科学课程。

科英布拉大学法学院代表大会选任主席。

葡萄牙天主教大学法学院（波尔图课程）刑事法学教授。

澳门大学法学院刑事法学教授。

自 1983 年起担任葡萄牙刑法与刑事诉讼法立法改革委员会主席，在其努力下，葡萄牙在此期间制定了新的《刑事诉讼法典》（1987 年），并对《刑法典》进行了修订，公布于 1995 年 3 月 15 日的《共和国公报》上。

《澳门刑法典》与《澳门刑事诉讼法典》的起草者，这两部法典如今仍生效。

于 1990 年当选国际刑罚与感化基金会（*Fondation Internationale Pénale et Pénitentiaire*，总部位于伯尔尼）主席，并于 1996 年连任。

于 1996 年当选国际社会防卫协会（*Société Internationale de Défense Socia-*

le）理事会副主席。

于 1994 年当选国际犯罪学学会（*Société Internationale de Criminologie*）理事会成员，并于 1988—1994 年担任该会学术委员会副主席。

于 1984 年当选国际刑法学会（*Association Internationale de Droit Pénal*）理事会成员，并于 1989 年和 1994 年连任。

于 1984 年当选欧洲委员会犯罪学学会（Conseil *Scientifique Criminologique du Conseil de l'Europe*）成员，其任期至 1988 年结束。

于 1990 年创办《葡萄牙刑事法评论》（*Revista Portuguesa de Ciência Criminal*），并担任主编。

自 1970 年起担任科英布拉《立法与司法见解评论》（*Revista de Legislação e de Jurisprudência*）撰稿人，该刊已发行超过一百年，是葡萄牙法学期刊的鼻祖。

德国《整体刑法学杂志》（*Zeitschrift für die gesamte Strafrechts-wissenshaft*）编辑委员会成员。

瑞士《国际犯罪学与警察技术评论》（*Revue internationale de Criminologie et de Police technique*）编辑委员会成员。

比利时《欧洲犯罪、刑法与刑事司法杂志》（*European Journal of Crime, Criminal Law and Criminal Justice*）编辑委员会成员。

在葡萄牙第一届共和国议会中担任议员（1976—1979 年），担任社会民主党议会党团副主席（1977 年），为宪法委员会成员（1979—1984 年）及国务委员会成员（1984—1987 年），其中后两个职位是由共和国总统选任的。

被葡萄牙共和国总统埃亚内斯将军（General Ramalho Eanes）授予大十字基督军事勋章（1986 年 3 月）。

自 1988 年起担任葡美发展基金会（*Fundação Luso-Americana para o Desenvolvimento*）理事会成员，直至 2017 年卸任。

在葡萄牙、中国澳门、佛得角、巴西、西班牙、德国、奥地利、法国、意大利、瑞士、比利时、捷克斯洛伐克、挪威等国家和地区的大学、学术机构以及律师、司法官和医生的培训机构参加会议。

在上述国家和地区发表著作和期刊文章约 150 部/篇，其中比较重要的著作如下。

研究文集、教科书和专著

《结果责任与结果加重罪》（*Responsabilidade pelo Resultado e Crimes Pret-erintencionais*，法学补充课程考试论文），科英布拉：科英布拉出版社，1961年影印本。

《刑法中的不法意识问题》（*O Problema da Consciência da Ilicitude em Direito Penal*，博士学位论文），科英布拉：阿尔梅迪纳出版社（Almedina），1969。后来总共有六版。

《刑事诉讼法》（*Direito Processual Penal*）（第一卷），科英布拉：科英布拉出版社，1974。于1976年、1978年、1981年、1983年、1985年、1987年再版。

《自由、罪过与刑法》（*Liberdade，Culpa，Direito Penal*），"科英布拉出版社文丛"第34册，1977；第二版，科英布拉：科英布拉出版社，1983；第三版，科英布拉：科英布拉出版社，1995。

《犯罪学：犯罪人和犯罪集团》（*Criminologia. O Homem Delinquente e a Sociedade Criminógena*），与曼努埃尔·德·安德拉德（Manuel de Andrade）合著，科英布拉：科英布拉出版社，1985。于1990年、1992年、1995年和1997年再版。

《刑法总论Ⅱ——犯罪的法律后果》（*Direito Penal. Parte Geral. Ⅱ：As Consequê-ncias Jurídicas do Crime*），里斯本：公正/诺巴尔出版社，1993。

《科英布拉刑法典评注——分则部分》（*Comentário Conimbricense do Código Penal：Parte Especial*），与多位学者合著。第一卷，科英布拉：科英布拉出版社，1999；第二卷，科英布拉：科英布拉出版社，2000；第三卷，科英布拉：科英布拉出版社，2001。

《刑法教义学的基本论题》（*Temas Básicos da Doutrina Penal*），科英布拉：科英布拉出版社，2001。

《刑法总论基本问题：犯罪的一般学说》（*Direito Penal. Parte Geral. Questões Fundamentais. A Doutrina Geral do Crime*），第一卷，科英布拉：科英布拉出版社，2004。修改和扩充后的第二版于2007年在科英布拉出版社出版。总共有三版。本书亦在巴西出版。

《刑事诉讼程序中关于判决的协议：法治国家的"终结"，抑或一项新的"原则"》（*Acordos sobre a Sentença em Processo Penal. O "fim" do Estado de Direito ou um novo "princípio"?*），葡萄牙律师公会波尔图地区委员会（Conselho Distrital do Porto da Ordem dos Advogados），2011。

此外，著有大量文章、评论、司法见解评注和会议论文，发表于国内外的多个期刊上。

JORGE DE FIGUEIREDO DIAS

Nascido em Viseu a 30 de Setembro de 1937, filho de António Dias e de Berta Adelaide de Figueiredo······Dias, casado, 4 filhos.

Professor Catedrático de Direito Penal, Processo Penal e Ciência Criminal da Faculdade de Direito da······Universidade de Coimbra.

Presidente eleito da Assembleia de Representantes da Faculdade de Direito da Universidade de Coimbra.

Professor-coordenador da área de Ciências Criminais da Faculdade de Direito da Universidade Católica ······Portuguesa (Curso do Porto).

Professor-coordenador da área de Ciências Criminais da Faculdade de Direito de Macau.

Presidente da Comissão de Reforma da Legislação Penal e Processual Penal Portuguesa (desde 1983), sob ······cuja égide foi elaborado o novo Código de Processo penal português (1987) e a Reforma do Código ······Penal, publicada no Diário da República de 15 de Março de 1995.

Autor dos Anteprojetos de Código Penal e de Código de Processo penal de Macau, hoje em vigor.

Presidente (eleito em 1990 e reeleito em 1996) da*Fondation Internationale Pénale et Penitentiaire* (sede ······em Berna).

Vice-presidente (eleito em 1996) do Conselho deDirecção da *Société Interna-tionale de Défense Sociale.*

Membro (eleito em 1994) do Conselho deDirecção da *Société Internationale de Criminologie*, tendo ······sido, de 1988 a 1994, vice-presidente do Conselho Científico desta sociedade.

Membro (eleito em 1984 e reeleito em 1989 e em 1994) do Conselho deDirecção da *Association* ······*Internationale de Droit Pénal*.

Foi eleito, em 1984, membro do*Conseil Scientifique Criminologique du Conseil de l' Europe*, tendo ······terminado o seu mandato em 1988.

Fundador (1990) e diretor da *Revista Portuguesa de Ciência Criminal*.

Redator, desde 1970, da *Revista de Legislação e Jurisprudência* (Coimbra), publicação mais do que ······centenária, decana das revistas jurídicas portuguesas.

Membro do ConselhoRedactorial da *Zeitschrift für die gesamte Strafrechts-wissenschaft* (Alemanha) .

Membro do ConselhoRedactorial da *Revue internationale de criminologie et de police téchnique* (Suíça) .

Membro do ConselhoRedactorial do *European Journal of Crime*, *Criminal Law and Criminal Justice* ······ (Bélgica)

Foi deputado na 1ª legislatura da Assembleia da República (1976 – 1979), vice-presidente do Grupo ······ Parlamentar do Partido Social-Democrata (1977), membro da Comissão Constitucional (1979-1984) ······e do Conselho de Estado (1984 – 1987), os dois últimos cargos de escolha do Presidente da República.

Foi agraciado, por S. Exª o Presidente da República, General Ramalho Eanes, com a Grã-Cruz da Ordem ······Militar de Cristo (março de 1996) .

Membro do ConselhoDirectivo da Fundação Luso-Americana para o Desenvolvimento (desde 1988 até ······2017) .

Proferiu conferências em Universidades, Institutos Universitários, colégios de advogados, de magistrados ······e de médicos portugueses, macaenses, caboverdeanos, brasileiros, espanhóis, alemães, austríacos, ······ franceses, italianos, suíços, belgas, checoslovacos, noruegueses, etc.

Tem cerca de centena e meia de trabalhos universitários e científicos publicados em revistas e obras ······conjuntas dos países acima referidos. É a seguinte a lista dos seus livros de estudo, manuais e monografias mais importantes:

Responsabilidade pelo Resultado e Crimes Preterintencionais (dissertação para

6

exame do Curso ······ Complementar de Ciências Jurídicas), Coimbra, 1961, policopiado.

O Problema da Consciência da Ilicitude em Direito Penal (dissertação de doutoramento), Coimbra, ······Almedina, 1969, seis reedições.

Direito Processual Penal, I volume, Coimbra Editora, 1974. Reedições em 1976, 1978, 1983, 1985, 1987 ······Clássicos Jurídicos.

Liberdade-Culpa-Direito Penal, 1977, "Colecção Coimbra Editora", n° 34, 2ª edição: Coimbra ······Editora, 1983. 3ª edição: Coimbra Editora, 1995.

Criminologia. O Homem Delinquente e a SociedadeCriminógena. Em colaboração com M. Costa ······ Andrade, Coimbra, Coimbra Editora, 1985. Reedições em 1990, 1992, 1995 e 1997.

Direito Penal. Parte Geral. II *-As Consequências Jurídicas do Crime*, Lisboa, AEquitas / Nobar, 1993.

Comentário Conimbricense do Código Penal-Parte Especial. Em colaboração com vários Autores. ······Tomo I : Coimbra Editora, 1999, 2ª edição. Tomo II: Coimbra Editora, 2000. Tomo III : Coimbra ······Editora, 2001.

Temas Básicos da Doutrina Penal, Coimbra Editora, 2001.

Direito Penal. Parte Geral. Questões Fundamentais. A Doutrina Geral do Crime, Tomo I : Coimbra ······ Editora, 2004. 2ª edição revista e aumentada, Coimbra Editora, 2007, três reedições. Também publicado no Brasil.

Acordos sobre a Sentença em Processo Penal. O "fim" do Estado de Direito ou um novo "princípio"? ······Conselho Distrital do Porto da Ordem dos Advogados, 2011.

序　言

　　乔治·德·菲格雷多·迪亚士的著作《刑事诉讼法》第一版（1974年版）行将再版，科英布拉出版社希望我参与，请我写点儿什么。我欣然接受了这一慷慨的邀请，因为这是无上的荣耀，有此殊荣我也算不枉此生。回顾过去，可以认为，这本书对何为正义作出了清晰的阐述。放眼未来，可以肯定，这本书将继续在百家争鸣的学术界中绽放勃勃生机。不论在文化层面还是在制度层面均是如此。特别是在当下，我们需要就如何共存和组织的形式作出决定性的抉择，这也推动着我们继续关注人类的共同命运。

　　一位十分明智的英国当代诗人曾经说过，有些不该被遗忘的书却被人们遗忘，但没有哪一本被铭记的书是无缘无故被铭记的。本书被重新提起的原因，首先不难找到并举出一些惯用的对其的评价，它们证明我们最初的直觉判断是正确的，即本书以一种值得赞扬的笔法描述了何为正义。具体而言，本书收集、调动并向读者提供了一个巨大的知识"宝库"；本书的推理极具深度，所提出的建议也十分可靠和具有启迪性；本书所主张的各解决方案之间彼此平衡——它们更多地关注人类的弱点和局限，而非一味地愤怒或像康德及其追随者那样主张报应，其中报应观已经被彻底地摒弃，人们拒绝再以人类尊严的牺牲为代价向他们的神坛进献贡品；本书表现出一种自律、中立的姿态，没有在道德上施加任何世界观、宇宙论或家长作

1

风，其出发点在于，只有时刻保持一种不妥协的世俗化的态势，刑事诉讼法才有意义可言，作者正是将此作为公理一般信仰；本书所开创的路径具有独创性，一方面毫不动摇地遵循葡萄牙的传统轨迹，另一方面又始终努力探索其他国家的经验，特别注意从美国的对抗制（adversary system）和欧洲大陆各国的诉讼模式中吸取经验，后者中又尤以德国的做法为重；本书文字精妙且作为教学材料具有良好的效果，一代又一代求学于科英布拉大学的法律学者和实务工作者已经证明了这一点。

另外，正是这部《刑事诉讼法》，从根本上影响了葡萄牙刑事程序立法时所使用的语法和文风，在各个层面上——包括其所受到的批评——影响了刑事诉讼法的表达。正是这本书确定了术语，界定了概念，对刑事政策按实质强度和意图进行分类，更重要的是，它阐述了各项原则在法教义学上的含义，以及它们在什么范围内可以作为公理。这一切都出自对刑事诉讼程序的"最后手段性"的理解，该程序被认为是对自由与秩序之间的冲突的仪式化表达。正是因此，刑事诉讼法中的每一个问题都与宪法直接相关，而刑事诉讼法也因此成为宪法的一个侧面。

除此之外，神明与星辰汇聚，也使本书成为一本成功的书。他们使本书得以保有在制度和政治上的独特的历史目的，以一种更纯净的方式谈论政治，表现出对城邦事务的一种"在哲学上"清晰的领悟。这本书刚出现的时候，它带来了一种要求实现权利的代表着未来的可能性，但正如人们很容易感知到的，这种可能性超越了当时的法律所容忍的限度，也不能被支持它的制度或被"现实的社会构建"所容纳。甫一面市，本书就立即被解读为旧制度的墓志铭，反过来，旧制度的崩溃则有助于本书中内容的沉淀和完善，并在很大程度上使之合法化。同时，本书也被视为一种乌托邦的前兆，而这种理想状态是迫切而且可能实现的。因此，当梦想在社会全体成员的灵魂上以及民主制度和法治国家的日常中获得实现时，这部《刑事诉讼法》中的理论成为葡萄牙集体生活新秩序中普遍接受和最稳定的支柱之一，也就不足为奇了。事实上，正是本书中的理论，为葡萄牙的刑事诉讼法律制度打下了最深刻的烙印，使之获得了最本质的特征，这一点尤其体现在葡萄牙宪法的第 32 条中。[1] 只要进行最基本的考据活动即可清楚

---

[1] 本书第一版于 1974 年出版，出版社于 2004 年对此版本进行了重印，本序言即是在此背景下产生的。因此，不同于本书正文所引均为在写作本书之时有效的法律规范，此处所谓"我国宪法"指的是现行《葡萄牙共和国宪法》，其中第 32 条标题为"刑事诉（转下页注）

地发现，这一宪法规范的内容在这部《刑事诉讼法》中早有直接体现。

由此可见，这部《刑事诉讼法》在法教义学著作中是一个例外，是一颗永远璀璨的恒星，它所具有的美德和魔力，足以使之冲破基尔希曼（Kirchmann）的"废纸"之论，而并不会因为立法者的小小动作就走下历史舞台。这部《刑事诉讼法》中所阐释的教义，不仅有助于对抗似乎密不透风的完善和复杂的旧的法律制度，而且也为新刑事诉讼法的出现和成功注入了决定性的力量，并作出了决定性的贡献。有时候，书籍会刺激现实，书中的文字也可能成为现实，为立法者指明道路，甚至在立法史上取得里程碑式的意义。如果可以说，是诗人建造了神灵所居住的房子，那么也可以说，最后由立法者造出的房子，其实往往是由法学家所设计和描绘的。

通过回忆过去，可以找到以上的原因，它们可以说明，本书代表着一种正义的姿态。而这些原因同时也可说明，即使放眼未来本书仍然是有意义的。因为它使我们可以预期，在这部《刑事诉讼法》中包含着刑事诉讼程序原型的种子，而这一原型在可预见的日子里，是仍然值得我们去追寻和守护的。即使不打算触动那些历史上的神灵亦然，他们如此小心地守护着通往未来的钥匙，并总是以惊人的和嘲讽的方式回应那些预测人类历史进程的最"科学"的尝试。即使在人类认知的局限范围内，仍然完全可以预期，未来的刑事诉讼程序在很长一段时间内都将继续从1974年的这部《刑事诉讼法》所提出的理论中汲取养料。而正是在这个极佳的时机，科英布拉出版社想要再版本书。这次再版不仅在灵魂上保留了本书不可磨灭的特性，而且在文字上也未作改动，完全没有因为时间的雕琢而留下痕迹。

曼努埃尔·德·科斯塔·安德拉德

Manuel da Costa Andrade

（接上页注1）讼程序之保障"，内容如下："一、刑事诉讼程序确保一切辩护之保障。二、任何嫌犯在有罪判决确定前，推定为无罪，且应在不影响辩护保障情况下之最短期间内将之审判。三、嫌犯有选择辩护人之权利，并在所有诉讼行为中得到其协助，法律应详细规定在何种情况及阶段中必须有该等协助。四、所有预审均属法官之权限，该法官得依法授权其他实体作出不直接涉及基本权利之预审行为。五、刑事诉讼程序具有审检分立结构，审判听证及法律规定之预审行为，受辩论原则约束。六、以酷刑、胁迫、侵犯人之身心完整性、不正当干涉他人私人生活、侵入住所、干涉函件或电讯等手段而获得之证据，一律无效。七、不得将案件从之前之法律已确定其管辖权之法院撤出。八、对于因违反秩序而进行之程序中，应确保嫌疑人之被听取权利及辩护权。"——译者注

自　序

　　我的《刑事诉讼法》一书将以中文出版，这令我特别高兴，甚至不无骄傲。其中有我各种各样的个人原因，稍后我会简要介绍。

　　首先，对于我这样一个终生唯愿做一位大学刑法学者并最终如愿以偿的人来说，没有什么事情比读者阅读我的书更令人愉悦了。而我的书马上就要和中国读者见面，中国拥有伟大的文化，她的历史如此悠久，在政治上如此多样化，令人无比钦佩，这令我尤其高兴。

　　其次，本书（我自 1962 年起一直在科英布拉大学法学院授课，本书是对口头讲义的总结）最初版本问世两个月后，刚好发生了 1974 年"四·二五革命"，这标志着长期统治葡萄牙的萨拉查政权垮台，在长达近四十年间对葡萄牙文化产生严重负面影响的保守的独裁统治结束。在随后于 1976 年召开的民主制宪大会上，很多人提到（这在相关的纪要之中有记载），本书对于法治国家理念在葡萄牙刑事诉讼法和刑事正义领域的植根是具有决定性的，它摒弃了那些过去常常破坏法治国家理念的论断。

　　再次，我还极其有幸地成为澳门大学法学院的奠基人之一，我在那里承担刑法和刑事诉讼法科目的教学和指导工作，这段经历大概有十五年，甚至持续到澳门成为中华人民共和国的一个特别行政区以后。本书也包含着我在澳门大学教授刑事诉讼法期间的大部分讲义。

1

最后或许值得一提的是，在我当时的助手、现科英布拉大学法学院同事玛丽亚·若昂·安图内斯（Maria João Antunes）的有力协助下，我成为《澳门刑法典》和《澳门刑事诉讼法典》草案的作者，这两部法典如今仍然在澳门特别行政区生效（当然在细节上有一些不可避免的变化）。

我清楚地记得很多人和机构，不论是中国的还是葡萄牙的，因为他们，我在中国内地和澳门度过了快乐的岁月；作为一名学者、一个葡萄牙人、一个人，我也在与中国文化密切接触的过程中收获了无与伦比的财富。我不可能逐一道出他们的名字，向他们表示感谢，但必须一提并表达诚挚谢意的是：澳门大学法学院院长唐晓晴教授、本书的译者马哲女士和缴洁女士、校对者蔡泳泰先生以及澳门大学法学院法律研究中心主任尹思哲（Manuel Escovar Trigo）教授。感谢他们为本书的翻译和出版所做的工作。

乔治·德·菲格雷多·迪亚士

2019 年 1 月 15 日，于科英布拉

PREFÁCIO DA EDIÇÃO CHINESA

A publicação em língua chinesa do meu livro *Direito Processual Penal* constitui para mim motivo de particular satisfação e mesmo de legítimo orgulho. Tal provém de razões pessoais de diversa ordem, que indicarei seguidamente, de forma breve.

Para quem, como eu, nada mais quis ser durante toda a vida do que aquilo que efetivamente foi, um jurista criminal universitário, nada é mais grato do que ser lido; sobretudo, como no caso sucederá, por filhos de uma grande cultura-espacialmente tão longínqua e politicamente tão diversa, mas tão admirada-como a cultura chinesa.

Em segundo lugar, a edição inicial deste livro (fruto das lições teóricas orais que ininterruptamente proferi, desde 1962, na Faculdade de Direito da Universidade de Coimbra) teve lugar, precisamente, dois meses antes do "movimento do 25 de abril de 1974", que marcou em Portugal o dia em que caiu o longo regime salazarista e pôs fim à ditadura conservadora que, durante quase quarenta anos, gravou negativamente a cultura portuguesa. Na Assembleia Constituinte da democracia, que logo em 1976 teve lugar, muitos disseram (e consta das *Atas* respetivas) que o presente livro foi decisivo para que em Portugal se instaurasse o i-

3

deal do Estado de Direito-sem qualificações que muitas vezes o desfiguram! -no que respeita ao direito processual e à justiça penais.

Sucede ainda que me coube a honra extraordinária de ter sido um dos fundadores da Faculdade de Direito de Macau, onde regi ou dirigi as cadeiras de Direito Penal e de Direito Processual Penal durante década e meia, mesmo após Macau se ter tornado uma Região Administrativa Especial da República Popular da China. O presente livro contém uma versão fidedigna de uma boa parte das lições de processo penal que naquela Faculdade proferi.

Por fim, talvez valha a pena lembrar que-com a preciosa colaboração da então minha Assistente e agora minha Colega na Faculdade de Direito de Coimbra, Maria João Antunes-fui o autor dos projetos donde resultaram os Código Penal e Código de Processo Penal de Macau ainda hoje vigentes, com algumas alterações inevitáveis de pormenores, na Região Administrativa Especial.

Tenho plena consciência das inúmeras pessoas e instituições, chinesas e portuguesas, às quais fico a dever os anos felizes que passei na China e na Região Administrativa Especial de Macau e do enriquecimento inigualável que para mim-como universitário, como português e como homem-representou o estreito contacto com a sua cultura. Na impossibilidade de as nomear, a todas congraço, com um agradecimento muito caloroso, na figura do Coordenador deste projecto, o Prof. Doutor Tong Io Cheng, Director da Faculdade de Direito, bem assim aos tradutores desta obra, Dr. Ma Zhe e Dr. Jiao Jie, ao seu revisor, Dr. Choi Weng Tai, e ao Prof. Dr. Manuel Escovar Trigo, Diretor do Centro de Estudos Jurídicos da Faculdade de Direito da Universidade de Macau, responsáveis pela presente tradução e publicação.

Jorge de Figueiredo Dias
Coimbra, 15 de janeiro de 2019

献给玛丽亚·特蕾萨（MARIA TERESA），以及我们的四个孩子：玛丽亚·玛格丽达（MARIA MARGARIDA）、安东尼奥·佩德罗（ANTÓNIO PEDRO）、玛丽亚·加布里埃拉（MARIA GABRIE-LA）和若泽·爱德华多（JOSÉ EDUARDO）。

献给爱德华多·科雷亚（EDUARDO CORREIA）教授。

Contents

目　录

第二部分 诉讼主体

前　言

　　这本书的缘起，显而易见，是我十多年来在科英布拉大学法学院负责刑事诉讼法科目教学过程中获得的经验。将法学领域的书籍二分为"单纯的"教学用书与"纯粹的"研究书籍的做法，不仅是不合适的，甚至是不具有可执行性的。硬要作此区分的话，则我既不敢称这本行将面世的书为一本教科书，也不敢认为它是对我在刑事诉讼法学领域所进行研究活动的一次回顾和总结。作为教科书，本书既有不足又有多余之处：不足表现在，本书中没有适当地提及一些对学生的学习最为重要的资料，而且往往没有采用精练的阐述方式，而一本大学教学用书在我看来必须要精练；多余则表现在，本书中提到的一些细节、争论和困难，对学生的学习而言完全是非必要的，之所以指出并探讨这些问题，完全是为了服务于司法实践的需要。而作为一本研究专著，本书也在很多方面存在欠缺，这一方面是因为，研究性书籍要求具有深厚的资料和参考书目基础，另一方面则因为，可以肯定的是，本书中冗长而令人倦怠的批判性反思，也越来越不符合对大学教学研究工作的要求。

　　因此可以说，本书只是尝试系统地阐述刑事诉讼法（自然，笔者关注的主要是葡萄牙法），而在此过程中，汇集了笔者在研究活动和教学活动中的心得。这一体系化的阐述是在即将出版的第一卷中进行的，但现在还不知道何时能够完成第二卷，目前笔者仅就刑事诉讼程序的进行写了很少的一部分。但是，第二卷不可避免地推迟出版，可能最后会被证明是正确的，甚至是不得已的，因为在写作的过程中，周遭的环境是在不断变化着的。众所周知，当前我们正处于一个准备对刑事实体法进行全面改革的重要阶段，因此可以预见，《刑事诉讼法典》也将难免经历一次广泛甚至彻底的修订。即使这次修订不会在很大程度上影响本书第一卷，因为其中探讨的是刑事诉讼法的一些基础理论和诉讼主体——甚至可以期待，第一卷中的内容在一定程度上有助于对任何一次法律改革的理解和批判性分析，但可以肯定，第二卷中关于刑事诉讼程序具体进行的很多内容都会因这次改革而成为废纸。

除了说明本次出版的条件和时机外，笔者认为更重要的是要在这里谈一谈贯穿本书之中的精神。刑事诉讼法，毫无疑问，是最强烈地体现着"意识形态"的法律之一，因为其主题与社会的基本政治前提有直接的联系，与以之为基础的"人的概念"有直接的联系。于是，不可避免的是，本书中的系统阐述也自有其原则，可以认为，这些原则是个人主义的法制观念、国家的社会观念以及诉讼程序的民主观念的决定因素。如果将这些观念归结为一个基本的词源，我相信这一词源仍可在现在的法治国家理念中找到，而且仍有合理的准确性。也许从这个角度出发去考虑，我在阐述的过程中总是坚持尝试在我国宪法文本的框架下去找寻并试验刑事诉讼法中的每一种解决办法，也就不足为奇了。

我必须而且也十分愿意在此表达我对爱德华多·科雷亚（Eduardo Correia）教授的诚挚的谢意：首先，感谢他的信任，1961 年，我还是一个年轻的助理，他向法学院的教师会议推荐由我来负责刑事诉讼法学课程的教学工作；更重要的是，感谢他多年以来的教导，在我从事刑法和刑事诉讼法学研究最困难的时刻，他总是在我身边。可以说，如果没有爱德华多·科雷亚教授，这本书根本不可能写成，因此，我十分愿意将他的名字放在第一页上。

最后，感谢科斯塔·安德拉德（Costa Andrade）教授、罗德里格·桑地亚哥（Rodrigo Santiago）教授和若泽·德·法里亚·科斯塔（J. Faria Costa）教授，在本书的出版过程中，他们也都以各种形式向我提供过帮助。我也记得刑事诉讼法课堂上的所有学生，他们认真倾听并与我讨论，对我思想的形成和确定产生了根本的影响。

乔治·德·菲格雷多·迪亚士

1974 年 2 月，于科英布拉

第一部分　一般原理

第一节　刑事诉讼法的含义和功能

参考文献:

J. Binder, *Prozess und Recht. Ein Beitrag zur Lehre vom Rechtsschutzanspruch*（1927）；
G. Capograssi, *Intorno al processo*, Opere Ⅳ（1959）131 e *Giutizia Processo Scienza Verità*, Opere Ⅴ（1959）51.

Eduardo Correia, *Caso julgado e poderes de cognição do juiz*（1948）.

J. Goldschmidt, *Der Prozess als Rechtslage. Eine Kritik des Prozessualen Denkens*（1925）.

Hilde Kaufmann, *Strafanspruch Strafklagrecht*（1968）.

W. Henckel, *Prozessrecht und materielles Recht*（1970）.

v. Hentig, *Dogmatic*, *Strafverfahren*, *Dunckelfeld*, Engisch-Fests.（1969）663.

H. Mayer, *Zum Aufbau des Strafprozesses*, GS 104（1931）302.

Cabral de Moncada, *O processo perante a Filosofia do Direito*, Supl. ⅩⅤ ao BFDC（Homenagem a A. dos Reis, 1961）55.

J. E. Norton, *Discovery in the criminal process*, J. of CL, Crim. & PS 61（1970）11.

H. -M. Pawlowski, *Aufgabe des Zivilprozesses*, ZZP 80（1967）345.

K. PETERS, *Die strafrechtsgestaltende Kraft des Straprozessrechts*, Recht und Staat 276/7（1963）e *Strafprozesslehre im System des Strafprozessrechts*, Maurach-Fests.（1972）453.

S. SATTA, *Soliloqui e colloqui di um giurista*（1968）.

Eb. SCHMIDHÄUSER, *Zur Frage nach dem Ziel des Strafprozesses*, Eb. Schmidt-Fests.（1961）511.

Eb. SCHMIET, *Von Sinn und Notwendigkeit wissenschaftlicher Behandlung des Straprozessrechts*, Z 65（1953）161.

K. SCHNEIDEWIN, *Die Wirkungen der Strafrechtsreform auf den Strafprozess*, DJT-Fests. I（1960）439.

U. STOCK, *Das Ziel des Strafverfahrens*, Mezger-Fests.（1954）429.

I 实体刑法与刑事诉讼法

从某种意义上讲，刑事诉讼法也是刑法的一部分（*uma parte do direito penal*），对此笔者将在下文作具体阐释。刑事诉讼法与刑事实体法构成了一个整体（*unidade*），[1] 这是因为这一具有丰富内容的法律部门所具有的特殊功能：只有通过将程序法适用于现实生活中的具体案件，实体法才得以落实和实现。

1. 作为"整体"的刑事法履行着保护（*protecção*）社会中一些最重要的利益的特殊功能，这些利益与人类道德人格的实现直接相关，故对该等利益的侵犯构成犯罪（*crime*）。[2] 不论是从国家权力的设计及国家权力与保护公民个人自由的联系的角度，还是从一项预防性的社会政策所努力达成的目标的角度，可以确信的是，国家不得拒绝承担其追究和惩罚犯罪和罪犯的责任，至少不能无视犯罪和罪犯，否则国家的正当性基础将遭到破坏。正是从保护社会秩序（保护人类共同体的生活）的职能中，产生了国家进行刑事司法和实现刑事正义的义务（*dever de administração e realização da justiça penal*）。

这项义务关乎国家所承担的使命，国家以排他的方式肩负起对发生在其"管辖范围"（*jurisdição*）[3] 内的犯罪进行调查、澄清、追究和作出裁判

1　参见 Cavaleiro de FERREIRA I 5, 18 s.。

2　特别着重对此功能进行介绍的，见 Figueiredo DIAS, *La reforma del derecho penal portugues*：*principios y orientaciones fundamentals*（1971）19, 23, 46 ss.。

3　关于该词的各种不同含义，见 Cavaleiro de FERREIRA I 7 ss.；Anselmo de CASTRO, *Lições de processo civil* I（1964）7 ss.；O. VANINI 47 ss.。

的任务；这只是禁止自力救济原则（*princípio da exclusão da autodefesa*）或审判职能国家垄断原则（*princípio do monopólio estadual da função jurisdicional*）——二者只是用词上的不同——的另一面，该原则是现代社会的一项不可摒弃的要求，以诸如正义的实现、国家的统一、法律和社会的安宁等最基本的价值为基础。

不过，这项原则的实现是特定历史条件下的产物，因为它以人们承认国家这一超脱于个人之上的权力的正当性为前提，特别是在其发展的后期，经历了一个公共机构高度发展的阶段。在某种意义上可以肯定的是，该原则的发展与国家本身的发展相一致。[4]

a）在尚未实现权力集中的早期社会，或在中央权力被摧毁的社会，当社会成员之间在法律上具有重要性的利益发生冲突时，要么通过自愿达成的协议（*acordo voluntário*）解决，要么通过武力（*força*）解决（这往往可能意味着不法行为对法律的凌驾），而与此同时，对犯罪的报复和弥补则由受害人或其所属家族通过自力救济（*autodefesa*）或自助行为（*acção directa*）来实现。此处的自力救济不同于正当防卫，后者所针对的是正在进行的或尚未完成的侵犯，而自力救济则是对已经遭受的或者已完成的损害的补偿。因此，自力救济是由权利受到损害之人——无论是直接的权利人还是派生的权利人——亲自实施的制裁。

b）发展到后期，仲裁（*arbitragem*）这一法律制度才出现。起初仲裁具有自愿性和私人性（*facultativo e privado*），仲裁员并非国家机构，而是私人。后来，随着国家支持仲裁、为之制定法律规范、承认其效力并以足够强大的力量保障其实施，仲裁开始具有强制性（*obrigatória*）。再后来，除强制性外，仲裁又具有了公共性（*pública*），开始只适用于那些直接关系到国家存亡的法律案件，即使在刑事司法领域亦然，后来才扩展到大部分案件，最后扩展至全部。从这时起，在国家垄断（*monopólio*）司法的同时，开始承认私人有权诉诸国家机关以维护其权利。

c）然而，虽然国家对一切遭侵犯的"权利"进行保护，但这并不意味着发展进程已经完结（即便时至今日，是否能够确认这一发展已完成也是存疑的）：保护的范围必须继续扩大，除权利以及在法律上具有重要性的利益外，也应把诸如法律秩序（*ordem jurídica*）等纳入保护范畴。民事诉讼法

4　关于这一点，见 Dias da Silva I 2 ss. , 46 ss. ; Eduardo Correia I 76 ss. 。

中所谓单纯的"确认之诉"（acções de simples apreciação），以及刑事诉讼程序中的"标的"（objecto）在实践中完全不具有可处分性——在后文中我们将会看到，后者在法律规定中多处以非常明显的方式体现出来——都是很好的例子，表明我们所处的时代已经不再是那个负责司法的国家只需对遭受侵犯的纯粹的"权利"进行保护的时代了。

如今，审判职能国家垄断原则对任何一个社会而言都是不可动摇的根基（以葡萄牙为例，参见《政治宪法》* 第 116 条以及《民事诉讼法典》第 1 条和第 2 条）[5]，但这并不意味着对自力救济的绝对排除，在一些非常例外的情况下允许进行自力救济，但这些情况须由法律严格限定且须服从于法律所规定的"不及采用正常之强制方法以避免权利不能实现"的条件（《民法典》第 336 条）。

2. 如前所述，刑法具有保护社会基本利益和价值的功能，这通过预防将来可能发生的侵害，即预防功能（função preventiva），以及对已经发生的侵害进行惩罚，即镇压功能（função repressiva）来实现。但对侵害的"镇压"并非出于对该等行为及其行为人的一种绝对的道德价值判断，甚至根本不打算对他们进行道德价值判断，镇压仅仅意味着使用一种必要的手段，以便以公正的方式（de forma justa）实现保护的功能：科处公正的刑罚（pena justa）并执行是一个群体为了维护社会安宁和社会秩序所必需的。因此，从作为整体的刑事法的功能出发，可以将之划分为"同一法律体制中的三个部门"（sectores de um idêntico ordenamento jurídico），[6] 即实体性的刑事实体法（direito penal substantivo）、程序性或形式性的刑事诉讼法（direito processual penal）以及刑罚执行法（direito de execução das penas）。

a）刑事实体法"以一般和抽象的方式规定哪些事实应当被视为犯罪以

---

* 现行《葡萄牙共和国宪法》（Constituição da República Portuguesa）是由制宪大会在 1976 年 4 月 2 日召开的全体会议上通过并命令制定的，是 1974 年葡萄牙"四二五"革命的产物。而本书第一版出版于 1974 年，成书时间更是早于出版时间，故作者在述及宪法问题时所引用者均为《政治宪法》，全称为《葡萄牙共和国政治宪法》（Constituição Política da República Portuguesa），于 1933 年颁布。——译者注

5　参见 Anselmo de CASTRO, Lições de processo civil Ⅰ 22 ss.; Castro MENDES, Mannul de processo civil（1963）n. 8 Ⅲ.

6　E. BELING § 2 I. 对刑法在刑事诉讼中的镇压功能和预防功能的反思，尤其是羁押问题的探讨，参见 Eb. SCHMIDT, Repression und Prevention im Stafprozess, JR 1970/204；作概括性阐述的，见 Fairen GUILLEN, Prevención e represión desde el punto de vista procesual, ADPCP 24（1971）5.

及对该等犯罪应科处怎样的刑罚"。[7] 它在"罪状"（tipos）部分对构成每一类犯罪的不法行为和罪过进行类型化（具体化）的描述，并在法律后果部分规定当罪状成立时将会产生怎样的法律后果。但正如前文所述，刑事实体法的落实需要补充性的法律规定（regulamentação complementar），由后者对具体犯罪的调查和澄清作出规范，并使犯罪的法律后果得以被适用于行为符合罪状之人。这里的"补充性的法律规定"[8] 即指刑事诉讼法，其中规定"诉讼活动的条件和方式，以便查明特定行为人是否实施了特定行为，以及应当如何对其作出回应"。[9] 因此，从功能的角度可以将刑事诉讼法定义为：通过对因实施犯罪行为而被控诉者的行为进行调查和评价而使刑事实体法得以落实的法律规范（a regulamentação jurídica da realização do direito penal substantivo，através da investigação e valoração do comportamento do acusado da prática de um facto criminoso）。[10]

b）综上所述，从各个不同的角度看，刑法与刑事诉讼法之间的关系是一种功能互补的相互关系（relação mútua de complementaridade funcional），这使二者成为同一整体中的组成部分。能够体现这一情况的例子，如，在 19 世纪之前，我们的各项律令（Ordenações）、查理五世的《加洛林纳刑法典》（Constitutio Criminalis Carolina）以及大部分的学术探讨——无论是葡萄牙的还是国外的，都同时包含刑法和刑事诉讼法的内容，而未对二者作出区分。[11]

这样，刑事实体法在目的论上的基本构造，将对相应的刑事诉讼法的形成产生巨大的影响。[12] 而且，这种影响不仅体现在其基本构造上：即使对于最具体的一些程序问题，对它们的解释和解决也取决于实体法中所表达的立场，因此，对刑事实体法的修改（哪怕是非常微小的修改）都会牵涉到刑事诉讼法，且有时会产生加倍的增效。[13]

例如，无论根据所面对的刑法是实际－客观报复的（"同态复仇"），是针

---

[7]　Eduardo CORREIA I 13.

[8]　V. Beleza dos SANTOS 6.

[9]　Eduardo CORREIA I 13.

[10]　参见 H. HENKEL § 1 II 2 及 K. PETERS，Maurach-Fests. 453 s. 。

[11]　CARRARA，*Programma sul corso di diritto criminale*，10（1907）§ 790. 其中还写道："评价理论使我们的（刑）法学理论更加完善，是刑法学教义的纯理性与实践理性之间联接的纽带。"

[12]　参见 Cavaleiro de FERREIRA I 18. 对文中所述的全部联结的概括性介绍，见 G. BETTIOL P. 2.ª，cap. I n. 4。

[13]　关于这一问题的详尽阐述，见 K. SCHNEIDEWIN，DJT-Fests. I 439。

对罪过报复的，还是一般预防的（隐私），抑或是采取治疗措施的（狭义上的"社会救济"），根据制定刑法时是以行为还是行为人为出发点的，根据刑法在对刑事处分的问题上采纳的是"一元主义"（monista）还是"二元主义"（dualista）抑或"替代主义"（vicariato）的，都会给刑事诉讼法的构建和解释打上不同的烙印。对于"刑罚执行法院"（tribunais de execução das penas）等机构的设置以及现在的起诉书将刑事审判分成两个阶段（césure）[14] 只是两个例子，笔者还能举出一大堆类似的例子，证明刑事诉讼法受制于特定刑法的目的论。死刑存在与否这一问题本身就能影响刑事诉讼程序的结构。[15]

至于在具体的教义问题上刑法与刑事诉讼法的关系如何，只需思考一下法律如何处理连续犯（crime continuado）和对违法行为竞合的处罚（punição do concurso deinfrações）即可。事实上，前一概念在"法院的审理权和未来控诉的提出等问题上具有极高的重要性"，[16] 这导致，刑法在对连续犯的问题上所采纳的立场会对诸如"法官的审理权"及"裁判已确定之案件"（caso julgado）* 等在程序法上如此重要的问题的设计产生决定性的影响。另外，对违法行为竞合的处罚通过合并刑罚或单一刑罚，也对诸如上诉、有多个程序存在、对作出判决之前实施但直到判决后才发现的犯罪的追诉等程序问题发挥着极其重要的作用。[17]

---

14 关于这一问题，参见本书第八节 III 5。

15 参见 T. SELLIN, *La peine capitale et le procès pénal*, Études Hugueney（1964）287。

16 Eduardo CORREIA, *Caso julgado* 74. 参见 D. und U. MANN, *Materielle Rechtskraft und fortgesetzte Handlung*, Z 75（1963）251, L. MARTIN, *Beschränkte Rechtskraft des Strafbefehls und Fortsetzung-stat*, JZ 1963/247 e W. STREE, *Teilrechtskraft und fortgeselze Tat*, Engisch-Fests.（1969）676。

* 葡萄牙程序法中所谓"caso julgado"是指，当某一司法裁判获得了强制力，从而不得对其提出声明异议或提起平常上诉时，即构成"caso julgado"。当然，判决转为确定（transitou em julgado）或构成裁判已确定的案件（constitui caso julgado）并不意味着该裁判不可能改变，刑事诉讼法规定，在某些情况下，允许对该裁判提起非常上诉（通过司法见解的定出或者再审）。见 Ana Prata, Catarina Veiga e José Manuel Vilalonga, *Dicionário Jurídico-Volume II-Direito Penal e Direito Processual Penal*, 2.ªEdição, Almedina, 2016. pp. 79 – 80. 在国内翻译出版的德国、法国的刑事诉讼法学教材中，与葡文"caso julgado"类似的德文和法文概念通常被译为"既判力""确定力"等。澳门现行法律中，"caso julgado"对应的中文概念尚不完全统一，有的译作"已确定的裁判"（例如《民法典》第298条第3款），有的译作"确定力"（例如《民事诉讼法典》第1条第1款），而《刑事诉讼法典》中则通常译作"裁判已确定之案件"（例如第73条标题）。本书虽在中国内地出版，但无疑服务于澳门的法律学者、学生和实务工作者也是其重要功能之一，故当出现某一法律概念的中文译法不尽统一的情况时，以澳门现行法，尤其是现行《刑事诉讼法典》中的表述为准。下同。——译者注

17 参见 Eduardo CORREIA II 214 s. 及 *Pena conjunta e pena unitária*, Direito Criminal（Studium, 1953）176 ss. 以及本书第二卷。

前述观点如今无人质疑，相比之下，则少有人承认和接受刑事诉讼法影响刑法及刑法中某些具体理论问题的理解和解决；但正如卡尔·彼得斯（K. Peter）所强调的，刑事诉讼法对刑法的影响，其实并不少于刑法对刑事诉讼法的影响。[18]

首先，存在一些刑法学理论的基本方针——其中有些已经被完全落实，其余的那些仍然只存于对应然法的计划之中——它们中的全部或者至少相当大比例的部分，是因为在刑事诉讼层面感知到了迫切的实践需要的产物。其次，有一些在刑法领域进行或主张进行的修改，其实完全是在刑事诉讼法中引入相关修改的结果。最后，程序法中一些问题的解决方案，如果从辩证的角度考虑，可能十分有助于实体法中一些错综复杂、备受争议的问题的解决。

例如，目前正在进行的一场呼吁"刑法的伦理化和纯净化"的运动，主张仅在对社会基本价值造成难以忍受的侵犯的案件中，刑法方得介入，[19]毫无疑问，这也是出于程序方面的要求，以便使审理刑事案件却被湮没于成堆本应由社会道德加以规范的违法行为中的法院解脱出来。

另外，不言而喻，之所以在《爱德华多·科雷亚法案》[20]第 164 条中存在"参与斗殴"（participação em rixa）这一法定罪状（tipo-legal），在很大程度上也是由于担心在可能进行的程序中出现适用困难的结果，如果仅凭一些通常同时存在的法定罪状（伤害身体、杀人等）操作，则将不可避免地在诉讼程序中遇到困难；这也表明，刑法之所以具备必要的实用性，其实往往是与之配套的程序法作用的结果。

至于刑法实体问题能够从刑事诉讼法中获得解释，其例证更是不胜枚举。首先值得一提的是，由于在程序法实践中经常要面临判断是否"欠缺对不法性的意识"的问题，导致对可谴责性的个人 - 客观标准的需求增加；[21]更概括地说，由于在程序上完全无法证明存在"以其他方式作出行为的可能性"，这表明不应通过无差别的自由意志来认定作为刑法学意义上的

18　K. PETER，Die strafr. Kraft，cit. 此外，一个独特但极其有趣的观点，见 J. PINATEL，*L'influnce des institutions de procedure pénale sur la formation de la personnalité criminelle*，Études Hugueney（1964）3。

19　参见 Eduardo CORREIA Ⅰ 28；Figueiredo DIAS，*O problema da consciência da ilicitude em direito penal*（1969）112，338 ss.，387。

20　BMJ 158/47 s.．

21　Figueiredo DIAS，*O problema da consciência da ilicitude* 319 note 16.

罪过的前提条件的"自由"[22];"社会适当"(adequação social）在程序上的重要性表明，有必要更多地将之视为反常的原因而不仅仅视为单纯的正当理由；等等。[23]

此外不要忘记，所有关于典型罪状（tipicidade）的刑法学理论，其源头均为中世纪的"罪证/犯罪事实的物证"（Corpus Delicti）[24] 这一纯粹程序性的理论——该理论时至今日仍然具有生命力，不过是在盎格鲁-撒克逊的刑法和刑事诉讼法中。

如前所述，刑法与刑事诉讼法之间存在着功能互补的相互关系，能证明这一点的还有，无疑存在一些极为不同的制度，无论将它们归类为刑法制度还是刑事诉讼法制度，都会引起极大的争议（如追诉时效、检举和自诉等），[25] 而除此之外，就上述制度中的部分而言，由于它们同时具备实体法的特征和程序法的特征，或许应被认为具有混合性质（natureza mista）,这也可以表明刑法与刑事诉讼法的关系。

c）虽然在刑法与刑事诉讼法之间存在着前述关系，但这并不会颠覆，甚至丝毫不会影响本节开篇部分已经给出的结论：它们都是同一法律体制（ordenamento jurídico）中的法律部门（províncias），但是是不同的（distintas）部门；[26] 刑事诉讼法是独立（autónomo）于刑事实体法的。

提及该点并非旨在反驳通常获得人们认可（尤其为某些意大利学者所坚持）的一种观点，[27] 即在严格意义上的功能层面，刑事诉讼法相对于刑法而言具有工具性（instrumentalidade）——在这个层面上讲，其实任何一个法律部门相对于宪法而言都是"工具"（instrumental）。笔者想强调的是，这样一种功能上的工具性并不会动摇程序法相对于实体法在目的论上的自主性（autonomia teleológica），因为前者涉及一种特殊的、实际的利益，即

22　见前注，第 174 页及以下。

23　类似的观点，见 K. PETER § 3 Ⅵ。

24　对此问题的详细介绍，见 K. A. HALL, *Die Lehre vom Corpus delicti. Eine dogmatische Quellenexegese zur Teorie des gemein deutschen Inquisitionsprozess*（1933）及 *Entwicklung des Verbrechensbegriffs aus dem Geist des Prozesses*, H. Mayer-Fests.（1963）35 ss.。

25　参见下文 d）项以及本书后文，其中对这些问题进行了逐一阐述。

26　反对的观点见 J. BINDER 136 s.；在一定程度上反对的观点见 H. MAYER, GS 104/310 ss. e *Strafrecht*（1953）437；较晚近的是 HALL 的观点，转引自 P. HÜNERFELD, *Die Diskussionsbeiträge der Strafrechtslehrertagung 1972 in Kiel*, Z 85（1973）449。

27　G. LEONE Ⅰ 3 ss., 6 ss.；V. MANZINI Ⅰ n.9；O. VANINI 3 ss.。

有关法律秩序的具体落实。[28]

这种目的论上的独立性首先表现在，在产生实体法上的主张所取决的功能前提（*pressupostos funcionais*）与产生程序法上的主张所取决的功能前提之间，存在着巨大的差异：前者要求的是某一犯罪罪状的实现（实施犯罪），而后者只要求有违法行为的消息（怀疑）即可（见《刑事诉讼法典》第160条及以下以及第35007号法令第7条及下）。类似地，法律后果的消灭在刑法（刑罚时效：《刑法典》第126条第3款）和刑事诉讼法（追诉时效：《刑法典》第125条第2款和第3款）中的前提条件也不相同。

在功能前提上的这些不同，也从另一方面反映了它们在价值次序（*categorias axiológicas*）上的不同。在刑法和刑事诉讼法中占据主导地位的分别是不同的价值次序，从而使这两个不同法律部门中的决定各自具有不同的特点：实体法中的决定，涉及社会空间（*espaço social*）中的生活关系，目的是在"合法－不法"的价值二分框架中对此关系进行评价；程序法中的决定涉及程序空间（*espaço processual*）中的行为（"诉讼行为"[29]），旨在将该等行为纳入"准许－不准许"或"产生效力－不产生效力"的价值二分框架中。[30]

综上所述，刑法和刑事诉讼法并非以不同的方式考察相同的标的，它们是相互独立的法律规定，因为它们所处理的是不同的标的（*diversidade de objectos*）。

d）不过，不容置疑的是，很多时候是难以在刑法与刑事诉讼法之间划出清晰的界限的，特别是在探讨某一具体的规定或者法律制度（如时效期间、检举、自诉等）到底"属于"刑法还是刑事诉讼法的时候。而这一问题不论在实践上还是在理论上又可能非常重要，例如，法律的不溯及既往原则和禁止类推适用（《刑法典》第18条和《刑事诉讼法典》第1条唯一款），又如，当法律要求的要件欠缺时，如何确定该欠缺导致就实体问题作出裁判（无罪判决：《刑事诉讼法典》第452条），还是仅仅就程序问题作出裁判（"驳回起诉"：《刑事诉讼法典》第143条、第400条和第424条以及《民事诉讼法典》第288条第1款和第493条第2款）。

---

[28]　从一般程序法的角度阐述此问题的，Cabral de MONCADA，Suplemento XV ao BFDC 78；特别地从刑事诉讼法的角度阐述的，G. FOSCHINI I ns.1，172，196 e Magalhães NORONHA n.3，尤其需要注意的是，有与本文立场完全相左的，见 G. BETTIOL P. 2.ª，cap. I n.6。

[29]　关于诉讼行为，参见本书第二卷。

[30]　对此进行阐释并介绍了一些参考文献的，Castanheira NEVES 11 s.。

理论上，可以将上述问题归纳为，所讨论的要件到底是阻却刑罚的实体原因（*causa substantiva de exclusão da pena*），尤其是符合"处罚的客观条件"[31] 的原因，还是关于诉讼前提（*pressuposto processual*）的原因。如果是前者，就属于刑法问题；如果是后者，就属于刑事诉讼法问题。从这一点出发，想要找到区分二者的理论 – 实践标准的尝试终究还是产生于理论，而该理论，正如我们将会看到的，[32] 在历史上是以诉讼前提学说为基础构建的诉讼程序（*acção processual*）理论。但是，仅凭该理论是不够的，尽管它在刑事诉讼法学教义中具有无可争议的价值，但其本身对于找出一个用以区分的实践标准是完全无用的。

不过，最近不乏想要通过其他方式实现区分的尝试。有些学者认为，实体问题是指用以确定一行为是否构成刑事犯罪的全部事宜具有刑法价值（*dignidade penal*），而程序问题仅指确定对该行为科处具体惩罚是否具有必要性的事宜；[33] 还有学者认为，实体问题仅指由罪刑法定原则（*nullum crimen sine lege*）而产生的问题和被该原则涵盖的问题；[34] 此外亦有学者坚决主张"从结果出发"，主张根据有关构造的结果来评判其合法性，主张对诉讼程序的目的进行目的论的考虑（*consideração teleológica dos fins do processo*），[35] 或者呼吁单纯地关注进行区分的实际后果（*consequências práticas da distinção*）。[36] 此外不乏学者认为，一切处罚的前提条件，只要其独立于刑事诉讼法思维而保有含义，均应视为实体法范畴；[37] 这种观点在某种程度上倒退回了程序法发展的早期阶段，在笔者看来绝对是过时的一种观点，在当时那个历史阶段，程序只是被视为单纯的程序步骤，而且人们认为任何实体问题（*material*）均先于（*antes*）程序，并因此而属程序范围之外（*fora*）。

但是，似乎并不存在任何确定的且可被归类的标准，能够将此处出现的所有具体问题一并解决。正如上文所强调的，刑事实体法问题与刑事诉

31　参见 Eduardo CORREIA Ⅰ 370 s. 。

32　参见本书第二卷。

33　W. SAUER, Mezger-Fests. 117；Eb. SCHMIDHÄUSER, Z 71（1959）545；G. STRATENWERTH, Z 71（1959）565.

34　GALLAS, *Niederschriften der grossen Strafrechtskommission* 5/104；还可参见本书第三节Ⅱ3 a）以及脚注 36。

35　关于这种考虑，参见后文标题Ⅲ。

36　E. BELING § 2；KERN-ROXIN § 1；K PETERS § 2；Eb. SCHMIDT, *Lehrk* Ⅰ 33.

37　H. KAUFMANN，这一观点出自前引该作者非常卓越的一部专著。

讼法问题之间的根本差异是由它们不同的生存轨迹（空间）所导致的，在这不同的轨迹之上分别运行着各自的法律规定。[38] 尽管如此，问题的解决方式必须从每一具体问题中探索和寻找，对此笔者暂时不做展开讨论（如检举、自诉、裁判已确定的案件、追诉时效等问题），而在本书第二卷中，在对刑事诉讼和诉讼前提等原理进行探讨时，会再次对这一问题进行理论研究。

Ⅱ　刑事诉讼法的范围和命名

1. 从表面上看，刑事诉讼法是指引和规范刑事诉讼程序的一系列法律规范的集合。刑事诉讼法的基本功能在于就犯罪罪状是否确实成立作出裁判，并在当答案为"是"的时候就由此产生的法律后果作出裁判。

至于刑事诉讼程序中所宣判的法律后果的具体执行（*execução*），应当说这完全是行政性质的问题，[39] 因为对此进行规范的法律——有时这样的法律被称为"监狱法"（*direito penitenciário*），但准确的名称应当是刑罚执行法（*direito de execução das penas*）或刑事处分法（*direito de execução das reacções criminais*）——中"所涉及的问题并非关于司法的问题"（H. HENKEL），[40] 所以从来都不属于刑事诉讼法的范畴：刑事诉讼法在判决转为确定的时候就已经结束了。笔者认为，这样的理解太过狭隘，是有缺陷的。但如果将刑罚执行法全部纳入刑事诉讼法，也同样是有缺陷的理解，因为范围过宽。与其说是因为刑罚执行法所处理的事宜并非全部为审判性质的，[41] 不如说是因为其中的规定在很大程度上体现出了实体法的性质。[42]

笔者认为，在刑罚执行法中，将与有罪判决内容的确定直接相关的规定区分出来的做法是正确的，其中与刑事处分的具体落实直接相关的规定亦然：此处处理的是实体（*substantiva*）事宜。同样，将与判决执行效力（这在一定层面上类似于民事诉讼程序中所谓"判决的可执行性"[43]）直接相

38　民事诉讼法亦如此，W. HENCKEL, cit. 19 ss. e passim。

39　参见 Castanheira NEVES 65。

40　§ 1 Ⅱ 3.

41　没错，因这一事实可能产生的问题是，在执行徒刑中的法律活动是行政性质的还是司法性质的？参见下文，而要了解在刑事诉讼程序中出现的其他问题，见本书后文第十一节Ⅰ以及 Figueiredo DIAS, *O dever de obediência hierárquica e a posição do MP no processo penal*, RLJ 106/171 ss.。

42　参见 M. FENECH, Derecho processal penal 3 Ⅰ（1964）80 SS., 93 SS.; MERLEVITU n. 1326 ss.; BOUZAT Ⅱ ns. 938 e 1437 ss.。

43　详情参见 M. ANDRADE-A. VARELA, *Noções elementares de processo civil* Ⅰ（1963）311。

关的规定区分出来的做法也是正确的，因此，对于与预备性问题或执行的一般控制（包括所谓"执行中的附随事项"[44]）直接相关的规定亦然：此处处理的是程序（processual）事宜，本就应由刑事诉讼法加以规范，仅在有纯粹技术性的理由时才将该等规范从刑事诉讼法中分离出来。

葡萄牙早在为控制与刑罚执行有关的事宜而设立刑罚执行法庭（tribunais de execução das penas）[45] 之前即已对刑罚的执行进行管辖，在这样的法律秩序中，全盘否定刑罚执行问题的程序法律功能是难以理解的，更何况，尽管有此类法庭的存在，这个从某种程度上说"不受"（livre）司法管辖的领域，仍然归于监狱管理。另外，《刑事诉讼法典》本身也有一编专门规定"执行"，即第八编，这也有力地证明了，此类事宜在程序上具有特殊性。当然，并非其中所包含的所有内容都是程序性的，尤其是那些与剥夺自由的刑罚有关的部分；但是，在与罚金刑的执行有关的问题上，根据笔者已提出的标准，此类规定似乎在很大程度上应属于刑罚执行的程序法。如此就产生了对实体法和刑罚执行程序法作区分的问题，这基本上类似由大多数学者所主张的对 Strafvollzug 与 Strafvollstreckung* 的区分。[46]

2. 刑事诉讼法学学科的命名——direito processual *penal* 还是 direito processual *criminal**——明显是一个形式上的问题，但在这表面问题之下，隐藏着实质问题：应当将诉讼程序（processo）视为一元（monista）的实体法律制度，还是应当将之视为同时关涉刑事处分的二元（dualista）的法律制度？爱德华多·科雷亚教授认为，[47] 我国现行刑法中所规定的刑事处分，不仅包

44　关于这一概念，见 Beleza dos SANTOS，Supl. XV ao BFDC 292 e Jacinto DUARTE，BMJ 130/162 ss.。

45　关于此类法院，参见本书第二卷；然后可见 Bernandes de MIRANDA，*O processo nos tribunais de execução das penas*，REPen 22（1966）附件第 153 页，及 Fairen GUILLEN，*EL tratamiento procesal de la peligrosidad sin delito（problemas generales）*，Studi Carlo Furno（1973）311。

*　这两个德语单词均可译为"刑事执行"，但在德国法上有不同的含义，前者指"静态执行"，类似中国法上的"监狱行刑"，后者是"动态执行"，指"指通过强制方式落实法院所判处的刑罚结果"，类似中国的"刑事执行"。见司绍寒《德国刑事执行法研究》，中国长安出版社，2010；黄礼登《德国检察机关在刑事执行程序中处于何种地位》，载于《检察日报》2017 年 12 月 26 日，第 3 版。——译者注

46　参见 E. KERN，NJW 1951/186；KERN-ROXIN § 58；H. ROEDER 2；Eb. SCHMIDT，*Kolleg* n. 530 ss.；K. PETERS § 78。类似的观点，关于"税务执行法"的，见 Cardoso da COSTA，Curso de direito fiscal 2（1972）n. 12 及注释。参见 F. BRICOLA，*L'intervento del giudice nell'esecuzione delle pene detentive：profili giurisdizionale e profili amministrativi*，Studi Petrocelli I（1972）。

*　在对作为学科名称的刑事诉讼法进行命名时，葡萄牙人面临 Direito processual *penal* 还是 Direito processual *criminal* 两个选择，前者 penal 的词源是 pena，即"刑罚"，后者 criminal 的词源是 crime，即"犯罪"。——译者注

47　I 67 ss.。

括刑罚，也包括广义上的保安处分，不过只以单纯的方式规定了不可归责时的保安处分——这体现了一元主义。这一观点基本准确，笔者对此深信不疑。同笔者一样信服此观点的人都将从"刑事诉讼法"（Direito processual *penal*）这一名称中找到一种象征性的和纲领性的价值，这种价值使这一名称具有更优性，即使在纯粹的理论层面上亦是如此。

倾向于使用"criminal"这一形容词的人则援引传统的力量，他们还指出，"Direito processual criminal"这一表述已经在葡萄牙各法学院的教学计划中被正式使用，而且，在我们的法律制度中存在着保安处分，它不是刑罚，但与"犯罪"（crime）有关。[48]

笔者认为这种论断是没有说服力的。可以说，前述古老的传统在19世纪就中断了，至少在法典化运动以后，"penal"这一形容词取得了绝对优势。法学院作为专业名称所使用的，直到1945年起才改变（第34850号法令第3条），这可能是因为人们认为，只有犯罪是能够将刑罚和保安处分同时包含进来的唯一的本质。但这是不正确的。犯罪的构成既要求不法性要素的成立，也要求罪责要素的成立，因有关主体"无承担罪责的能力"而不可对之归责，从而适用保安措施时，不能说此时所采取的措施与"犯罪"有关（甚至连不法性要素是否真正成立也是存疑的）。[49]再者，不管怎样，在通过9月28日第364/72号法令对法学院进行的最近一次改革中，已经重新将"Direito processual penal"这一正确的命名作为学科名称。[50]值得一提的还有，在立法方面，最有说服力的莫过于，该法典本身即采纳了"penal"，命名为《刑事诉讼法典》；同时不要忽视，出于前文已简要阐述过的原因，后来在该法中通过监狱改革（1936年5月28日第26643号法令）引入了保安处分措施——当然，其实它们自1892年和1912年起已经存在了，后来又引入了刑罚执行法院和所谓"保安处分程序"（1944年5月16日第2000号法律和1945年4月30日第34553号政令），这些都改变了《刑事诉讼法典》的形象，甚至使将其名称改为"Direito processual *penal*"成为必要，或者至少也为此更改提供了理由。[51]

48　关于这一点，Eduardo CORREIA Ⅰ 1 s. 。

49　参见 Figueiredo DIAS, *O problema da consciência da ilicitude* 208 注释5。

50　参见附于上述法令的《学习计划》（Plano de Estudos）。

51　因此有学者指出，这是一次"刑事诉讼内容的扩充"，见 Cavaleiro de FERREIRA Ⅰ 12 ss. 。

Ⅲ 刑事诉讼程序的目的

就刑法与刑事诉讼法之间的关系进行探讨后，下面的结论就不难理解了：刑事诉讼的目的是将上述两个法律部门的功能性和目的性联系起来，[52]也就是说，使与诉讼标的相关的实体权利能够在一个有意保持中立和无色彩的程序中得以确认（实现）。不过，下文马上将会阐述，如果单纯地考虑刑事诉讼法的功能将会产生怎样的后果。当人们探讨刑事诉讼的"目的"这一问题时，其实想得到的答案并不止于此，而是希望找到一个合适的价值标准（*critério de valor*，如果愿意的话，也可表述为价值模型），以便对这些独特的规范进行目的论上的解读和有助于程序法具体问题的解决。因此，有必要研究这一标准是否、以什么为依据、从何种含义上仍然是一个决定性因素。

笔者并非倡导以从对刑事诉讼目的的思考中得出的逻辑演绎来解决现实的法律问题，尽管它得到了"目的论"的别称，仍然只是一种概念上的演绎。笔者的目标是，揭示这些独特的规范与程序法律问题以及作为整体的法律秩序之间在功能上的紧密联系（框架），即使这不能帮助法官找到对特定具体问题的解决方案，也有助于对前提条件的解释，而以这些前提条件为基础，必将找到解决具体问题的基本标准。仅在这个大的框架下，围绕刑事诉讼目的而进行的诉讼程序（querela）才变得更加容易理解。

1. 在这一问题上，一个有里程碑意义的理论是由郭特希密特（J. GOLDSCHMIDT）提出的，[53]他指出，不论刑事诉讼还是民事诉讼，均未得到一个有既判力（*força de caso julgado*）的判决。该学者反对"像铸币一样缔造诉讼程序"（cunhagem metalísica do processo），[54]主张完全"在程序内部"（intraprocessual）解决（正因为如此，不支持有关陷入"对裁判已确定案件的不可接受的理想化"的评论[55]），为此他在一个论述中对程序进行了构想，整个程序必须以裁判的确定为方向，这才是"程序的目的"。

但是，如此一来，不仅在实体法和程序法之间出现了一道令人难以接受的裂痕，而且也导致无法得到任何对程序规定和程序问题的评判标准。当法官作出的裁判转为确定时，既判力使法官拥有足够的权力和正当性去

52　参见 BOUZAT Ⅱ n. 936。

53　Cit. 151.

54　J. GOLDSCHMIDT，cit. 150，187 s. .

55　对 SAUER 提出的，见 BELING 202 注释 4。

使这样一种"第二体制"（segundo ordenamento）具有强制性，它笼罩着实体法，从来都不会是错误的、不公正的和无效的，可以说，裁判已确定的案件是司法的最后的决定和最后的理由。这一目的在理想计划中（一直是可以想象的，即使郭特希密特也将此置于括号之中）的反映，导致对"法律安定性"（segurança jurídica）这一价值的坚决强调，并彻底地损害了在程序中必然与此价值相冲突的另一价值：公正（justiça）。

2. 跳出对概念的探讨——尤其是对程序的目的在实体权利的确认、行使或执行中的表现的讨论[56]——因为这样的探讨仅在民事诉讼程序中有说服力，在刑事诉讼程序中则无所谓"国家科处刑罚的权利"（direito subjectivo）[57]，值得强调的是，反对郭特希密特者拒绝承认诉讼的目的完全在程序之内，他们的观点已经衰退，尤其在刑事诉讼法学领域是如此。[58] 现在人们确信，对这一问题必须从一个理想的目的的视角来考察，就这一目的而言，任何程序内部的种类都仅仅表现为实现目的的"手段"。如此便达成了共识——基本上是一致的共识，而且我们的司法实践也对此作出了回应[59]——那就是，刑事诉讼程序的真正目的是发现真相（descoberta da verdade）和实现正义（realização da justiça），或者也可认为后者是唯一的真正目的，因为对于正义的实现而言，发现真相也不过是一个前提条件。

这样的断言，[60] 从其被提出时的绝对意义的角度，是很难被反驳的。问题在于，这一论断有无可能沦陷为一个实用的准则，用以开启对法律理念（Ideia de Direito）中矛盾（如果愿意，也可认为是正义观点中的矛盾；拉德布鲁赫曾指出[61]："正义与法律安定性之间的斗争表现为正义自身的冲突"）的解决，或者，反过来，如果未提交的声明（declarações descomprometidas）能够服务于任何程序性现实并因此同时覆盖令人难以忍受的法律不安定性（以公正向安定性设置的限制为名）和最令人愤慨的不公正（以安定性向公

56 　W. Henckel, cit. 61 ss.

57 　参见本书第二卷，关于诉讼行为理论的阐述；此外，与目前正在讨论的问题有关的，Cavaleiro de Ferreira I 34 ss.

58 　进行了非常清晰的介绍的，W. Sauer, Allgemeine Prozessrechtslehre（1951）3。

59 　参见 Acs. do TSJ de 22‑1‑69，BMJ 183/171 e de 7‑10‑70，BMJ 200/188。
　　在后一个案件中，法官深刻地指出："通过刑事诉讼程序实现的目的是非个人性的和客观的：以正义这一最高目的为导向，实现客观权利。"

60 　本书所引德国刑法学界的大部分学者都赞同这一断言；此外还可参见 J. Norton, J. of CL, Crim. & PS 61（1970）11。

61 　Rechtsphilosophie 4（1950）353.

正设置的限制为名），前述论断还能否存在！

正义（*justiça*）必然是刑事诉讼程序的目的，这是因为，如果刑事诉讼程序不是以对正义的直接的意图或愿望为主导而进行的，则无法有效地存在。但这并不妨碍有些制度——包括在刑事诉讼程序中无可争议的"既判力"，甚至诸如"有疑唯利被告"（*in dubio pro reo*）[62] 等原则——可能造成实际上并不公正的有罪判决和无罪判决。即使可能发生这样的情况，继续坚信正义绝对是有关刑事诉讼的目的，仍然是理想的和在理论上可证明的——因为人们认为，对安定性的要求仍然尤其表现为落实法律的方式，因此也就是实现"正义"的方式，而对正义的讨论是在包含全部相冲突的社会利益的广义的框架中——但是，这事实上也意味着对找到一个适合用以对程序规定和问题进行评价的实用准则的放弃。

如前所述，安定性（*segurança*）也是刑事诉讼的目的。这并没有阻止诸如"再审上诉"（《刑事诉讼法典》第 673 条及以下）等制度以公正的要求为名而对安定性这一价值作出的正面冲击。此外，只是因为，使安定性成为刑事诉讼程序的唯一理想的目的是很难实现的，或者哪怕只是占优势地位的目的亦然。因而安定性总是不可避免地与公正发生正面的冲突；而假如使安定性始终并且系统性地优先于公正，将会使我们面对一种"不公正的安定性"（*segurança do injusto*），这在当下，即使是最持怀疑态度的人也会承认这不过是一种表面上的安定，其根源不过是一种暴力。[63]

3. 在探讨诉讼程序的理想目的时还需再深入一步，研究"公正"和"安定性"等纯粹的价值，而不应轻易放弃将它们绝对化地尝试：一个已被证明的事实是，[64] 没有什么比独特道德价值的绝对化更危险了，因为这会使达成目的所需的手段被不可避免地神圣化。必须承认的是，在此处，正如在一切"法律问题"证明中，包括在对相冲突的价值进行权衡（*ponderação de valores conflitantes*）的时候——权衡的结果必须与法律的价值学结构相适应——应当将从比法律秩序更高的层面找到的公正与安定性之间的矛盾概

62　关于这一原则，参见后文本书第六节 Ⅲ。

63　围绕此问题进行全面分析的，Catanheira NEVES, *Lições de introdução ao estudo de Direito*（1968 – 9）186 ss., 而专门对所引例子进行阐述的，E. - J. LAMPE, *Die Durchbrechung der materiellen Rechtskraft bei Strafurteilen*, GA 1968/33 e J. ROMERO, *La révision comme facteur d'ennoblissement de la justice*, RScCrim 1970/623。

64　Eb. SCHMIDHÄUSER, Eb. Schmidt-Fests. 523 s. .

括起来。但是，新的问题又出现了：如何从这一发现中获得一个可用于对程序独特规范和问题进行评价的实用准则。

以德根科布（DEGENKOLB）为先导[65]的许多学者在尝试将上述权衡的结果通过一个概念来表示的时候，提到了法律上的安宁（paz jurídica），它的含义是，当权利受到侵犯以后通过诉讼程序来使社会恢复平静的状态，这种形式是表现程序的目的的最好的方式，它符合作为整体的刑事法律所具有的对社会基本价值进行保护的功能。[66] 不过，很容易从此处的法律上的安宁（paz）联想到安定性（segurança）这一纯粹价值，[67] 即使能够成功避免将前者完全识别为后者，我们也完全无法通过安宁这一概念得知何时应当优先考虑公正，而何时又应当优先考虑安定性。遗留的问题如，禁止以裁判的实质正义为代价重新进行诉讼程序的问题，又如，对允许就不公正判决进行审查的条件设置必要限制的问题，等等。

4. 尽管如此，如果我们坚持将对在刑事诉讼程序中相冲突的价值权衡的结果置于一个程式（fórmula）中，那么我们将有足够的理由相信，可将刑事诉讼程序的目的视为抵御在法律之前、在法律之外必然存在的法律的不安定性（insegurança），[68] 对具体案件中的权利进行宣示，也就是说，定义在此时此地就此案而言，什么是公正的。刑事诉讼程序远非仅仅服务于刑法所保障的权利的行使，而是旨在对在此时此地有效且可适用、具体个案中的权利进行确认、落实、定义和声明。

不得不承认，这一观点[69]与牢牢僵化于一般的法学方法论传统和特别的诉讼法学教义的观点并不协调，[70] 从而导致该观点往往遭到保守想法——包括主流但保守的想法——的不公正对待，要捍卫这一观点，需要为此专门写一部专著，仅通过本书是不可能解决这个问题的。但我们仍可简要地列举

65　*Beiträge zur Zivilprozess*（1905）26 及 *Die Lehre vom Prozessrechtsverhältnis*，AcP 103（1908）411.

66　关于刑事诉讼，见 Eb. SCHMIDHÄUSER，Eb. Schmidt-Fests. 516。

67　参见 G. RADBRUCH，*Rechtsphilosophie* 169 和 W. SAUER，*Prozessrechtslehre* 3。

68　这一不安定性，首先，关于如何确定某一行为在刑法上是合法的还是非法的，见 Figueiredo DIAS，*O problema da consciência da ilicitude* 116 s.，245 s.，尤其 313 s.；而关于刑事诉讼程序目的的，见 G. CAPROGRASSI，Opere Ⅳ 134，136 ss.，144 与 H. MAYER，GS 104/313。

69　类似的观点，关于刑事诉讼程序的，见 H. MAYER，ib.，"在进行诉讼之前或在程序之外，是绝对不可能以客观的方式就罪过或者无罪作出裁判的"。关于民事诉讼的，见 H. - M. PAWLOWSKI，ZZP 80（1967）345，而与此非常相关的内容，见 G. CAPROGRASSI，ib.；但是最值得参考的，对所有相关的想法的概括，见 S. SATTI，Ⅱ *processo nell' unità del ordinamento*，cit. 116 ss.。

70　参见 G. LEONE Ⅰ 4 ss.。

使我们产生前述观点的基本理由，因为它的确适于处理该问题中的有关情况。

a）首先，这一观点与我们构建刑法与刑事诉讼法之间关系的方式相适应，[71] 它系出于超越二元论的需要，而二元论是人们曾经通过对两个学科进行明确区分——即使在功能层面亦然——而形成的。虽然在民事诉讼程序中，我们所提倡的这个想法可能使实体权利的内容陷于须依赖于程序的危险境地，[72] 但在刑事法律中则完全不必有同样的担忧，因为在此类法律中，唯有通过诉讼程序，权利才得以实现，况且，该程序不能单独地服务于实体权利的实现，尤其是在诉讼标的不可支配的程序中。

b）其次，它与当前十分被认可的"创造"司法见解（jurisprudência）的功能相适应。

根据其被提出时所使用表述的字面意义，应当非常谨慎地从方法论的角度去看待这一功能，因为这一功能有动摇任何一个法治国家的根基的危险（因为可能会被认为其实是由法官人为地创设了法律，哪怕是在可以推定法官为客观的情况下亦然）——使之突然转变为一个法官国家（Estado-de-juízes），而这以民主的视角看来是不当的——由此也动摇了法律秩序本身。[73]

但是，如果我们避开方法论上的极端主义倾向，前述功能就是可以承认（何况《司法通则》第 110 条第 3 款和《民法典》第 10 条第 3 款已经对此作出相应规定）和值得受到欢迎的了：即使没有在立法上改变，昨天的法律也不等于今天的法律，而今天的法律首先是指法官在诉讼程序中所声明的法律。因此，从这个意义上，诉讼程序不仅是可适用的实体规则的"规范性阐释"，更是就审理中的案件所进行的法律上的"创造"，即使所作裁判从表面上看只是对法律前提条件的演绎推理结论亦然。[74] 此处所讨论的并非法官的个人行为（既不是只有主观上的依据的行为，也不是在主体之间施加的行为），而是价值学上的力量，法官坚信其有控制其裁判的力量，

71　参见前文 I 2。

72　W. HENCKEL, cit. 53 ss., 409.

73　参见 O. BACHOF, *Grundgesetz und Richtermacht* (1959)；F. DARMSTAEDTER, *Die Grenzen der Wirksamkeit des Rechtsstaats* (1971)；G. LANZENSTIEL, *Rechtsstaat oder Richterstaat* (1970)；STEIN, *Die Verfassungsrechtlichen Grenzen der Rechtsfortbildung*, NJW 1964/1745；以及本书后文第三节 I 2 和第九节 I 3。

74　对此观点的详细阐释，见 Castanheira NEVES, *Questão-de-facto e questão-de-direito* I (1967) 251 ss. 及 Baptista MACHADO, *Sobre o discurso jurídico* (1965) 33 ss.；特别关于诉讼程序的目的的，见 S. SATTA, cit. 121。

而其裁判是从就对立观点（关于事实的和关于法律的）的讨论、辩论和反驳中产生的，这些讨论、辩论和反驳则构成"诉讼程序"的特征。[75]

c）最后但并非最不重要的是，前述观点适合用于以公正的方式克服在刑事诉讼程序中所出现的矛盾，尤其是具有迫切性且频繁出现的问题。

为突出在具体个案中声明权利/法律的目的，首先要承认该目的在实践中所具有的复杂性，因此，裁判须呈现出三个彼此间相互独立的特征：以在程序上可接受且有效的方式作出；根据实体法该裁判是公正的；使所声明的权利安定和稳定。通过这些特征，人们尝试对有罪过者定罪、迅速地宣告无罪过者无罪或至少不再追诉他们、从整体上维护法律社会的安宁。[76]这三项特征是同等重要的，它们同时发挥作用并在正审理的案件中被考虑，这成就了刑事诉讼法这一法律部门的伟大和难度。但是，如果我们仔细观察，前述所有特征都以最好的方式被隐藏于"案件中权利的声明"（declaração do direito do caso）这一观念之下。

笔者认为，这一程式与其他任何程式一样，与刑事诉讼程序的具体构造完全无关：刑事诉讼程序的构造仍然取决于司法经验和立法意愿，[77]且受制于历史、文化和政治条件。它是正确的，但这也并非其功能之所在。此处的问题仅仅在于有关刑事诉讼程序的立法工作的出发点以及对此立法工作的含义的基本理解。

从这个角度看，该程式具有最重要的价值，将人们的注意力吸引到至关重要但往往被忘记或者忽视的问题上：那些价值评判标准、解释模型以及对程序性规范和问题的价值论方案，归根结底，是评判法律本身和简单的法律思想的标准、模型和方案；诉讼法，尤其是刑事诉讼法，并非如传统上所认为的［持此观点的学者例如，佩雷拉·索萨（Pereira e SOUSA）、纳萨雷斯（NAZARETH）和卡埃罗·达·玛塔（Caeiro da MATTA）[78]］是一部"技术法"（direito técnico），技术法的规范是围绕对"机会"（oportunidade）的考虑而设置的，规定的只是"方法"（meio），目的是将法律简单、快速、经济地适用于预先规定的情况，而诉讼法并非如此，它归根结底只是［该

---

75 关于这个观点从与本书不同的角度进行详尽阐述的，见 G. FOSCHINI I n. 195 s. 。
76 关于现行美国法律赋予此问题的重要性，见 J. NORTON，J. of CL，Crim. & PS 61（1970）11。
77 参见 G. CAPOGRASSI，Opere IV 134 ss.，160 ss. 。
78 三位学者的有关文献分别为：*Primeiras linhas do processo criminal* 4（1831）§ 1；*Elementos do processo criminal*（1879）§ § 1，35，38；*Apontamentos do processo criminal*（1913–4）3s. 。

观点之所以获得承认，冯·毕罗（O. von BÜLOW）和宾德（J. BINDER）作出了很大贡献，因为他们主张反对 acção processual 这一概念[79]〕法律存在的一种特别的形式（*uma forma especial do existir do Direito*），[80] 是一种独特的法律存在方式（*um particular modo-de-ser do Direito*）。

言已至此，有关刑事诉讼程序的目的已经没什么好争论的了。笔者更想说明的是，刑事诉讼法不得不为在其领域内发生的紧张和冲突关系提供解决方案，应当努力辩证地构建，并应更加关注在给定时刻赋予其的不同可能性和观点。至于方式，具体如何实现，必须要将矛盾之处克服，并将紧张关系和异议解决，为此宪法有最终的发言权。下节将会对此作出介绍。

第二节　刑事诉讼法在法律体系中的地位

参考文献：

J. BAUMANN, *Die bedeutung des Art. 2 GG für die Freiheitsbeschränkungen im Strafprozess*, Eb. Schmidt-Fests.（1961）525.

P. CALAMANDREI, *Processo e democrazia*（1954）.

G. CONSO, *Constituzione e processo penale*（1969）.

F. CORDERO, *Ideologie del processo penale*（1966）.

DEl POZZO, *Introduzione all studio della libertà personale nel processo*（1959）.

N. FINI, *Appunti di diritto comparato sur processo accusatorio e sul processo inquisitorio*, Critteri direttivi per una riforma del processo penale（Convegni di studio《Enrico de Nicola》Ⅳ 1965）5.

L. GERACI, Ⅱ *processo inquisitorio e il processo accusatorio, scelta di un sistema*, RivP 90（1966）752.

C. MASSA, Ⅱ *principio dispositivo nel processo penale*, RitalDPP 1961/351.

K. PETERS, *Individualgerechtigkeit und Allgemeininteresse im Strafprozess*, Summum ius-

---

79　参见本书第二卷；特别对诉讼程序的“形式”的“实体”价值进行阐述的，见 G. CAPOGRASSI, Opere V 59 ss., S. SATTA, Ⅱ *formalismo nel processo*, loc. cit. 44 ss. e Eb. SCHMIDT, Z 65（1953）166 ss.；e *Der Strafprozess – Aktuelles und Zeitloses*, Strafprozess und Rechtsstaat（1970）291 ss.；e M. PISANI,《*Procedura*》e《*valori*》nell' insegnamento del diritto processuale penale, Scritti Petrocelli Ⅱ（1972）。

80　W. SAUER, *Prozessrechtslehre* 3, 61.

summa iniuria（1963）191.

H. SCHORN, *Der Schutz der Menschenwürde im Strafverfahren*（1963）.

M. SINISCALCO, *Giustizia penale e Costituzione*（1968）.

Eb. SCHMIDT, *Die didaktische Bedeutung des Strafprozessechts im Juristischen Unterricht*, Rittler-Fests.（1957）297.

W. STREE, *Deliktsfolgen und Grundgesetz*（1960）.

K. TIEDEMANN, *Gleichheit und Sozialstaatlichkeit im Strafrecht*, GA 1964/353.

D. de VABRES, *La politique criminelle des États autoritaires*（1938）.

G. VASSALI, *La libertà personale nel sistema della libertà costituzionle*, Scritti Calamandrei V（1959）355.

Pessoa VAZ, *Atendibilidade de factos não alegados*（1946）.

T. WÜRTENBERGER, *Strafrichter und soziale Gerechtigkeit*, SchwZ 75（1959）35.

I 刑事诉讼法作为程序法的一部分

1. 在几个世纪以前，在立法发展的早期阶段，人们还没有清楚地意识到不同类型的诉讼程序——尤其是刑事诉讼程序与民事诉讼程序——之间存在不同（*diferenciação de vários tipos de processo*）。这一方面是因为，分别与它们配套的实体法混杂在一起，另一方面则是因为，在当时的刑法学理论中，所考虑的还不包括惩罚罪犯的社会利益，而只考虑被害人实现复仇和获得弥补的利益：任一诉讼程序所体现的都只是被害人与罪过者之间的利益对立关系，仅表现为对某一不法行为的申诉和对其行为人主张的赔偿请求。[1]

与这样的法律体系相联系，产生了诸如罗马法中的"私犯"（delicta privata）和早期日耳曼法中的"赎罪金"（compositio）等制度。[2] 而在葡萄牙，正如爱德华多·科雷亚（Eduardo CORREIA）教授所介绍的，[3] 从阿丰索二世（D. Afonso Ⅱ）颁布的市政条例（posturas）起，诉讼程序开始具有公共性，这是因为它们首先代表着惩罚罪犯的社会利益。

---

[1] Figueiredo DIAS, *Sobre a reparação de perdas e danos arbitrada em processo penal*, Supl. ⅩⅥ ao BFDC（1966）88.

[2] Dias da SILVA Ⅰ 47 ss. e E. KERN, *Die Busse und die Entschädigung des Verletzten*, Mezger-Fests.（1954）407 s.。

[3] *Terão os assistentes legitimidade para deduzir acusação por crimes públicos quando o Ministério Público se tenha abstido de a formular?* RLJ 91/304.

2. 随着时间的推移，随着各实体法律部门逐渐相互独立——这是因为，人们越来越清楚地意识到，在不同的社会领域内需要分别构建相应的法律生活关系——以及随着其固有的正当性被发现，产生了以不同的方式分别落实每一实体法律部门的必要性。

于是，根据各自所对应的实体法律部门所考虑的价值的特殊性，从早期单一的诉讼程序中产生了不同种类的诉讼程序（*diferentes tipos de processo*）。民事诉讼程序、刑事诉讼程序以及后来的行政诉讼程序和宪法诉讼程序——存在于某些国家，在这些国家，对宪法的监督适用特别的司法程序，[4] 但葡萄牙并非如此（参见《政治宪法》第 123 条；但亦须参见第 3/71 号法律对该法第 1 条的表述，这是最近一次宪法修订的结果）——就是为适应各类程序在法律的具体实践中所要落实的实体规范的特殊性在目的论上和功能上的要求而产生的。因此，不再单纯、简单地称此为"诉讼程序"（processo），而是分别称为各种"诉讼法"（direitos processuais）。

3. 曾经出现过一个学派，其主要倡导者大多出现在 19 世纪最后几十年和 20 世纪最初几十年，他们主张，从规范各类诉讼程序的众多法律规范中挑选出一些，以形成一门新的科学，即诉讼程序的一般理论（*teoria geral do processo*）；而随着前述诉讼程序类型由单一向多元发展过程的逐步稳定（如今已经彻底稳固），该流派的梦想的实现似乎被设置了不可逾越的障碍。这样的理论本来是可被允许的，甚至是值得被鼓励的，特别是，如果因为各种程序之间不可避免地存在差异，从而可以从它们当中很容易地找到一些共同的或者类似的基本思想、基础结构甚至相同的问题，则更是如此。对这一问题的阐明，德国学者毕罗（BÜLOW）、科勒（KOHLER）、郭特希密特（GOLDSCHMIDT）和绍尔（SAUER）以及意大利学者狄安纳（DIANA）、任德（RENDE）、格里斯皮尼（GRISPIGNI）和卡尼卢提（CARNELUTTI）的著作发挥着极为重要的作用。[5]

4 　关于这一问题，见 M. Galvão TELES, *A Concentração da competência para o conhecimento jurisdicional da inconstitucionalidade das leis*, O Direito 103 (1971) 133 ss. 。

5 　关于德国学者的著作，参见第一节参考文献部分所引著作；而至于该问题在意大利的讨论，参见 SABATINI, *Le Preleggi processuali（a proposito della unificazione del processo civile e penale）*, ScPos 1951/442, E. BATTAGLINI, *Per la unificazione legislativa della parte generale del rito civile e penale*, ScPos 1951/439 e GUARNERI, Dir. proc. pen., EdD Ⅶ (1964) 1111；葡萄牙学者的有关讨论见 Cavaleiro de FERREIRA Ⅰ 19 ss. e Campos COSTA, RDES 8 (1955) 241。值得注意的是，格隆斯基（GRÜNSKY）的最新著作 *Grundlage des Verfahrensrecht*（1970）在介绍程序法的一般理论时并没有提及刑事诉讼法；最后还可参见 H. KOHLHOSSER, *Grundlage des Verfahrensrecht*, JZ 1973/8。

但是，有理由相信，努力的过程比结果更重要。对法律思想而言，崇尚一般性的大理论的时代似乎已经完全过去了，[6] 因为在这些理论当中潜伏着将法律秩序与其所致力于服务的社会生活和现实之间日益接近、紧密的联系被打破的危险。

在诉讼程序的问题上，一个并不专注于任何事宜的一般理论的作用在于淡化或者缓和几种主要的诉讼程序类型在其结构——尤指其基础和原则——以及具体的实现方式上所存在的巨大分歧。卡尼卢提起初在"诉讼"（lide）这一概念中找到了一个可适用于各种诉讼类型的要素，仅因该要素的存在就允许构建一个"诉讼程序的一般理论"，但他后来也绝对地承认了刑事诉讼法深刻的——甚至是科学的——差异性和独立性。[7] 正如卡尔·彼得斯所指出的，[8] 目的和方法上高度的一致性或相似性虽然必然经常侵犯每一类程序在功能和目的论上必要的独立性，但从未超越纯粹形式（*formal*）的范畴。更加危险的是，由于嫌犯是"使刑事诉讼程序区别于其他程序的最重要和真正核心的要素，刑事诉讼程序的独立性必然要求，对刑事诉讼程序的研究须以完全独立的方式进行"。[9]

4. 虽然刚刚就建立诉讼程序一般理论的可行性得出了悲观的结论，但这不应妨碍我们承认，[10] 对不同种类诉讼程序的比较分析（*consideração comparatista*）具有极高的价值。该分析的进行，或者作为调查的一般假设，或者关乎诉讼程序中的各个问题。该分析最清楚地展示了不同种类的诉讼程序是如何从深处被诉讼标的的性质所决定的，以及诉讼标的是如何决定了每一类型诉讼程序的一般构造和具体规定的。

在对刑事诉讼法和民事诉讼法的比较中，可以得出很多的经验和建议，它们对刑事诉讼法的研究十分珍贵。[11] 两门诉讼法的共同之处在于，二者都是完全司法性质的程序，其内容都是对特定事实的确认及对相应法律后果

6　除笔者外，对"法律关系的一般理论"进行阐述的，还可参见 Orlando de CARVALHO，RDES 16 (1969) 1 ss. ；反对的观点见 Antunes VARELA，*Das obrigações em geral*（1970）688 ss. ，注释。

7　F. CARNELUTTI 39，注释。完全赞同文章的立场的，还可参见 G. BETTIOL P. 2.ᵃ，cap. I n. 7。

8　§ 3 I.

9　G. CONSO，cit. 264.

10　H. HENKEL § 2 I 3.

11　葡萄牙学者对此进行了非常详细的阐述，见 Eduardo CORREIA，*Proc. crim.* 9 ss. ；Castanheira NEVES 12 ss. ；Beleza dos SANTOS 9 ss. 。在众多对此作出介绍的外国著作中，尤其值得参考的例如，E. BELING 100 ss. ；C. MASSA，RitalDPP 1961/355 ss. ；G. CONSO，cit. 247 ss. ；高度概括的，见 G. BETTIOL P. 2.ᵃ，cap. I n. 7。

的声明。由此可以理解，由于民事诉讼法是以更为详细的方式作出的规范，可将之视为刑事诉讼法的补充法律（参见《刑事诉讼法典》第 1 条）。[12] 但这种巧合实际上仅存在于此处。

于是，与民事诉讼程序起源于私法关系，且在任何可能的程度上由私法关系中的主体处理不同，刑事诉讼程序在法律上起源于犯罪，目标是科处刑罚，由社会处理，社会可自行处理［"民众诉讼"（acção popular）］，[13] 也可委托获特别授权的司法官处理，且只能针对被视为不法行为之行为人或参与人之自然人。[13a]

另一方面，更加重要的是，私法关系的实现并不必然要求存在一个司法裁判（在大多数情况下，它的实现并不依赖于诉诸诉讼程序），不同于此，使罪犯受到刑事处分则必须通过在国家之内的一个诉讼程序及相应的司法裁判。非经诉讼程序不得进行刑事处罚（nulla poena sine processu）：刑事诉讼程序是落实和补充刑法的必要（necessário）前提。[14]

此外，民法赋予有利害关系的个人以在诉讼程序中提出主张的权能，或者反过来说，有反驳对方之主张的权能——条件是这一权能不涉及重要的公共利益——由此导致，当事人对诉讼标的具有几乎完全的支配性，这有力地限制了法庭的权力。但是，这样的支配性如果存在于刑事诉讼中，则将彻底阻碍通过刑事诉讼弄清楚犯罪情况和惩罚罪犯的功能。因此，刑事诉讼程序中的诉讼标的其实并不由诉讼主体支配，因为该程序涉及社会乃至国家本身利益的实现。于是可以坚定地认为，民事诉讼程序具有私力（privatística）性质，而刑事诉讼程序则相反，具有公力（publicística）的性质和结构。[15]

与前述诉讼标的方面的差异相对应，民事诉讼程序和刑事诉讼程序在结构和基本原则的问题上也存在巨大差异。在刑事诉讼程序中存在着一个预备性预审（instrução preparatória）阶段，该阶段主要是调查性质的，以书

12　有关于此，参见本书后文第三节 II 3 b）。

13　关于这一问题，参见本书后文第四节 I 1。

13a　关于这一问题，参见本书后文第十三节 I 1 以及第三节 III 1 d）。

14　参见 G. Conso, *Vero e falso nei principi generali del processo penale italiano*, RitalDPP 1958/289。

15　对这一对比的强调不宜超过合理的限制，参见 C. Massa, RitalDPP 1961/351 ss.，以及 S. Satta, *Soliloqui e colloqui di un giurista*（1968）177 ss.，195 ss.，211 ss. 但不完全理解这一问题的真正危险在于，有人尝试以特定方式，将私力定义为"控告的"，而将公力定义为"讯问的"，见本书后文 II 2 c）。

面形式进行，且有保密性，其目的在于查明涉嫌人（suspeito）* 是否实施了不法行为，以及在何等条件下实施了有关不法行为；在刑事诉讼程序中，民事诉讼法中诸如举证责任由当事人自负（auto-responsabilidade probatória das partes）等原则是无法运行的，因为在刑事诉讼程序中并不存在举证、反驳或提出异议的负担问题；通过任何和解（transacção）或放弃（renúncia）的行为来处分诉讼标的都是不可能的；在控诉所指出的内容范围内，法官被赋予几乎完全的自由裁量权（discricionaridade cognitiva）；在表面上作为当事人存在的主体之间并不存在真正的利益上的对立（contraposição de interesses）；最后，为使某一个人适应诉讼结构，一项极为重要的工作就是认识和评估罪犯的人格（conhecer e avaliar a personalidade do delinquente），这使其不再作为一个"抽象"的主体，而更倾向于一个具体的程序中的"现实"。上述所列举的种种只是使刑事诉讼程序区别于民事诉讼程序的特征中的一部分。对于这些特征，下文将继续阐述，尤其是在对"刑事诉讼程序的一般原则"[16] 进行介绍时，我们会回过头来，对刑事诉讼程序在功能上和目的上的特性进行进一步的阐述。

Ⅱ 刑事诉讼法作为公法的一部分

1. 与刑法一样，刑事诉讼法也构成公法的一部分（uma parte do direito público），这不仅是因为，与其他诉讼法一样，国家总是参与程序并行使审判职能，[17] 而更是因为，正如前文所述，对罪犯的追诉和宣判是作为一个已形成国家的社会自应专属处理的事宜。

与所有真正的公法一样，作为刑事诉讼法基础的关键问题也是国家与个人的关系以及个人在社会中的地位，可以十分肯定地说，刑事诉讼法的历史不过是这样两种矢量力相互妥协的产物，[18] 由此形成对法律世界中的任

---

* 葡萄牙和中国澳门的刑事诉讼法中存在"涉嫌人"（suspeito）的概念，指"有迹象已犯罪或预备犯罪，又或已参与共同犯罪或预备参与共同犯罪之人"（见现行《澳门刑事诉讼法典》第 1 条第 1 款 e 项），涉嫌人被依法拘留后则成为"嫌犯"（arguido）（《澳门刑事诉讼法典》第 47 条第 1 款 c 项），嫌犯为一诉讼主体。对嫌犯的详细介绍见本书第十三节。——译者注

16 参见本书第一部分第二章，尤其是其中第六节。

17 参见 Anselmo de Castro, Lições de processo civil Ⅰ 56 ss. 。

18 已经非常准确地对此问题进行强调的，Nazareth § 39；还可参见 Merle-Vitu ns. 71 s. e 648. 这一问题通常被用来指明刑事诉讼程序的政治问题，参见 G. Bettiol P. 2. *，caps. Ⅰ e Ⅳ。

何变化能够最快感知的指标。

这样，刑事诉讼程序处于一种绝佳的地位，在此能够就社会要求与实现人格自由之间的冲突找到解决方案。社会要求事实上可能构成对实现个人人格之自由的"侵犯"；这往往是通过强制手段（羁押、检查、搜索、扣押）实现的，而这样的侵犯越来越难有依据和难获支持，因为这些强制手段并非被适用于已被定罪的罪犯，而是适用于单纯的"涉嫌人"（他们其实往往是无辜的），甚至"第三人"（如声明人、证人以及完全没有参与诉讼程序之人）。[19]

因此，预防和惩处犯罪的社会利益必须有所限制（*limites*），而且，如果该利益涉及人格尊严，哪怕是最残暴的罪犯的人格尊严，则该等限制必须是不可逾越的。如果前述利益与某人的正当利益相冲突，但后者的人身自由并不会受到影响，且前述社会利益的实现必须采用此手段时，则经过仔细权衡，前述限制是可以逾越的。通过这样的权衡以及对冲突的公正裁判，排除国家或其附属机关滥用权力的可能性，并使社会的力量服务于法律并处于法律的控制之下。[20] 这最终使人们能否自由实现其道德人格并以此来对国家权力进行限制成为判断一个国家是否为真正的法治国家的最不容置疑的标准。

2. 因此不难理解，刑事诉讼法中各基本问题的具体解决方案，主要取决于某一特定国家文化和社会发展的阶段，取决于其法律意识的成熟程度，取决于作为该社会之基础的政治思想，取决于实现国家目的的有效的具体方式，[21] 最后还取决于在该国家中发挥作用的历史传统：正如埃克斯纳（EXNER）在充分论证后得出的结论，"有什么样的国家，就有什么样的诉讼法"（anderer Staat, anderer Strafprozess）。人们长期以来致力于找到合适的方法，以便以最好的方式实现刑事司法的任务，刑事诉讼法就是这一长期演进过程的产物。

因此，如果在哪个法律学科中，不论是从理解其现状和评价其优劣的角度，还是从尝试进行法律历史预测的角度，历史都发挥着极为重要的作用，则非刑事诉讼法学莫属。[22] 但是，本书受篇幅所限，无法对刑事诉讼法

19　关于这一问题，参见 DEL POZZO, cit. 81 ss. 。

20　参见 H. HENKEL § 2 Ⅱ e G. BETTIOL P. 2.ᵃ, cap. Ⅰ n. 3。

21　反对的观点见 E. BELING 101。

22　作出非常详细介绍的，参见 Eb. SCHMIDT, Z 65（1953）161 ss. 。

学科的历史进行哪怕极其简短的阐述。因此，鉴于社会群体与个体的人之间的关系以及由此而决定的个人在社会中的地位（status）是审视刑事诉讼法理论的基础视角，我们将摒弃独立于刑事诉讼法历史的做法（这样做的话，我们将无法超越先前的工作），而以一种简单的回顾（retrospectiva）来代替，通过这样的回顾我们将会知道，在历史上获得肯定的那些有代表性的政治导向是如何影响刑事诉讼程序的结构和特征的。[23]

a）根据国家的专制理论（concepção autoritária），尤其是 17 和 18 世纪已经为大多数欧洲国家所采纳的绝对主义国家（Estado absolutista）形式，国家是对社会共同利益的唯一裁判者，处于至高无上的地位，完全地且无限制地超越于个人。

因此，刑事诉讼程序由国家利益（interesse do Estado）专属支配，而不单独考虑任何个人的利益，裁判者享有完全任意的自由（通常都是为官方利益而行使），这在程序中是唯一一个重要的矢量。嫌犯并不被视为一个在诉讼程序中能够共同施加影响的主体，而只是被视为调查的"对象"（objecto），是诉讼程序所针对之人，而并不主动地参与有关诉讼程序。从这一刑事诉讼程序的基本理念出发，以国家主权之名，嫌犯所享有的免受国家机关（包括司法机关）权力滥用和不公正影响的基础性权利被弱化甚至忽视；在刑事诉讼程序中所处理的只是保护"权力"相对于个人意志对其行使所设置的障碍的（表面上的）利益，是确认国家力量相对于其命令所针对的对象的绝对权威。[24]

在由此形成的刑事诉讼结构中，法官同时拥有询问、指控和审判的权限，不过至少就事实问题方面，由于他们屈从于司法官僚主义，所以并不具备相对于政治权力的独立性。[24a]在这样的诉讼结构中，对程序的任意支配权属于法官，这不仅表现在是与否上（程序的推进），也表现在方式上（诉讼标的以及相应的已证主题和待证主题的确定），还表现在具体的程序

---

[23] 关于下面的问题，概括的介绍见 H. HENKEL § 20 Ⅲ；KERN-ROXIN § 2；反对的观点亦见 E. BELING 101。介绍类似特征但未考虑制度的政治情形的葡萄牙文献，Eduardo CORREIA，RDES 14（1967）1 ss.。

[24] 对此思想的概括性的但给人以深刻印象的介绍，Rogério SOARES，*Interesse público，legalidade e mérito*（1955）49 ss. 及 *Lições de direito constitucional*（1971）29 ss.；还可参见 MERLE-VITU n. 72 及 BEREND，*L'influence de l'organisation de l' État sur le droit pénal*，RIntDP 1949/28 s.。

[24a] 这一问题即便时至今日仍然经常被激烈讨论，参见 Th. RASEHORN，*Unabhängige Richter oder Justizbürokraten？* JZ 1970/574。

步骤上。在此结构中，人们以找寻事实的真正真相（实质真相）为托词，但其实只找到形式真相，这是因为整个诉讼程序所具有的单纯的调查性、书面性和保密性，也是使嫌犯丧失真正的辩护权的必要原因（尽管"法定证据"这一严格的制度使嫌犯在表面上获得保护），这也导致允许使用包括酷刑在内的一切手段盘问嫌犯以获得自认（confissão）这类被视为"证据之王"（regina probationum）的证据。之所以称自认是证据之王是因为，当没有获得自认这一证据时，法官将作出"暂时性的无罪判决"（absolutio ab instantia）这样一个简单的裁判，以便能够在有更好的证据出现时重新展开程序！概括地说，这种观念正体现了"纠问式诉讼程序"（processo inquisitório）中的典型观念。[25]

在历史上，这一观念起源或许可以追溯至罗马帝国晚期（Baixo Imperio Romano）的特别刑事诉讼程序，当时的"刑事推事"（quaesitores，负责特别刑事案件调查的工作人员）可指示适用酷刑，而酷刑的执行权则属"酷刑官"（tortor）：Cod. Th. 9，12，1。[26] 从因诺森特三世（Inocêncio Ⅲ）对关于异端（heresia）、亵渎神明（blasfémia）、通奸（adultério）等的规定开始，并在其第一阶段，以关于宗教裁判所（Santo Ofício da Inquisição）（1229年）的程序和法庭的规定为标志达到顶峰，[27] 这些规定是在拉特兰会议（Concílio de Latrão）之后所编辑的。由于教会法在意大利的影响，自15世纪起，前述观念开始在那里普及，因此它也被称为意大利教会程序（processo canónico-italiano）。在德国尤其如此，德国在《加洛林纳刑法典》（1532年）中完全接受了上述宗教立法。

这样的诉讼结构直到17和18世纪才在各国法中得到巩固，它在政治上与专制国家和极权政体国家等理念相联系。[28] 绝非偶然的是，该结构自很早时起便很大程度上在英国法中表现出来，后来又在现代极权国家中得以确

25　关于此，Eduardo CORREIA，*Proc. crim.* 6 s.；Caeiro da MATTA 97 s.；Castanheira NEVES 23 ss.；Beleza dos SANTOS 13 s.；F. CORDERO cit. 152 ss. 。

26　参见 V. MANZINI Ⅰ n. 3 e nota 4。

27　V. A. HERCULANO，*História da origem e estabelecimento da Inquisição em Portugal* 7 Ⅰ（1907）18；还可参见 câmara corporativa 对宗教自由法律的意见，转引自 Antunes VARELA，*Actas* 1971/694 s.；还可见 Eduardo CORREIA，RDES 14（1967）6 s. 。

28　关于这一问题的精彩评论，见 CARRARA，Opuscoli Ⅳ（1889）119 ss.，反对但未指明理由的论述，V. MANZINI Ⅰ 30。

认——不是作为一个整体，而是就其发展中最有特点的部分的确认。[29]

在葡萄牙，从很早时起，与帝国后期罗马法相联系的教会法即已开始对刑事诉讼法产生影响，使之具有纠问式的结构，至少针对较严重犯罪时是如此（阿丰索四世）。受到在葡萄牙设立宗教裁判所（Inquisição）（1536年）以及程序本身形式的影响，[30] 这一发展历程在菲利普律令（Ordenações Filipinas）时期达到鼎盛，对于较严重的犯罪，该等律令要求遵守"判断的自然秩序"（ordem natural de juízo），只需关心通过该秩序能否抓到罪犯、确认行为人和得到其自认。[31]

b）从与之前截然相反的国家 - 个人关系出发而形成的自由国家（Estado liberal）的世界观，使一个完全不同的刑事诉讼程序结构形成。

问题的核心在于，如今，独立的个人被赋予与生俱来且不可转让的自然权利（direitos naturais）。刑事诉讼程序所面对的，一边是想要惩治犯罪的国家，另一边则是想要避免被采取任何剥夺或限制其自由的措施的个人，两组利益直接对立（因此，刑事诉讼程序所处理的是一场讼争、争执或者争议）。既然是一场讼争（lide），为确保公正，应当确保相争的各方能够尽可能公平地使用"武器"，提供给他们使用的手段应尽可能相同。因此，不得将个人弃置于国家权力之下，相反，个人必须作为诉讼程序中真正的"主体"，应当赋予他们辩护权以及法律所保障的个人权利。这样，刑事诉讼法成为一部限制国家权力以保障被追诉的个人的法律，成为一种类似于公民个人权利与保障大宪章（Magna Charta）的东西。因此，国家保护个人，也防止其自身出现权力过度膨胀以及滥用权力等问题。[32]

由此导致，刑事诉讼的结构呈现出与民事诉讼相似的特点，除调查机

29　V. BEREND，前揭著作，注释 24，及 D. de VABRES，cit. 44 ss.（意大利），136 ss.（德国）e 177 ss.（苏联）。关于调查程序的历史发展，参见：关于德国，H. HENKEL §§ 6 - 9；KERN-ROXIN § 75 s. 及 Eb. SCHMIDT，*Strafrechtspflege und Rezeption*，Z 62（1944）232 以及 *Geschichte der deut. Strafrechtspflege* §§ 70 - 92，103 - 121，165 ss.，185 - 202；关于意大利，V. MANZINI Ⅰ ns. 6 和 7 及 SALVIOLI，*Storia della procedure civile e criminale*（Storia del diritto italiano Ⅲ - Ⅱ，1925）360 ss.；关于法国，ESMEIN，*Histoire de la procédure criminelle en France*（1882）66 ss.，概括的介绍见 STEFANI-LEVASSEUR n. 60 ss. 。

30　除 HERCULANO，前揭著作，注释 27 外，还可参见 A. J. SARAIVA，*Inquisição e cristãos-novos* 2（1969）47 ss.，75 ss. 。

31　Eduardo CORREIA，*Proc. crim.* 58. V. Mello FREIRE，*Institutiones iuris criminalis Lusitani*（1794）145 ss.，149 s.；Lopes PRAÇA，*Processo criminal*（lições litografadas，1885）11 s.；Dias da SILVA Ⅰ 68 ss. .

32　Rogério SOARES，*Lições de direito constitucional* 33 ss.；Cabral de MONCADA，Supl. XV ao BFDC 66 s. .

关（控诉者）与裁判者必须为不同的实体外，当事人处分原则、法官消极原则、表面真相原则、当事人举证责任自负原则（以及相应的举证责任的分配）以及定罪之前推定被指控者完全无罪原则等无条件地发挥着作用。

这些原则显然多是受民事诉讼程序的启发，而对刑事诉讼程序而言，比这些原则更重要的是因为它们而产生的结构性后果：羁押（*prisão preventiva*）以及其他针对涉嫌人的强制性手段（*meios coercitivos*）的非正当性；确保涉嫌人享有与控诉权（*direito de acusação*）同等充分的辩护权（*direito de defesa*），并尽量使其在程序中和程序前均享有与控诉者平等的地位；对辩论原则（*princípio do contraditório*）的完全遵守；建立一个有关证据调查和证据评价的证据合法性（*legalidade da prova*）的严格体系；承认当事人在一定程度上可支配（*disponibilidade*）诉讼标的；法官受到指控和辩护的严格的限制，这既表现在对诉讼标的的确定上（待证主题，*thema decidendum*），又表现在审理的范围上（已证主题，*thema probandum*），还表现在对裁判的限制上（禁止法官超越当事人提出的诉愿而作出裁判，*ne eat judex ultra vel extra petita partium*）。这些正是对"控诉式诉讼程序"（*processo acusatório*）的简单描绘。[33]

一般的共识认为，控诉式这一概念的根源可以追溯至古代东方的立法以及古希腊和古罗马的民主实践。它因罗马帝国的专制统治而衰弱，因日耳曼旧的刑事诉讼程序而恢复生机并存续下来，或多或少地保留了原貌，即使在加洛林时代也没有消亡。中世纪后期，在几乎整个欧洲大陆，该制度逐渐与纠问式的要素相结合。而在英国，"无地王"约翰（João-sem-Terra）签署《自由大宪章》（*Magna Charta Libertatum*，1215 年），受因此而进发的自由思想的鼓励，又因《权利法案》（*Bill of Rights*，1689 年）和《王位继承法》（*Act of Settlement*，1701 年）而强化，[34] 该制度获得了最大的和最持久的繁荣，且时至今日仍然是英国不可动摇的根基。[35]

在欧洲大陆，人们曾经对天启论（Iluminismo）抱有希望，认为只有它才可以使前述类型的诉讼程序的基本概念得到恢复。对此发挥了作用的是理性

---

[33] 参见 Eduardo CORREIA，*Proc. crim.* 12 ss. e RDES 14（1967）3 s. e 7 s.；Caeiro da MATTA 95 s.；Castanheira NEVES 22 s.；Beleza dos SANTOS 12 s；F. CORDERO，cit. 167 ss.，201 ss.。

[34] 关于这些内容，可参见 A. NOBLET，*A democracia inglesa*（F. de MIRANDA 的葡萄牙语译本，1963）26 ss.，50，85 s.，92 ss. e passim. 而特别地对文中所引最后一点作出阐述的，FRIENDLY，*The Bill of rights as a Code of criminal procedure*，CaliforniaLR 53（1965）929，952 s. 所引文献中的部分转引自 Jorge MIRANDA，*Textos constitucionais estrangeiros*（1974）7 ss.。

[35] 参见 KENNY-TURNER § 785。

主义运动（从格劳秀斯到普芬多夫，再到托马修斯和沃尔夫），但是，在启蒙思想［包括孟德斯鸠和伏尔泰的精神，但更与本书相关的是罗素和贝卡利亚的思想，而且葡萄牙的韦尔内（VERNEY）和梅洛·弗莱雷（Mello FREIRE）也对此作出了贡献[36]］的作用下，不仅旧时纠问式的指控彻底过时，[37] 酷刑被画上句号，不再将自认作为证据方法，而且建立起一个以指控为基础的全新的刑事诉讼程序，该程序以英国刑事诉讼法学理论发展的最新成果为基础，广泛地回应了当时的社会需求：通过宪法使权力分立，法官具有独立性，行使司法职能时普通民众可以参与，审判具有公开性、辩论性（对立性）和口头性。

　　法国大革命使前述需求开始成为现实；而《人权和公民权宣言》又使它们得以巩固（第 7 条：除非在法律所规定的情况下并按照法律所指示的手续，不得控告、逮捕或拘留任何人。第 8 条：罪刑法定原则。第 9 条：任何人在被证明有罪前应被推定为无罪，且禁止采取不必要的暴力措施）。1791 年，法国引入陪审团（júri）制度，并使法国的刑事诉讼法规范化，确定下来的规定体现在 1808 年的《刑事审理法典》（Code d'instruction criminelle）中。这样，随着检察院这一负责控诉且独立于法院司法官的国家机关的设立，随着审判的辩论性、公开性和口头性原则以及证据自由心证原则的胜利，控诉式的诉讼程序势不可当地取代了纠问式的诉讼程序。这一制度可以说兼具盎格鲁－法兰西特征，在学理中被称为改革后的诉讼程序（processo reformado），到 19 世纪上半叶，这一制度在欧洲大陆大多数国家的立法中取得了绝对的优势地位。[38]

　　在葡萄牙，征服时期的刑事诉讼法强调控诉（non respondeat sine rancoroso）、公开、口头和形式，其首要宗旨在于和平解决私法上的冲突。[39] 后来，

36　参见 Eduardo CORREIA, RDES 14（1967）8。

37　葡萄牙学者关于 Santo Ofício 的调查程序的介绍，参见 Notícias recônditas do modo de proceder da Inquisição com os seus presos（ca. de 1673）；关于此，A. JARAIVA, cit. 109 ss.。

38　德国的情况，参见 H. HENKEL § § 3－5 e 10－12；KERN-ROXIN § § 74－77；Eb. SCHMIDT, Geschichte § § 65 ss.，224 ss.；意大利的情况，V. MANZINI I n. 8；法国的情况，ESMEIN, Histoire 399 ss. e Stéfani-Levasseur n. °49 ss.。

39　参见 Beleza dos SANTOS 16 s.；Eduardo CORREIA, Proc. crim. 48 ss. e RDES 14（1967）3 s.；Dias da SILVA I 52 ss.；Lopes PRAÇA 8 ss. 对控诉原则的清晰的介绍，见 Livro das Leis e Posturas（参见 1971 年里斯本大学法学院的版本）28，其中阐述了 "o estabeleçjmento de como non he theudo a Responder mais que aaquelo que he na çjtaçon"，并指出 "Costume he e des hi he dereyto que sse alguu he çitaçom assy come deue，e lhi ade na demanda mais que anda na çitaçom nom he theudo de Responder aaquelo que lhi adem de mais ca anda na çitaçom"。但参见（loc. cit. 31）L，其中规定，行为人得事后声明其行为的原因，包括在传唤之时未声明的原因。

受教会法和罗马法影响而发生了深刻的变化，转变为一种明显具有纠问式特征的诉讼程序，直到 1820 年革命才再次成为改革的对象，并随着穆辛奥·西尔韦拉（Mousinho SILVEIRA）组织检察院（1822 年 5 月 16 日第 24 号令）而又变回以控诉为基础，这些控诉基础与旨在保护嫌犯充分的辩护权且规定在 1826 年宪法中的原则相联系，使当时的葡萄牙刑事诉讼程序呈现出一个可以接受的外表。然而，这一外表并无法掩盖内里混乱的诉讼结构，该结构非为对抗性质、很不严谨而且难于理解，以致新的和最新的司法改革（1837 年和 1841 年）以及后来大量的立法都没有使情况好转，甚至恰恰适得其反。[40]

c）随着通常被称为社会法治国家的这类国家登上政治舞台，人们不禁要问，作为刑事诉讼法理论基础的国家形象——归根结底是人类形象的反映——是否已经发生了改变。此时的社会 – 个人关系，既不同于专制主义下的社会 – 个人关系，也不同于个人主义下的社会 – 个人关系，而国家既不是专职的官方权力，也不是命令保护个人意志的权力，而是努力在社会生活中确保每一个体道德人格的自由实现的助推手。

这样，似乎找到了形成和构建刑事诉讼程序的新视角：该程序所行使的首先是社会职能（função comunitária），且其本身也构成社会规则的一部分（parte da ordenação comunitária），然后它才是国家力量的一面镜子，是保护个人免受国家力量侵害的秩序，且后两种特征很容易受到前两个特征的影响。但不能因此而质疑前述后面两项需求对刑事诉讼程序的重要性，正确的理解是，这意味着在刑事诉讼程序中所处理的首先是法律社会的问题（assunto da comunidade jurídico），以此名义和为此利益，才必须弄清楚、追诉和惩罚犯罪和罪犯。在一个以民主为基础构建的社会中，社会观念并不将人视为"臣民"（súbdito，这一概念存在于警察国家，在此类国家中，个人不被承认具有自主的权利义务范围），也不将人视为自我立法的"个人"（除此之外再无任何道德评判标准，因此他们的自主性只是表面上的），而是将之视为创造并推进社会价值并为它们的自由实现创造必要条件的道德人格。[41] 由

40　Eduardo CORREIA，*Proc. crim.* 59 ss.；Dias da SILVA I 74 ss.；还可参见本书后文第三节 I 1。

41　关于这个国家的概念，v. FORSTHOFF（Hrg.），*Rechtsstaatlichkeit und Sozialstaatlichkeit*（1968）e W. MAIHOFER，*Rechtsstaat und menschliche Würde*（1968）；而关于作为其基础的人的形象，MAIHOFER，*Menschenbild und Strafrechtsreform*，Berliner Universitätstage（1964）5 ss.；关于社会法治国家原则对刑事司法的影响，参见 K. PETERS，K. TIEDEMANN 及 T. WÜRTENBERGER，cits.，以及进行高度概括性介绍的，G. BETTIOL P. 2.ª，caps. I e IV；最近的文献可见 G. AMBROSINI，《*Statto di diritto*》e《*Statto moderno*》，Studi Petrocelli I（1972）。

此产生了创建一种新型的刑事诉讼结构的需求，在该结构中，既不像在警察国家中那样破坏个人自由，也不像在民众国家（estado-de-massa）中那样破坏道德人格，更不像在个人自由主义国家中那样丢弃为实现社会职能所必不可少的条件。但是，这样的结构如何能够真正地实现呢？

一种起源于日耳曼、自第一次世界大战末期开始流行的观点认为，这能够通过不完全地回归纠问式诉讼程序的准则而得以实现——不仅在刑事诉讼中实现，在民事诉讼中也是如此。随着刑事诉讼程序的公力性质愈益凸显，以及相应的诉讼标的具有不可支配性，且赋予审判阶段的法官以更广泛的调查权力，很快，这导致人们憎恨一切使得克服控诉式系统变得成本高昂的事宜。而当没有重新达到对同一个法官作为预审者和裁判者的资格进行识别时（正如葡萄牙1929年《刑事诉讼法典》中所规定的），很多事情都备受谴责——从当事人诉讼程序的任何迹象到各当事人证明上的自主权，从对法官活动的任何限制到其在引导程序的过程中的不受牵连和独立性，从世俗裁判者的参与到通过控告和辩论实现直接的讯问和反对讯问的单纯可能性。此外，坚决不要忘记诸如辩论原则、听证原则、口头和公开原则、对事实裁判进行控制的可能性原则等。很多事情受到谴责的原因是，它们所涉及的是刑事诉讼程序的私力理论的痕迹，而这由于民主自由意识形态的衰落，即使在民事诉讼程序中也已不再完全适用。[42]

这种想法，以笔者之见，是极其不适应于当前社会法治国家的政治法律形态的，而且当其褪去政治表面时，还因容易混淆而极其危险。[43] 那些理论在一定程度上使缓和的纠问式（inquisitório mitigado）的回归合法化，[44] 或者至少使混合体系（sistema misto）的回归[45]合法化，但要求进行一场可以概括为"以调查为原则的控诉式"（sistema acusatório com princípio da investigação）程式的运动。刑事诉讼程序的"公力"（publicística）性质绝

42　正是基于这一思想，德国在国家社会主义时期进行了一些对刑事诉讼法改革的尝试（对此改革的批评，参见 Eb. SCHMIDT, *Geschichte* §§ 359 s., 365 及 G. BETTIOL P. 2.ᵃ, cap. I n. 4）；还可参见 V. MANZINI I 223 ss.。

43　完全与笔者观点相同的，参见 F. CORDERO, cit. 167 ss., 201 ss. e passim（尽管有人不赞同该学者论证时的具体步骤），主要围绕民事诉讼程序的阐述，P. CALAMANDREI, cit. passim e S. SATTA, *Soliloqui* 177 ss., 195 ss. e 211 ss.。

44　参见 Pessoa VAZ, cit. 130 ss. 与 Cabral de MONCADA, Supl. XV ao BFDC 68 ss.。

45　这意味着，根据拉德布鲁赫的观点，黑格尔三段论式的辩证概括，控诉式诉讼程序和纠问式诉讼程序则分别代表着正题和反题：参见 Castanheira NEVES 21。认为对"此等对立面的调和"在一定程度上是不可能的并无法说明理由的，F. CORDERO, cit. 168 s.。

不排斥控诉式，而控诉式也并不必然意味着是非形式上的、可支配的、私力的和表面上的，概括而言，控诉式并非民事诉讼程序传统结构的专利。一个基本上采用控诉式的制度只是对法律的个人主义思想的一种表达，只是对国家民主思想的一种表达。[46]

国家的社会中心（*tónica social*）并非因此而不再对刑事诉讼程序的设计产生影响：它使控诉式的制度结合了（但其外形并没有被改变）被人模糊地称为"纠问式"的原则，但可命名为"调查式"（*investigatório*）的或"教育式"（*instrutório*）的，[47] 通过这一原则，人们的目的是使法庭（*tribunal*）自主——即不受控诉和辩护影响——阐明和审理的权力 - 义务成为须经审判的"事实"（facto），并使该事实本身成为其裁判的必要基础。随着这一结合，恰当地强调了诉讼程序标的和内容的不可支配性、其找到实质真相的意图、在不影响嫌犯人格和辩护权的基础上对其自由的必不可少的限制；而对此的获取要以对当事人证明活动的充分利用，以基本平等的主要想法，以要求"实质"真相也是"程序上有效的"真相，以赋予诉讼程序中之当事人更广泛的行动范围，以及，最后，以宣告具体案件中的权利时对其积极参与的承认为代价。[48]

d）下面，笔者将借用帕夫洛夫斯基（PAWLOWSKI）的一个理论，[49] 对本部分的最后一个问题进行阐述。如我们在前一节中所阐述的，刑事诉讼程序的目的是在具体的刑事案件中对权利作出宣告，既然如此，那么，与国家法律和政策思想紧密相关的不同类型的刑事诉讼程序，最终还是扎根于法律本身的不同理念（*diversas concepções do próprio Direito*）上。如此便能理解已走过的路径（程序的概念——国家法律和政策的概念——法律的概念）并给我们的概括性介绍画上句号。

事实上，可以将历史上曾确认的刑事诉讼程序类型分别对应于专制的、精英政治的又或民主的政体，它们的首要区别在于，作出权利宣告的决定要求"一个人"来决定，还是"一组"人来决定，抑或要求政治和法律社

46　关于这两个概念之间的联系，以及对之的准确理解，参见 Cabral de MONCADA，*Democracia*，BFDC 38（1962）7 ss.。

47　德国人谨慎地将此称为 *Untersuchungsprinzip* 或 *Ermittlungsgrundsatz*，以便使之能够与 *Inquisitionsprinzip* 清楚地相区分，参见本书后文第六节I，还可参见 Castanheira NEVES 16，18，29。

48　关于这一事宜完整且妥当的阐述，参见本书后文第八节。

49　ZZP 80（1967）382 ss.．

会中的"全体"成员来决定。以此标准来看，对于我们所讨论的这一问题，我们的时代所采纳的全部是"精英政治"的政体。使它们相互区别于彼此的决定性特征，是作出裁判以及就此裁判说明理由的方式（*forma*）或程序（*processo*）：在专制政体下，领袖自我作出的裁判即有效；在精英政治下，裁判由"最好的人"（melhores）、"智者"（sábios）或者"专家"（especialistas）作出。在民主政体中，与前二者不同，裁判的作出不得仅以社会中某一或某些成员的意思为基础，哪怕他们因为特权而享有作出裁判和使裁判获得执行的"正当"权力，又或他们本来就是最适宜作出裁判和使裁判执行之人亦然。裁判的基础必须是，有权力作出裁判之人以法律社会全体成员的看法为指引（此处涉及的是"有效性"的问题，而不单纯是"正当性"的问题[50]），而具体到诉讼程序，包括刑事诉讼程序时，以作为主体参与诉讼程序中之人的看法为指引。唯有如此，裁判才可谓有效，因为它与社会的法律道德观念相适应。[51]

Ⅲ　刑事诉讼法的具体宪法构造

1. 前面所展现的刑事诉讼法与基础政治理念之间的关系，提出了狭义上的法律思维（即刑事诉讼法思维）与一门文化学（即政治学或国家理论）之间的联系这一跨学科的问题，但并不止于此。除了这对联系之外，还涉及法律思想的两个不同分支之间的联系：刑事诉讼法，正如亨克尔（H. Henkel）所述的，[52] 实际上是可适用的宪法（*direito constitucional aplicado*）。而从二维的视角阐述即：作为刑事诉讼法基础的那些问题，同时也是国家的宪法根基，而那些针对程序法问题而产生的具体规范，其实也是根据宪法形成的。

由此产生了诸多要求，包括但不限于：在程序进行过程中，如果涉及宪法所保护的公民权利，则必须就任何需要干预的事宜作出认真的且细致

50　关于这一对立关系，参见 Figueiredo DIAS，*O problema da consciência da ilicitude* 120 s. 。

51　关于这一基础概念，Castanheira NEVES，*Lições de introdução* 31 ss.，125 ss.；F. WIEACKER，*Privatrechtsgeschichte der Neuzeit* 2（1967）609 ss.；Figueiredo DIAS，*O problema da consciência da ilicitude* 322 ss.，376 ss. e passim。

52　前言。巴西学者若昂·曼德斯（João MENDES）也阐述过相同的观点（转引自 Magalhães NORONHA n. 3）："程序性法律是对宪政性法律的必要补充；程序中规定的手续是对宪法所保护权利的实在化（actualidades）。"

的法律规定（*regulamentação legal*）；作为一般法的刑事诉讼法，永远都不得将该等权利的基础内核（*núcleo essencial*）排除，即使宪法赋予该法以对该等权利进行规范的自由亦然；须对所有国家机关的活动进行严格的司法控制（*controlo judicial*），包括那些仅行使行政职能的机关，只要有关活动涉及受宪法保护的权利；禁止管辖权排除（*proibição das jurisdições de excepção*），即禁止通过法定裁判者或自然裁判者的保证，作出使嫌犯被覆盖在任何可适用于司法程序的宪法的任何操作之下的安排；禁止通过侵犯人的道德自主而获得的证据（*proibição de provas*），即使该人同意时亦然；等等。同样地，还产生了下列要求：对法律概念的理解和适用须从宪法的角度出发，法律概念的落实也要符合宪法的规定。[53]

长期以来的法律思想倾向于将宪法规范——尤其是关于基本保障的规范——纯粹视为"纲领性的原则"（*princípios programáticos*），是指引一般法的立法者在遵守宪法规定的立法程序的基础上使所立法律更符合其意志的指引。从这个视角看，相应的刑事诉讼法律规范，根据其定义，是一般法尝试正确地理解宪法指导原则的产物，因此很难感知其是否合宪。

而如今，几乎所有观点都倾向于将宪法亦视为真正的法律规范，该等法律规范中虽然包含有限制性条款，规定它们所保护的权利仅在"法律规定的条件下"方可继续存在，但禁止在一般法中作出将主要核心排除出该权利的规范，否则该一般法规范构成实质上的违宪。[54]

这一观念上的转变，随着宪法监督制度的发展和完善，对刑事诉讼法产生了更为决定性的影响。于是我们看到，联邦德国最高宪法法院不断地对刑事诉讼法律规范中的极微小的细节的合宪性进行审查，此举与有关法学理论一起，构建了实际上全新的诉讼法律制度——只需想想《听证法》（*rechtlich Gehör*）在该国的命运即可；[55] 在意大利，宪法法院对刑事诉讼法的合宪性进行了如此猛烈的批判，这使最胆小谨慎者也逐渐支持废除《意

53　关于这一系列要求，参见所引鲍曼（BAUMANN）、朔恩（SCHORN）、施特雷（STREE）、孔索（CONSO）、德尔·波佐（DEL POZZO）、西尼斯卡尔科（SINISCALCO）和瓦萨里（VASSALI）的研究，此外，对"宪法和刑法问题"进行概括性的阐述并介绍了更多参考文献的，见 G. BETTIOL, *Direito Penal*, P. G. I（F. de MIRANDA 的译本，1970 年）95 ss.。

54　Afonso QUEIRÓ-Barbosa de MELO, *A liberdade da empresa e a constituição*, RDES 15(1967)219 s., 222 ss.. 而关于该问题在意大利的不同状况，参见 DEL POZZO, cit. 41 ss.。

55　参见本书后文第五节 II，其中列出了一些关于这一问题但本书中未包含的参考文献；还可参见前注 53 中所引德国学者的文献。

大利刑事诉讼法典》;[56] 最后但并非最不重要的是，在美国，众所周知，作为宪法法院的最高法院最近在与刑事诉讼程序非常相关的一些司法裁判中给出了实质性的解决方案（如讯问时律师的在场、搜查/搜索与扣押、证据的禁止等），其判决的依据都是美国宪法规则，尤其是关于公民基本权利的那些宪法规则。[57] 在葡萄牙，继 1911 年宪法之后，1933 年的《政治宪法》在其第 123 条中规定了对宪法的司法审查制度，这是世界上最自由的宪法司法审查制度之一，但葡萄牙有关刑事诉讼程序合宪性的司法判例极其贫乏，这确实是一个难以解释的怪现象。

2. 已经作出的分析还可作为一个纲领：在对现行葡萄牙刑事诉讼法进行有价值的阐述时，首先必须根据约束刑事诉讼法的宪法（不管是在行文上，还是在原则上），对刑事诉讼法进行反思。如果在此处对因为宪法形成的刑事诉讼具体问题进行完整概括是不可能的且徒劳的，或许应当立即将注意力放在那些将两个领域更为紧密地结合起来的章节。

a)《葡萄牙政治宪法》的第 8 条、第 9 条和第 116 条以足够明确的方式规定了一项宪法原则，即对犯罪的查证（verificação）和制裁的科处必须在诉讼程序中进行，也就是说，必须通过固定的司法程序，非经诉讼程序不得进行刑事处罚（罪刑法定）。因此，不仅犯罪与刑罚要求法定，而且整个"镇压"过程都要求法定，这意味着，自镇压机制开始启动时起，到宣告的刑事处分被具体地实施时止，人的自由始终受到尊重。唯有如此理解，公民才能够获得有效的和具体的保障，而不仅仅是表面上表现出来的保障。[58]

b) 由于在诉讼程序中法院的立场（posição）确实非常重要，自然有必

56　参见 A. Santoro, ScPos 1970/469；在 S. Tessitore, RitalDPP 1970/623 ss. 中，可见宪法司法化（jurisprudência constitucional）的一对值得注意的——但远非完全的——关系（何况这仅涉及辩护权的问题）；还可参见本书前注 53 中所引意大利学者的文献。最后，对此议题作出高度概括的，John. C. Adams, *The role of the italian constitutional Court in protecting and extending the procedural rights of the accused*, Studi Carlo Furno（1973）1。

57　关于这一问题，Kadish-Paulsen 678 ss. 中所阐述和评论的那些司法裁判十分具有说明性；此外还可参见 Knowlton, *The Supreme Court, Mapp v. Ohio and due process of Law*, IowaLR 49（1963）14 ss.；*Comments: Electronic surveillance by law enforcement officers*, Northwestern UniversityLR 64（1969）63 ss.；White-Greenspan, *Standing to object to search and seizure*, PennsylvaniaLR 118（1970）333 s.；S. Bogen, *Human rights in the USA: two decades' development*, RintDP 41（1970）641；J. Cole, *Impeachment with unconstitutionally obtained evidence: coming to grips with the perjurous defendant*, J. of CL, Crim. & PS 62（1971）1。

58　在这个意义上进行阐述的，M. Siniscalco, cit. 122 s. e G. Lavasseur, *Réflexions sur la compétence. Un aspect négligé du principe de la légalité*, Études Hugueney（1964）15 ss.。

要——即使是以经受诉讼程序之人所应享有的保障的名义——为该立场辩护并尽可能地保护其免受违反人性的做法（desnaturações）的破坏，因为这样的做法会使法院的判断成为表面判断。因此，关于法院的组成和运作的原则的事宜（关于"审判职能"见《葡萄牙政治宪法》第116条），以及与管辖范围（âmbito da jurisdição）、管辖权（competência）和特别管辖之禁止（proibição de jurisdições especiais）（对特定种类的犯罪的审判具有专属管辖权，但涉及财税、社会或妨害国家安全的犯罪除外）以及由检察院在法院内代表国家（第122条）的相关问题，[59] 均属与宪制性法律直接关联的问题。

c）出于与前面刚刚指出的原因相同的原因，主导法官活动和职能的基本原则也是在宪法中作出规定的原则，至于这些原则的来源，间接的有"国家权力分立"原则（《葡萄牙政治宪法》第71条以下及第116条），直接的有"审判职能独立"原则——由此产生了终身制（vitaliciedade）、不可撤职（inamovibilidade）、不承担责任（irresponsabilidade）等保障——以及"司法援助"原则（第122条）。[60]

d）还有人将听证的公开原则上升到宪法原则（máxima）的高度——这有着无可争辩的合宜性，由此赋予被告一项极重要的保障——该原则是控诉式诉讼程序的顶梁柱，仅"在法律规定的特别情况下且公开会违反公共利益和公共秩序或违反善良风俗"时才容许有例外（《葡萄牙政治宪法》，第121条）。[61]

e）最后，辩护权不可侵犯原则和保护人身自由原则也属宪法保障的范围。

通过辩护权不可侵犯原则（第8条第10款），或者仅根据其一般概要，无法将辩护所应具体采取的形式精准地具体化以符合相应的宪法理论；但是，该原则表明，"进行辩论预审，在罪过的确立之前或之后，以及为适用保安处分时，赋予嫌犯以必要的辩护权的保障"，是葡萄牙公民所享有的一项受宪法保障的权利，这使公民的这一个人权利和保障定型化，适用于整个刑事诉讼的过程，其"基础内核"的构成要件（notas constitutivas）不得

59　对这些问题的详细阐述，参见 KERN, *Kurzlehrbuch des Gerichtsverfassungsrechts* 4（1965）。关于此——也关于在前项中已提出的问题——德国学者提出了"法定法官"（juiz legal）原则，而意大利则称为"自然法官"（juiz natural）原则（参见本书后文第十节 I）。

60　关于这些全部问题，参见后文第九节 I。

61　关于这一原则，参见本书后文第七节 II。

被一般法破坏，否则构成实质违宪，这也成为葡萄牙被认为——就刑事诉讼程序中的这一事宜而言——是真正的法治国家的原因。[62]

另外，由于刑事诉讼程序是一个极有可能对公民人身自由构成限制和侵犯的程序，通过《葡萄牙政治宪法》对人身自由进行保护是极为重要的，这体现在宪法中的禁止羁押原则（第8条第8款，但§3和§4规定的情形除外）、非现行犯情况下的拘禁（prisão）要求通过法律规定的机关的书面命令为之的原则（第8条，§4，第一部分）以及给予人身保护的原则（第8条，§4，最后部分）。[63]

第三节　刑事诉讼法及其适用

参考文献：

F. CLERC, *Un exemple de l'apport du droit comparé à l'interpretation des lois de procedure pénale*, Études Hugueney (1964) 55.

Eduardo CORREIA, *Para quem devem ser 《novos》 os factos ou elementos de prova que fundamentam a revisão das decisões penais?* RDES 6/381.

Braga da CRUZ, *A 《Revista de Legislação e de Jurisprudência》 (Esboço da sua história)*, RLJ 104/1.

ECKARDT, *Die verfassungskonforme Gesetzauslegung* (1964).

G. FOSCHINI, *Le norme giuridiche come strumenti del giudizio*, Rital-DPP 1965/366.

P. HÜNERFELD, *Literaturbericht: Portugal*, Z 80 (1968) 237.

F. José de MEDEIROS, *Estudos jurídicos acerca do projecto de Código de Processo Criminal do Sr. Cons. Navarro de Paiva-seguido de breve resposta aos mesmos estudos pelo autor do projecto* (1877).

Navarro de PAIVA, *Projecto definitivo de Código do Processo Criminal* (1882) e *Projecto de Código do Processo Penal* (1886).

REVISTA DE LEGISLAÇÃO E DE JURISPRUDÊNCIA, *Código do processo criminal*, 9/600 e 10/11 e *Observações sobre a proposta de Código do Processo Penal apresentada à Câmara dos Deputa-*

62　详见本书后文第十三节与第十四节。

63　参见本书前注53中所引文献，以及参见本书第二卷。对人身保护令的详细介绍，参见 S. TAVOLARO, *Auspicio di un 《Habeas Corpus》 mondiale*, RivP 89 (1965) 645。

dos na sessão de 6 - 3 - 1899，31/197，32/2，35/2.

REVUE INTERNATIONALE DE DROIT PÉNAL 42（1971）7.

Beleza dos SANTOS，*Interpretação e integração das lacunas da lei em direito e processo penal*，BFDC 11（1929）102.

Furtado dos SANTOS，*Direito internacional penal e direito penal internacional*，BMJ 92（1960）159.

M. SINISCALCO，*Irretroattività delle leggi in materia penale*（1969）.

C. TESTI，*L'analogia nel processo penale*，RivP 88（1963）487.

I 葡萄牙刑事诉讼法的渊源

1. "法之渊源"是指某一特定制定法（direito positivo）的经法律所规定的外在表现形式。从表面（formal）上看，这是一个从实证主义角度出发而得出的概念，类似《民法典》第 1 条所规定的"法之直接渊源"[1]。现行刑事诉讼法最重要的渊源包括：1929 年 2 月 15 日《刑事诉讼法典》（同日第 16489 号命令核准了该法典并命令公布，而 1931 年 1 月 24 日第 19271 号命令则宣告该法典经适当修改后在海外生效）、1945 年 10 月 13 日第 35007 号法令（被命令延伸适用于海外，并经 1959 年 3 月 20 日第 17076 号训令修改）以及《司法通则》（Estatuto Judiciário，1962 年 4 月 14 日第 44278 号法令，后来经历过修改）。[2] 1972 年的 5 月 31 日第 185/72 号法令是自 1929 年以来对《刑事诉讼法典》进行的最新近的、范围最广的和最重要的一次改革，这次改革亦使第 35007 号法令中的多条规范失效——但并没有明确指出哪些规范失效，而是通过重新制定不同于《刑事诉讼法典》的新规范，或通过重新提出其他规范取代被视为已废止的规范。

除这些主要的渊源外，还存在着大量零散法例（legislação extravagante），对刑事诉讼法的各个特定的领域作出规范，在特定的情况下即须参照该等法例。这大大地提高了对此学科进行系统化研究的难度，甚至使对刑事诉讼法学中的实质矛盾进行统一的和自由的理解成为不可能。这种状况的出现，在一定程度上是由于没有遵守第 16489 号命令第 5 条的规定："未

---

1 关于此术语的含义、其历史以及对它的评价，参见 Castanheira NEVES，*Lições de introdução* 411-a ss. 。

2 最新的版本见第 281/71 号法令和第 2/72 号法律。

来就本法典（《刑事诉讼法典》）所规范之事宜所作的全部修改，必须经司法部命令而加入本法典中。"就刑事诉讼法的章节或问题作出规范的法规（除第 16489 号命令第 3 条 §1 和 §2 中所保留有效的法规外），如第 35043 号法令、第 35044 号法令和第 36198 号法令（人身保护令）[3]，第 35042 号法令、第 36288 号法令、第 39351 号法令、第 39757 号法令、第 40556 号法令和第 41304 号法令（司法警察），第 36085 号法令和第 39497 号法令（治安警察），第 35046 号法令、第 35830 号法令、第 36527 号法令、第 39749 号法令、第 40541 号法令和第 40619 号法令（国际警察和国防警察），第 49401 号法令和第 368/72 号法令（安全总局），第 35044 号法令和第 35389 号法令（检察院），第 2000 号法律及与之相应的第 34540 号命令和第 34553 号命令以及第 37047 号法令和第 40550 号法令（经法院判决的恢复权利以及刑罚执行法院），第 34553 号法令（假释），第 35044 号法令、第 40550 号法令和第 40614 号法令（刑事法庭全体会议/Tribunal plenário criminal），第 7/70 号法律和第 562/70 号命令（司法援助），第 5/71 号法律和第 250/72 号法令（出版法律通则），第 2/72 号法律和第 343/72 号命令（刑事起诉法庭），等等。[4]

在综合考虑起来属于其他法律部门的一些法规中，也有涉及刑事诉讼法的内容的法律规范，如：《政治宪法》、《监护未成年人的组织》、《军事司法法典》、《民事诉讼法典》（关于有过错的破产和欺诈性破产的部分）、关于违反海关规定的行为的法律（第 31664 号、第 31964 号、第 35641 号和第 35741 号法令）[5]、关于妨害公共卫生及经济的违法行为的法律（第 41204 号和第 452/71 号法令）[6]、关于监狱部门改革的法规（第 26643 号法令）以及《劳动程序法典》（经第 45497 号法令核准）等。

随着立宪主义（Constitucionalismo）的确立，法国法及其改革后的刑事

---

[3]　通过第 185/72 号法令，目前有关规定基本上都在《刑事诉讼法典》第 312 条及以下（第七章）。

[4]　对截至目前已经公布的有关零散法例的完整汇总，见 Eduardo CORREIA & Furtado dos SANTOS, *Código de processo penal actualizado* 2（1959）。

[5]　更具体的阐述，参见 Figueiredo DIAS, *Código penal português actualizado e legislação comple-mentar*（1972），对第 279 条的注释。

[6]　后一部法令定义了经济供应监督总局（Inspecção-Geral dos Abastecimentos Económicos）的新的职能和权限。而第 41204 号法令中的很多规定则几经修改，最新的参见 6 月 7 日第 340/73 号法令。

诉讼法获得了真正的"接受",而如前所述,自 1853 年起,一场在刑事诉讼法这一法律部门进行的全面改革(reforma global)也拉开帷幕。这场改革结束了这一领域中存在的立法混乱,使宪法中已确定的指导原则成为现实。

该年的 6 月 7 日命令,设立了一个"刑事诉讼法律改革委员会"(Comissão de Reforma do Processo Penal,后来又于 1857 年 12 月 30 日设立了另一个委员会)。纳瓦罗·德·派瓦(Navarro de PAIVA)是决定改革思想的主要负责人(corifeu),相继提交了四份刑事诉讼法典草案(分别于 1874 年、1882 年、1886 年和 1905 年)。1886 年,亚历山大·德·塞亚布拉(Alexandre de SEABRA)以纳瓦罗·德·派瓦的第三份草案为基础,提交了一份新法案。1899 年,特林达德·科埃略(Trindade COELHO)和科雷亚·德·派瓦(Correia de PAIVA)编写了一份新草案,经若泽·德·阿尔博姆(José de ALPOIM)之手,该草案终于被提交至议会(Câmara de Deputados),但在《立法与司法见解评论》(Revista de Legislação e de Jurisprudência)上遭到了极其严厉的批评。[7] 1916 年,马奎斯·格德斯(Marques GUEDES)编写了另一份草案,最终未提交予议会,其主要的灵感来源于对意大利实证法学派指导思想在一定程度上的接受。1926 年,曼努埃尔·罗德里格斯(Manuel RODRIGUES)部长委任弗朗西斯科·恩里克·戈伊斯(Francisco Henrique GÓIS)在最短的时间内(五天!)提交一份刑事诉讼法典草案,并同时指定了一个修订委员会。修订工作未在规定的期限(十五天!)内完成,但法典于 1928 年 4 月 10 日经第 15396 号法令公布了。随后,1928 年 5 月 10 日——此时曼努埃尔·罗德里格斯已不再担任部长,西尔瓦·蒙泰罗(Silva MONTEIRO)为新的部长——的第 15462 号命令决定推迟刑事诉讼法典的生效,并组成了一个委员会[由贝莱扎·山度士(Beleza dos SANTOS)、恩里克·戈伊斯(Henrique GÓIS)和佩雷拉·德·索萨(Pereira de SOUSA)组成]就所作之修订发表意见,后来命令(1928 年 9 月 18 日的第 15968 号命令)将法律文本重新公布。正是因为该委员会的工作,结合法院司法官团和检察院的修订建议,成就了现行《刑事诉讼法典》,该法典于 1929 年 2 月 15 日经第 16489 号命令核准,并于 3 月 1 日起生效。[8]

7　RLJ 31/197 ss. 根据 Braga da CRUZ, RLJ 102/130,这份评论的作者为 Dias da SILVA。

8　本书对此段历史的介绍比较简略,详见 Caeiro da MATTA 25 ss.；J. MOURISCA Ⅰ9s.；L. OSÓRIO Ⅰ 32 ss.；Beleza dos SANTOS 19 s.；Braga da CRUZ, cit. ns. 45 e 49 及对应注释,以及注释 463 和 1502。

《刑事诉讼法典》的主要渊源包括之前的法律、国内的判例和法院的司法实践，以及前述草案中的部分，尤其是纳瓦罗·德·派瓦的后几份草案。鉴于立法的混乱局面以及之前的诉讼实践，该法典的首要目的是以统一和有序的方式汇集刑事诉讼法的原则，在一个基本上排除矛盾的体系中对该等原则作出规范。但也不能说本法典的任务单纯是对之前法律的汇编和系统化：它强调发现实质真相也是刑事诉讼程序的目的；相应地，法官的审理权扩大；它断然否定了滥用权利的司法实践，宁愿推迟诉讼程序的进行。这些特征都表明，这是一次真正的改革（在很多问题上，奥地利和德国思想的影响十分明显），而改革的成果在更晚一些的时候也渗透到民事诉讼中。[9]

而根据这部《刑事诉讼法典》，改革的决心是如此之坚决，甚至表现为取代之前以控诉为基础的思想，代之以纠问为基础，在纠问式诉讼程序中，法官除审判外，还有权限进行作为控诉之基础的调查（第 171 条及以下：法典中使用的术语是"犯罪的证据/corpo de delito"）。但既然是检察院有权限提出控诉，控诉思想在表面上（*formalmente*）仍然受到尊重，此即控诉形式原则（*forma acusatória*）或形式上控诉原则（*acusatório formal*），这在当时是有争议的，到如今则基本上是被批评的。[10] 以现在的观点来看，不能忽视此处存在的一个立法政策上的错误——改变的原因也许是出于不得将嫌犯交予独立司法官以外之人的愿望，哪怕在诉讼开始前的阶段也是如此，因为独立司法官受到合法性原则和上诉的严格限制和控制[11]——但是，将调查和审判的职权同时赋予于一个人身上可能导致很大的危险，在第一阶段所形成的先入之见和偏见，到第二阶段可能仍然无法消除，这将无可挽回地剥夺了客观性和公正性，而它们是作出一个正确的审判所必不可少的。另一方面（正如第 35007 号法令报告书中所强调的），在这样的制度下，设立检察院以便将公诉从审判权（poder judicial）中脱离出来，并以此形式来

9　参见 Beleza dos SANTOS 22 s. 。

10　参见 Eb. SCHMIDT, *Staatsanwaltschaft und Gericht*, Kolhrausch-Fests. （1944）281；以及本书后文第四节 III 1 。

11　即使这可能就是改变的原因，但不能不强调的是，《刑事诉讼法典》不过是将 1926 年 7 月第 11871 号命令中已经规定适用于里斯本和波尔图的解决方案一般化，根据该解决办法，经 1910 年 10 月 14 号的命令设立的刑事预审法庭（*juízos de instrução criminal*）消灭。而1926 年的命令是有清晰的依据的，其报告书中规定，进行预审的法官应当为进行审判的法官（o juiz que instrui deve ser o juiz que julga），于是，对于辩方而言，这是一个明显为纠问式的诉讼结构。关于这一问题，详见 Brochado BRANDÃO, *Os juízos de instrução criminal（um problema de organização judiciária）*（1971）20 s. 。

实现控诉式诉讼结构，这使检察院几乎沦落为"法院组织结构中的一种纯粹形式上的表达"（pura expressão formal na orgânica dos tribunais）。

解决这些弊病的是第 35007 号法令——在时任司法部长 Cavaleiro de Ferreira 的努力下公布——不仅赋予检察院以刑事诉讼权能（titularidade de acção penal）（第 1 条），而且在预备性预审的初始阶段，就"犯罪的证据"（corpo de delito）问题检察院享有《刑事诉讼法典》赋予法官的权力和权能（第 12 条第 2 款）。通过该法，我们的刑事诉讼程序——紧随德国、意大利和法国的前例——重新规定了控诉式的诉讼程序，扫除了《刑事诉讼法典》中的主要弊病。但这也是有代价的，在赋予一位没有独立性且处于等级结构中的司法官以可能干涉公民自由的职能和权力的同时，并没有相应地设计对该等职能的行使进行细致的司法控制的方式。

第 185/72 号法令对刑事诉讼法的多个方面进行了改革，涉及预审阶段，包括预备性预审阶段和辩论预审阶段，但并没有解决第 35007 号法令中所存在的明显的问题。该法令所宣称的和最主要的意图是修改刑事诉讼法以使之适应通过第 3/71 号法律而对葡萄牙宪法作出的修改，尤其是有关羁押的规定。[12] 但此次改革的范围远远超出了此意图，主要涉及三个主题：预审（预备性预审和辩论预审）、控诉和辩护以及执行。在本书之后的章节中，当我们在对其中每一主题进行分别阐述时，会分别介绍此次改革的内容并对之作出评价。就目前我们正在探讨的葡萄牙刑事诉讼法渊源的问题上，笔者只想强调，第 185/72 号法令并非旨在消除有关预审的立法二元并立的局面，并没有将第 35007 号法令的理论引入《刑事诉讼法典》的相应位置。相反，这一二元性还被强调了，为改变当时由第 35007 号法令规范的一些问题，本法令采用新的理论，使《刑事诉讼法典》中一些已被废止或修改的规定重新生效。这一应急的解决方案是出于尽可能完好无损地保持《刑事诉讼法典》的表面结构的愿望，而不想传递已对刑事诉讼法进行全面改革的错误观念。但那些限制性条款（reservas）并非因此而不再遵循下面的路径：很明显，将《刑事诉讼法典》中的规定与第 35007 号法令中的规定结合起来的困难大大加剧了，原因在于，如今在进行任何调查之前，都必须从《刑事诉讼法典》看到第 35007 号法令，再从第 35007 号法令看到《刑事诉讼法典》，判断哪一法律规定是有效的，而哪一法律规定是已被废止的。证明目前的形势

12　第 185/72 号法令本身的说明报告也承认这一点，n. 1。

存在危险的一个好例子，如第 185/72 号法令又使《刑事诉讼法典》第 351 条重新生效。这一恢复首先似乎表明人们想要使第 346 条恢复完全的效力；[13] 而这可能也证明，第 185/72 号法令想单纯地、简单地恢复《刑事诉讼法典》中关于由法官对检察院的控诉进行直接控制的制度（纠问式的，笔者认为，这在实质上相当于形式上的控诉式）[13a]。我们绝不能赞同这样的分析框架。基本的理由我们已经给出了，涉及 1972 年时立法者所考虑的目的。至于所提及的具体问题，将在本书的其他章节进行专门的探讨。[13b]在此处有必要证明的只是，因第 185/72 号法令所指示的路径而引发的问题。

在所有出现的关于预审的问题中最严重的一个表现为，[13c]对所有国家机关（包括行使"行政"职能之国家机关）涉及公民受宪法保护的权利的预审活动进行司法控制的欠缺，但这根本完全没有被第 185/72 号法令所解决，而在某种程度上是通过第 2/72 号法律和第 343/72 号命令解决的，它们使得刑事起诉法庭在各地区（comarcas）设立起来。该等法庭有权限在预审期间行使司法职能（funções jurisdicionais）、主持（dirigir）辩论预审以及作出起诉批示或类似文件和不起诉批示。[14]

2. 除制定法（direito legal）以外，通过司法判决而确立的判例法（direito judicial）亦占据着重要的地位。虽然司法见解（jurisprudência）并不是我们法律的正式"渊源"，但在一定程度上，[15] 在一定意义上，它具有"创造"法律的功能。必须澄清的是，此处所讨论的并不是一个"正式"（formal）的渊源，不能也不应赋予其与法律同等水平的普遍强制性（obrigatoriedade geral），也不应与法律相冲突（conflito），因此也就不存在优先或者等级划分的问题。它的力量完全来自法律，因此而不再是一般和抽象原则的单纯集合（就像一个模型，复制于任何具体情况），而是本身成为具体情况的一部分。因此，仅凭对一般和抽象法律规范的逻辑形式化推演方法，

13　Maia GONÇALVES, anot. ao art. 346 e Silva Araújo-Gelásio Rocha, *CPP* 514.

13a　对此，参见 Castanheira NEVES, *A acusação dos assistentes em crimes públicos*, A Toga（Supl. d' O arauto de Osseloa de Novembro e Decembro de 1973）中的分析。

13b　参见本书后文第四节 II 3 及注释 44、III 1 以及第十一节 III 1 a）、第十二节 III 1 以及第十五节 III 3 b）及注释。

13c　尽管该问题超越了预审阶段的限制，也在控诉阶段有所表现：参见本书后文第十一节 III 以及第十二节。

14　刑事起诉法庭究竟在多大程度上有助于前述问题的解决，参见本书后文第八节 II 3 c）。

15　对此前文已进行过阐述，参见第一节 III 4 b）。

不足以得出适应于某一具体情况的裁判。裁判必须（*sempre*）根据特定的和偶然的情况作出，而唯有司法见解处于"活跃"（*viver*）的状态。[16]

这其实是在行使审判职能，审判职能并不禁止法院在特定时间段里保持一贯的态度，在面对类似的问题时，形成并发展出一系列司法原则。关于通过司法实践而建立起的刑事诉讼法原则，可以参考的例子（经常出现且有价值）如，不利益变更（*reformatio in peius*）[17] 的准许（如今已经因1969 年 3 月 5 日第 2139 号法令而完全失效，该法对《刑事诉讼法典》第667 条作出了新的表述）；与案件的牵连及因此导致的审理权的统一（第663 条）有关的原则，尤其是因为上诉引起时；与程序变换（*convolação do processo*）（第 148 条及以下和第 447 条及以下）、审理前的先决问题（第 3 条以及第 147 条及以下）[18]、基于出现新事实而进行再审上诉（第 673 条第 4 款）[19] 等有关的原则。

出现在葡萄牙法律制度中且与本部分内容极其相关的是判例（*Assentos*）的问题，根据《民法典》第 2 条的规定，判例是指在法律规定的情况下（参见《民事诉讼法典》第 763 条及以下），由法院使"具有普遍强制力的学说"得以确定。无论从何种视角看，都很容易感知到这一"法律渊源"所可能产生的问题，[20] 尤其是，该判例中的规范性内容是否与假如其是由法律所规定时所具有的性质和价值相同。笔者认为，之所以出现该等问题，究其根源是因为，任何法院都不能很好地对有普遍强制力的学说进行确认，而仅能像我们前面所述的，宣告具体案件中的权利（*direito do caso*）。笔者认为应当提防此类法律渊源——有人认为其能够完美地适应因生活的多样性而对法律提出的必要的动态要求——防止它成为加重法律实证主义（*positivismo jurídico*）的帮凶（此处指通过司法途径实现的法律实证主义）。无论如何，判例是我们在探讨刑事诉讼法的渊源时所需考虑的一个范畴，况且判例在我们的司法实践中并不罕见。

3. 接下来有必要谈谈对前述实质渊源（*fontes materiais*）有非常好的补

---

[16] 关于此处含蓄的方法论提议，Figueiredo DIAS, *O problema da consciência da ilicitude em direito penal* (1969) 4 ss., 21, 以及其中所列明的参考文献。

[17] 参见后文 Ⅱ 3 b) 以及本书第八节Ⅱ 3 b)。

[18] 参见本书后文第五节Ⅲ。

[19] 参见后文 Ⅱ 3 b)。

[20] 对此问题的细致阐述，参见 Castanheira NEVES, *O instituto dos 《assentos》 e a função jurídica dos Supremos Tribunais*, RLJ 105/133。

充价值的渊源，包括刑事诉讼程序方面的部长批示（despachos ministeriais）、通告和公函（circulares e ofícios-circulares）（尤其是由监狱总局/ Direção-Geral dos Serviços Prisionais、共和国总检察院/Procuradoria da República 和各上诉法院院长发出的）、司法高等委员会（Conselho Superior Judiciário）的决议以及司法警察局的职务命令。它们有时也是理解和适用刑事诉讼法的最重要的指导原则或行为准则。这些渊源主要适用于公诉机关，但其中的一些也适用于法官。类似的还有共和国总检察院就刑事诉讼法律事宜作出的意见书，而且这些意见书实际上具有更重要的地位，因为它们能够发挥着教义汇编[21]的作用。[22]

4. a）刑事诉讼法的实质渊源（fonte material）——毫无疑问在葡萄牙是继法律之后最重要的渊源——归根结底应被视为与这一学科有关的学说，并通过此而形成刑事诉讼法学教义。该等教义的首要目的是就社会生活中的具体问题找到公正的和适当的解决方案。将这一思想称为"教义的"思想的正当性纯粹在于，构成法律评价的本质的那些事实受制于处于控制之下的思想过程，也就是说，该等事实适用于某一特定的判断力/推理性（racionalidade）且受制于某一评判标准。由此，法律问题主义/怀疑主义（problematismo jurídico）即获得了合理性，相应地，可以归因于思想中特定内容的"教义上的"含义产生，概括起来就是一种法教义学（dogmática jurídica）产生。[23]

b）下面笔者将列出一系列对刑事诉讼法领域的教义活动（actividade doutrinal）进行说明的葡萄牙参考文献，此处列举的都是概括性的作品（专著和期刊文章会在每一节的开头部分列明，我们能够获取的且对我们的论述有帮助的主要的外国文献也会在该处列明）。[24]

1929 年以前：

Mello FREIRE, *Institutiones iuris criminalis lusitani*（1784），tít. XII ss..

21　参见后文标题 4 下内容。

22　对此类资料的完整汇编见于 Eduardo CORREIA-Furtado dos SANTOS, *Código de processo penal*, Parte III。

23　从而适应于最新的法学方法论意识的要求，这一思想的特征是，渴望找到法律思考的"第三种路径"，使之从所施加的准确归类中解脱出来，从不受控制的随意裁判中解脱出来。参见前注 16。

24　还可参见 P. HÜNEFELD, Z 80（1968）238 ss. 亦可见 JESCHECK-LOEFLER, *Quellen und Schriftum des Strafrechts*. I -Europa（1972）v°. Portugal。

Pereira e SOUSA, *Primeiras linhas sobre o processo criminal* (4.ªed. 1831).

Pinheiro FERREIRA, *Memória sobre a administração da justiça criminal* (1841).

Teixeira GUEDES, *Processo criminal segundo a reforma de 21 de Maio de 1841* (1845).

Duarte NAZARETH, *Elementos do processo criminal* (1846; 7.ª ed. 1886).

Francisco ROSA, *Formulário do processo criminal* (1865).

F. GALVÃO-R. PERRY, *Pecúlio do processo criminal* (1864; 2.ªed. 1880).

Lopes PRAçA, *Processo criminal* (lições litografadas, 1884 – 1885).

A. CALLISTO, *Lições de prática de processo e processo criminal* (litografadas, 1894 – 1895).

J. J. da SILVA, *Manual de processo criminal, com algumas noções de processo civil* (1895).

Delgado de CARVALHO, *Manual do processo criminal moderno*, 2 vols. (1898).

Teixeira de MAGALHÃES, *Manual do processo penal* (1905; 2.ª ed. 1923).

Caeiro da MATTA, *Processo criminal* (lições col. por Serras Pereira, 1911 – 1912).

Id., *Apontamentos de processo criminal* (1913 – 1914, col. por C. de Carvalho e M. de Barros, 2.ª ed. actualizada por Cunha e Costa).

J. Pedro de SOUSA, *Noções de processo penal* (1915).

José DIAS, *Anotações ao processo criminal* (1919).

1929 年至 1945 年:

Beleza dos SANTOS, *Apontamentos do curso de processo penal* (lições col. por B. Pereira, 1931).

José MOURISCA, *Código de processo penal anotado*, 4 vols. (1931 – 1934).

Luís OSÓRIO, *Comentário ao Código de processo penal português*, 6 vols. (1932 – 1934).

Cavaleiro de FERREIRA, *Processo penal* (lições col. por B. de Araújo e G. da Costa, 1939 – 1940).

1945 年以后：

· Eduardo CORREIA, *Processo penal* (lições de 1946 – 1948, col. por R. Pereira).

Cavaleiro de FERREIRA, *Curso de processo penal*, 3 vol. (1955 – 1958).

Eduardo CORREIA, *Processo criminal* (lições, 1956).

Castanheira NEVES, *Sumários de processo criminal* (lições, 1968).

对我们的《刑事诉讼法典》进行注释和评论，且其中包含通过第195/72 号法令引入的修改——并包含就多项事宜的零散法例——的参考文献如下：

Furtado dos SANTOS, *Código de processo penal actualizado e legislação complementar* (1972).

Maia GONÇALVES, *Código de processo penal anotado e comentado* (1972).

Laurentino ARAÚJO-Gelásio ROCHA, *Código de processo penal anotado e legislação complementar* (s/d；1972).

II 刑事诉讼法的解释和法律漏洞的填补

1. 从形式主义的视角看，可以将刑事诉讼法归结为规范刑事诉讼程序的法律规定之总和。正如法律思想家在传统上所认为的那样，这就出现了对法律的解释和对法律漏洞的填补等问题。总体上说，在该等问题中，很难找到刑事诉讼法有任何特殊之处；刑事诉讼法律规范的架构与其他法律分支一样，都有法律规范通常具有的双重功能：一个功能是评价（*valoração*）诉讼行为是可采纳的还是不可采纳的；另一个功能则是对那些已经被评价为具有程序上的可采纳性的行为进行确认（*determinação*）。

问题在于，这一功能的确认是通过程序性权利的授予（concessão）与程序性义务的交托（atribuição）而实现的，那么是不是不应将该项功能完全归纳为"实体法律状况"（substantiva），而使刑事诉讼法律规范只具有评价这唯一的功能。[25] 以这一断言为依据，有关一切实体问题都在程序问题之

---

25 对此进行阐述的，原有 J. GOLDSCHMIDT, *Prozess als Rechtslage* 76 s., 249, 现有 Eb. SCHMIDT, *Lehrk* I anots. 41 e 69 s.。

外的观点似乎在一定程度上得以复苏；这一问题与"诉讼行为理论"更为相关，故在探讨诉讼行为理论时会被重新提起[26]。

2. 不过，从根本上说，法律的解释问题在刑事诉讼法中并不具有特殊性：法律的解释是指，在适用法律之前，为揭示某一特定法律文本内在的真实含义而必须进行的一项活动。为此，有必要重新回忆之前已强调过的两个问题：第一，为在本学科的范围内进行价值学的和目的论的解释，有必要考虑何为诉讼程序的目的（*fim do processo*）；[27] 第二，由于刑事诉讼法实为"可适用的宪法"，有必要适当地考虑根据宪法解释法律（*interpretação conforme a Constituição*）的原则。[28]

3. 而对于刑事诉讼法中法律漏洞（*lacunas da lei*）及其填补（*integração*）的问题，则必须针对刑事诉讼法进行专门的考虑。这并非因为，正如过去有学者所认为的，[29] 在刑事诉讼法中不存在漏洞，而是因为《刑事诉讼法典》第 1 条唯一一款的规定，该款规定了填补漏洞过程中应进行的三重路径：a）类推；b）与刑事诉讼程序相协调之民事诉讼程序规定；c）刑事诉讼程序之一般原则。

a）主流观点认为，与一般的类推相比，刑事诉讼法中的类推（*analogia*）并没有什么需要特别指明的问题。诚然，在刑事实体法中，对于刑罚的理由（归罪）或刑罚的加重，禁止类推（《刑法典》第 5 条和第 18 条），这是罪刑法定这一宪法原则（《政治宪法》第 8 条第 9 款：没有法律，就没有犯罪，没有刑罚）的直接体现，而之所以设立这样的原则，正是因为有必要保护个人免受国家权力可能的滥用的侵害。但这样的保障并没有延伸到为刑事诉讼领域的主流观点所接受，因为刑事诉讼法被认为是一种纯粹工具性/手段性（instrumental）的法律，其目的只是为了在刑事司法中设置秩序、方法和纪律，因此，公民不得不忍受因使程序法律规范完整的需要而产生的任何不便/不适（incomodidade），出现法律漏洞时，应当根据法律

26　本书第二卷。

27　参见本书前文第一节 III，开始部分。关于这一问题，见 W. HENCKEL, *Prozessrecht und materielles Recht*（1970）41 ss., 409。

28　参见本书前文第二节 III 1，结尾部分。关于此，除 W. – D. ECKARDT 著作外，还可参见 K. ENGISCH, *Introdução ao pensamento jurídico* 120, 265, 其中提供了丰富的文献信息。

29　E. FLORIAN, *Principi di dir. proc. pen.*（1927）21 s..

的含义和目的而适用法律，以填补这些漏洞。[30]

笔者不认为这种观点是正确的。我们已经知道，诉讼程序中所谓"工具性"（instrumentalidade）只在功能方面获得确认，且不损害其在目的论上的完全的自主性：刑事诉讼程序也有其独特的目的要实现。另外，既然罪刑法定原则是对个人免受国家可能的专断的最坚固的保障，考虑到其含义，难以想象为什么不将之延伸至刑事诉讼方面，因为刑事诉讼法律规范可能随时使人的自由处于危险之中。[31] 正是这一观点被清楚地写入1826年《宪章》（Carta Const.）第145条和1911年《政治宪法》第3条第21款。[32] 现行《葡萄牙政治宪法》第8条第9款将罪刑法定原则归结为不受"刑事审判"的要求，这使之不仅适用于刑法，也适用于刑事诉讼法，但基于历史的和目的论上的原因，人们承认，不妨碍通过法律文本中的其他内容对该原则进行限制。

这并不意味着诉诸类推——与诉诸其他任何在技术上与类推有所区别的漏洞填补方式一样——违反《刑事诉讼法典》第1条唯一款的规定而完全为刑事诉讼法所禁止，但是，如果诉诸类推将导致嫌犯地位的削弱或其"程序性"权利的减弱（不利于嫌犯的类推/in malam partem），则诉诸类推在罪刑法定原则的含义内容范围内被禁止。[33]

从另一途径可得到相同的结论：值得注意的是，对实体权利的内容或其自由行使进行约束的一切规定均为例外规定（norma excepcional），因此（《民法典》第11条），不得作类推适用。[34] 但笔者认为，从实用主义的观点来看，前面的论述方式不仅是更准确的，也是更为可取的。

b) 如对需要解释的情况无法直接通过刑事诉讼法中的规定进行类推解

---

30 这种立场在德国和奥地利法学界实际上是无可争辩的（仅需参见 H. HENKEL § 14 Ⅲ，K. PETERS § 14 Ⅱ 1 e Poeder § 4），在葡萄牙法学界也是如此（参见 Eduardo CORREIA，*Pro. crim.* 77 s. e Cavaleiro de FERREIRA Ⅰ 62）；关于法国法学界和瑞士法学界的观点，参见 F. CLERC，Études Hugueney（1964）56 ss.。

31 参见本书前文第二节 Ⅲ 2 a）；类似的，法国法上关于刑事诉讼法律解释的一般问题的阐述：参见 STÉFANI-LEVASSEUR，n. 15。

32 两部法规中对此的措辞是一样的，规定如下："非经有权限的当局根据之前的法律且以该法中规定的形式进行审判，任何人不受审判。"

33 因此，人们无法在对"没有法律，就没有犯罪，没有刑罚"这一规则的适用中找到对刑法和刑事诉讼法的区分标准［参见本书前文第一节 Ⅰ 2 d）］。而相反的观点，参见 W. GALLAS，*Niederschiften* 5/104，与此相近的观点还有 Castanheira NEVES 72。

34 参见 Cavaleiro de FERREIRA Ⅰ 62；C. TESTI，RivP 88（1963）487 ss. 及其中对意大利理论的概括。

释，《刑事诉讼法典》第 1 条唯一款规定，诉诸与刑事诉讼程序相协调之民事诉讼程序的规定。这使民事诉讼法律规范具有补充法律（*direito subsidiário*）的地位，但条件是被适用的民事诉讼程序规定须与刑事诉讼程序的原则相协调。

该等原则也是填补漏洞的依据，但在诉诸该等原则之前，必须先诉诸民事诉讼法律规范，这是因为，与刑事诉讼程序原则（必然具有抽象性）相比，民事诉讼法律规范具有更多的确定性和保障性（已经是确定的法律规定）。另外，正如前文所述[35]，在两类诉讼程序之间存在着结构上和功能上的差异，鉴于此，人们普遍认为，有必要对民事诉讼法律规范与刑事诉讼程序原则之间的协调性提出要求。因此可以理解（我们的司法实践也有力地证明了这一点），在确认某一民事诉讼法律规范对某一刑事诉讼法漏洞能够发挥填补漏洞功能之前，再慎重也不为过。

例如，在这方面的一个问题是，为对刑事判决进行再审，需要以"新事实"为理由，但这里的新事实指的是何者为新事实？对提出该等事实之人构成新事实（这样就赋予《民事诉讼法典》第 771 条 c 项以填补漏洞的功能，这也是 1951 年 1 月 3 日最高法院合议庭裁判中所采纳的立场），还是仅对诉讼程序而言构成新事实（这是 1940 年 3 月 8 日最高法院合议庭裁判中所采纳的立场，也是目前公认的司法见解[36]）？爱德华多·科雷亚指出，民事诉讼程序规定的补充适用会违背刑事诉讼程序的原则，尤其是证据和诉讼标的的不可处分原则，[37] 因此只有第二个解决方案，即对诉讼程序而言构成新事实，是可以接受的（而从技术的角度说，似乎此处所面临的是严格解释的问题——《刑事诉讼法典》第 673 条第 4 款——而不是真正的刑事诉讼法中的法律漏洞的填补问题）。

另一个在司法实践中经常被探讨的问题是，在仅由嫌犯提起（或由公诉机关为嫌犯之利益而提起）的上诉中，上诉法院不得加重刑罚（使《民事诉讼法典》第 673 条第 4 款具有填补法律漏洞的效力：这也是 1933 年 4 月 18 日最高法院合议庭裁判中所采纳的立场），还是可以自由地加重刑罚

---

[35] 本书前文第二节 I 4。

[36] 最新的最高法院合议庭裁判见：1960 年 11 月 2 日的 BMJ 101/487（基础性的）；1965 年 2 月 8 日的 BMJ 152/126；1968 年 3 月 20 日的 BMJ 175/220；1970 年 3 月 11 日的 BMJ 195/156。

[37] Eduardo CORREIA，RDES 6/381 ss.，其中可见文中所提及的裁判，还可参见 Cavaleiro de FERREIRA，SciIvr 14/520 ss. e（反对的观点）L. OSÓRIO Ⅵ 416。

(1949 年 3 月 23 日最高法院合议庭裁判)？1950 年 5 月 4 日的判例[38]采纳了后一种立场，允许对上诉人不利的判决变更（reformatio in peius），其理由是，上述民事诉讼法律规范违反刑事诉讼标的不可处分原则，也违反刑事诉讼程序的目的：适用公正的制裁（但他们忘了，这样的解决方案从刑事诉讼政策的角度看是不合适的，因为这给上诉人施加了禁止——上级法院的裁判越严格，这种禁止也就越强烈。前引[39]第 2132 号法律是不错的理论，但也施加了虽重要但没有理据的限制[40]）。

此处还需要注意的最后一个问题是，[41]《民事诉讼法典》第 653 条中关于合议庭就事实方面之裁判的理由阐述的规定，是否适用于刑事诉讼程序中[42]。

c）不过，刑事诉讼的一般原则不仅具有[43]已指出的"消极功能或对诉诸补充法进行控制的功能"，而且根据《刑事诉讼法典》第 1 条唯一款最后部分的规定，当诉诸前述两种途径仍然无法使漏洞填补时，刑事诉讼的一般原则也具有"直接填补漏洞的积极功能"。它们是从星罗棋布的刑事诉讼法律规范中总结出来的最高准则，实际上构成有关刑事诉讼程序中的纲领性原则（princípios constitucionais）。其中比较重要的几项原则，将在下一章中进行研究。

Ⅲ 葡萄牙刑事诉讼法的适用范围

1. 葡萄牙刑事诉讼法的实质适用范围（âmbito de aplicação material）与葡萄牙对刑事实体问题的管辖范围（jurisdição portuguesa em matéria penal）[44]相一致。因此，其精确的范围由刑事诉讼程序所处理的标的的特征来划定：刑事诉讼程序的标的即有关刑法的落实的问题，具体则包括被控诉的犯罪

38　BMJ 19/141 ss. .

39　前文标题 I 2 下内容。

40　这一限制体现在对第 667 条的新表述中的 § 1.° 第 2 款。而关于该限制，参见本书后文第八节 Ⅱ 3 b）。

41　法学界和司法实践中所提出的关于涉及民事诉讼程序规范在刑事诉讼程序中的可适用性问题的详细——但并不详尽——的列表，见 Laurentino ARAÚJO-Gelásio ROCHA，CPP，对第 1 条的注释。

42　关于这一问题，参见本书后文第六节 Ⅱ 2，结尾部分。

43　正如 Castanheira NEVES 66 中所指出的。

44　其含义是指"行使审判权所通过的活动"：参见 Cavaleiro de FERREIRA I 7。

（采其广义，相当于"违法行为"的概念，因此也包含轻微违反行为[45]）以及对之具体科处的刑事处分（reacções criminais）。

a）关于刑事诉讼法的精确的适用范围，首先可以讨论的一个问题是因民事管辖权而引起的。原因是，使两种管辖权运作的自然主义事实（facto naturalístico）可能是相同的。原则上，这并不妨碍二者之间的相互独立。但值得注意的是。在葡萄牙的刑事诉讼法中，对因犯罪行为而导致的损失和损害的民事赔偿请求权，原则上在刑事诉讼程序中提起（《刑事诉讼法典》第29条）。依循该模式而产生了所谓民事诉讼依附于刑事诉讼的制度；此种依附不仅温和地表现为将民事诉讼附入刑事诉讼的"可能性"（择一或选择模式/sistema de alternatividade ou de opção），而且更进一步地表现为建立起了依附的"强制性"原则（民事请求绝对依赖于刑事诉讼程序的模式）。不仅如此，如果还能继续认为刑事和民事管辖权相互自主之原则在葡萄牙存在，只是因为，正如我们之后将在合适的时候探讨的，在刑事诉讼程序中裁定的对损失和损害的弥补具有独特的刑事性质。[46]

b）与作为刑事诉讼程序标的的刑事违法行为不同的是违纪行为（infração disciplinar），此类行为并不涉及刑事诉讼法的适用范围界限的问题，因为该等程序在葡萄牙并不由司法机关进行管辖。[47]

c）在此框架下，现在要考虑的是由所谓税务违法行为（infrações fiscais）引起的问题：一方面，它们构成真正的普通犯罪，对其的审理要在刑事诉讼法的范围内进行（虽然适用的是一个特别的刑事诉讼程序，正如第52条及以下规定的关于海关诉讼的情况）；另一方面——与现在探讨的问题的联系更广泛，也更重要的一个方面——"税法本身也规定，对违反特定税务义务的违法行为科以特定的特别制裁，而将实施该等制裁的职能交给一般的法院，而非特别的法院管辖"。[48]

---

45 参见后文 d）下内容。

46 关于这一问题的完整阐述，参见 Figueiredo DIAS, *Sobre a reparação de perdas e danos arbitrada em processo penal*，Supl. XVI ao BFDC 87 ss.，以及本书后文第十六节。但之后（本书后文第十六节 III）笔者将会介绍葡萄牙制度中存在的一些特别情况，在这些情况下，刑事法庭就真正且单纯的民事损害赔偿作出裁判。

47 参见《国家工作人员纪律通则》（1943 年 2 月 9 日第 32659 号法令）。而关于这一问题，见 Marcello CAETANO, *Do poder disciplinar no direito administrativo português*（1932）e *Manual de dir. adm.* 9 II -revisto e actualizado por Freitas do AMARAL-（1972）312 ss.；Eduardo CORREIA I 38；Vítor FAVEIRO, *A infracção disciplinar: esquema de uma teoria geral*（1962）。

48 Cardoso da COSTA, *Curso de dir. fiscal* 2（1972）n. 11.

在实质层面，很难确定此处所面对的是否仍然是刑事不法行为，还是只是单纯违反社会秩序的行为，而对单纯违反社会秩序的行为（与对大多数"轻微违反"[49]行为的处理不同），法律创设了一套专门的制度。[50] 不管从程序的角度看此处有多么独特，似乎可以有把握地确信的是，此处我们所面对的情况是超出刑事诉讼法的实质适用范围的，这个程序不单单是特别的刑事诉讼程序，而且是独立的一种程序——即税务违例诉讼程序，见《税务程序和诉讼法典》（Cód. proc. cont. e imp.）第 103 条及以下——形成一种独特的"税务管辖权"。

d）如前所述，刑事管辖权涵盖以具体证实犯罪或刑事不法行为——指其广义，包括轻微违反——为目的的一切问题。

但是，众所周知，在战后的民主德国出现了一股思潮——由施密特（Eb. SCHMIDT）提出，[51] 随后很快在世界各地获得广泛的、大量的拥护者[52]——他们认为，有些不法行为并不是真正的"自然的"罪行，它们的出现纯粹是因为时机，或者只是违反了社会秩序，总之是因为一些偶然的原因，在该等行为中，不法性是由禁止本身所形成的，该等学者据此而主张将此类不法行为从刑法中完全独立出来，使刑法纯正化；该等不法行为被正确地称为对社会秩序的单纯违反（mera ordenação social），而不像传统的那样被称为行政的刑事不法行为（infracções penais administrativas），因为准确地说，它们根本就不是"刑事"的。在这些不法行为中，即使不包含全部，也包含大部分轻微违反（contravenções）。

这一使刑法纯正化的趋势，以笔者之见，是值得称赞的，不能因为该趋势似乎使刑法典（direito penal de justiça）成为一部"自然法"（direito

---

49　参见后文 d）下内容。

50　关于这一问题，参见 Eduardo CORREIA，RLJ 100/321 ss. e Cardoso da COSTA，cit. 98 ss.，100 ss. 关于这一问题在德国法律秩序中的状况，最近的著作见 H. PAULICK，*Zur Neuordnung des Steuerstrafverfahrensrechts*，Stock-Fests.（1966）217。

51　*Dar neue westdeutsche Wirtschaftsstrafrecht*（1950）．

52　支持此观点的葡萄牙著作，参见 Eduardo CORREIA Ⅰ 20 ss.，*Código penal-Projecto da parte geral*（1963）68 ss. e，尤其是 *El derecho penal de justicia y el llamado derecho penal administrativo*（1972）e de Figueiredo DIAS，*O problema de consciência da ilicitude* § 20 e *La reforma del derecho penal portugués：principios y orientaciones fundamentais*（1971）49 ss. 科英布拉大学法学院目前正在进行一个研究项目，由 Eduardo CORREIA 教授主持，主题是"行政的刑事不法行为"。通过这项研究已经完成了（除了前述 Eduardo CORREIA 教授的概括性研究外）一部专著．J. Castro e SOUSA，*As pessoas colectivas em face do direito criminal e do chamado 《direito de mera ordenação social》*（1972）。

natural）而忽视了其重要的历史性并反对它；事实上，可以接受（也是应当接受）的是，所有的归罪/订定罪状（incriminação）都是有高度的历史性的，但这并不妨碍有观点认为，在任何时候任何地点，其中有些归罪与某一法律社会所接受的道德、文化或社会观念的有效的道德基础相应，而有些则不与该基础相应。将单纯违反秩序的行为独立，导致——这也正是笔者想在此处得出的——有关程序的独立化，就该等行为进行的程序不再属于刑事诉讼法的实质适用范围。对该程序的最有特色的描绘——其框架是在联邦德国建立的，通过1952年和1968年的《违反秩序法》以及1949年和1954年的《经济刑法》（后者于1962年12月21日进行了修订）[53]——在于对适用有关制裁的权限的"行政化"（尽管通常开放地允许诉诸司法管辖），在于对"程序推进机会原则"的承认或比刑事诉讼法更为宽泛的承认，在于程序可针对法人提起这一事实，而概括起来说，在于对"程序形式主义"的极度简化（但必须保障嫌犯的辩护权）。

在我们看来，这样一场使刑事诉讼法的实质适用范围纯正化的运动通常还仅存在于制定法（iure constituendo）的愿望中；但已经催生了一大堆单行法律（数目还在上升，尤其是在过去几年间），这些法律基本上遵循轻微违反社会秩序程序（例如，涉及经济、财政、医疗保健、公演等事宜）的基本理念。这使公布一部规范此类不法行为及相应的程序的一般法（lei geral）变得更加迫切，而这少不了对刑法进行全面的改革。

2. 作为刑事诉讼法在空间上的适用范围的基础的思想是，刑事管辖权严格的范围是在国家的界限之内，从这个意义上说，适用的是属地原则（princípio da territorialidade）。但这丝毫不妨碍，在某些情况下，葡萄牙的刑事管辖权适用于在外国实施的犯罪（《刑事诉讼法典》第46条、48条、49条和第50条）[54]——这发生在法律作出明确规定的一些情况下，在这些情况下，可适用葡萄牙的刑事实体法[55]——但这仅仅意味着，除国际条约另有约定外，禁止在外国领土上进行属葡萄牙刑事管辖权的诉讼行为，反之

53　关于该等法律的详细介绍，参见 BODE, *Recht der Ordnungswidrigkeiten*（1969）；CRAMER, *Grundbegriffe des Rechts der Ordnungswidrigkeiten*（1971）；GÖHLER, *Ordnungswidrigkeitengesetz* 2（1970）；REBMANN-ROTH-HERMANN, *Gesetz über Ordnungswidrigkeiten*（1969）；ROTBERG, *Gesetz über Ordnungswidrigkeiten* 4（1969）。

54　关于这些规定，参见本书后文第十节 Ⅳ 2。

55　关于这一问题，见 Figueiredo DIAS, *La compétence des juridictions pénales portugaises pour les infractions commises à l'étranger*, BFDC 41（1965）117 ss. 。

亦然。

因此，在本国刑事管辖权与一外国的刑事管辖权的关系方面，发挥作用的原则是，属于一国管辖权范围的诉讼行为，不在另一国的管辖范围内产生强制效力。但是，为了更加有效地实现本国的管辖权，通过建立双边或多边的公约和条约等方式，可以——事实上，这正在发生着——在国家与国家之间建立起刑事领域的共同合作、帮助和协助；这与国际刑事管辖权——目前在某些领域备受欢迎[56]——没有任何关系，更为中肯地说，这体现了国家间刑事司法协助（*auxílio jurídico interestadual em matéria penal*）的原则。

根据前述原则，即支配葡萄牙管辖权与外国管辖权之间关系的原则，外国的刑事判决不被承认具有积极效力或执行效力，但可赋予其消极效力：这就是说，当不法行为是在国外实施的，并已在国外作出判决的，禁止在葡萄牙再对此问题进行重新审理（《刑法典》第 53 条第 3 款和第 5 款），而如果进行了新的诉讼程序，必须考虑被告已经在国外执行的刑罚（第 53 条第 3 款）。[57] 不过，以笔者之见，此处所处理的并不是严格意义上的诉讼前提的问题，实为葡萄牙刑事实体法的适用条件（处罚的客观条件）问题，因此，应当由实体法来研究。

前述原则的一个例外，是葡萄牙在北约（NATO）框架下签署的协定：与武装力量有关的不法行为属外国管辖，与军事组织无关的不法行为属葡萄牙管辖；允许放弃一管辖权以利于另一管辖权；等等（参见 1951 年 6 月 19 日《伦敦协定》第 7 条以及 1951 年 9 月 20 日《渥太华协定》第 5 - 7 条，两部协定都公布在 1955 年 8 月 3 日《政府公报》第一组）。[58]

关于"国家间刑事司法协助"的例子，各类文献已经反复介绍的，而在葡萄牙获得确认的，有关犯罪物件和工具的扣押和递交的，有关于紧急情况下的拘留（detenção）和拘禁（prisão）的，有关于法院就刑事案件对外国机关的请求书的，还有从整体上，关于对程序性调查行为的请求书

56　关于这一点，参见 Furtado dos SANTOS，BMJ 92/179 ss.，200 ss.。

57　对与此有关的问题的详细介绍，除上两个脚注所引用的著作外，还可参见 Eduardo CORREIA Ⅰ 180 ss.；Cavaleiro de FERREIRA Ⅰ 67 e *Direito Penal* Ⅱ（1961）49 ss.；Beleza dos Santos，*Direito criminal*（lições de 1936）274。

58　关于这一问题，参见 Cavaleiro de FERREIRA Ⅰ 64 s.；Furtado dos SANTOS，BMJ 92/209[66]；G. Leone I 71 ss.。

的[59]。最重要的情况毫无疑问是关于引渡这一经典问题的，当国内法中没有对有关事宜作出规范时，可以同样地诉诸国际条约和所谓"行政途径"（由一国政府向另一国政府提交申请书）。[60]

在这一领域最为重要的工作正在欧洲委员会框架内实施，欧洲委员会已经就引渡、刑事共同协助、制止有关交通运输的不法行为、对被判罪者或被假释者的看管、压制型审判（julgamentos repressivos）的国际价值以及刑事方面程序的移转等事宜制定了协定。[61]

3. 基本上形成共识的是，原则上说，刑事诉讼法对人的适用范围与实体刑法对人的适用范围相一致[62]：一切可被适用葡萄牙刑法之人。也只有这些人，属葡萄牙刑事管辖权范围。

但首先必须考虑的是，刑事诉讼法并不仅仅涉及嫌犯或涉嫌人，而且还牵涉众多的"第三人"，他们也会受到关于期间，关于出席诉讼行为，作出声明和为检查、搜索和扣押提供协助等义务的程序性规定的影响。任何人，不论他是本国人还是外国人，只要他参与到了一项应适用葡萄牙法律的刑事诉讼程序中，刑事诉讼法就可以就他的程序性权利和义务作出规定。因此，即使是针对嫌犯，刑事诉讼法在对人的适用范围上也是有限制的，这些限制表现为对葡萄牙刑事管辖权的独立限制，而其中的部分与刑法的限制相同。

a）符合这种情况的，首先要提及的是以国际法上的规则为基础的豁免，有时有人将此视为——但并没有足够的理由，尽管在过去该观点曾一

59　在这方面最重要的文件，是 1959 年 4 月 20 日在斯特拉斯堡签订的《欧洲刑事互助公约》。参见 R. HAUSER, *Das europäische Abkommen über die Rechtshilfe in Strafsachen von 20 – 4 – 1959*, SchwZ 83（1967）225；关于特别的一个方面的介绍，H. v. WEBER, *Internationale Rechtshilfe zur Beweisaufnahme im Strafverfahren*, H. Mayer-Fests.（1966）517；最近的著作可参见 H.-H. JESCHECK, *Neue Formen der internationalen Rechtshilfe in Strafsachen*, Honig-Fests.（1970）69；还可参见 1972 年 9 月 18 日至 22 日，在第二届西 – 葡 – 美洲国家和菲律宾司法部长级会议上通过的《巴西利亚宣言》中第二种解决方案中的 b）项（BMJ 220/431 ss.）。

60　参见脚注 67 中列举的著作，最新的参考文献见 X Congresso da AIDP, RintDP 1970/12 s. 以及由欧洲委员会（Conselho da Europa）发布的研究报告 *Aspects juridiques de l'extradition entre États européens*（1970）。

61　全部这些协定的文本，包括法文本和英文本，见 RintDP 42（1971）116 ss. G. Grebino 制定的一份关于欧洲刑法和刑事诉讼法的完整的参考资料列表，见同一期刊的第 115 页；还可参见 ib., 7 ss., 以及 AIDP 地区讨论会的会议记录，这次讨论会是由德国国内团体在曼海姆组织的一次关于比较法的研讨会（1971 年 9 月 22 日至 25 日），会议的主题是"欧洲刑事司法的途径和可能性"（Voies et possibilités d'une justice pénale européenne）。

62　参见 Castanheira NEVES 74。

度引起过广泛的共鸣——"治外法权"（extraterritorialidade）原则的体现。豁免的范围包括外国的国家元首、外交官或其同等人员，以及他们的家人，此外还包括他们的部分行政和技术人员、服务和咨询人员。在这一方面最为重要的法律文件是 1961 年 4 月 18 日签订的《维也纳外交关系公约》，该公约已于 1968 年 3 月 27 日经第 48295 号法令在葡萄牙获批准，其中第 22 条、第 26 条及以下以及第 29 条至第 37 条规定的就是与刑事诉讼法有关的赦免。问题在于，我们目前所面对的，是对实体法本身的限制（当这些人处于嫌犯的地位时，豁免真正发挥着"阻却刑罚的个人原因"的作用），还是仅仅是一个诉讼前提，一旦有关之人停止其职务就会产生豁免终止的结果。从豁免存在的原因——赋予该等人以更广泛的行动自由，以便他们更好地实施他们的祖国赋予他们的使命（前引公约第 5 条、第 26 条、第 27 条）——来看，似乎赞成后一种观点的理由更为充分一些。[63]

b）另一组限制直接来自葡萄牙宪法，涉及共和国总统、总理和各部部长、国会（Assembleia Nacional）议员和法团议会（Câmara Corporativa）代表（procurador）（《政治宪法》第 78 条唯一款、第 114 条唯一款、第 89 条 c 项、d 项和第 3 款以及第 102 条第 3 款）以及国务委员会（Conselho de Estado）成员（1933 年 3 月 11 日第 22466 号法令第 5 条）。[64] 这被称为豁免（imunidades），具有效力（不管是对程序的提起，还是对监禁的作出，抑或对任何该等行为，有时有绝对效力，有时无须事先得到有权利之人的批准），实为诉讼前提（等于障碍）。

c）除程序性的限制外，还有所谓行政保障（garantia administrativa），据此，当特定当局或其人员因职务行为被提起刑事程序时，在预审（instrução）之后，必须取得内务部长（Ministro do Interior）的批准，刑事程序方可继续进行（第 35007 号法令第 3 条第 3 款，《行政法典》第 82 条、

63　关于这种观点，德国的主导思想参见 BOCKELMANN, *Die Unverfolgbarkeit der Abgeordneter nach deutschen Immunitätsrecht*（1950）28，K. PETERS § 15 I e H. HENKEL § 17 Ⅱ 1 nota。但是这个观点是受到质疑的，反对的观点参见 H. KAUFMANN, *Strafanspruch Strafklagrecht*（1968）161。另一方面，值得注意的是，不乏有人——例如，G. DAHM, *Völkerrechtliche Grenzen der inländischen Gerichtsbarkeit gegenüber ausländischen Staaten*, Nikisch-Fests.（1958）182 s.——主张，将对此等问题的管辖权赋予国际性的法院。

64　参见《刑事诉讼法典》第 258 条以及 1931 年 1 月 24 日第 19271 号法令第 10 条。关于这些人中某些人，还需考虑实体法的真正例外（参见 Eduardo CORREIA I 190）；对此不在此处进行讨论。

第 282 条和第 412 条）。还有人认为——人们也确实应当这样认为[65]——就行为的运作作出裁判的权限属于法院，而非内务部长——笔者认为这种做法的合宪性是受到怀疑的：《政治宪法》第 116 条——享有此保障的人们受到真正的阻却刑罚的个人原因（causa pessoal de exclusão da pena）的保护，因为即使在他们不再行使职务的时候，仍然不会受到刑事追诉。因此，对这一问题的研究属实体刑法的范畴。

4. 最后，有关刑事诉讼法在时间上的适用范围，情况与我们之前探讨的"类推"有些许相似之处。[66] 要强调的一般原则是，刑事诉讼法——与其他任何法律一样：《民法典》第 12 条——"只规范将来情况"。但是，即使有关的诉讼程序是在旧的法律生效期间提起的（或者有关的不法行为是在旧的法律生效期间作出的），只要进行诉讼行为时新法律已生效，将新法律适用于该等诉讼行为，并不违反前述原则。这是因为，人们认为，罪刑法定原则仅牵涉到实体问题，而无关程序问题，后者涉及程序性规范所具有的工具性和公示性质。至多不过在原则上维持旧的法律赋予已作出的行为和在旧法生效期间规定的情况效力，对该等效力，如今不应再作讨论。[67]

这种观点是主流观点，但似乎并不是最好的观点。

第一，诉讼程序是由一系列漫长而复杂的程序步骤组成，它们一环扣一环，往往很难拆分，因此，程序上的立法变化应当仅仅适用于在新法律生效时已经开始的诉讼程序——即使相反的做法不会导致依据旧法律作出的行为或形成的状况的效力出现问题时亦然。[68] 正是在这个意义上，第 35007 号法令第 53 条就通过本法令对刑事诉讼法作出的修改进行了规定。通过前面所阐述的便可以理解，无论法律文本中的明确规定如何，都可以诉诸相同的解决方案，因此，在任何情况下，所谓过渡性法律（direito transitório）在刑事诉讼法中都发挥着极其重要的作用。

第二，尤其重要的是，我们知道，不仅援引诉讼程序的"工具性"是无有效价值的，而且应当认为，罪刑法定这一宪法性法律原则在某种程度

65　不同的意见，参见 Laurentino ARAÚJO，A garantia administrativa e o processo criminal，RDAdm 1（1957）77 ss.；Marcello CAETANO，Manual de dir. adm. 10 I（1973）n. 18；Borges de CARVALHO，Ensaio sobre a garantia administrativa，RDAdm 4（1960）141 ss.；Eduardo CORREIA I 192 nota；Castanheira NEVES 41 s.。

66　前文 II 3 a）。

67　参见 Eduardo CORREIA，Proc. crim. 70 ss.；Cavaleiro de FERREIRA I 62 s.；L. OSÓRIO I 38 s.。

68　参见 G. FOSCHINI，RitalDPP 1955/393。

上延伸至整个刑事制裁（repressão penal），因此也涉及刑事诉讼法。[69] 这样我们就找到了问题的本质：正如出现在类推问题中的情况，将刑事诉讼法适用于其生效期间发生的行为或状况，但该等行为或状况是关于在旧的诉讼法生效期间实施的不法行为的，这是否永远完全不违反罪刑法定原则所赋予人们的保障是成问题的。[70] 由此可以得出结论，如果新的刑事诉讼法会导致嫌犯的诉讼地位恶化，尤其是将导致其辩护权受到限制，不应将新法适用于待决诉讼程序，也不适用于因在旧法生效期间实施的犯罪而进行的诉讼程序。

69　参见本书前文第二节 III 2 a）以及第三节 II 3 a）。

70　我们认为这种观点是 Castanheira NEVES 71 s. 中所强调的。正如 J. MOURISCA I 63 s. 中所指出的，这正是《宪章》和 1911 年《政治宪法》所采取的解决方案［参见前文 II 3 a）］。因此在 Caeiro da MATTA 31 中写道，"除非与宪法性原则相违背，刑事诉讼法律具有直接的可适用性"（还可参见 GazRLx 28/352）。

第二章
刑事诉讼程序的一般原则

在对"刑事诉讼程序的目的"进行分析时［本书第一节 Ⅲ 4 c)］，我们强调过，刑事诉讼程序的目的与刑事诉讼程序的具体构造完全无关，后者归根结底取决于司法经验和立法意愿。但是，司法经验和立法意愿是建立在乱七八糟的一堆生活规则、价值标准和相互对立的利益的基础之上的，它们受到一定数量的框架性原则（*princípios constitucionais*）的指引，这些原则体现了在特定时刻、在某一社会中具有优先性的价值和占主导地位的利益。

于是很容易理解的是，这些原则至少应当获得大部分社会成员的同意，且与他们的道德和法律观念相符。尽管有上述限制，但正是这些"刑事诉讼程序的一般原则"使大量的规范被赋予含义，给立法者提供指引，使法学理论不仅能够"解释"，而且能够真正地理解刑事诉讼法中的问题，并找到解决方案。

如果我们尝试按照刑事诉讼程序的几大章节将最重要的一些一般原则分类，也许下面是一种合适的（任何分类的首要目的都是便于阐述和具有启发性，不忽略此等分类的表面价值的重要性的分类即是合适的分类）划分方法。

a）关于诉讼程序的推进或发起："依职权"原则、"合法性"原则和"控诉"原则。

b）关于诉讼程序的继续或进行："调查"原则、"辩论和听证"原则、"充足性"原则和"集中审理"原则。

c）关于证据："调查"原则、"自由评价证据"原则和"存疑有利于被告"原则（in dubio pro reo）。

d）关于形式："公开"原则、"口头"原则和"直接"原则。

第四节　与诉讼程序的推进有关的原则

参考文献[1]：

C. BERTEL, *Die Identität der Tat* （1970）.

G. BETTIOL, *La correlazione fra accusa e sentenza nel processo penale* （1936）, Scritti giuridici I （1966）222.

F. CLERC, *A propos des controverses en Suisse sur les principes de l' opportnité et de la légalité des poursuites*, SchwZ 1948/161.

Eduardo CORREIA, *Caso julgado e poderes de cognição do juiz* （1948）.

Campos COSTA, *O carácter público da acção penal*, ScIvr 5 （1956）192.

G. DAHM, *Legalität und Opprtunität*, Z 54 （1935）401.

O. A. GERMANN, *Zum strafprozessrechtlichen Legalitätsprinzip*, SchwZ 1961/1.

J. GRAVEN, *Le principe de la légalité et le principe de l' opportnité*, RintDP 1947/46.

E. HARNON, *Res judicata and identity of actions*, Israel LR （1966）1.

F. HEYDEN, *Begriff, Grundlagen und Verwirklichung des Legalitätsprinzips und des Opportunitätsprinzips* （1961）.

J. HRUSCHKA, *Der Begriff der 《Tat》 im Strafverfahrensrecht*, JZ （1966）1.

P. NUVOLONE, *Legalità, giustizia e difesa sociale, exigenze fondamentali del procasso moderno*, RitalDPP 1964/978.

OETKER, *Legalität, Opportunität und Klageerzwingung*, GS 105/370.

---

[1]　除第四节、第五节、第六节和第七节开头部分所指出的参考文献外，还有相关性不低于它们的其他文献，对刑事诉讼法的一般原则进行笼统地介绍。其中最重要的参考文献会在第八节列出，因此也应当作为本节的参考文献。

H. F. PFENNINGER, *Legalität oder Opportunität im schweizerischen Strafrecht*, SchwZ 1951/ 125.

REVUE INTERNATIONALE DE DROIT PENAL, *Rapports au 9. e Congrès de l'AIDP* (1963) ns. 3 e 4.

Emygdio da SILVA, *Investigação criminal* (1909) 100.

TÖWE, *Legalität und Opportunität*, GS 108/146.

I 依职权原则

1. 此处所要探讨的问题是,何者有权限发起(推动)对某一不法行为的调查和决定是否将之提交审判。这个问题的含义并不在于确定这样的权限应当授予审理案件的法官还是该法官以外的任何其他实体——因为与正在探讨的原则相关的问题出现在刑事诉讼程序的控诉式抑或纠问式结构的层面上,尽管不应忽略的是,该原则在历史上被确认转向纠问式诉讼程序。这个问题的真正含义在于,发动程序的权限应授予公共或国家实体——由它们阐释社会的利益,它们由国家建立,对不法行为进行官方追诉——还是任何私人实体,尤其是不法行为的受害人。

鉴于刑法是"保护"社会基本利益的法律,[2] 而刑事诉讼法是一个"法律界的议题"(assunto da comunidade jurídica),以社会的名义,为社会的利益而弄清是否存在犯罪并追诉和惩罚罪犯。[3] 不难理解,目前大多数国家的立法,包括葡萄牙的法律,都将对不法行为的追诉视为国家任务,应当依职权进行,而完全不依赖于任何私人的意愿和行动。

作为对这一依职权原则〔这一名称来自瓦尔特(WALTHER),1853年[4]〕的良好基础的巩固的,是适用于刑事诉讼程序中的刑事处分的公力特征,刑事处分的有效适用不由私人的判断决定;另一个事实是,现代的国家理论赋予国家以专属的管理和实现刑事正义的义务,[5] 该义务的基础在于,国家有义务为社会成员道德人格的自由实现创造必要的条件。

在这个背景下理解依职权原则,可以说它是现代社会的一项创造。古

---

2   参见本书前文第一节 I 1。

3   参见本书前文第二节 II 2 c)。

4   根据 BINDING,Abhandlungen II(1915)175 中提供的信息。

5   亦参见本书前文第一节 I 1。

罗马法中规定民众诉讼（*acção popular*）原则，据此，任何人（*quivis ex-po-pulo*）均得提起刑事控诉。[6] 这似乎表现出刑事诉讼程序的极度私有化，其实是认为刑事司法应由社会全体成员共同负责这一尖锐想法的体现：这种观点认为，正如孟德斯鸠所言[7]，"每个公民都享有祖国的一切权利"。古日耳曼法的做法与此不同，规定了私人指控原则（*acusação privada*），使刑事诉讼程序的推进取决于被害人或者其所属的家庭或家族（氏族）的意愿。[8]

随着国家理论和相应的审判职能国家垄断思想在政治法律领域获得突出地位，也是由于教会法的影响不减，社会各方面开始最大化地强调依职权原则，但这并没有立即导致对私人指控原则和民众诉讼原则的抛弃，而是或多或少地与这两个原则相融合。正是因此，时至今日，英国法仍将民众诉讼作为刑事诉讼程序的推进在理论上的出发点（尽管在实践中，对程序的推进通常属警察机关和公诉机关的职权）[9]。正如福斯奇尼（G. FOSCHINI）所述[10]，公诉的产生本身并不意味着对民众诉讼的废除，而只是意味着国家控诉与私人控诉之间的协调[11]。

2. 在我们现行的刑事诉讼法中，依职权原则获得了完全的接受。刑事诉讼程序中的预备性预审应当交由无审判职能的官方实体进行，该等实体应当依职权推进一系列措施的进行，以证明嫌犯有罪过或证明嫌犯无辜：通常是检察院（第 35007 号法令第 12 条和第 14 条）。检察院在特定情况下可授权予警察当局（第 16 条），在例外的情况下还可授权予其他公共实体，这或者是因为该等实体被特别授权进行预备性预审（司法警察、安全总局、共和国国民警卫队等的情况），或者是因为该等实体本身有权进行控诉（第 17 条，联系第 2 条）。

同样地，脱离过去的法律的第 35007 号法令，在其第 1 条中强调了刑事

6　参见 H. F. PFENNINGER，SchwZ 1916/259 e C. MASSA e PALADIN，*Azione popolare*，resp. em EdD Ⅳ（1959）871 ss. e NssDI Ⅱ（1958）88 ss.。在葡萄牙，有关的历史资料参见 Robin de ANDRADE，*A acção popular no direito administrativo português*（1967）8 ss.。

7　参见《论法的精神》第一编第六章第八节。

8　参见 KERN-ROXIN § 75 A。

9　参见 KENNY-TURNER 591 ss.，尤其是第 600 页（关于英格兰法、苏格兰法和美国法在这一方面的区别）以及 J. DEVLIN，*Criminal Courts and Procedure* 2（1967）第 14 章和第 17 章中的基础性阐述。

10　Ⅰ 245.

11　西班牙法律直到现在的规定仍然体现着这一点。参见 GOMEZ ORBANEJA-HERCE QUEMADA 69。

诉讼的公力特征，表现为进行刑事追诉的权力由国家专属享有，[12] 国家通过检察院行使该职权（第 6 条），或在特殊情况下（第 2 条），通过其他官方实体行使，诸如行政当局、治安警察（PSP）和共和国国民警卫队（GNR）以及有权限对特定活动或特别法规的行使监督的国家机构。[13]

从其中一官方实体决定将某一违法行为提交审判之时起（这通常不依赖于任何私人的意愿），法院就完全掌握了刑事诉讼程序，依职权引导程序，直至作出裁判（《刑事诉讼法典》第 400 条及以下）。

直到第 35007 号法令生效以后，依职权原则才在我们的法律制度中具有（或希望具有）如此宽的范围。由于各部律令就该事宜在事实上遵循的是"混合机制"，将对某些犯罪的官方追诉——对该等犯罪的调查/预审由法官通过"审讯"（devassas）实现：《菲利普律令》1. I，t. 58 §31 及 t. 65 §31 ss.——民众诉讼获得广泛接受，被害人的敌人以外的任何人都可进行该诉讼——《菲利普律令》1. v，t. 117 pr.——以及不论对于公罪还是对于私罪都可进行的私人指控结合起来[14]。

这一机制经历了 19 世纪的司法改革而基本保持不变——虽然通过《宪章》第 124 条而对民众诉讼的适用范围进行了严格的限制，仅适用于贿赂罪、行贿罪、公务上之侵占罪和特许罪（参见《全新的司法改革/Novíssima Reforma Judiciária》第 685 条第 1 款）——在《刑事诉讼法典》中亦基本保持。尽管原则上检察院参与对一切犯罪的指控，这一机制允许在所规定的情况下（第 15 条）进行民众诉讼，并允许被害人（以及例外情况下特定的其他人）与检察院一起进行控诉，是真正的"控方"（第 11 条）。第 35007 号法令宣告，不论在何种情况下，将私人单纯视为检察院的辅助人（附属于检察院），将控诉方转变为单纯的"辅助人"（第 4 条第 1 款）[15]。随着真正的民众诉讼和独立的私人指控的传统含义和内容发生了改变，依职权原则得到了强化和扩张。

3. 但是，即使是在我们现在的刑事诉讼法中，依职权推进诉讼程序的

12　关于刑事诉讼的公立性质这一含义，特别参见 Eduardo Correia，*Proc. crim.* 216 s. e RLJ 91/304；还可参见 Campos Costa，Sclvr 5/192 ss.。

13　对此处所指出的这些问题的详细阐述，参见本书后文第十二节以及第二卷中有关预备性预审和控诉权的部分；另见 Campos Costa，cit.。

14　关于公罪和私罪，参见后文标题 3 下的阐述。

15　参见本书后文第十五节。

原则也并非没有限度。一方面是法律秩序的限制，表现为半公罪和私罪的存在。另一方面是法理上的限制，表现在，人们仍然广泛地承认作为辅助人的私人针对公罪提起控诉的可能性，即使检察院已拒绝提出控诉时亦然。

a）所谓公罪，是指检察院依职权主动地推进有关诉讼程序，并完全独立地决定——当然，受到合法性原则[16]的严格限制——是否将有关不法行为提交审判的犯罪。广义上的私罪是指，需要经人检举（即所谓半公罪或半私罪）或者自诉（狭义上的私罪），检察院才具有正当性就其提出控诉。

广义上的私罪存在的原因一方面在于，某些不法行为（如某些形式的身体伤害、毁损、盗窃、侮辱）与社会基本法益并没有直接的和迫切的联系，以致社会在考虑所引起的侵害的方方面面——例如，考虑到该侵害无足轻重——后，认为没有必要自动地对违法者进行处分。如果被害人认为没有必要提出补偿的要求，社会也就不认为有必要通过刑事诉讼程序对该问题进行审理。

作为对前者的补充，另一个原因在于，在某些不法行为中（例如通奸、性犯罪、发生在亲属之间的盗窃罪），违背被害人意愿或者非经其同意而推进刑事诉讼程序的，可能给被害人的重要利益带来不便甚至损害，因为这些利益与其私人或家庭生活紧密联系；面对这些均在法律上具有重要性的利益之间的冲突，立法者优先考虑私人利益，考虑私人及其对公共利益的反应。

除了上述两个原因外还有一个原因。在葡萄牙，如前所述，合法性原则不受限制地受到尊重，该原则严格约束检察院就所有被视为前提条件成就的不法行为提出控诉，[17] 这可能导致法院被无数是否具有社会价值和社会利益仍然存疑的刑事诉讼程序淹没。葡萄牙立法者并没有通过在严格规定的特定情况下适用机会原则（princípio da oportunidade）来避免这一情况，而是采取了将私罪的范围扩大的做法。于是就产生了 1957 年 4 月 17 日的第 41074 号法令。[18]

前面对几个原因的分析引导我们思索，在检举和自诉的问题上，我们所面对的是实体刑法上的要求，还是实为诉讼前提。这些要求与《刑法典》

16　参见后文标题 II 下内容。

17　亦见后文标题 II 下内容。

18　在该法令非常值得一提的报告书中，对本文概括地指出的上述原因进行了解释，关于这一问题，参见 Campos Costa, *A reforma penal do decreto-lei n.° 41074*, ScIvr 6（1957）287。

中规定的多个罪状有最紧密的和必要的联系[19]——关于检举，参见第359条唯一款、第360条唯一款、第363条唯一款、第369条第1款、第379条第2款、第391条及以下中提及的第399条、第430条第1款、第431条第2款、第438条、第450条唯一款、第451条第2款、第453条第2款、第455条唯一款、第472条第1款、第473条唯一款、第477条；关于自诉，参见第254条唯一款、第363条唯一款结尾部分、第369条第2款结尾部分、第401条第3款和第4款、第404条第1款——但这并不应当成为将它们视为真正的诉讼前提的障碍。诚然，归根结底，这些要求是某一行为具有可罚性的前提条件，但实际上，它们超脱于该事实之外，与违反社会根本利益的行为完全无关，与其实质存在完全无关，而只与对其作出惩罚这一实际问题有关。因此也可以有根据地讲，有关是否要求检举和自诉的决定属程序法讨论的范畴，而不影响有关的生活关系中的社会价值。[20]

不论对此问题的观点何如，就我们此处所面对的这一系列情况，法律规定，对不法行为的调查的启动和对将之提交审判的决定亦取决于被害人或其他人，法律赋予他们检举的权利——检举又称告诉（queixa）或者举报（participação），有时也被称为控告（querela）或申请（requerimento），见第35007号法令第3条第1款——或自诉的权利。因此，我们面对的实为依职权推进行使诉讼程序原则的限制（指在半公罪的情况下，检举并不构成公诉，但是公诉的必要条件）甚至不容置疑的例外（指在狭义的私罪的情况下）。

一个在一定程度上有所不同的事情是，在一些情况下，法律并未要求检察院对诉讼程序的推进取决于某一私人的共同行动，取决于某一公务员或某一特定当局的共同行动。

首先，行政保障（第35007号法令第3条第3款）和政治保障即属此种情况，但它们并不是此处要探讨的问题，因为正如前文所讨论过的，[21]此等情况超出了程序性限制的范围，实际上构成对实体刑法对人的适用范围的限制。但是，有时法律要求取得特定的许可以使检察院的正当性完整化——正

---

19 关于这一问题，参见 K. SCHNEIDEWIN, *Die Wirkungen der Strafrechtsreform auf den Strafprozess*, DJT-Fests. Ⅰ 462 ss. 。

20 这是目前占主导地位的学说，赞同该观点的最晚近的著作，参见 H. – H. JESCHECK, *Lehrbuch des Strafrechts*, AT（1969）573 ss. e Eb. SCHMIDHÄUSER, *Strafrecht AT*, *Lehrbuch*（1970）392. 反对的观点，H. KAUFMANN, *Strafanspruch Strafklagrecht*（1968）153, 其中含有相符的说明。认为这些要素具有双重性质的，见 BAR, *Gesetz und Schuld* Ⅲ（1909）297 s. 。

21 参见本书前文第三节 Ⅲ 3 c）。

如 1936 年 10 月 31 日第 27153 号法令第 8 条和第 10 条规定的情况，这种可能性的存在导致，在有关特定的税务犯罪的程序中，检察院的正当性取决于对该等犯罪的预先审查，而这一审查是由财政部长命令进行的，且由有权限的公务员代表财政部长参与该检查。[22] 我们此处所讨论的问题并非依职权原则的限制或例外，而是该原则的一种变通。据此，一个不享有刑事司法职能的公共实体，可对刑事诉讼程序的推进设置条件。

b）如前所述（标题 2 下），第 35007 号法令拟将对公罪的程序的发动完全地公力化，使之无例外地取决于检察院或严格依照下文所述的合法性原则（标题 Ⅱ 下）行事的其他官方实体。但同时，该法令并没有解决对合法性的司法控制的问题，拟使之完全依赖于等级上的监督（第 27 条至第 29 条）。这实际上显示出不足以保障犯罪行为中被害人的合法预期；面对这一保障不足的问题，司法见解——最重要的是最高法院的司法见解——并未采纳最有广泛影响力的学术意见，而是赋予辅助人以就公罪提出控诉的正当性，即使检察院已放弃提出控诉时亦然。于是就产生了对依职权原则的最广泛和最重要的例外，因为将某一事实提交审判的决定取决于私人的意愿，而私人的意愿可优先于检察院的意愿而被考虑；[23] 这一例外是如此的广泛和重要，以致我们可以据此而理直气壮地说，现行刑事诉讼法中的依职权原则只有趋向性的价值，仍然与允许自诉的补充性原则相协调。

这一司法见解对第 35007 号法令的精神的违背是不容置疑的，但并非因此对之进行批评就是正当的。如果因为这一司法见解使作为辅助人的私人真正有权利针对公罪提出控诉，违反了依职权原则和诉讼程序的公立特征——如此就回到了我们之前的刑事诉讼法，尤其是《刑事诉讼法典》中具有特色的混合机制——而认为它是糟糕的，那么单纯从刑事诉讼政策的角度出发而得出的相反观点就更糟糕了，因为它完全轻视了对检察院决定不将某案件提交审判的合法性的司法控制[24]。似乎这样就陷入了一个僵局，亟须对

22　参见 Eduardo Correia，RLJ 100/357 nota 1。

23　还可参见 V. Manzini I 257。

24　反对的观点见 Campos Costa，ScIvr 5/195 e *Fiscalização do exercício da acção penal*，RDES 8 (1955) 275 ss.，该学者认为，第 35007 号法令中规定的等级监督制度，"与私人提起的刑事诉讼程序相比，赋予私人的保障更大"。但这明显是没有理由的：一位非独立的司法官通过审议能够给予的保障绝对远远小于通过另一位依据宪法而享有独立特权的司法官所能给予的保障。关于在文中最后浮出水面的问题，参见 Bringewat，*Die Nebenklage-ein wirksames Verfahren zur privaten Kontrolle staatsanwaltschaftlicher Strafverfolgung?* GA 1969/289。

刑事诉讼程序的"制度精神"进行一次立法改革，否则就不要指望从此僵局中走出。[25]

Ⅱ　合法性原则

1. 前面的分析表明，国家旨在通过不法行为由官方追诉的原则，回应其刑事司法和实现刑事正义的义务，为此，将所有实施不法行为且有过错者判罪，而被判罪的也只能是实施不法行为且有过错者。

如此便不难理解，合法性原则是刑事诉讼程序——在民事诉讼程序中则不同，原告可以评估提起诉讼的合宜性——的根本。根据《刑事诉讼法典》第 1 条、第 165 条和第 349 条以及第 35007 号法令第 26 条的规定，毫无疑问，一旦违法行为的前提——不论是事实上的还是法律上的，也不论是实体上的还是程序上的——为检察院所获悉，[26] 且检察院在侦查过程中获得了充分迹象，则检察院有义务推进程序和就该等不法行为提出控诉。

因此，并无任何余地评估刑事诉讼程序的推进和继续是否具有"合宜性"，推进和继续诉讼程序是检察院的一项义务，但有下列条件：a）存在诉讼前提（例如，管辖权）而不存在诉讼障碍（如豁免权）；b）有关行为根据实体刑法的规定具有可处罚性（如不法性、罪过、处罚的客观条件）；c）获悉不法行为（《刑事诉讼法典》第 165 条）且存在能够作为控诉依据的充分迹象（第 349 条）或足够证据（这一点不同于《刑事诉讼法典》第 345 条和第 35007 号法令第 26 条的规定）。

检察院开展活动，概括地说，严格受制于法律（由此引出了合法性原则的问题），而非依据对任何诸如政治秩序（国家理性）、经济秩序（成本）等的合宜性的考虑。为此，国家将其利益置于该原则，不履行因该原则而产生的义务可能构成犯罪（《刑法典》第 287 条和第 288 条）。这引发的思考是——其他的原因会在下文进行阐述——当合法性的义务与对上级的服

25　更详尽的阐述，参见后文 Ⅱ 3 部分，尤其是第十五节 Ⅲ 3 b），届时将列举有关该争论的主要参考文献。

26　有关不法行为的获悉或消息问题——这一问题在意大利法学中具有十分重要的地位，因为根据该国的主流观点，因为它关系到归档命令（despacho de arquivamento）的问题——的详细阐述，参见 G. Foschini, *La istruzione preliminare*, Scritti De Marsico（1960）586 ss.，关于这一问题，V. Manzini Ⅰ 262 nota 2 中列举了大量参考文献，而最近的概括性的介绍见 P. Nuvolone, RitalDPP 1964/983。

从之间可能发生冲突时，前者通常优先于后者。[27]

所谓公诉的不可改变原则，[28] 只是合法性原则在公诉方面的一种结果，根据该原则，自法庭被召集就有关起诉作出裁判之时起，不得将起诉撤回。例外的情况是对指控的放弃（《刑事诉讼法典》第 18 条）和舍弃——但这并不影响在私罪（第 35007 号法令第 3 条唯一款）和半公罪的情况下对嫌犯的赦免的效力，但有关的有罪判决已经转为确定或者在法律规定的特别情况下除外（《刑法典》第 125 条第 6 款）。

另外，合法性原则的结果应当被理解为：根据第 35007 号法令第 7 条的规定，警察实体就其所获悉的所有不法行为，公务员就其执行职务时及因其职务而获悉的违法行为，有向检察院检举的义务（还可参见第 35042 号法令第 16 条唯一款）；根据第 35007 号法令第 7 条的规定，任何获悉违法行为之人均可以检举，只要法律没有规定检举（或控诉）的权利限于特定的人行使即可。

2. 根据前面的讨论，原则上，合法性原则是值得被认可的；它维护了法治国家的根基，但同时却使刑事公正被覆盖上了偏见和独断的怀疑和诱惑。假如允许负责刑事程序的公共机关对程序的执行的"适当性"进行评价，允许其因执行的不适宜而排除之，将会增加刑事司法受到各个层面的外部影响的危险，即使不会产生该等影响，也会产生使社会对刑事司法的无条件的客观性的信任降低（甚至消灭）的危险。

以这种方式，合法性原则与平等适用法律[29]这一重要的最高准则联系起来，并因此而在宪法中获得确认（《政治宪法》，第 5 条）[30]：该原则包含对享有控诉权的公共实体的指示，要求其在行使法律赋予的权力时不要考虑人的地位和身份，也不要考虑第三人的利益——当然，当诉讼前提或刑事实体法本身的适用条件对此作出限制时除外。[31] 正因为此，在此背景下也有

27　参见本书后文第十一节 II 4，以及 Figueiredo DIAS, RLJ 106/175 ss. 反对的观点见 OETKER, GS 105/372 s.，但其中并没有充分地说明理由，且其出发点是将法律视为国家利益的奴隶这样一种功利主义的思想。有关服从上级之义务在该义务导致实施犯罪时的终止，参见 Eduardo CORREIA II 116 ss. 。

28　参见 KERN-ROXIN § 14 III，V. Manzini I 264，葡萄牙学者对此的阐述见 Castanheira NEVES 40。

29　Castanheira NEVES 37 中就"法律面前的平等"进行了讨论。

30　在意大利，《政治宪法》第 112 条明确规定，"检察院有义务进行刑事诉讼"。

31　不同的观点见 Castanheira NEVES 40，该学者认为，对政治保障和行政保障的援引实为对合法性原则的限制。

理由承认，合法性原则维护和加强了一般预防的效力，该效力正在且应当继续不仅与刑罚相联系，而且与整个刑事司法相联系。[32]

a）已经有学者简明扼要地指出了为什么如今绝大多数国家的法律都坚决不再认可笼统的和无条件的机会原则（princípio de oportunidade）。该原则起初大概唯有基于纯粹政治方面的原因才能够理解。[33] 诚然，纠问式诉讼程序使合法性原则取得了一定的地位（但将推进和继续诉讼程序的权利赋予裁判者）。但是，由于1808年《法国刑事审理法典》并未对此问题作出规定[34]——在程序性的实践中，人们认为该法典授权检察院任意决定指控的问题[35]——机会原则仍然在一定程度上为人们所接受，直到一些极权主义的经历表明，在该原则（当其上升到刑事诉讼程序的一般原则的层面上时）中可能包含着损害公民基本权利的重大危险。

b）但是，一方面是一般的机会原则——如今实际上已不成问题——另一方面是存在着从机会的角度对合法性原则的限制，甚至在某些有限的领域和在某些控制的可能性下承认机会原则。时至今日，仍有国家接受从机会的角度对合法性原则的限制，如德国和意大利，也仍有国家接受对机会原则的有限制的认可，如法国、比利时、荷兰、日本、以色列以及尤其突出的英国和美国。[36] 仍然有意义强调的是，随着这一问题的缓和，AIDP的第五次和第九次大会上并没有就支持还是反对争议中的其中一个原则作出决定。

c）笔者不得不承认的是，将这一问题置于比较法和比较刑事诉讼实践的大背景下，比起赋予对立的机制一种绝对的效力，该问题更多地在于研究对刑事司法必不可少且每一种机制都要求的缓和效力。[37] 不过，根据前述分析，笔者认为，即使是在成文法的框架下，合法性原则应当继续作为塑

32　类似的观点，参见，例如，H. HENKEL § 21 V 2。

33　正如 Eduardo CORREIA，Proc. crim. 220 nota 1 中所指出的，该作者援引了奥地利1873年的和俄罗斯1927年的立法实践。有关社会主义国家的刑事诉讼程序为明显地扩大机会原则的适用范围而进行的尝试，参见 TÖWE，GS 108/148 ss.。

34　参见 MERLE-VITU n. 903。

35　参考的是 FLAD，MKrim 1931/294 ss. e H. HENKEL，Lehrbuch 1（1953）350 s.；关于这一问题在法国的情况的详细阐述，参见 STéFANI-LEVASSEUR n. 409 ss.。

36　参见前引 RintDP 1963 ns. 3 e 4 中包含的不同的报告。对这一问题在荷兰法中的情况的详细的和最近的研究，见 S. TAK，*Einige Aspekte des Opportunitätsprinzips bei der Strafverfolgung nach niederländischen Strafprozessrecht*，Z 84（1972）220 ss.。

37　F. CLERC，SchwZ 1948/162 s. 中夸大了事物的这一方面，得出的结论认为，对这两个原则的讨论其实是"无对象"（sans objet）的讨论。A. F. PFENNINGER，SchwZ 1951/153 ss. 中也对此持批判的态度。

造有关制度的出发点。

但也仅仅是出发点而已。就某些具体的案件而言，对刑事诉讼程序的强制性推进和继续对法律社会造成的损害大于其好处——尤其是，考虑到这一问题对公共利益的较小的意义，或者将之联系到取证的困难、诉讼程序数目的膨胀、判罪被执行的较低的可能性，等等（例如，当有关行为是在国外所实施的，或者作出有关行为之人不在国内）——于是，在该等案件中赋予检察院在程序中一定程度的自由裁量就很容易理解了。

关键在于，不要忘记，自由裁量权并不是专断的同义词，而是一种授权，是在利用此授权的时候应当考虑授权时的目的[38]——例如，对法律社会的真正利益以及对社会主流价值观的维护；也不要忘记，刑事诉讼程序中占主导地位的价值之一是对人们人格权利的保障，而机会原则很容易使这些权利陷入困境。因此，必须始终小心维护对检察院的决定进行控制的可能性，这或者通过等级从属关系来实现，或者通过承认被害人的自主参与，又或在不能达成共识时将有关问题交由司法裁判来实现。

关于检察院的讨论在一定程度上也应当适用于警察实体。包括葡萄牙在内的一些国家没有对合法性原则的适用作出任何限制，可以确认的是，这实际上不可避免地导致承认警察实体在行动中享有一定程度的"机会"，尤其是当涉及某些轻微违反行为或者"犯罪方面价值不大的小事"（baga-telas penais）时。又有谁没见过一项非经被害人在法律上的同意而对某一司机在禁止停放汽车的地方停车的行为"视而不见"或者"免除"对该司机的罚款的政策呢？

但是，为了规范机会（不可避免的）适用的空间——严格地说，是否已经有人认为前述政策可能触犯《刑法典》第287条规定和惩罚的犯罪？——法律应当以列举或者其他类似的方式，明确地承认和详细地规定想要赋予负有追诉违法行为职责之实体的适用机会的空间，而不是继续虚伪地吹捧合法性原则而不顾任何代价、不留任何例外，如前所述，这在实践中根本完全无法实现。

3. 上一句中提到的焦点问题使我们有理由谈及另一个要害：不仅当人们在任何情况下都接受机会原则时，而且当——就像我们现行法律制度的

---

[38]　这被称为行政上的自由裁量或司法上的自由裁量。关于这一问题，参见 Castanheira NEVES 105 ss. e *Questão-de-facto* § 15。

情况——人们毫无保留地接受诉讼程序发动和继续的合法性原则时，对检察院所作决定的监督和控制的问题都是极其重要的。

这一问题与提出控诉的强制性息息相关。要求存在"充分迹象"或"足够证据"，但是怎样才算迹象充分，又怎样才算证据足够？在对违法行为进行事实上的和法律上的审理时，自然可能存在不同的概念。因此，在检察院作出决定时——与任何真正的司法裁判一样——不可避免地存在自由裁量的空间。另外，检察院必须要考虑的是，仅是单纯的提出控诉，就会对指控者的良好名誉和名声造成损害，这使人们承认，仅当被指控者将来极有可能被判罪时，或当被判罪比被判无罪更有可能时，才可认为迹象充分和证据足够。

因此，卡斯塔涅拉·内维斯（Castanheira NEVES）的观点是正确的，[39]他认为，在迹象的充分性中包含着"最终审判所要求的'事实'——只是预备性预审（以及辩论预审）并没有调用与法官在审判阶段可利用的证明要素、澄清要素以及形成心证所需的资料相同的资源，因此，也仅仅因为此，对于作出判决不足够的，可能对作出控诉而言是充分的和足够的"。

还要强调的是，[40] 关于所收集的迹象中是否包含未来被定罪的高度可能性，应在事实层面而非法律层面进行评定。也就是说，如果检察院就有关问题持一种法律观点，但知道法院接受该观点的可能性不大，从而判被指控者有罪的可能性不大，即使如此，检察院不能仅仅因此而不提出控诉，否则将导致，仅仅因为检察院所采纳的观点不同于法院就阻却审判的进行。例如：如果检察院收集了一起投机未遂行为的充分迹象，且认为该行为为法律所处罚——第 41204 号法令第 25 条和第 21 条——即使知道法院认为法律没有明确对投机未遂作出规定，因而不大可能作出有罪判决，检察院亦应指控。这一问题又涉及其他问题，对这些问题将在探讨检察院在刑事诉讼程序中的法律地位的部分进行研究，[41] 尤其相关的问题，是否应当认为检察院受主流司法见解的约束；在此处唯独值得强调的是，在对迹象的事实上的充分性进行评价时，有明显的自由裁量空间。

现在就不难理解，当检察院认为诉讼程序不应继续进行而将之归档或

39　39.

40　还可参见 K. PETERS § 23 Ⅳ 1 b。

41　本书后文第十一节 Ⅲ 4。（原文如此，可能原文有误，译者猜测指"Ⅲ 3"，p. 237 注释 59 似乎可以佐证。）

主张等待更好的证据时（第 35007 号法令第 29 条），违法行为的被害人有权要求对检察院的决定在其合法性上进行严格的监控。对此，《刑事诉讼法典》中规定了一种直接由法官进行的监督（第 346 条、第 350 条和第 351 条），检察院对程序的"推进必须始终符合"法官所作出的裁判（第 10 条和第 350 条唯一款）。[42] 考虑到这样的解决方案会对控诉式机制的纯正性造成损害[43]——这并非是不正确的，因为就该控诉作出裁判的法官与进行之后可能的审判的法官是同一人——对于预备性预审后不提出控诉的情况（但不适用于辩论预审后不提出控诉的情况，因为对此《刑事诉讼法典》中的制度基本保持不变，见第 35007 号法令第 44 条和《刑事诉讼法典》第 346 条，当然，也是因为辩论预审已经是在法官的主持和领导下进行的了，见第 35007 号法令第 37 条和第 40 条以及现在的《刑事诉讼法典》第 330 条），第 35007 号法令建立了一套排他性地通过等级进行监督和控制的机制（第 35007 号法令第 27 条和第 29 条）[44]。

　　从维护合法性原则的角度看，这一监督机制似乎也是完全不够的，因此，由于检察院的不控诉可能损害私人，尤其是被害人的权利和正当利益，不能将不控诉决定以及对此等决定进行监督的权力全部排他性地授予诸如检察院司法官这样一类并不享有宪法上的独立特权的司法官。[45] 因此，如前所述，我们的司法实践中确立了对合法性原则的间接控制，当检察院不作为时，承认辅助人的控诉。但也是在此背景下，一个承认由上诉法院（例如中级法院或最高法院，相当于德国的强制起诉程序[46]）或者由一名不同于之后将对有关违法行为进行审判的法官的预审法官对检察院的不起诉进行直接的司法控制的可能性的制度的优势就显现出来了。

---

[42]　此外，随着《全新的司法改革/Novíssima Reforma Judiciária》的生效，就检察院不提出控诉时法院应当如何行动的问题，存在着严重的分歧。关于这些分歧，参见 L. Osório I 84 ss.。

[43]　参见第 35007 号法令的报告书。

[44]　关于这一机制的详细介绍，参见本书后文第十二节 III 1。至于使《刑事诉讼法典》第 351 条重新具有效力的第 185/72 号法令是否旨在将适用于辩论预审之后的控诉（或不控诉）的制度扩展至预备性预审之后的控诉（或不控诉），参见后文标题 III 1 下内容。

[45]　关于此，参见本书后文第十一节 II。此外，L. Osório I 187 中指出，通过这样的做法，"我们赋予检察院——更有甚者赋予司法部长——以赦免某些违法行为的权能"。

[46]　关于这一制度，同时对合法性和机会的问题进行阐述的，见 Oetker, GS 105/374 ss., 381。并不奇怪的是，强制起诉程序（Klageerzwingungsverfahren）被 1942 年 8 月 3 日的"简化"刑事诉讼程序的社会主义国家法律的第 9 条第 2 款撤销。关于这一问题的完整和详细的阐述，见第十五节 III 3 b）。

在巴西，根据《刑事诉讼法典》第 28 条的规定，这一问题的表现与其在葡萄牙第 35007 号法令中表现的情况一样。因此可以理解，巴西对此的解决方案也是不无疑问的，例如托纳圭（TORNAGUI）[47] 等学者指出，当检察院最终决定将程序归档时，补充性的自诉具有正当性。有趣的是，后一种解决方案在托纳圭的《刑事诉讼法典草稿》（1964 年）第 40 条中得到了确认，但在弗雷德里科·马奎斯（J. Frederico MARQUES）的《刑事诉讼法典草稿》（经审议修正后于 1970 年 6 月 10 日公布）的理由说明部分写道："尽管赋予被接受成为辅助人的被害人以广泛的程序性权力和权利，该草稿并未承认其可检举（控诉）。"这是废除补充性的私人刑事诉讼的必然结果，此处所规定的对不提起公诉的控制也仅仅是等级上的（参见第 267 条）。

Ⅲ 控诉原则

1. 我们已经知道，[48] 刑事诉讼程序经历了从纠问式发展到控诉式的历史进程，之所以这样发展，最重要的考虑在于：公正、客观和独立，是一个合法的司法裁判所必须具备的条件，只有当审判实体并不同时具有对违法行为进行初步调查和控诉的职能，而只能在另一机关（通常是检察院或一名预审法官）提出的控诉所规定的范围内进行调查和审判时，公正、客观和独立才能获得保障。正是基于此，控诉原则在现代社会确立了起来。

另外需要注意的是，可能在表面上存在一个负责控诉的不同机关，但并不承认控诉原则。葡萄牙在 1929 年至 1945 年正是这种情况，当时《刑事诉讼法典》具有完全的效力，由检察院提出控诉（第 349 条），但取决于一个初步预审（犯罪事实/corpo de delito），而后者由之后负责审判的法官主持（第 171 条及以下）。因此，可以说这是一个有控诉式之外表的诉讼程序，而不是一个遵循控诉原则的诉讼程序[49]。

另外需要强调的是，遵循控诉原则的诉讼程序也不同于控诉式诉讼程序。在控诉式诉讼程序中必然遵循控诉原则，但不乏遵循控诉原则但并非控诉式的诉讼程序，而是表现为混合式甚至缓和的纠问式的诉讼程序。前

47　*Comentário ao CPP* Ⅰ/Ⅱ（1956）；反对的观点见 M. NORONHA 42 s.。

48　参见本书前文第二节Ⅱ2。

49　对有控诉式之外表的诉讼程序的批判性探讨，参见 Eb. SCHMIDT, *Staatsanwalt und Gerecht*, Kohlrausch-Fests.（1944）281；亦参见本书前文第三节Ⅰ。

文已经对此现象进行过阐述，我们需要慢慢地回到这一现象，[50] 因为我们确信，对此问题的完全理解是我们理解刑事诉讼程序的内部结构的钥匙。此处需要再次强调的是，控诉式的诉讼程序（不论是诸如英国传统的纯正的，还是掺杂了调查原则的）的前提条件——当然，除控诉原则外——是承认诉讼主体在案件审理中的创设性参与（participação constitutiva）。

在第 35007 号法令之后，葡萄牙刑事诉讼法不再一味地迷信控诉原则。一般来说，法官不得就非经另一不同实体——通常是检察院，也可能是其他公共实体（第 10 条和第 2 条），在例外情况下也可能是辅助人（私罪或可对公罪提出独立控诉的情况）——预先提出控诉的违法行为进行审理和裁判。

a）一个例外的情况出现在第 35007 号法令第 44 条，该条允许之后可能主持审判的法官在辩论预审结束时命令检察院提出控诉。这一学说很容易理解，因为主持和领导辩论预审的职能本就属于法官，但对控诉原则的不恰当的侵害可以并且应当通过对预审法官和负责审判的法官的区分来避免。这种区分的缺失，仍然是导致辩论预审在我们的司法生活实践中受到极少重视的主要原因之一。不过，在一些地区创建的刑事起诉法庭使前述不恰当的损害得到了部分缓解，根据第 2/72 号法律纲要 Ⅱ，Ⅰ b）的规定，这些法庭负责领导辩论预审。

b）前面曾一笔带过地提到，[51] 第 185/72 号法令使《刑事诉讼法典》第 351 条重新具有了效力。这一规定的正文中指出[52]："如果法官认为所证明的事实不同于检察院所指出的事实，由此导致对控诉的实质性变更，即可作出批示并说明理由，在批示中宣告命令将诉讼程序退回检察院检阅，以便可以提出控诉。"并在唯一段中补充道："如果法官只是对检察院所指出的事实有不同的评价，或经审理后证明的事实并未对控诉造成实质性的变更，则可在其起诉批示或类似的文件中指出这一点，但接受控诉。"

随着第 35007 号法令的公布，人们普遍认为第 351 条已被废止，面对该法令中设立的等级监督机制，本条的学理变得难以理解，[53] 而且——笔者想

50　参见本书前文第二节 Ⅱ c）以及后文第八节。

51　本书前文第三节 Ⅰ 1。

52　其目前的文本与之前的文本非常相似——但有一处修改，且不能不对此修改予以关注，参见下文。

53　MANSO-PRETO, *Pareceres do MP*（1964）61 ss. e Maia GONÇALVES anot. ao art. 351.°e Silva ARAÚJO-Gelásio ROCHA，CPP 521 ss.，其中列举了大量司法见解。

补充这一点，因为在本语境下非常重要——当然也是因为，这样可以避免对控诉原则的正面攻击以及由此陷入一个基本上是纠问式的诉讼程序中，第351条似乎就陷入了这样的局面，尤其是与第346条的规定结合来看时。综合这两个规定看可以发现，在《刑事诉讼法典》的层面，法官——之后主持审判的法官——才是决定控诉还是不控诉的真正的控制者，而所有人都确信（非常确信），第35007号法令旨在彻底地结束这样的解决方案。如果有什么东西是想要从第351条中保留下来的，那只能是该条在辩论预审后提出的控诉中的适用，而绝不适用于预备性预审后提出的控诉。

在此框架下，对于第351条因第185/72号法令而恢复效力——或者至少，对于该条被第35007号法令废止时所产生的疑问的消除——可以并且应当赋予它们怎样的意义？

推理方式如下：通过使第351条恢复效力，第185/72号法令首先也想要表明第346条具有完整的效力，[54] 这是一个方面；另一方面，该法令赋予控诉以一个尽可能统一的结构——如前所示，除其他表现外，这是一个取消了临时起诉批示的机构。考虑到事物的这两个方面，我们得出结论，第185/72号法令想要单纯地和简单地恢复《刑事诉讼法典》中有关检察院的控诉还是不控诉由法官掌控的制度，[55] 结果对控诉原则造成了正面的侵犯。

如前所述，[56] 这些并非立法者在1972年的意图和所考虑到的目的。这不仅因为，它们表明，葡萄牙刑事诉讼法在自1945年以来，在尝试摆脱纠问式机制的工作中始终在走下坡路；也不仅因为，如此，实质一致性的最低限度本应让1972年的立法者使《刑事诉讼法典》中有关对检察院不起诉的直接的司法控制的整个制度恢复效力——而这在事实上并未实现；[57] 而且还因为，我们并不觉得简单地基于第351条的恢复效力就有义务得出结论。

实际上，即使我们认为第351条目前的文本导致法官能够要求检察院就后者起初不拟提出控诉的事实提出控诉——并且因此，基于明显相同的原因，第346条如今也具有完整的效力——我们也没有理由拒绝接受（事实上我们感到必须接受）对第351条和第346条的极端限制性的理解，认为它

54　Maia GONÇALVES e Silva ARAÚJO-Gelásio ROCHA，前引著作中对第346条的注释。

55　Castanheira NEVES 似乎对此作出过评述，见本书第三节的注释13a。

56　参见本书前文第三节 I 1。

57　事实上，检察院继续有权限作出不起诉的决定，而不受法官的直接控制。第367条只规定了有提起控诉但被驳回的情况。关于这一切，参见本书后文第十二节Ⅲ。

们仅对辩论预审后提出的控诉有效，而不对预备性预审后提出的控诉有效。[58] 而根据事物本身的性质，也不可能是另一种方式。如果事实上法官如今并不主持预备性预审阶段，甚至也不参与调查，[59] 如何能够"认为所证明的事实不同于检察院在控诉中所指出的事实"？肯定不是通过控诉本身的文本，因为正在讨论中的法律规定涉及的是不同于所指出的事实的事实，而不是不同于所指控的事实的事实。于是，在预备性预审结束时，只有法官将其私人了解带入诉讼程序（与大多数国家的诉讼法律制度一样，葡萄牙法律对此是绝对禁止的），[60] 这一控制才是可能的；而如果以其他的方式，则完全缺失可能的控制方法！展现在我们眼前的是，即使将第351条理解为赋予检察院以遵循法官的理解的义务，如今，随着第35007号法令的公布，该条仍然仅对辩论预审后提出的控诉有效。

但是，即使在这些限度内，前面所述的是现在的第351条对法律效果的规定吗？不能不注意的是，这一《刑事诉讼法典》中的规定，过去命令将程序退回检察院检阅"以便提出控诉"，而如今规定的是退回检察院检阅"以便能够提出控诉"。本身可以理解的是，这一措辞上的改变（而且这是本规定中引入的唯一的改变）并不是偶然的和任意的。另外，笔者也不认为这一改变仅仅具有文字上或语法上的价值。没错，我们认为，其含义正是可从其条款中得出的含义：在《刑事诉讼法典》层面，一旦将程序退回检察院检阅，在过去，提出控诉是检察院的一项义务（dever），而在现在，这只是一项权力（poder），检察院就控诉事宜行使此权力时，根据其对合法性原则的理解，享有自由裁量权。在此情况下就很容易理解第351条的改变：[60a] 它的目的并非有人想象的那样，是为了动摇控诉原则，而是要巩固控诉原则，使法官对控诉事宜的意见对检察院不再具有约束力。

---

[58] Silva ARAÚJO-Gelásio ROCHA，CPP 514 中也持这样的观点，认为等级监督制度仍然存在，尽管只存在于预备性预审中。

[59] 即使预审法官亦然，因为预审法官也不负责预备性预审阶段的调查职能［不负责，也不应负责，原因我们后文会阐释，见第八节 Ⅱ 3 c）］。因此笔者不赞同卡斯塔涅拉·内维斯的乐观主义观点（前引注释55），该学者认为，《刑事诉讼法典》第351条和第346条的完整的和完全的效力，与预审法官"找到成功的解决方案"的（总体）要求相联系。

[60] 参见本书后文第六节 Ⅰ 4。

[60a] 笔者完全赞同卡斯塔涅拉·内维斯著作中的观点，该学者认为，如果按相同的步骤，认为第351条适用于任何控诉，包括预备性预审后提出的控诉，文中对新的第351条的理解是没有道理的。但是，如果遵循文中的立场，认为前述规定只适用于辩论预审之后，我们则不认为可以将一切不能解释的东西归因于确定性解释（恰恰相反）。

　　既然这是第 351 条重新生效的真正内容，那么很明显，它并没有决定第346 条具有完整的效力，第 346 条继续因第 35007 号法令第 44 条而生效，因此，只对辩论预审之后的控诉有效。

　　c）另一个例外是司法官实施违法行为时的特别程序（《刑事诉讼法典》第 595 条及以下以及《司法章程》第 33 条）。有人认为，而且是为数不少的人（最近的见 1970 年 5 月 13 日最高法院的合议庭裁判）[61] 认为，《刑事诉讼法典》中的这一部分并没有为第 35007 号法令所废止，预审仍然属预审法官职权;[62] 但在很多情况下，这一预审法官能够影响（或者参与）审判——首先参见《司法章程》第 33 条第 2 款 c 项（"准备和审判"）——结果就会侵犯控诉原则。

　　2. 但还不足以满足控诉原则中所包含的实质性要求，根据该原则不难理解，仍然有必要完全地遵守该原则中所实质（substancialmente）产生的隐含之意（implicações）。如欲将该等含义系统化——这在一定程度上已在前文讨论过——可得到以下框架。[63]

　　第一，负责审判的法院不能主动地开展旨在弄清楚某一违法行为和确定其行为人的调查；该等调查必须在一个由另一实体发起和领导的阶段（是诉讼中阶段还是诉讼前阶段在所不问，二者同等重要）中进行。

　　第二，控诉的提出是调查、审理和裁判的整个司法活动的前提条件。控诉的提出公开地表明，某人对某一将引致司法裁判的违法行为有极强烈的嫌疑须承担责任；按照笔者的描述，这公开和郑重地表明了，法律社会准备要求其成员之一承担责任。

　　在某种程度上，控诉原则的这一后果被第 185/72 号法令破坏了，该法令废除了启动辩论预审时的临时控诉的要求（主要是由第 35007 号法令第24 条提出的），因为这是一个司法阶段。但是，可能容易招致异议的是，如今检察院启动辩论预审的申请实质上扮演着临时控诉的角色（参见《刑事诉讼法典》第 328 条第一部分）。

　　第三，控诉在法庭面前确定和固定了诉讼标的。在一个纯粹的纠问式的诉讼程序中，即使存在控诉，该控诉只影响是否进行司法调查，而不决定诉讼标的。此处我们又遇到了"控诉式"，而不是"控诉原则"，因为法

61　BMJ 197/250.

62　MANSO-PRETO, *Pareceres do MP*（1964）331 s. .

63　参见 C. BERTEL, cit. 76 ss. , 94 ss. , 121 s. 。

院的审理可能无差别地（纠问式地）指向任何有嫌疑的违法行为或违法者，即使它们（他们）并未出现在控诉书中亦然。相反，根据控诉原则——且毫无疑问这是其最重要的含义——法院的审理和裁判活动严格地受到控诉标的的限制。

于是，应当确认的是，刑事诉讼程序的标的就是控诉的标的，而此标的本身界定和固定了法院的审理权（审理活动，见《刑事诉讼法典》第446条及以下）以及既判力的范围（裁判活动，见《刑事诉讼法典》第148条及以下）。因此出现了所谓对法院的在主题方面的约束力（vinculação temático），而通过此，刑事诉讼标的的同一性原则、一致性或不可分性原则等融为一体；根据该等原则，自控诉时起至判决转为确定时止，诉讼标的应当始终保持一致，应将诉讼标的作为一个整体（统一且不可分割）对之进行审理和判决，而且——即使在尚未作出裁判时——应当被视为不可重复地作出裁判[64]。

要想轻松地把握控诉原则所包含的对法院的主题约束背后的价值和利益，可以想想，这一约束构成一个有效的且稳固的嫌犯辩护权的基石——无此辩护权，刑事诉讼的目的将是无法实现的——以此来保护嫌犯免受法院任意扩大审理和裁判活动所造成的损害，确保辩论的权利和被听取的权利；[65]还可以想想，只有如此，面对那些本应宣告嫌犯完全无罪的诉讼程序（以嫌犯具有真正的辩护权为前提），国家才有希望实现其只惩罚真正的罪犯的目的。[66]

进行前面的分析的目的并不是想深入地探讨诸如诉讼标的、法官的审理权以及裁判已确定的案件[67]等问题，而只是想展示所有这些问题——整个刑事诉讼程序中最重要的问题——在统一地从控诉及其限制的背景下考察时是如何表现的。从而，可以考虑将刑事诉讼程序中最具决定性的那些问题取决于一个十分正式/表面的出发点。但这并非完全不可指责的，因为这一表面上的出发点只有出于对公民权利及其自由实现的要求才具有正当性，这在刑事方面也绝非罕见。在实体法方面存在非常类似的事物，即没有法律，就没

64　参见 Castanheira NEVES 211 ss.。

65　参见本书后文第五节 Ⅱ。

66　关于最后的这一层思考，参见 H. HENKEL § 22 Ⅱ d。

67　详见 Eduardo CORREIA，*Caso julgado* passim；还可参见 Cavaleiro de FERREIRA Ⅲ 45 ss.；本书第二卷。

有犯罪，没有刑罚的原则，该原则是用有关违法行为和刑罚的一般理论看待事物的出发点。

还需考虑的是，通过控诉原则，并不能解决所指出的所有程序性问题，而只能找到解决问题的出发点。控诉的限制是有决定性的——但它们应当如何确定？通过对控诉书中条款的字面上的解释？通过主观解释，还是客观解释？而控诉原则不能经受对控诉书中条款的一定的填补（甚至修改）？如果答案为是，那么在何种程度上能够达到何种程度？而哪些内容最终记载于控诉书的条款中，是一系列自然事实、某种规范性现实、某种生活的历史关系、一个具体的法律案件？我们不在此继续推进。很容易接受的是，对所提出的问题的回答——或者至少对其中部分问题的回答——已经不再仅仅取决于控诉原则的含义和内容，而同时也取决于反映该等原则的诉讼法律问题的规范性特点，因此涉及每一个需要作出回答的问题。但是，刚刚讨论的这些也许有助于理解为什么要以对控诉原则的考虑为解决所有问题的出发点。

第五节　与诉讼程序的进行有关的原则

Ⅰ　调查原则

如前所述，葡萄牙的刑事诉讼法基本采控诉式的结构，而调查（investigação）原则是该诉讼结构的组成部分。[1] 该原则之所以被命名为"调查"（investigação）原则，而非"instrutório"原则或"inquisitório"原则，是因为后二者的表意都比较模棱两可：前一个可能使人认为，这一原则的适用范围只延伸到刑事诉讼程序的"预审阶段"，而后一个则可能使人联想到过去的"纠问式结构的诉讼程序"，而这完全不是此处要探讨的问题。

我们还看到，人们想要通过"调查"原则表达的，更多的是法院所赋予的对有待审判的"事实"独立地——当然也要考虑控诉和辩护的内容——进行澄清和审理的权力－义务，由法庭本身来创造作出裁判的必要基础。该

1　参见本书前文第二节 Ⅱ 2 c）。

原则的目的，除作为整个刑事诉讼程序进行或发展的指导纲领外，最重要的在于获得裁判的基础，即涉及证据。正是因此，将之称为"实质"真相原则也是可以的和正确的。因而，笔者倾向于将此原则视为有关证据的原则，而在后文中[2]将对此原则作展开讨论。

Ⅱ　辩论原则和听证原则

参考文献：

A. ARNDT, *Das rechtliche Gehör e Fragen des rechtlichen Gehörs*, NJW, resp. 1959/6, 1297 e 1962/25.

F. BAUR, *Der Anspruch auf rechtliches Gehör*, AcP 153（1954）393.

P. CALAMANDREI, Processo e democrazia（1954）119.

CAVALLARI, *Contraddittorio*（*dir. pen.*）, EdD Ⅸ（1961）728.

G. CONSO, *Considerazioni in tema di contraddittorio nel processo penale italiano*, RitalDPP 1966/405.

H. DAHS, Rechtliches Gehör im Strafprozess（1965）.

G. FOSCHINI, I principi fondamentali del dibattimento, RitalDPP 1963/1037.

JAGUSCH, *Über das rechtliches Gehör im Strafverfahren*, NJW 1959/265.

J. et A. M. LARGUIER, *La protection des droits de l'homme dans le procès penal*, RintDP 1965/95.

H. M. PAWLOWSKI, *Aufgabe des Zivilprozesses*, ZZP 80（1967）345.

H. SCHORN, *Der Schutz der Menschenwürde im Strafverfahren*（1963）66.

V. WINTERFELD, *Das Verfassungsprinzip des rechtlichen Gehörs*, NJW 1961/849.

M. WOLF, *Rechtliches Gehör und die Beurteilung Dritter am Rechtsstreit*, JZ 1971/405.

A. ZEUNER, *Der Anspruch anf rechtliches Gehör*, Nipperdey-Fests.（1965）1013.

1. 根据前述调查原则，由刑事法官负责获取进行裁判所必须的基础，但其不应独立地进行活动，而是应当为此听取控诉和辩护中的意见。这就是辩论原则的初步含义和内容，是对古老的兼听则明（*audiatur et altera pars*）原则和（尤其关注在历史上往往被遗忘和轻视的辩护的地位的）非经听证不得对任何人定罪（*nemo potest inauditu damnari*）原则的现代阐释。

2　本书后文第六节Ⅰ。

a）这表明，辩论原则并不意味着法官不得不（或者至少应当）始终被动地听取在其面前展开的辩论——这只能与完全控诉式的诉讼制度相适应，而不能与以调查原则作为补充的控诉式结构相适应——而是意味着，在诉讼程序进行的整个过程中，不仅应当重视控方提出的理由，而且也应当重视辩方提出的理由，也就是说，应当尊重这些诉讼主体各自的意愿（iniciativa）[3]。

辩论原则必然反对单纯纠问式的刑事诉讼程序，因为在纯粹纠问式刑事诉讼程序中，法官可在非经预先使嫌犯与对嫌犯不利的证据进行对质前即作出裁判——在历史上不乏如此构建诉讼程序的例子——或可在不给予嫌犯任何对针对其提出的控诉作出答辩的可能性的情况下作出裁判。在更倾向于纠问式的结构中则不同，辩护原则始终获得了普遍接受，尤其是在涉及嫌犯的人身问题时——在古代法中如此（不论是希腊法还是罗马法），在中世纪法中亦如此（在被罗马法接受以后，接下来的情况众所周知，即因纠问式诉讼程序而黯淡），而且毫无疑问，在法国大革命之后"改革后的"刑事诉讼程序中同样如此。[4]

若要解释该原则为什么被坚持和获得普遍接受，笔者认为，基于前面已经指出的理由，辩论原则是一个高度形式化的原则，而几乎无独立的内容和含义。[5]

诚然，该原则将诉讼程序的概念描绘为控诉方、辩护方和法官之间的"会谈"或"对话"，[6]但并非因此就能保证所有主体都对诉讼目的的实现进行"有效地和积极地参与"。另外，毫无疑问，该原则鼓励用"有效的和稳固的辩护权"将嫌犯武装起来，[7]但结果是嫌犯只能进行一般的反对和答辩，或者只能阐述自己的理由。最后，在整个程序进行中都应当遵守此原则，如果未给予有关之人被听取的机会，则不允许在程序中作出任何涉及

3　与笔者相同的观点见 V. MANZINI Ⅰ 248；G. CONSO，RitalDPP 1966/406；G. MARTINETTO，*Contradditorio（Principio del）*，NssDI Ⅳ（1959）459。

4　Vd. H. DAHS，cit. V.

5　对此，大多数法国著作都进行过阐述。参见 MERLE-VITU n. 1182 e Cavaleiro de FERREIRA Ⅰ 48，其中强调，"相对于纠问式原则而言，辩论是澄清和建立诉讼标的的'方式'"。但显然，这并不意味着诉诸该原则不足以在对其的违反中发现一处主要无效，且实际上是一处不可补救的无效。对此比较准确的阐述，见 1972 年 12 月 6 日最高法院的合议庭裁判，BMJ 222/336。

6　参见 G. Foschini Ⅰ n. 94 e RitalDPP 1963/1040；Cavaleiro de FERREIRA Ⅰ 48；尤其可见 P. CALAMANDREI，cit. 22 s. e G. Bettiol P. 2.ª，cap. Ⅲ n. 3。

7　与笔者观点相同的著作，见 G. CONSO，RitalDPP 1966/412 ss. e G. BETTIOL，loc. cit。

该人的法律地位的裁判[8]——但这似乎与在很多国家的立法中存在的有着非辩论的、书面的和秘密的结构的刑事诉讼程序的第一阶段（该阶段被称为"预备性预审"）相矛盾。

如此便很容易理解，既然如今辩论原则已经被无异议地、普遍地获得接受，实现辩论原则的灵活性和便捷性则使该原则随时处于改变和丧失其牢固性的危险之中，因此，辩论原则在稳定性和具体化程度上被提出了更高的要求。

b）辩论原则分散地规定在葡萄牙刑事诉讼程序的现行立法中，尽管根据所处程序的不同阶段而有不同的程度和表现为不同的形式。

关于"审判"阶段，以最准确和完整的形式体现该原则的，是《刑事诉讼法典》第415条："法官必须听取检察院及控方代表关于辩方代表所提要求的意见，以及辩方代表有关检察院及控方代表所提要求的意见。"[9] 而之后的很多条，尤其是第423条，都应当根据该项原则来理解。而在所谓"控诉和辩护"阶段，辩论原则尤其体现在第379条及以下、第390条和第398条中，另外，辩论本身是"辩论性预审"阶段的真正的基础（参见《刑事诉讼法典》第326条及以下）。至于在"预备性预审"阶段，立法者故意将辩论原则从《刑事诉讼法典》第70条和第35007号法令第13条的主体部分中删除，尽管仍然以改变后的形式出现在该等法规中。

此外，为确保辩论（contraditório），也为使辩护（defesa）的可能性行之有效，《刑事诉讼法典》第98条第5款和第6款规定，未将起诉批示或具同等效力的批示通知嫌犯及其辩护人的，[10] 以及未提交证人名单的，[11] 均构成主要无效（nulidade principal）。

2. 关于前述使辩论原则具有更高的稳定性和具体化程度的必要性，有必要强调的是，现在的趋势是赋予辩论原则以相对于实质真相原则以及嫌犯辩护权——如前所述，它们都与辩论原则相关——的实质的和真正的自

---

[8] 参见 F. CARNELUTTI 101 e G. FOSCHINI, RitalDPP 1963/1039. 在这个思路下，甚至有人认为，为纠正简单的实质性错误应先进行辩论。参见 S. RANIERI, *Contradittorio anche nella correzione di errori materiali*, ScPos 75（1970）418。

[9] 值得注意的有趣现象是，《最新司法改革》非常注重对该原则的保护，在第1142条中规定，对该原则的违反可受处罚："在所有案件讨论的问题中，只要允许检察院或者控方的代表发言，也须同样地听取被告或其律师的发言，否则处十至十万里斯（葡萄牙旧货币单位——译者注）的罚款，反之，由被告或其律师先发言时亦然。"

[10] 关于这一点，参见里斯本中级法院 1970 年 10 月 9 日的合议庭裁判，裁判摘要载于 BMJ 200/287。

[11] 在这个意义上，参见 Eduardo CORREIA, RDES 14（1967）19。

主性，而这需要通过听证原则或听证权这一概念实现；如果要以一种精练的方式来定义，听证原则或听证权是指赋予所有诉讼程序参与者以通过被法院听取意见而影响程序进行的可能性。

因其内容，该原则在很多国家中已经被视为一项独立的宪法原则；例如在联邦德国，《政治宪法》第 103 条第 1 款规定，"在法院面前，人人均有被听取的权利"。此外，由于该原则涉及人权和程序权利等民主观念，它还是一项国际法原则：根据《世界人权宣言》第 10 条，"人人完全平等地有权由一个独立而无偏倚的法庭进行公正的和公开的审讯，以确定他的权利和义务并判定对他提出的任何刑事指控"；而《欧洲人权公约》（1950 年 11 月 4 日订于罗马）则在其第 6 条第 1 款第一部分中宣告，"在决定某人的公民权利和义务或者在决定对某人确定任何刑事罪名时，任何人有理由在合理的时间内受到依法设立的独立而公正的法院的公平且公开的审讯……"。

但是，可以肯定，在葡萄牙的宪法文本中并没有关于听证原则的直接表述，且葡萄牙也没有签署上述任一国际公约，自然有必要研究的是，该原则是否以及在何种程度上能成为不同的且有效的法律理据；甚至因为，直到了解清楚其在葡萄牙法律秩序中的（可能的）基础之后，才能确定这一与辩论原则密切关联，但使嫌犯的辩护权和发现事实真相相互独立的原则的具体含义的内容。

a）为在我们的法律秩序中找到听证原则的真正的基础，第一条路径在于继续在宪法中寻找根源。实际上，不乏有人认为——包括联邦德国的朔恩（SCHORN）、杜林格（DÜRIG）和罗尔（RÖHL）——没有必要在宪法文本中直接对听证原则作出明确规定，而只要在这一根本性法律中承认人格尊严受到绝对尊重的原则即可，正如我们的《政治宪法》第 8 条第 1 款的做法（"人身完整权"）。[12]但笔者认为，即使对人格尊严受到绝对尊重的原则的承认可作为理解听证原则的最后一道底线，仍然没有提供其直接的法律依据。

或许有人会争辩——且不无理由——听证原则的基础也是对人的人格尊严的尊重，这表现在，该原则要求，不得将人作为司法裁判的标的，而是应当继续作为主体，以有效的和有效率的方式参与诉讼程序所代表着的社会评判。但是，如果我们满足于该原则的这一间接依据，那么不要忘了，

---

[12] 在联邦德国，人们一致认为，听证原则的宪法基础并非明确对此作出规定的第 103 条第 1 款，而是保护人格尊严的第 1 条第 1 款和第 20 条第 3 款。对有关参考文献的列举，见 A. ZEUNER, Nipperdey-Fests. 1013, nota 3。

人格尊严其实本来也是所有宪法性权利的基础，[13] 因此也是整个法律的基础。[14] 另外，笔者认为，不可能将对人格尊严的尊重作为听证原则的直接（*imediato*）依据，因为对人格尊严的尊重是绝对的和无限的——正如我们在后文中将讨论的，[15] 正因为此等特征，为发现真相而在程序中使用的某些方法是不被允许的——这与听证原则的相对性和有限性相矛盾[16]。

b）因此，在此情况下，似乎我们必须在一般法中寻找听证原则的法律依据，甚至需要在程序内部寻找。此处值得一提的是鲍尔（BAUR）的观点，他认为，听证原则主要是获得正义的权利（*direito à concessão de justiça*，德文：*Justizgewährungsanspruch*）的一种表现；该权利具有公共性——这在如今的国家理论中已经获得了广泛接受，但郭特希密特早在他所处的时代就已经对此作出了正确的解释[17]——鲍尔将之定义为在具体的案件中私人对法院职能履行提出的要求。[18]

笔者认为这一依据是有说服力的，它也被直接规定在前述国际法文本中。"获得正义的权利"或"获得法律保护的要求"只是前面已经多次提到的"司法职能国家垄断"的反面；[19] 事实上，这使诉讼程序中的人不再被视为司法裁判所针对的客体，而是共同参与作出裁判。[20] 这反过来意味着，法院的司法活动并非像长期以来人们所认为的，仅仅关系到对可能受到裁判影响之人的实体法律地位的保护，而是也直接关系到他们在程序中的地位；[21] 而这正是被听取的权利的表现。此外还需要明确的是应当构成所有讨论的内部联系且用于展示被听取的权利相对于在历史上与其有关的话题所具有的独立性的观点。

13　类似的观点见 H. DAHS，cit. 2。

14　这方面尤其有影响且清楚的阐述，见 H. WELZEI，*Naturrecht und materiale Gerechtigkeit* 2 (1951) 196。

15　本书后文第十三节 Ⅲ 5。

16　在这个意义上，参见 H. HENKEL § 61 Ⅲ 2 nota 4。

17　J. GOLDSCHMIDT，*Der Prozess als Rechtslage*（1925）78，128，263. 关于这一点，见 Eb. SCHMIDT，Lehrk I n. 43 ss.。

18　BAUR，AcP 153（1954）393，397 ss. 基本上赞同其观点的，见 HABSCHEID，*Der Anspruch auf Rechtspflege*，ZZP 67（1954）195 ss.，H. DAHS，cit. 8 ss. e H. HENKEL § 61 Ⅱ 2。

19　参见本书前文第一节 Ⅰ 1。

20　事物的这一方面尤其为 H. – M. PAWLOWSKI，ZZP 80（1967）358 ss. 所证实，论证的方式与本文所阐述的接近，而且也没有明显地偏离联邦德国宪法法院所遵循的路径。参见 H. DAHS，cit. 3 s.。

21　H. HENKEL § 61 Ⅱ 2 中也持此观点。

c）关于听证原则或被听取的权利的基础和含义的问题，要想找到一个完满的答案，必须再回到——至少基本上回到——已经提出过的方法论上的讨论。

要想真正地理解该权利的基础和含义，基本的思想是，法官找到听证被法律预先记载和确定的含义，这既不涉及判决，亦不涉及那些必须在诉讼进行过程中作出的任何其他决定。更进一步说：在作出上述任何裁判时，法官并不是对可适用的抽象的法律规范在逻辑上进行具体化，而实际上是对该等规范的规范性演绎，验证它们在具体案件中是否具有可适用性；在其中准确地反映了"对具体刑事案件中权利的宣告"和所进行的"创造性"的诉讼程序。[22]

另外——此处引入第二种思考模式——社会性法治国家的宗旨在于由社会创建并维持能使每个成员的道德人格自由实现的法律环境。正因为此，在发生冲突时对实质性法律情况进行澄清的前提条件，不仅包括对每一位参与司法程序之人的权利保护在表面上的保障，而且包括对具体案件中的一切事实上的和法律上的情况的客观证明——非经听取所有诉讼参与人的意见则无法实现的这样的证明。这意味着，目前根据人、法律和国家的概念而形成的对刑事诉讼程序的理解表明，刑事案件中权利的宣告并不仅仅是法官或者法庭的任务（诉讼程序的"领袖"观），而且也必须是所有参与程序之人的任务（诉讼程序的"民主"观），[23] 他们每人在诉讼程序中的地位和承担的职能，都影响着权利的宣告。

这下就可以理解为什么诉诸兼听原则（audiatur et altera pars）或辩论原则的程序性职能、诉诸发现实质真相的要求，又或诉诸完全的辩护权的必不可少性，或按探寻听证原则的基础和含义时的相同路径都是不足够的。即使追本溯源，有关的问题无非是人与法律之间的关系，更具体地说，是人与"其"权利之间的关系。[24] 被听取的权利是公民获得正义的权利的必要表现，是法治国家的社会要求的必要表现，是将法律的本质作为人的使命的必要表现，最后，也是将所有利害关系人视为作出决定时的"共同参与者"的程序精神的必要表现。

d）由前述讨论可以得出两个结论，要分析被听证的权利在整个程序进

22　参见本书前文第一节 Ⅲ 4 以及第三节 Ⅰ 2。

23　关于这些观点的含义，参见本书前文第二节 Ⅱ 2 d）。

24　亦参见 H. Henkel § 61 Ⅱ 2。

行过程中的具体表现，就必须始终将这两个结论铭记在心。

一个结论是关于听证原则的一个性质，我们可以将此称为双重性。该原则体现着一项权利，对拥有该项权利之人而言，这是一项主观权利（*direito subjectivo*）：是一项公共的主观权利，是相对于国家的，被法院听取意见的权利。但除此以外，该原则也体现着在法庭进行诉讼程序的客观规则（*norma objectiva*）的各项要素：此规则确保拥有此权利之人能够有效地和有效率地表达自己的理由，并以此而影响在案件中权利的宣告[25]。

另一个结论是关于有权利被听取之人的。有正当性行使该权利的，实际上不仅限于嫌犯，而且包括法官作出任何决定时可能影响到的任何参与程序之人（不论戴着什么样的面具参与）。因此，可能在刑事诉讼程序中享有此权利之人，除嫌犯外，还有检察院、辩护人、辅助人、证人、鉴定人等。[26] 因此，只有当被听取的权利被赋予所有在程序中可能因法院的裁判而权利——指任何权利，尤其是"人格权"——受到法律上的影响的诉讼参与人时，才能确保该等人在案件权利宣告中进行了创设性参与，并以此而确定其未来的法律地位。

3. 从前述双重性质的角度，以同样的步骤对被听取的权利在整个刑事诉讼程序中的具体表现进行分析的任务，不仅仍然没有在葡萄牙实现，而且不应当仅仅通过刑事诉讼程序的一般原则来进行阐述。但是，为使在此背景下应当首先面对的问题的类型更加明确，接下来我们将对该原则的范围及其对刑事诉讼程序进行的主要要求进行一个快速的和粗略的描绘。

a）关于该原则的范围，首先要回答的也是最重要的一个问题是，该原则应当对整个刑事诉讼程序有效，还是仅对在法庭上进行的诉讼程序的一部分有效。如果要支持后一种答案，除可引述前述国际法和宪法文本中的有关规定外，还可引述一个几乎无处不在的情况，即预备性预审阶段具有纠问式结构，因此显然并不适宜保障利害关系人的被听取的权利。但此论据并没有起到完全的证明作用，似乎应当另立标准，即在作出任何决定时——不论是法官的决定还是预审实体（尤其是检察院）的决定——确保有关之人有被听取的权利的标准，只要该等决定直接牵涉人的权利义务范围。

可能发生——且多数时候都会发生——的情况是，尤其是在诉讼程序

---

[25] 非常清楚地表达此意的，见 H. DAHS, cit. 4 ss. e H. HENKEL § 61 I e II。

[26] 关于这一点的详细介绍，见 H. DAHS, cit. 49 ss.；还可参见 M. WOLF, *Rechtliche Gehör und die Beurteilung Dritter am Rechtsstreit*, JZ 1971/405。

的非司法的阶段中，被听取的权利并不是完全自由的，而仅仅表现为有限制的、形式的。不论在何种维度上，该权利包括利害关系人在裁判要作出时就裁判的事实基础、证据的提交、新措施的申请、所收集的证据以及法律问题发表意见的可能性。即使观察其更狭窄的形式，至少也包括通过申诉书和申请书在辩论中表达立场的可能性。通过第 35007 号法令第 13 条唯一款的规定，葡萄牙刑事诉讼法将此权利授予嫌犯，即使在预备性预审阶段，嫌犯亦有此权利。在此背景下，[27] 这带来的问题是，在目前所探讨的阶段进行的辩论是否应当不仅具有人身性，而且具有技术性（辩护人在场），以遵守听证原则（或辩论原则）。但这一问题并不切题，为了证明当嫌犯在预备性预审阶段作出声明时辩护人在场的必要性，不应诉诸上述原则中的任何一个。[28]

b）于是，对听证原则的尊重至少表明，利害关系人有机会参与辩论和就将要作出的裁判发表意见。这要发生多少次，是一个取决于诉讼程序具体情况的问题，但在任何情况下都可以确定的是，仅在作出终局裁判前赋予利害关系人这样的机会是不够的，在任何可能在法律上影响其裁判作出决定前，利害关系人都应当有这样的机会。另外，一个随随便便的机会也是不够的，如前所述，必须是一个有效的且有效率的机会，而这通常的前提条件是使利害关系人：1）及时了解辩论的地点、时间和标的；2）具有为参与做准备的具体的可能性；3）有有效参与可能性。[29] 但显然，这通常已不影响权利人使用其被赋予的机会，包括不使用该机会。

该等要求是否在葡萄牙刑事诉讼法中、在涉及检察院的起诉或不起诉决定的问题上获得了完全的满足，是有疑问的。尤其令人感到惋惜的是，嫌犯和辅助人并没有被赋予在完全了解案件的情况下、在正准备作出裁判之前——即联邦德国《刑事诉讼法典》第 169 b）条规定的适用于嫌犯及其辩护人的"最后听证"（Schlussgehör）[30] ——发表意见的有效的可能性；但

27　参见 V. MANZINI I 248 e G. CONSO，RitalDPP 1966/415 ss.。

28　参见本书后文第十四节 IV 3 c）。

29　G. FOSCHINI，RitalDPP 1963/1041 ss..

30　关于这一点，参见 H. DAHS，*Schlussgehör und Prozessgerechte Verteidigung*，NJW 1965/716 e T. KLEINKNECHT，JZ 1965/163。但要注意的是，德国刑事诉讼法第一改革法的草案旨在缩小可适用 Schlussgehör——该制度有时导致诉讼程序的无谓的拖延（参见 Deustcher Bundestag，6. Wahlperiode，Drunksache VI/3478，art. 1 n. 50 – p. 8 – 及有关理由 – p. 80，以及 1972 年 6 月 14 日《议会公报》第 3 页，其中包括司法部长 JAHN 的理由陈述备忘录）。

值得注意的是，因此缺失而产生的有害结果可能是有限的，因为可以通过之后的辩论预审而将控诉转变为临时控诉（《刑事诉讼法典》第349条唯一款），而届时听证原则将获得广泛尊重。

有观点认为，所有诉讼参与人，尤其是嫌犯，应当获得辩护以应对突如其来的裁判，对此观念最明确的适用，尤其表现在根据《刑事诉讼法典》第443条将听证提前的可能性上：正如爱德华多·科雷亚所述，[31] 这种可能性是指，除第448条及以下规定的限制外，确保控方和辩方有权就法院可主动触及而审理的事实被听取的必要性。[32]

另外，所有人都赞同的是，嫌犯在辩论及审判听证中真正的、物理上的到场，是辩论原则和听证原则的一项准则；而不能肯定的是，这两个原则仅仅是意味着给予一项在场权（在后文中我们将会看到，这也是嫌犯辩护权的应有之意[33]），还是同时也产生了到场义务（dever de comparência），当此义务未获遵守时，应当中止诉讼程序的继续进行。就葡萄牙刑事诉讼法而言，有价值在这一框架中进行详细考虑的问题尤其包括，法官命令将再度不尊重法庭的嫌犯关押于附属于法院的场所的正当性的问题（第413条）、拒绝其参加辩论预审的正当性的问题（《刑事诉讼法典》第330条第1款[34]），以及，一般地说，缺席审判的刑事诉讼程序的可接受性的问题（第562条及以下[35]）。尽管有人认为，辩论原则和听证原则并不决定性地妨碍走向上述解决方案中的任何一种，[36] 只要在解释现行的法律文本以及尤其是在从实定法的角度选择最好的解决方案时对它们进行考虑即可。但是，由于上述问题中的任何一个也都关系到——而且往往甚至更紧密地关系到——其他的原则和考虑，所以对每一问题都应从其本身的中心问题上去考虑。

对辩论原则和听证原则的不容置疑但令人难以容忍的违反，表现在上诉的问题上，因为在上诉中，允许检察院的代表参加为对案件作出裁判而在最高法院和中级法院举行的评议会，但嫌犯或其辩护人并没有被赋予同等

---

31 *Caso julgado* 98 ss. .
32 关于此，参见本书第二卷，该卷将对诉讼标的、裁判已确定的案件以及法官的审理权等问题进行研究。
33 本书后文第十三节 II 3 b）。
34 关于这一点，亦可参见本书第十三节 II 3 b）。
35 参见本书第二卷。
36 在这个意义上，关于第一种和第三种可能，参见 G. LEONE II 333 s.；只对第三种进行阐述的，参见 L. OSÓRIO I 59。

的权利；在这个层面上，《司法章程》第 17 条和 23 条的规定——尽管有人认为，出于前面 2 a）中所指出的原因，它们并不构成实质上的违宪[37]——应当被完全和干脆地废止。

Ⅲ 充足原则和先决问题

参考文献：

Aguilera de PAZ，*Tratado de las cuestiones prejudiciales y previas en el procedimento penal* 2（1917）.

Vicente de AZEVEDO，*As questões prejudiciais no processo penal brasileiro*（1940）.

F. BAUR，*Der Gedanke der Einheitlichkeit der Rechtsprechung im geltenden Prozessrecht*，JZ 1953/326.

Cavaleiro de FERREIRA，*Questões civis julgadas em processo penal*，O Direito 67/194 s.

G. FOSCHINI，*La prejudizialità nel processo penale*（1942）.

G. de LUCA，*I limitti soggetivi della cosa giudicata penale*（1963）.

REVISTA DE LEGISLAÇÃO E DE JURISPRUDÊNCIA 63/5 e 262.

SACHERS，*Strafurteil und Zivilprozess*，Rittler-Fests.（1957）341.

S. SATTA，*Rapporti fra giurisdizione civile e giurisdizione penale*，RitalDPP 1959/3.

Marnoco e SOUZA，*As questões prejudiciais no processo penal*，Estudos Jurídicos I（1903）233.

K. TIEDEMANN，*Entwicklungstendernzen der Strafprozessualen Rechtskraftlehre*（1969）.

1. 对为作出裁判而有必要解决的所有问题，原则上，刑事诉讼程序是审理该等问题的合适场合。在需要作出裁判的程序中，实际上可能出现不同性质的问题（刑事的、民事的、行政的等），而该等问题的解决是程序进一步发展的条件；法律赋予刑事法官以对该等问题进行审理的管辖权，表明其首要的想法是认为刑事诉讼程序本身即足够，是自给自足的。对充足原则的肯定写入了《刑事诉讼法典》第 2 条中，概括起来说，该条确认"刑事诉讼程序的进行和审判不取决于任何其他程序；一切有利于对案件作出裁判之问题，不论其性质为何，均在刑事诉讼程序中解决"。

---

[37] 但是，仍须探讨的是，如果依据《政治宪法》第 8 条第 10 款，这些规定是否仍然不会具体地违宪。

　　该原则背后的基础不难领会：如果不在最严格的范围内限制仅因刑事诉讼程序中出现了需进行独立司法审理的问题（可能是刑事的，更多的时候是非刑事的）就将程序阻断或中断——这无论如何都会将程序打乱——的可能性，将严重地威胁[38]刑事诉讼程序的集中或连续[39]等极其重要且已获得普遍接受的要求，并因这种方式，间接地对程序的进行设置了障碍。[40]

　　于是，"充分性"的问题使我们不由自主地要面对另一问题：刑事诉讼程序中的先决问题。先决问题是指，与有关诉讼程序中的主要问题具有不同的标的——或者甚至不同的性质——且可成为独立的诉讼程序的标的的问题，为对主要问题作出确定性的审理，必须事先解决先决问题，且如何审理主要问题取决于对先决问题给出的解决方案。

　　因此，从概念上的定性的角度，将某一诉讼层面的问题称为先决问题的原因在于，该问题：a）在具体法律上先于对主要问题的裁判，因为要求在就主要问题作出终局裁判之前解决该问题；b）是一个独立的问题，不管从其标的的角度，还是甚至从其性质的角度看，因此，该问题中所暗含的法律问题可以构成另一个独立的诉讼程序的标的；c）是为就主要问题作出裁判所必须解决的问题，因为在何种含义上解决先决问题是对主要问题作出审理和裁判的条件。[41] 因此，将这些问题——正如法国立法和法律理论中的做法[42]——定性为先决抗辩（参见《民事诉讼法典》第 493 条第 2 款）是错误的。一方面是因为，先决性（prejudicialidade）的存在并不依赖于案件的退回（devolução）；另一方面是因为，这些问题并不是通过当事人的声明或法官的决定而被引入诉讼程序的，而是通过它们与主要问题之间的实质联系而自然地出现在程序中的。[43]

　　根据刑事诉讼法学理论，通常将先决问题分为三组或三个类别：a）刑事诉讼程序中的非刑事先决问题，例如，关于可能的盗窃罪中的标的物

38　正如 G. Leone II 307 中所强调的。

39　参见后文标题 IV 下内容。

40　参见 Castanheira Neves 88。

41　对此，葡萄牙学者的意见一致。参见 Navarro de Paiva, *Manual do MP* 2 II 290；Marnoco e Souza, *Estudos Jurídicos* I 233；RLJ 63/5 s. e 252；Eduardo Correia, *Proc. crim.* 222 s.；Cavaleiro de Ferreira III 72 ss.；Castanheira Neves 89 ss.；cf G. Foschini, cit. 39 ss.。

42　参见《法国刑事诉讼法典》第 384 条和第 386 条，以及 Bouzat n. 1042 ss. e Merle-Vitu n. 1166 ss.。

43　类似的还可参见 Gomez Orbaneja-Herce Quemada 77。

品的所有权的问题（民事先决问题），或者关于某人是否有资质作为《刑法典》第 181 条所指"行政司法官"的问题（行政先决问题）；b）非刑事诉讼程序中的刑事先决问题，例如，以伪造书面文件的犯罪行为为基础，依法提起民事诉讼，此时关于该犯罪行为的问题；c）刑事诉讼程序中的刑事先决问题，例如，为适用《刑法典》第 408 条第 2 款的规定（诋毁）而判断某一侵犯他人名誉或别人对他人之观感的行为是否构成犯罪行为的问题。

在 a）中我们尤其需要注意刑事诉讼程序中的宪法性先决问题，如果这一可能确实在葡萄牙出现了，现在根据《政治宪法》（见 1971 年宪法改革后的版本：8 月 16 日第 3/71 号法律）第 123 条第 1 款的规定，允许"将违宪问题的管辖权集中于某一或某些法院"。于是，此时所面对的先决问题在某种程度上不同于其他任何先决问题，因为触及可适用的法律本身在宪法上的正当性（因此，涉及其有效性）的问题，但并非因此就不再可以将之归于先决问题的一般概念中。[44]

2. 我们已经讨论了构成先决问题在程序法上的概念的各元素，但是，因先决问题的存在而引发的问题，才是我们更加关注的，引导我们重新回到刑事诉讼程序中的充足原则的话题。对这样的问题，首先要注意的是，在有关刑事诉讼程序的标的一章中进行探讨——这也是学者们通常的做法[45]——也是具有同样的体系上的正当性的，因为此问题与诉讼标的的问题之间具有最紧密的联系（对此我们马上就会看到，之后会更好地理解这一点）。[46]

a）如果充足原则的效力不受任何限制，在刑事诉讼程序中存在先决问题不会引起任何特别的问题：始终由刑事法院——即审理主要问题的法院——有权限审理先决问题并根据主要问题的解决方案对先决问题作出裁判。

这种观点在学理上被称为刑事法庭对一切先决问题的强制审理，体现

---

44 如今这一主题在意大利法学界受到广泛讨论。参见 G. CONSO，*L'art. 152 CPP e le questioni di legitimità constituzione*，RitalDP 1958/189；M. GALLO，*La disapplicazione per invalidità constituzione della legge penale incriminatrice*，RitalDP 1956/723；CAVALLARI，*Effeti della dichiarazione di incostituzionalità della norma processuale penale*，RitalDPP 1966/78 ss. 。

45 参见 K. TIEDEMANN，cit. e V. MANZINI Ⅰ 311 ss. 。

46 见本书第二卷。

了对"审理诉讼的法官应当是审理抗辩的法官"这一古老原则的赞同。实质上，它的基础可能不仅在于不对刑事诉讼程序的集中和连续设置障碍的要求，而且在于刑事诉讼程序的首要目的是实质真相（这与非刑事的诉讼程序截然不同）。其唯一的限制也许在于，当已经由对先决问题有专门的管辖权的法院对其作出裁判时，对裁判已确定的案件的既判力进行尊重的必要性。这是德国立法倾向于实现的机制（参见联邦德国《刑事诉讼法典》第262条），[47] 在德国几乎不能有依据地将刑事诉讼程序中的先决问题说成一个特殊的问题。[48]

b）相反的论点认为，刑事法院有义务将先决问题退回到对此有专门管辖权的法院。但这并非当前大多数国家的立法所倾向于采纳的论点。这是因为，如果可以因为每一种诉讼程序在功能上适应于其专有的标的、每一法庭在功能上适应于其正常的管辖权的问题而认为该论点具有正当性，则必然使得作为充足原则的基础的所有理由失效；除了会尤其忘记这些原因之外，还会忘记，以一种将对之的裁判降低到相对于一个非刑事的法律分支的此等层面这样特有的角度审视，这些非刑事问题出现在刑事诉讼程序中的次数并不少见。[49]

例子：在盗窃罪中，如果行为人推测（哪怕是错误的推测）某动产属自己所有，则没有必要探讨该动产的所有权的问题；某人依据行政法不被视为公务员这一事实，在面对《刑法典》第327条所采纳的广义的"公职雇员"的概念时，是微不足道的；等等。此处使人印象深刻的不完全是非

47　我们说"倾向于"是因为，在本条规定的第二部分，赋予法官将民事先决问题——学者们将之类推延伸适用于行政先决问题。参见 T. KLEINKECHT，Strafprozessordnung 29（1970）654——退回有管辖权的法院的权能，由此建立了一个与葡萄牙类似的机制。这也是 Marnoco e SOUZA，Estudos Jurídico I 238 s 文中提到且基本上支持的一种机制。

48　不过，或许大多数学者甚至否定刑事法官需要联系之前的裁判已确定的刑事案件，原因是《刑事诉讼法典》第261条，但是这一问题是非常有争议的。关于这一问题的多重方面，参见 BAUR，JZ 1953/326；BÖTTICHER，*Die Bindung der Gerichte an Entscheidungen anderer Gerichter*，DJT-Fests. I（1961）511；DOHNA，*Strafprozessrecht* 3（1929）12；K. MOHRBOTTER，*Grenzen der Bindung an aufhebende Entscheidungen im Strafprozess*，Z 84（1972）612；K. PETERS § 3 III；SACHERS，Rittler-Fests.（1957）341；Eb. SCHMIDT，*Lehrk* II § 260 n. 1；H. SCHRÖDER，*Die Bindung an aufhebende Entscheidungen im Zivil und Strafprozess*，Nikisch-Fests.（1958）205；SCHWAB，*Bindung des Strafrichter an rechtskräftige Zivilurteile*? NJW 1960/2169。但即使是追随这一断言之人，至少也始终承认关于"形成"判决（例如，离婚判决）和关于税务审判权的抗辩。

49　还可参见 L. OSÓRIO I 120。

刑事法庭与刑事法庭之间可能的"管辖冲突"[50]——这可以通过在每一管辖范围内占主导地位的视角而完美地解释,因此我们认为,这不会使正义的威严受损——而是在于将案件退回却无法补偿因刑事诉讼程序不连续而产生的不便时所产生的无效用。

c)于是,似乎高度澄清了,面对在刑事诉讼程序中的先决问题上相互冲突的利益和价值观,应当在何种意义上作出决定。充足原则——正如《刑事诉讼法典》第2条中所指出的——的良好运作依赖于刑事诉讼程序的集中和持续的要求,因此应当尽可能地维护。但是,同样确定的是,某些先决问题所具有的重要性、复杂性或特殊性可能坚决地要求,在该等案件中将刑事诉讼程序中止,并将有关问题退回到通常有管辖权的法院,以便对此作出裁判。因此,此处有一种相对于前述两种论点的折中的论点;这一论点以充足原则为基础,不局限于接受其自治的自然界限——如前所述,产生自己由通常有管辖权的法院作出裁判且裁判已转为确定的先决问题(裁判已确定的案件),或者也包括正在该法院中待决的(诉讼已系属)——而是向其引入虽然屈指可数但是更加广泛的限制。

但是,这样一来,仍有广泛的可能性具体形成前述解决刑事诉讼程序中的先决问题的"折中机制"。

作为例子——而这也是意大利立法和巴西立法所遵循的路径——可以想象绝对退回的问题(鉴于在这些问题中所处理的问题本身的性质,退回是强制性的)和相对退回的问题(在法律确定的特定的前提条件之下,由法官宣告刑事诉讼程序在此具体个案中属充足,或宣告将该问题退回)在立法上的区别。而且由于,显然必须要小心的是,利害关系人未在有管辖权的司法机关就先决问题提起诉讼的可能性,而此司法机关又不符合控诉的合法性原则,在这种情况下,如果是绝对退回的问题(在意大利和巴西法律中,指的是关于人的民事身份/婚姻状况的问题[51]),则检察院有义务就此问题提起诉讼,而如果是相对退回的问题,则规定一个期间,在此期间

---

50 其他的见 Eduardo CORREIA,*Proc. crim.* 231。

51 参见 G. FOSCHINI,*Prejudizialità della questione di stato nel procedimento di alterazione di stato*,RDProc 1951 Ⅱ/1;D. PISAPIA,*La nozione giuridica di《status》e la sua rilevanza nel diritto penale*,Studi di diritto penale(1956)49。关于《巴西刑事诉讼法典》第92条和第93条中规定的这一机制,参见 Magalhães NORONHA 73 ss.;Frederico MARQUES 所著1970年《刑事诉讼法典》草稿的第554条及以下也遵循了相同的路径。

届满时，如没有提出控诉，则由审理主要问题的刑事法庭对此问题进行审理。

在一定程度上与此类似的做法是，现行法国刑事诉讼法将先决问题分为刑事诉讼的先决问题和审判的先决问题，前者是关于身份状况的问题，对之的确定审判是就抑制身份状况的犯罪开启诉讼程序的前提条件（《民法典》第 328 条及以下），而后者是指当涉及不动产上的权利时强制退回的问题（《刑事诉讼法典》第 384 条和第 386 条）。这是最新的《法国刑事诉讼法典》所引入的最重要的修改之一，由此而结束了拿破仑法典在面对先决问题时的沉默。[52]

使葡萄牙立法者犹豫而未单纯、简单地采纳意大利的制度——不过，这在《刑事诉讼法典》最新的一版草案中获得了承认——的原因在于，当时葡萄牙的检察院并不具有提起身份状况之诉的正当性，且人们不认为是为此而修改有关司法组织和司法管辖权的法律的恰当时机。这当然是因为施加这样一项义务所引起的顾虑，在这样的诉讼中，检察院在收集证据要素时可能面临严重的困难。[53] 因此，1929 年时立法者决定——大体上与西班牙立法者的做法相同[54]——建立一项对于任何先决问题可选择将之退回的制度，或者说（我们也可以从充足原则的角度看待这些问题[55]并得出结论），这是一项刑事诉讼程序有区别的充足的制度，当前有必要研究该制度的要件，以便了解现行葡萄牙刑事诉讼法向充足原则所施加的限制的范围。

3. 根据前面的论述，不难承认，先决性的问题（problema da prejudicialidade）以及由此产生的退回的问题，并没有在有关刑事诉讼程序中的先决问题的范畴内取得真正的自主性。可能发生的情况是，根据刑事诉讼中管辖权的一般规则（《刑事诉讼法典》第 35 条及以下），如果先决问题作为一个独立的诉讼程序的标的而出现，不应由审理主要问题的法庭对先决问

52　这一修改在原则上获得了法国学者的普遍接受，仅需参见 BOUZAT n. 1043 ss. e MERLE-VITU n. 1166 ss. 。值得注意的是，原则上，法国学者仅在发生退回的情况下才谈及"先决问题"——或"先决抗辩"，但是，伴随着司法实践，除了关于不动产上的权利的问题外（就这些问题，Navarra de PAIVA 已经在其草案中建议采纳强制退回的制度），还不断有人指出其他的问题，在这些问题中，刑事法官不应——或者不得——进行退回是不无争议的。最新的著作见 STÉFANI-LEVASSEUR ns. 385 ss. e 425 ss. 。文中所进行的区分在西班牙学者的著作中也可以找到。参见 GOMEZ ORBANEJA-HERCE QUEMADA 79。

53　参见 RLJ 63/9，10 e nota 1。

54　参见 GOMEZ ORBANEJA-HERCE QUEMADA 79 ss. ，关于《西班牙刑事诉讼法典》第 3 条至第 7 条。

55　参见 Castanheira NEVES 97 ss. 。

题进行审判，正确的做法必然是，该法庭根据具体事宜，有审理先决问题的管辖权，因此欠缺了可决定退回的最有力的理由。一言以蔽之，充足原则在此处应当发挥效用而不受任何限制。除非刑事诉讼的其他规则或原则——例如，法定法官或自然法官原则[56]——不允许使先决问题摆脱根据一般规则有管辖权的法院的审理。但是这一问题（problema）将与我们此处所探讨的话题完全无关，即使可能确定性地制约其解决方案亦然。

至于非刑事诉讼程序中的刑事先决问题，应当注意的是，《刑事诉讼法典》在编纂第4条、第153条和第154条的规定时，在一定程度上侵犯了本应当保留给立法者的对任何非刑事诉讼程序的管辖权，这导致，《民事诉讼法典》第97条部分地[57]废止了《刑事诉讼法典》第4条。但确定的是，由于在之后的非刑事法律中没有相反的规定，则前述规定保持其有效性。例如，《刑事诉讼法典》第153条和第154条的规定即是如此，它们没有受到《民事诉讼法典》第97条第2款后半部分的影响，因为该等规定只适用于刑事先决问题在民事诉讼程序本身中解决的情形。

4. 于是，刑事诉讼程序中的充足原则的限制问题，仅针对刑事诉讼程序中非刑事先决问题而在其真正的维度上真正自主地出现，而且前提条件是，正如曾经强调过的，这些问题没有在其他诉讼程序中作出裁判或处于待决状态。对于此等问题，《刑事诉讼法典》第3条作出规定，可以将它们归入选择性退回或有区别的充足的制度的一般框架内，对此我们现在将进行考察。

a）但是，首先我们可以提出的问题是，所选择的制度是否一般而言比意大利立法中所选择的类似的制度更为合适。

诚然，如今我们的民事立法已经承认检察院具有提起身份状况之诉的正当性（例如，《民法典》第1639条第1款、第1814条第1款、第1820条、第1845条第2款以及第1851条），可以提问的是，既然如此，是否仍有理由不全盘接受意大利的制度。除此之外还有，是否最终并没有陷入这样的制度，原因是下列法律规范中提到的：例如，《民法典》第1625条中规定，"天主教婚姻之无效以及既成婚姻之解除案件之审理为教会法庭及其有权限部门之保留权限"；[58] 又如，《民法典》第1632条规定，"婚姻之可撤

56　参见本书后文第十节 I。

57　根据 Castanheira NEVES 111，应当认为第4条主体部分及其第1款被废止，但其余条款并没有。

58　关于这一论断，参见 Cavaleiro de FERREIRA III 79；在意大利，这一问题极具争议，参见 G. LEONE I 335。

销性，必须在为撤销目的而特别提起之诉讼中获得有关判决承认后，方可为产生任何效力而在诉讼上或诉讼外主张之"。

关于后一点，卡斯塔涅拉·内维斯是持否定态度的：毫无疑问，此处处理的是充足原则的一项抗辩/例外，而不是一种强制退回的情况，因为刑事法庭大可接受该婚姻为有效。[59]从一个纯粹理论的视角来看，这一解决方案的指导思想并非拯救选择性退回机制的意愿，可能遭到坚决的反对，但实际上，很难想象的是，一旦出现了至少一个具有一定的严重性的问题（而很多时候所出现的问题并不具有严重性，例如，关于重婚罪中出现的问题），且其确实是先决问题（因为可能不具有先决性：不论之前的婚姻是有效的还是无效的，刑事法官可以以诸如此案不适用葡萄牙刑事法等为理由，认定重婚罪不成立），很难想象刑事法官可以拒绝将之退回，因为此时可以肯定的是，不退回且认定婚姻有效，将首先导致损害其终局裁判！

另一个在葡萄牙出现且关于强制先决性的是破产或无偿还能力的问题，关于与它们有关的犯罪，如有罪过的或欺诈的破产，见《民事诉讼法典》第1276条及以下；欺诈性的无偿还能力，见第1324条。[60]这一指导思想仍然不断地为某些意大利学者所强调，他们想要支持将身份问题作为一个宽泛的概念，宽泛到可以包括一切关于人的法律定性的问题，以及，在有争议的情况下，包括一切具有普遍效力的裁判的问题，并因此而涵盖所谓"破产犯罪"。[61]尽管不应否认的是，此处所探讨的先决性问题的联系在我们法律体系中的实质存在，其意义远大于此，事实上，这体现了对民事法庭就某些在民事诉讼程序中进行追诉的犯罪进行审理的专属管辖权的尊重。[62]但是，抛开任何关于"退回"的问题，不论是强制退回还是选择性的退回，这种方式都因可能违反《政治宪法》第117条而在其宪法上的正当性上具有争议。

---

[59] Castanheira NEVES 98 s. .

[60] 亦可参见 Cavaleiro de FERREIRA III 79。

[61] 类似的观点见 G. FOSCHINI，cit. 188 s. e G. LEONE I 330 ss. ；还可参见前注51中所引文献。反对的主张见于法国法学，且该观点在1955年对《法国商法典》第447条第2款的措辞中得以确认："Toutefois une condamnation peut être prononcée pour banqueroute simple ou frauduleuse sans que la cessation des paiements ait été constatée par un jugement déclaratif"；BOUZAT n. 1042 e M. CABRILLAC，L' indépendance du droit pénal à l' égard de quelques regles du droit commercial，Quelques aspects de l' autonomie du droit pénal（1956）294。

[62] 关于此处所指出的问题中的部分，参见 Gama ROSE，Falência：competência para a instrução e julgamento，ScIvr 1958/518。

但是，尽管选择性退回的原则可能因法律对特定问题的特别立法规定而包含一些例外情况——在强制性退回的方面——葡萄牙制度似乎并没有输给意大利，因为葡萄牙的制度终究具有更大的灵活性，能够更好地适应案件中的具体情况。关键点在于，司法实践中对此使用时，适当地考虑了法律将广泛的自由裁量权赋予裁判者时的目的。

不过，在葡萄牙发生的情况往往也是可以质疑的，想想刑事法庭在选择退回时所表现出来的强烈的抵触。一般而言，当有关问题非常专业、难以解决、在其自身层面会产生相关的后果或者可能导致一个步骤而刑事诉讼程序不是解决此步骤的完美程序时，司法机关（jurisprudência）应当考虑是否适宜将该问题退回，毫无疑问，涉及人的民事身份的问题即属此种情况——但可以肯定的是，属此情况的不仅涉及人的民事身份的问题。不过，不论在何种情况下，除非有强有力且令人信服的理由，不应组织法官将有关问题退回；当然，当在本应对被退回的问题进行审理的非刑事诉讼程序中存在着在刑事诉讼程序中并不存在的证据限制[63]——不过这种情况通常不会发生，因为在葡萄牙法律中，民事诉讼程序中的证据具有与刑事诉讼程序中的证据类似的证明力。[64]

前述关于司法倾向的考虑确实受到了关注，第185/72号法令重新改写了《刑事诉讼法典》第3条，在该条第1款中引入下列理论："在下列情况下，推定不宜在刑事诉讼程序中对先决问题进行审判：第一，当有关问题涉及人的民事身份时；第二，当有关问题难以解决，且对所涉及的事实民事法律上的证明存在局限。"但是，当法官决定不将符合前述推定的先决问题退回时，至少必须明确地说明在此具体个案中不采纳此推定的理由。

但是，不能不注意的是，笔者认为第3条第1款的措辞并非完美无瑕，因为关于有关问题不涉及在"民事（或行政、税务等）法律上的证明存在局限"的事实的限制性条款本应同样适用于有关问题涉及人的民事身份的情况。既然如此，似乎本条本应表述为："当不涉及在非刑事法律上的证明存在限制的事实，牵涉到人的民事身份，要求较复杂或专业化的程序或较难解决时，推定不宜在刑事诉讼程序中对先决问题进行审判。"

63　Cavaleiro de FERREIRA Ⅲ 81 s. 中也持相同的观点。参见《意大利刑事诉讼法典》第20条和第21条中作出的保留，以及比较全面的介绍，见 G. LEONE I 337。

64　Cavaleiro de FERREIRA Ⅲ 79 s. .

另一方面，一个重要的情况是，在刑事诉讼程序中可以通过当事人之间或明示或暗示的协议而根据 "表面" 真相[65]决定在何种含义上作出裁判，人们之后也许会尝试将此施于刑事法官。但是，这一问题尤其涉及就退回到有管辖权的法院并在该法院进行审理的先决问题的裁判在刑庭中所被赋予的效力的问题[66]。

b）接下来我们看看《刑事诉讼法典》第 3 条所具体规定的、在哪些要件下可将在刑事诉讼程序中出现的非刑事先决问题退回。将有关问题退回，要求同时满足下列前提条件。

第一，有关问题的解决 "对了解刑事违法行为是否存在" 是必要的。

学理上认为，这一要件要求先决问题意味着对违法行为构成要件的审理（正如第 147 条中所明确规定的），而不是对单纯的加重或减轻的一般情节的审理；这毫无疑问是合理的解决方案，如果中断刑事诉讼程序以便澄清的情况对判有罪还是判无罪并不起决定作用，甚至也不决定法定量刑，而只是决定具体量刑，那么，中断刑事诉讼程序的做法显然过于夸张（所引起的损害大于带来的好处）。[67] 唯独必须强调的是，将该要件的参考要求表述为违法行为的构成要件，其中的原因也完全适用于有关先决问题涉及事实的某一所谓正当理由的情况，因为此时也涉及判嫌犯有罪还是无罪的问题；而著名的 "罪状的消极要件"（不论所被笼统地赋予的价值为何）理论[68]使进行类别划分具有了稳固的建设性的教义基础。

第二，法官认为不能就有关问题 "在刑事诉讼程序中恰当地作出裁判"。有关问题，除了其解决是 "必要" 的外——根据在前面第一点中指出的要件——应当以此种方式表现为 "严重" 的问题，以至要求对之进行专门的审理；除非该问题的 "必要性" 和 "严重性" 不得不塑造——与一种广为传播的理论观点恰好相反[69]——退回的一个独立要件。在此背景下，前

65　参见本书后文第六节 I 1。

66　参见后文标题 d）下内容。

67　不同于笔者，Cavaleiro de FERREIRA III 82 中认为，第 147 条的规定可以适用——尽管不是第 3 条——于有关问题涉及违法行为的 "附随" 要件的情况。但笔者并没有发现有任何理由依据有关先决问题是否已在通常有管辖权的法院处于待决状态而对退回的要求作出区分。

68　关于这一点，参见 Eduardo CORREIA I 311 ss. e Figueiredo DIAS, *O problema da consciência da ilicitude* 88 s., 398 ss.。

69　尤其在意大利，有人对此——尤其是关于强制先决性——而提到了对先决问题存在 "争论" 的要求，参见 G. LEONE I 325。在葡萄牙法学理论中的情况，参见 Eduardo CORREIA, *Proc. crim.* 237 s.；但与文中意思相同的，见 Castanheira NEVES 102。

述先决问题相对于审理主要问题的诉讼程序所具有的复杂性、专业性和重要性在法律上的评价获得了尤其的关注。一旦有关问题被评价为具有复杂性、专业性和重要性，刑事法官仅当不妨碍——用我们最高法院通常使用的表述（参见最晚近最高法院 1970 年 11 月 25 日的合议庭裁判[70]）——"（刑事）诉讼程序提供证明违法行为的一切要件的可靠证据"时，才不应命令将该问题退回。

因此，通过这一关于恰当性的要件，法律赋予刑事法官在关于先决问题的退回时有相当大的自由裁量权。但是，绝对不可以说——正如我们的某些学者，如贝莱扎·山度士（Beleza dos SANTOS）和卡斯塔涅拉·内维斯所述，而这与某些意大利和德国的学者的观点正好相反[71]——此处所指的是自由的或无束缚的自由裁量，不能认为法官就退回所作出的裁判赋予了不可上诉的注脚。

诚然，根据《刑事诉讼法典》第 646 条第 3 款，"对命令作出取决于法官或法院的自由决断的行为的裁判，不得提起上诉"。但无须探讨在刑事诉讼程序中是否存在可由法官"自由"作出的特别意义上的裁判，正确的理解是，关于将先决问题等事宜退回是否恰当的问题，永远都不能被定性为此类裁判。一个这样的裁判的含义并不取决于法官的"无差别的个人意志"（liberum arbitrium indifferentiae），而是必须来源于法律所具有的根据具体情况赋予法官特定的自由裁量空间的目的而对此自由意志的限制：如果该等目的受到了侵犯，则赋予法官的自由裁量的限制也同样地受到侵犯，则其裁判必须能够通过上诉而被宣告非有效，而如此不会给第 646 条第 3 款造成障碍；问题的关键点仅仅在于，在上诉的理由说明部分指出对自由裁量限度的冒犯——这些限度的定出，通常是通过上述指出的将"恰当性"的自由裁量概念和其中所蕴含的真正的一般条款进行具体化的标准[72]——即被上

70　BMJ 201/124.

71　Beleza dos SANTOS, RLJ 63/262 s. e Castanheira NEVES 103 ss.；得出相同结论的还有 L. Osório Ⅰ 121。在意大利，鉴于《刑事诉讼法典》第 190 条第 2 款所规定的争议法定原则，主流学术观点和司法实践认为，法官就选择性先决问题作出的批示——不同于法律就强制性先决问题所明确作出的规定：《刑事诉讼法典》第 19 条第 4 款——并非是不可提出争议的。参见 G LEONE Ⅰ 337。关于这一问题在德国的情况，参见 Eb. SCHMIDT, *Lehrk* Ⅱ § 262 anot. 11 ss. e KLEINKNECHT, *Strafprozessordung* § 262 anot. 2.

72　关于此处所提到的这些概念，参见 K. ENGISCH, *Introdução ao pensamento jurídico*（trad. port. de J. Baptista MACHADO, 1965）178 ss., 188 ss.

诉裁判受到否定的原因。[73] [74]

第三，在第 3 条的最初版本中，还有先决问题的退回是对"预审结束之后"这一形式上的要求，而在第 35007 号法令颁布之后，这一时间上的参照应当被理解为相当于刚刚提出控诉的那个时刻，[75] 不论是临时控诉还是确定控诉。随着第 185/72 号法令使第 3 条第 2 款具有了新的措辞，但笔者认为似乎已经申请开放在预备性预审结束之前命令中止的可能性，只要有关请求是由检察院、辅助人或嫌犯提出的即可。[76]

笔者认为，所作出的修改是完全没有理由的。显然，依职权中止诉讼程序只可能发生在辩论性预审之后，因为根据第 35007 号法令，直到这一时刻起，法官才接触到诉讼程序，从而具备条件就退回作出裁判。[77] 但是，仅仅因为一个这样的裁判并非依职权作出，而是应申请作出的这样的事实，事物就在表面上发生了改变了吗？笔者认为非也。因为包括在这种情况下，那些导致不建议退回继续遵循预备性预审的目的的实质理由仍然发挥作用，尤其是基于不损害对犯罪及其行为人的完整的和完全的调查的理由，这些原因并没有因为第 3 条中宣告"但中止不应损害紧急证明措施的进行"这一事实而消失。这些原因也会停止，是的，相对于辩论预审以及诉讼程序之后的步骤而言——此外还要强调的是，对先决问题的解决可能与对嫌犯的起诉具有更高的相关性。

c）最后我们要探讨的是，当将先决问题交回通常具有管辖权的法院时，法律规定了怎样的制度及其基本轨迹。毫无疑问的是，法官得依职权命令将有关问题退回，而作为结果，诉讼程序中止——但检察院、辅助人和嫌犯亦未被禁止就此提出申请——法律的一切考虑都在于确保通过退回而使充足原则所受到的损害尽可能小，在于避免退回对刑事诉讼程序的进

---

[73] 因为在上诉中不能只提出——Castanheira NEVES 108 中指出，这是第 646 条第 3 款真正有益的内容——被上诉裁判的实体问题。

[74] 此外，与目前正探讨的问题有关，尽管在其他框架下的，值得注意的是，如果退回应被视为不仅是恰当的，而且是对真相的发现属必要的，则不退回可能构成《刑事诉讼法典》第 98 条第 1 款的无效。参见 RLJ 63/263，但其中所指出的后果，笔者并不认为全部都是正确的。

[75] 类似的观点见 Castanheira NEVES 103。

[76] 类似的观点见 Maia GONÇALVES anot. 4 ao art. 3。

[77] 但是，值得注意的是，从葡萄牙比较晚近的法律的视角来看，即使在辩论性预审结束之前，依职权作出的裁判也是可以想象的，因为该裁判可能是由预审法官作出的。但确定的是，不管是第 2/72 号法律第 II 条第 1 款，还是《刑事预审法庭规章》第 1 条，都没有提及对先决问题的退回作出的裁判。

行制造障碍。

因此，根据第3条第3款，由法官确定中止的期间，如在作出有关裁判方面所出现之延误不可归责于嫌犯，则此期间可在合理期间内延长。但笔者相信，如果不对最长期间作出规定——就像之前的第3条第2款中的情况——可能对刑事诉讼程序的前进造成极严重的损害。但须注意的是，第4条规定，"当检察院不具有就先决问题提起诉讼的管辖权时，应参与有关民事案件，以便推进其快速进行，并通知刑事法官。在第1条第2款规定的情况下，当中止表现为不适宜或中止超过期限，或当有关诉讼没有在三个月的期间内提起时，刑事法官应当将中止终止"。

至于第3条第5款，对其中所包含的问题，应当在对保释（liberdade provisória）和羁押进行研究时再作探讨[78]。

d）为使对有关先决问题这一特别主题的探讨更加完整，还应研究的是，就先决问题作出的裁判，相对于关于主要问题的诉讼程序，被赋予了怎样的价值和效力。但这一部分内容已经不再是关于此处所探讨的问题的角度——充足原则的限制的角度——的了，而是主要涉及裁判已确定的案件和诉讼标的的范围的问题，因此笔者将不在本部分对此进行阐述[79]。

IV　集中原则

参考文献：

F. BAUR，*Wege zu einer Konzentration der mündlichen Verhandlung im Prozess*（1966）.

G. FOSCHINI，*I principi fondamentali del dibattimento*，RitalDPP 1963/1037.

KOENIGER，*Die Hauptverhandlung in Strafsachen*（1966）.

1. 以前文已经阐述过的较宽泛的含义理解，[80] 诉讼程序中的集中原则要求一切诉讼步骤和诉讼行为尽可能统一和连续地进行，这些步骤和行为作为一个整体，不论在诉讼程序中的任何阶段，都应尽可能集中地发展，不论是空间上的还是时间上的集中。在这个广阔的背景下，这一原则实际上

78　参见本书第二卷。
79　参见本书第二卷。
80　前文 III 1。

塑造了整个刑事诉讼程序的过程和进行，且笼统地说，该原则的基础是诉讼程序的进行中不出现障碍或阻碍的必要性。

但事实是，该原则尤其地且独立地表现在辩论及审判听证方面，由此而涉及有关形式的那些原则，[81] 尤其是口头原则和直接原则。[82] 而由于直接原则又可被视为调查原则或"实质真相"原则的工具性准则，[83] 集中在有关证据的原则的范畴内也具有重要性。

事实上，在一个书面的诉讼程序中，法院获得其裁判的基础是通过一系列法庭文书书录、文件和书面声明而实现的。反过来，口头和直接要求进行一次统一的和连续的听证，在此听证中对诉讼程序的一切事宜进行整体的和完全的审理。因此，空间上的集中——有时也被称为确定位置原则[84]——要求，整个听证过程在同一个地点开展，以便达到拟通过听证达到的目的，且应当使全部诉讼参与人来到该地点（听证室），而时间上的集中则要求，一旦听证开始，应当无间断地进行下去，直至结束。

《刑事诉讼法典》第414条及第76条第1款清楚地规定了听证的持续性这一集中原则在时间方面的表现。至于该原则在空间方面的表现，法律文本中并没有对此作出明确规定，但在多个法律条文中清楚地隐含着这样的内容，例如第403条。

与集中原则在空间上的表现有关的问题看似无关紧要，实则不应被轻视，如今，很多与可以称作[85]听证室的结构或至少法庭分区的结构相关的问题，被一些国家提上日程（在葡萄牙，这类问题规定在《司法章程》第100条及以下）。例如，在一个英国法院的听证室与一个欧洲大陆法院的听证室之间有明显的差别——在前者中，控方和辩方具有完全平等的地位，而在后者中，通过各种不同的形式，检察院被赋予明显的优势地位（在葡萄牙的情况，参见《司法章程》第188条）——这种差别并非出于美学上或功能上的考虑而偶然产生的，而是每一刑事诉讼法各自不同的精神和原则的产物。此外值得注意的有趣现象是，近来，在联邦德国，一些舆论运动（movimentos de opinião）要求在刑事诉讼程序应当是所有参与人之间真正的

81　参见本书后文第七节。

82　参见 Eduardo CORREIA，*Proc. crim.* 193；L. OSÓRIO I 56；G. LEONE II 339。

83　参见本书后文第六节 I 。

84　G. FOSCHINI，RitalDPP 1963/1047.

85　对此作出阐述的还有 G. FOSCHINI，RitalDPP 1963/1048。

"对话"的指导思想下，对听证室的结构进行彻底的修改。[86] 不难理解的是，在一个看似平和的外表之下，这可能在刑事诉讼程序理论甚至法社会学等方面引发严重的问题。

2. 有关集中原则，前文已经概要地介绍了其特征，但不能完全按字面理解这一原则。持续时间超出平均水平的听证——有些听证持续数周、数月甚至数年——显然不能无间断地持续进行。

此外，对听证的持续性造成限制的，不仅有进食和休息等人类需求，而且还有各种各样的诉讼的附随事项，例如，某一诉讼主体暂时不能参加听证、替换辩护人或采取新的证明措施的必要性、由检察院或辩护人提出的查阅笔录或与被害人或嫌犯交谈的请求、某一声明人或证人的缺席等（参见《司法章程》第 99 条第 2 款）。

对听证的持续性构成限制的间断，可能表现为简单的中断（interrupções）的形式，由主持听证的法官（juiz presidente）"在绝对必要时"决定作出（《刑事诉讼法典》第 414 条及第 1 款），也可以表现为真正的押后的形式（第 414 条第 3 款和第 5 款、第 421 条、第 422 条和第 443 条）。在某些国家的立法中（例如，《联邦德国刑事诉讼法典》第 228 条的规定即属这种情况），对这两种情况下的效力进行了区分，仅在后一种情况下才有必要重新作出已作出的行为：中断之后，听证继续，押后之后，听证重新开始。[87] 正如《刑事诉讼法典》第 414 条各款中所规定的，没有特别地关注以上两种形式在术语上和效力上的区分。

第六节　关于证据的原则

参考文献：

ALBERG-NÜSE, *Die Beweisantrag im Strafprozess*, 2.ª ed. （1956）.

G. BETTIOL, *La regola in dubio pro reo nel diritto e nel processo penale*, Scritti giuridici Ⅰ 307.

F. CARNELUTTI, *Prove civili e prove penali*, RDProcCiv 1925-Ⅰ/3.

---

[86] 关于这样的问题，参见 H. – H. JESCHECK, *Der Strafprozess-Aktuelles und Zeitloses*, JZ 1970/201。

[87] 但人们仍然承认给这一严格的区分以适当的灵活性。参见 H. HENKEL § 86 Ⅱ。

M. CAPPELLETTI, *La 《natura》 delle norme sulle prove*, Scritti Raselli Ⅰ （1971）.

F. CORDERO, *Procedimento probatorio*, Tre studi sulle prove （1963） 1.

Eduardo CORREIA, *Les preuves en droit pénal portugais*, RDES 14 （1967） 1.

Campos COSTA, *A prova em processo penal*, ScIvr 5 （1956） 79.

Figueiredo DIAS, *ónus de alegar e de provar em processo penal?*, RLJ 105/125.

DOSI, *Sul principio del libero convencimento del giudice nel processo penale* （1957）.

U. FERRARI, *La verità penale e la sua ricerca nel processo penale italiano* （1927）.

HELLWIG, *Wahrheit und Wahrscheinlichkeit*, GS 88 （1922） 417.

HOLTAPPELS, *Die Entwicklungsgeschichte der Grundsatzes in dubio pro reo* （1965）.

H. LÉVY-BRUHL, *La preuve judiciaire. Études de sociologie juridique* （1964）.

LOZZI, *Favor rei e processo penale* （1965）.

K. LÜDERSSEN, *Die strafrechtsgestaltende Kraft des Beweisrechts*, Z 85 （1973） 288.

Castro MENDES, *Do conceito de prova em processo civil* （1961）.

MITTERMAIER, *Tratado da prova em matéria criminal*, 3.ᵃed. （1917）.

NEWMANN, *Das englische-amerikanische Beweisrecht* （1949）.

NIESE, *Zur Frage der freien rechtlischen Überzeugung*, GA 1954/148.

Navarra de PAIVA, *Tratado da prova em processo civil* （1895）.

J. PATARIN, *Le particularisme de la théorie des preuves en droit pénal*, Quelques aspects de l'autonomie du droit pénal （1956） 2.

W. POMPE, *La preuve en procédure pénal*, RScCrim 16 （1961） 269.

W. SAX, *Die Anwendbarkeit des Satzes 《in dubio pro reo》 im strafprozessuales Bereich*, Stock-Fests. （1966） 143.

Eb. SCHMIDT, §261 StPO in der neueren hochstrichterlichen Rechtsprechung, JZ 1970/337.

G. SPENDEL, *Wahrheitsfindung im Strafprozess*, JuS 1964/465.

F. STEIN, *Das private Wissen des Richters* （1893）.

W. STREE, *In dubio pro reo* （1962）.

WESSELS, *Die Aufklärungsrüge im Strafprozess*, JuS 1969/1.

U. WESTHOFF, *Über die Grundlagen des Strafprozess mit besonderer Berücksichtigung des Beweisrechts* （1965）.

Ⅰ　调查原则或 "实质真相" 原则

在启动推进任何类型的诉讼程序的行为之后，如何推进程序的继续进行基本上有以下两种对立的可能性：一种可能性是，当事人像支配其所有的物或法律行为一样，支配诉讼程序（他们支配实质法律关系时也是如此）；另一种可能性是，由法庭对审判所针对的事实进行调查，而不管当事人提交哪些资料，由此而独立地构建起裁判的基础。由此而产生了两项相对立的原则——需要再次强调的是——它们尤其涉及为诉讼程序获取证明材料的方式，是整个诉讼程序继续进行的条件：一方面是处分原则、对抗原则或辩论原则（discussão），[1] 又或形式真相原则；另一方面是调查、预审、纠问原则，或实质真相原则。

1. 以对抗或辩论原则为主导的诉讼程序意味着，[2] 在我们所讨论的这个范畴内，诉讼程序的私力救济观念（对抗式的或近乎对抗式的）仍然基本有效，在这样的观念下，诉讼程序在本质上表现为当事人之间的抗争（duelo），法官在场并作出裁断。这样的诉讼程序首先是对原告提出的要进行法律评价的主张是否成立进行讨论；与此积极性形成鲜明对比的是法官的被动性，法官仅仅负责使此次争斗所须尊重的规范得到遵守，并负责宣告争斗的结果。以这样的观念为基础，产生了一些结果，对于其中比较重要的，有必要在本文中进行阐述。[3]

a）当事人——也只有当事人——有权限收集必须作为裁判的基础的事实材料。原告和被告通过他们对事实的证明以及他们所收集的证据，向法官提供后者作出裁判所需的事实基础，不允许法官以独立的方式对提交审判的事实的真实性进行调查。因此，在作出裁判时，法官得考虑当事人所提出的事实和由他们提交的证据，除此之外，最多只能对所提出的事实进行澄清或对某一提出的证据的可靠性进行评价，而绝对不能提出裁判的独立基础。此处所述的这一结果可以概括为"法官应当根据当事人的主张和证据作出裁判"（Judex judicare debet secundum allegata et probata partium）以及"不在档案中的人，也不在世上"（quod non est in actis non est in mundo）这两项程序性准则。

1　在任何情况下绝不能将此与之前已经讨论过（本书前文第五节 II）的辩论原则（princípio de contraditório）相混淆［参见后文 1 a）］。"对抗原则或辩论原则"这一表述其实对应的是——参见 M. ANDRADE-A. VARELA, *Noções elementares de processo civil* 3349——德国法学理论中所谓的 *Verhandlungsgrundsatz*。

2　关于本段所阐述的问题中的大部分，亦可参见 M. ANDRADE-A. VARELA, *Noções elementares de processo civil* 347 ss.，还可参见 Eduardo CORREIA, RDES 14（1967）4 ss.，F. CARNELUTTI, RD-ProcCiv 1925-I/3 ss. 以及 K. BINDING, *Abhandlungen* 172 ss., 221 ss.。

3　此外还可参见本书前文第二节 I 4。

b）这一结果的逻辑在于，程序进行所产生的一切风险都落在当事人身上，这表现为落在他们身上的确认、辩论和提出争执的责任，此即所谓当事人自负举证责任原则。根据该原则，对于一切由一方提出而对方未提出辩驳的事实，法官应将它们视为无须证明的事实：就该等事实达成了协议，可能是明示的协议，也可能是通过无人提出争执或者虚构的自认而达成的默示的协议。这些事实尽管可能不是真实的，但在作出裁判时被视为真实的（有真实事实的效力）。因此可以说，判决所追寻的和宣告的是形式上的真相（程序内的真相）。

c）最后，这样的对抗或辩论原则与处分原则相联系。由于诉讼标的是一个可处分的实质法律关系，当事人有权处分诉讼标的，可以通过诉的撤回而使之结束，可以通过请求、自认、请求的舍弃和和解而决定就实体问题作出的判决的内容。法官完全无力阻碍当事人对诉讼程序的结果的塑造："法官不为超出当事人请求之裁判"（ne eat judex ultra vel extra petita partium）。

以一定方式，在此基础上构建的诉讼程序的基础思想在于，赋予当事人最大限度的行动自由并使他们承担相应的责任，他们比任何人都更知晓如何维护自己的利益，由此而间接地实现公共利益。由此我们可以看到，辩论原则和处分原则在历史上表现为与纯粹控诉式诉讼结构相联系，正如前文所讨论的，[4] 这种诉讼结构出现在一些古老的立法中，出现在中世纪前期，时至今日仍然存在于英国和美国。

但是，如果刑事诉讼程序采控诉式还是纠问式结构直接基于国家的政治法律观念，那么，辩论原则和处分原则在程序中具有明确的理由：首先，该等原则是构成诉讼标的的实质关系本身的可处分性的必然结果；其次，它们对应的理念是，当事人是最了解事实的情况以及在法庭上对此作出证明的证据方法，因此他们有更大的可能性成功找到实质真相，而如果表面真相具有超越实质真相的优势地位，个人将有严肃且令人信服的理由去寻找真相，这与公共利益的实现并不冲突。

不过，除了与诉讼程序的"控诉式"结构有紧密关系外，辩论原则和处分原则还是构建民事诉讼程序的基础，上述指出的理由实质上适用于民事诉讼程序。不过不要忘了，现代趋势——始于1895年《奥地利民事诉讼

4　本书前文第二节 Ⅱ 2 b）。

法典》的立法工作，[5] 葡萄牙自 1939 年起生效的《民事诉讼法典》也是对此的明显的例子——是对该等原则引入沉重和广泛的限制；[6] 虽然笔者并不认为该等限制足以消除该等原则，或者更准确地说，不足以将该等原则与调查原则联系起来，[7] 但这些限制表明，当前对辩论和处置的探讨必须在民事诉讼程序已经具有的公力性的框架内。但这一主题不是应当在本文中讨论的。

2. 由调查原则构建的诉讼程序则完全不同。大体上，将前面所提出的内容倒转过来，即可得到调查原则的概况及其后果。但并非因此就意味着这是曾在历史上出现过并获得过接受的纠问式结构的诉讼程序。[8] 该原则的主要作用是描绘法官在对待审判的事实进行调查时的地位，以及相应的，在吸收事实材料和将在裁判中使用的证据时的地位。法官地位的特征可以归纳为以下几个基本要点：

a）收集事实材料并对之进行澄清的任务并不只属于当事人，而是终究属于法官：由法官承担对提交审判的事实依职权——也就是，不论当事人作出何等行为——进行调查和澄清的责任。就调查原则的这一后果，关于其一般特征的规定，是《刑事诉讼法典》第 9 条，针对其中的详细问题，规定在第 330 条、第 332 条、第 333 条第 1 款和第 2 款、第 404 条第 1 款、第 425 条第 3 款、第 435 条、第 443 条、第 465 条唯一款等。这一后果完全不与控诉原则相冲突，[9] 与刑事诉讼程序的基本上属控诉式的结构亦不冲突，[10] 因此并不妨碍或者限制检察院、辅助人或嫌犯进行证明活动以及法院对该等活动的全面利用（但是受到一定限制的方式利用，最高法院 1970 年 12 月 9 日的合议庭裁判[11]）。这足以表明——与在辩论原则下出现的情况相反——法院的调查活动并不局限于其他诉讼主体所提出的事实材料，而是

5　随后该趋势也获得了学者的关注，在有关著作中最典型的，见 KLEIN-ENGEL, *Der Zivilprozess Österreichs*（1927）。

6　之前的阐述实际上是对葡萄牙民事诉讼法基本结构的类型化概括介绍，而非具体描述，之前所指出的很多原则在民事诉讼法中都受到广泛的约束甚至严格的限制。比较笼统的介绍，参见 M. ANDRADE-A. VARELA, *Noções elementares de processo civ.* 351；比较晚近的著作见 H. SCHIMA, *Gedanken zur Zukunft des Verhandlungsgrundsatz im Zivilprozess*, Studi Carlo Furno（1973）899 e J. RODRIGUES, *Autoridad del juez y principio dispositivo*（1968）。

7　同样持此观点的还有 Pessoa VAZ, *Atendibilidade de factos não alegados*（1946）和 Cabral de MONCADA, Supl. XV ao BFDC（1961）55 ss. 。

8　亦参见本书前文第二节 II 2 a）。

9　参见 L. OSÓRIO I 182 e Cavaleiro de FERREIRA I 47 ss. ，以及后文标题 4 下内容。

10　参见本书前文第二节 II 2 c）结尾部分。

11　BMJ 202/124.

可以自主地将范围扩大至包括一切其认为重要的情况。

被控故意杀人罪的甲，辩护称被害人挑衅，或只提供应作的笔录，又或不辩护而是承认其罪行和罪过。法庭并不因此而被阻止或者被豁免对嫌犯是否在诸如正当防卫等情况下作出的行为，从而使其行为正当化（当然，嫌犯的挑衅、表面辩护或其自认亦须被考虑）。显然，法庭并不是针对每一个犯罪都必须对合理原因的不存在进行自主的和详尽的调查，但当有人主张这样做时，或一旦出现可能存在任一合理理由的最小怀疑时，[12] 法庭即必须就此进行调查。

b）鉴于对真相进行独立的司法调查的义务，首先可以解释的是，刑事诉讼程序中的当事人从来都不具有任何确认、辩论或提出争执的责任；[13] 同样，如果某些事实未被提出和说明，或者针对未经辩论的事实而达成了或明示或暗示的"协议"，它们仍不被赋予任何效力；最后，法庭无须使其心证局限在利害关系人所提出的证据方法上。

因此有人指出，在刑事诉讼程序中，问题并不在于"形式真相"，而在于"实质真相"，对实质真相应当考虑其两重含义：第一重含义是，这一事实是从控方和辩方想要通过其诉讼行为而对该事实施加的影响中提取出来的；第二重含义是，这一事实不是"绝对的"或"本体论的"，而首先是[14] 司法的事实、实用的事实，特别是，该事实不是一个不惜代价取得的事实，而是一个在程序上有效的事实。

一个已经附带提出过的问题是，[15] 作为对刑事判决进行审查之基础的事实应当对哪些人来说是新的事实？对此问题进行回答时必须考虑的是，这些事实对于诉讼程序而言是新的事实即可——《刑事诉讼法典》第 678 条第 1 款的规定也体现了这一点——即妥善地遵守了调查原则的前述后果：出于对实质真相的要求，当事人不自负证明责任，也不得要求当事人进行

12　这一问题在一定程度上与另一问题相关，对后者将在后文介绍存疑无罪原则时再作阐述（后文标题Ⅲ 3 下内容）。

13　相反的观点仍然偶尔出现在部分司法裁判中。参见最高法院 1971 年 7 月 14 日的合议庭裁判，笔者在 RLJ 105/121 中对此进行了评注，更早的还有最高法院 1969 年 1 月 29 日的合议庭裁判，BMJ 183/192 s.。

14　正如 Castanheira NEVES 51 ss. 中所大力强调的。关于"表面-实质"之间的对立及其含义，十分切题地对此进行阐述的，见 Cavaleiro de FERREIRA I 49 ss.。而不同的观点，见 Castro MENDES, *Manual de proc. civ.* 384 ss.。

15　本书前文第三节Ⅱ 3 b）。

证明。

但是，如果甲是在被诡计欺骗或受到酷刑下而作出杀死乙的自认，或者，如果丙未盗窃丁的裁判是基于对丙进行的精神麻醉分析（哪怕他是自愿的）而作出的，则不能称之为实质真相。[16] 要注意的是，即使在现实中甲确实杀了乙而丙确实没有盗窃丁，也不能称此为实质真相！此外，比较晚近的哲学思想本身也证明，一切真正的真相，其本质乃是人的自由，[17] 因此，以人类尊严为代价而获取真相是不可想象的。强调这一点是有益的，有一种倾向是，为了发现（所谓）"实质"真相的目的而违反证据禁止规则，并神化这种违反行为，强调这一点提醒我们不要向此种倾向屈服。在这个意义上（hoc sensu），所谓"实质真相"，即使在此处，仍然意味着一个程序中的（interprocessual）真相。

c）与刚刚讨论的问题类似的是，不论辩论原则呈现为它的任何一种重要的表现，该原则在刑事诉讼程序中并不发挥作用，处分原则亦然。如前所述，这是刑事诉讼程序标的所具有的完全的不可处分性的结果，这导致公诉机关不可能撤诉，导致控方和辩方之间不可能达成有效的协议，导致不可能向法院对提交审判的案件进行法律上的审理设定限制。

上述最后一点尤其适用于在辩论及审判听证中提出的口头陈述（《刑事诉讼法典》第 467 条、第 533 条和第 539 条）。可能检察院请求的是宣告嫌犯无罪而法院判其有罪，也可能辩方以为犯罪已被证明而请求被科处较轻的刑罚，而法院却宣告嫌犯无罪。

3. 按照其前述范围和含义，调查原则在现行葡萄牙刑事诉讼法中有效而无任何例外，甚至不受任何重要的限制；而且要注意的是，这不仅适用于辩论预审和审判中的法官，[18] 而且也适用于检察院或者其他负责预备性预审的任何实体。[19]

16　关于这一切，参见本书后文第十三节 III 5 a)，aa)。

17　奠定此观点之基础的，M. HEIDEGGER，*Vom Wesen der Wahrheit*（1943）。

18　是否也适用于预审法官呢？正如下文第八节 II 3 c）中将要阐述的，所谓的预审法官——根据第 2/72 号法律以及有关的规章赋予其之职权——不负责在预备性预审中收集证据，而仅（在葡萄牙法律中尤其如此）行使该阶段所包含的审判职能。但是，在这种情况下，似乎完全不妨碍，甚至应当提议使调查原则适用于预审法官——这样该原则就能有助于找到行使该等审判职能所需的材料。

19　对此问题作出强调的，见 H. ROEDER § 7 IV。

但有些学者认为，[20] 应当指出该原则的三重限制，它们分别来自：a）与控诉原则的竞争；b）证据方法的合法性原则；c）对法官私人认识的排除。但笔者认为，对事物的这样的认识，或者导致赋予调查原则以过于宽泛的范围，或者导致有关该原则的含义和功能的观点备受质疑。

仅当控诉原则被归入在一定程度上属纠问式的刑事诉讼程序结构时，才可认为控诉原则是对调查原则的限制，而在当前所探讨的情况下，控诉原则被归为基本上属控诉式的结构，且其主要是针对证据材料的，则并不构成对调查原则的限制。于是，每一原则都有其特定的适用范围：控诉原则负责描绘待决定的问题（thema decidendum），因此也适用于待证明的问题（thema probandum）；通过调查原则，确定法庭对那些如此描绘的问题进行管辖的范围，不管是关于事实材料的提出的，还是关于证据的。[21]

另外，对于认为只能使用法律允许的证据方法的原则（《刑事诉讼法典》第 173 条）构成对调查原则的一项限制的观点，根据前面的阐述，[22] 笔者不能接受这一观点。证据方法的合法性，以及调查证据的一般规则和所谓"禁用证据"（心理精神麻醉分析、复印机或测谎仪等[23]），是证据在程序上有效的条件，因此也是实质真相本身的衡量标准。

最后，对法官私人观念的排除，似乎实际上又回到了之前所述的辩论原则的典型准则上，即"不在档案中的人，即视为不存在于世"（quod non est in actis non est in mundo）（对此《刑事诉讼法典》第 405 条的规定只是除此之外的另一种体现）；将此归结为在传统上接受所提交的明显事实和依职权或经司法查明的事实的制度，这似乎表明，在刑事诉讼程序中也要对需要证明的事实和不需要证明的事实作出区分。但是，在刑事诉讼程序中进行的区分与在民事诉讼程序中作出的区分一样，并非赋予当事人以限制证据或其范畴的独立的可能性的结果，而是某些关于证明的一般规则的应有的结果，而我们已对该等规则进行过目的论上的阐明。因此，笔者倾向于认为，这也不能被视为对调查原则的真正的限制。

4. 一方面是辩论原则，另一方面是调查原则，前面对它们所产生的结果的探讨，有意地反映了它们的某些最晚近的发展。

20　参见 Castanheira NEVES 44 s. 。

21　关于两个原则之间权能的分配，还可参见 Cavaleiro de FERREIRA Ⅰ 47 ss. 。

22　见前文标题 2 b）下的阐述。

23　与此有关的一切问题将在下文进行专门的阐释，本书后文第十三节 Ⅲ 5 以及第二卷。

于是，首先，如果——正如在民事诉讼程序中出现的情况——各方当事人有将对裁判属必要的证据方法带到诉讼程序的义务，如果不履行该项义务的责任则须由当事人承担，由此就彻底地产生了举证责任及其分配的问题。显然，这一问题如果不出现——或者以完全不同的方式出现——在刑事诉讼程序中，则是调查原则的缘故；而就目前正探讨的问题而言，此缘故导致一个原则形成，而由于该原则所包含的内容极为丰富，应当从调查原则中独立出来。对此我们将在后文第Ⅲ部分中进行探讨。

另一方面，在历史上一直与辩论原则相关联的观点是，对证据的评价应当遵守严格的法定标准，对事实事宜的评价并非依据法官的自由心证，而是依据法律已经预先设定的标准。不过，可以肯定的是，这一观点如今已经陷于危机之中，即使在民事诉讼程序中亦然，已经失去了其在辩论原则中的直接依据。这使得相反的机制——自由证据机制——不再被单纯和简单地视为调查原则的分支，而是具有了独立性（见后文第Ⅱ部分）。

最后，作为调查原则的工具性原则的，有口头原则和直接原则。事实上，仅当法官一方面不与卷宗及书面资料中的内容相联系，而另一方面当可以取得对嫌犯和证据方法的个人印象时，对待审判的事实的完全且完整的调查和澄清才可能由法官完成。简单地说，这也表明，口头原则和直接原则——作为审判阶段的结构性原则，仅在审判阶段方具有完全的效力，且须尊重听证进行所须遵守的形式——可以独立于调查原则。因此我们将在本章的最后一节中对它们进行阐述。

Ⅱ 自由评价证据原则（"自由证据"机制）

1. 审判中的调查证据旨在为法庭提供必要的条件，以便法庭就影响其判决的事实和情节是否存在形成心证。但由此而产生的问题是，对证据的评价是应当基于根据所被赋予的价值而预先设定的法定准则（法定证据机制），还是应当基于法官的自由评价及其个人心证（自由证据机制）。这一问题又包含着一个极其重要的政治法律难题，对该难题的解决方案，不论是在刑事诉讼法发展的不同阶段中，还是在某一特定时刻生效的不同的制度中，都是不同的。

a）过去很多国家的立法担心法官在就待使用的证据方法进行评价时容易犯错误，认为提前规定以传统上被认为可靠的生活和经验法则为基础的证据评价规则是责无旁贷的，而通过这些规则，人们根据不同的证据方法所被赋予的证明力，确定了这些证据方法的价值或者将它们划分等级。相信这就是中世纪教会诉讼程序中自认所被赋予的效力的理由，[24] 这也无疑是我们之前的法律规定对人证进行评价的规则的理由，尤其是著名的"一名证人等于没有证人"（unus testis, nullus testis）原则（以《菲利普法令》为例，见其中1.Ⅰ t.2 §Ⅰ8,t.4 §Ⅱ,t.Ⅰ4 §6,t.24 §Ⅰ7,1.3 t.55 §Ⅰ0,1.4 t.Ⅰ8 in fine,1.5 T.Ⅱ7 §Ⅰ0），在 1867 年《民法典》的第 2512 条中仍有规定。[25]

但是，曾经在某一阶段，[26] 尤其是自法国大革命之后对刑事诉讼程序进行立法改革以来，且几乎蔓延到各个方面——甚至包括在盎格鲁－撒克逊法中，他们时至今日仍然比大陆法系国家的立法更为关注某些关于证据的法定规则[27]——人们认为，证据方法的价值和证明力不能通过预先设定的笼统的法定标准得以正确的检验，而是必须对案件的具体情况予以特别关注。

促使此观点产生的，一方面是，陪审团制度 19 世纪时在刑事诉讼程序中有对证据进行评价的管辖权的实体；[28] 另一方面是，所谓证据的科学方法出现并广为传播，使法官在评价证据时出现错误的可能性降低。[29] 如今，随着理解的重心从一般的和抽象的法律规范转移至案件的具体情况，一切又

---

[24] 因为经验表明，通过自认，嫌犯表达了一个（关于赎罪的）意愿，该意愿最终同化为对法律本身的意愿。整个构造遭到损坏的原因是，这样的一个诉讼程序完全不关注对获取证据的方式的控制。

[25] 参见 Eduardo CORREIA, RDES 14（1967）16。

[26] 关于之后的发展，参见 Eduardo CORREIA, RDES 14（1967）3 ss. e 26 ss.；Castanheira NEVES 47 ss.；MERLE-VITU ns. 760 s. e GUILLIÉRON, L' évolution de la preuve pénale, SchwZ 1946/197。

[27] 关于英国刑事诉讼法中这一问题的情况，参见 KENNY-TURNER 453 ss.；关于美国刑事诉讼法的比较晚近的著作，见 KADISH-PAULSEN 1257 ss.；对全部问题的较详细的概括性介绍（虽然已经不是特别新了），见 NEWMANN, cit.；而比较晚近的，见 J. HERRMANN, Die Reforma der deutschen Hauptverhandlung nach dem Vorbid des anglo-amerikanischen Strafverfahrens（1971）155 ss., 165 ss., 186 ss., 301 ss., 411 ss. e passim。

[28] 关于这一点，参见 L. HUGUENEY, La loi du 25 – 11 – 1941 sur le jury, Études de sc. crim. et de dr. pén. comparé（1945）22，其中指出，这一法律废除了要求陪审员遵守评价证据的法定规则的预审，因为尝试使他们熟悉一个他们完全不了解的制度是无用的。BOUZAT n. 1187 中也赞同此观点。

[29] 参见 N. WEINTOCK, Les repercussions des techniques nouvelles d' investigation en droit belge, Rint-DP 41（1970）241 e PATARIN, Quelques aspects, cit. 26 s.。

得以加强——并不总是表现出来或处于显要地位。[30] 而虽然这些分析既适用于刑事诉讼程序，也适用于民事诉讼程序——在民事诉讼程序中，法定证据机制被自由证据机制所取代，至少在很大程度上被取代。[31] 事实是，当涉及刑事诉讼程序时，应当再加上另一极其重要的分析：只有自由的评价才与《刑法典》第 84 条所规定的对不法分子之人格进行评价的要求相符。

b）在葡萄牙，正如爱德华多·科雷亚所强调的，[32] 自由证据机制出现在 19 世纪上半叶以自由革命为出发点的司法改革，同时出现的还有陪审团制度，它本应围绕证据发表看法，正如仍然规定在《刑事诉讼法典》第 489 条中的，"除良知和内心确认的指示外，不听取任何其他事物"。[33]

在现行的葡萄牙刑事诉讼法中，确实欠缺正确且完整地对自由评价证据原则进行塑造的明确规定，但并非因此该原则就不是不可争辩的了，在很多方面它都是可讨论的，不论是暗含着该原则的法律文本（例如，《刑事诉讼法典》第 469 条在 1931 年 8 月 1 日第 20 147 号法令之前的措辞即属这种情况，它被修改仅仅是因为人们认为它改变了关于上诉问题的规定），还是明确对此原则设置限制或规定例外的其他原则，[34] 又或确定证据方法的价值或为此划分等级的笼统性法律标准的缺失，以及《民事诉讼法典》第 655 条本身的规定。

最后还需注意的是，虽然自由评价证据原则其首要的重要性表现在辩论及审判听证之后对案件的裁判上，但仍然对整个诉讼程序的进行有效，对所有刑事司法管理机关有效，不仅对检察院或其他负责调查的实体有效，对他们的辅助机关亦有效。[35]

2. 但这是否意味着，对证据的自由评价，对证据的评估，依据的是法官的自由心证？这是正确的吗？如前所述，该原则在消极方面的含义是指，在评价证据时没有预先设定的法定准则。那么它在积极方面的含义为何呢？

首先可以肯定的是：绝对不能将此原则理解为对已调查的证据的无须说明理由的且不受控制的——因而是任意的——评价。即使对证据的评价

---

30   参见 Eduardo CORREIA，RDES 14（1967）28 e 52 s.。

31   比较晚近的著作参见 Castro MENDES，cit. 165 s. e 410 ss.。

32   RDES 14（1967）27 s.

33   这一问题被当时的葡萄牙学者称为"精神证据原则"，对此例如 NAZARETH 183 e 269 s. 中进行了阐述。

34   参见后文标题 3 下的内容。

35   关于此，见 KERN-ROXIN § 15 C。

实际上是自由裁量的，显然这一自由裁量权（如前所述，[36] 一切司法上的自由裁量权都有）也有不可逾越的限制：评价证据的自由本质上是一种建立在义务上的自由——追寻所谓"实质真相"的义务——故此，在进行具体的评价时，必须遵循客观标准，且通常应说明理由及受到监管（尽管法律可能不要求说明理由或受到监管）。[37]

接受对自由裁量权的这些限制，其最重要的后果也体现于此，一旦显示该等限制遭到侵犯，可将有关事宜上诉至最高法院，且此为"法律上"的上诉（《刑事诉讼法典》第 646 条第 4 款）。符合这种情况的尤其包括，在对证据进行评价时有关法院犯了逻辑上的错误或陷入实质矛盾，又或违反了生活和经验法则（见科英布拉中级法院 1965 年 2 月 9 日的合议庭裁判[38]以及与之相关的最高法院在 1966 年 2 月 23 日的合议庭裁判；[39] 错误的裁判见最高法院在 1970 年 7 月 1 日的合议庭裁判[40]）。正如施泰因（STEIN）所肯定地指出的，直至 19 世纪末期，此处所探讨的问题在上诉中仍然构成真正的法律问题。即使最高法院作为——在葡萄牙并非如此——真正享有撤销权的法院时亦然。[41]

同样地，人们所讨论的与此有关的法官"自由"或"内心"心证的问题，它不可能是一个纯粹主观的、情绪的抑或因此而无须说明理由的心证。诚然，如前所述，[42] 在刑事诉讼程序中所追寻的"实质"真相并不是对某一事件的绝对的了解或掌握，任何人都知道这超越了人类的认知能力；[43] 不论

36　本书前文第五节 Ⅲ 4 b）。

37　尤其坚持这一观点的葡萄牙学者，见 Eduardo CORREIA，RDES 14（1967）28 s. e Castanheira NEVES 50 ss.。还可参见 P. NUVOLONE，RitalDPP 1964/981。

38　JRel. 1965/154.

39　BMJ 154/118.

40　BMJ 199/107. 对此案的批判性评述，见 Figueiredo DIAS，*Crime preterintencional，causalidade adequada e questão-de-facto*，RDES 17（1970）283 s.。

41　STEIN，cit.（1893）. 这方面比较重要的著作还可参见 CALOGERO，*La logica del giudice e il suo controllo in cassazione*（1937）106 e passim。该问题在葡萄牙的情况，除前注所引参考文献外，还可参见 Castanheira NEVES，*Questão-de-facto* 36，95，129 s.；Eduardo CORREIA，RDES 14（1967）32 e Castro MENDES cit. 508 s. e passim。比较晚近的著作可见 O. SCHWELING，*Die Revisibilität der Erfahrung*，Z 83（1971）435 ss.。

42　前文 I 2 b）。

43　关于历史上的确切性在诉讼程序中的重要性，意大利学者的论述，见 P. CALAMANDREI，*Verità e verosimiglianza nel proc. civ.*，RDProc. 1955-I/164；U. FERRARI，cit.；R. PANNAIN，*La certeza della prova*，Studi de Marsico Ⅱ（1960）261 e G. FOSCHINI I n. 175。德国学者的论述，见 G. SPENDEL，JuS 1964/465，HELLWIG，GS 88（1922）e K. PETERS § 91 Ⅱ。

这其中不可避免地包含着不计其数的多少可能的错误的来源，[44] 这可能是因为所处理的是对过去所发生的事件的认识，可能是因为法官在多数情况下会放手不管那些基于其性质——这在人证上的表现尤为明显，对于人证，法律本身的规定仍然表现出一定程度的不信任（《刑事诉讼法典》第 678 条第 1 款）——而显示极有可能引起错误的证据方法。

但要重申的是，并非因此纯粹主观心证的道路——正如最高法院在其 1966 年 4 月 13 日合议庭裁判中所错误地认为的那样，该案也是关于司法真相的，但是在不同的语境下[45]——就是行不通的。如果所追寻的真相如前所述是一个在法律上实用的真相，且另外，整个判决（尤其是刑事判决）的最主要的功能是使利害关系人信服，裁判的作出有充分的基础，[46] 可以确定的是，法官的心证必须是一种个人的心证[47]——这可能是因为，在此心证中扮演重要角色的不仅有纯粹认知上的活动，而且也包含通过理性无法解释的要素（例如，赋予某一证据方法的可信程度），甚至还有纯粹情感上的要素[48]——但是，无论在何种情况下，这种个人的心证也是客观的和需要说明理由的心证，这样它才能够为他人所接受。

当且仅当——笔者认为这是一个合适的且实用的标准，因为它在英美法中一直运转良好——法庭成功地使人信服这就是事实的真相，且排除了一切合理的怀疑时，这样的心证才存在。[49] 因此，"心证"所处理的并非出于对事实的确信和反对疑问的单纯的"自发"选择，也不是由于事实的高度逼真性或可能性而作出的选择，而是一个诉讼程序，仅当法庭以一种说理的方式，或至少在最后以说理的方式，成功地排除了任何可能被给出理由的怀疑——不论该怀疑看起来有多么的不真实或不可能——时，该诉讼程序才能完成。

44　关于这一点，参见 M. HIRSCHBERGER, *Das Fehlurteil im Strafprozess*（1960）e K. PETERS §
　　70。

45　BMJ 156/215 s.。

46　尤其坚持此观点并说明理由的，见 Eduardo CORREIA, RDES 14（1967）30，以及该学者作
　　为报告人的科英布拉大学法学院在第一次部长审议过程中对修改民事诉讼法典草案第 653
　　条的意见书，见 BFDC 37（1961）181 ss. 还可参见 G. BELLAVISTA, *La sentenza suicida*, In-
　　dice penale 5（1971）5。

47　民主德国最高法院的表现即倾向于此。关于这一问题，参见 W. STREE, cit. 37 ss.。

48　H. HENKEL § 91 Ⅱ，其中在脚注 10 中列举了有关的参考文献。

49　KENNY-TURNER 518："要注意的是，此处所指并非所有怀疑，而只是那些能够给出理由的
　　怀疑。"

前述分析给出了为什么要求司法核实时必须说明理由的原因。但这只是一方面，另一方面还要考虑，葡萄牙现行的刑事诉讼法是否要求法官就其针对事实作出的裁判说明理由。

1961 年《民事诉讼法典》第 653 条第 2 款规定，合议庭有义务说明当其裁判哪些事实为获证明的事实时，对形成其心证起到决定性作用的理由是什么。但我们的司法实践却认为这一规定并不适用于刑事诉讼程序中，因为它与《刑事诉讼法典》第 469 条和第 471 条的规定相矛盾（参见最高法院 1963 年 7 月 24 日的合议庭裁判，[50] 即便时至今日，这仍为一切司法见解所接受），且一般而言，也不符合刑事诉讼程序中的证据调查的特点。[51]

但这找不出任何理由：《刑事诉讼法典》第 469 条和第 471 条的规定与此问题完全无关，它们与《民事诉讼法典》第 653 条第 3 款的规定相矛盾，但与第 653 条第 2 款的规定并不矛盾；[52] 刑事诉讼程序中的证据调查完全不反对关于进行理由阐述的要求。而且恰恰相反，在以爱德华多·科雷亚作为报告人的科英布拉大学法学院的意见书中所指出的理由，即证明有必要在民事诉讼程序中进行理由阐述的那些原因，显然其中的绝大多数原因也对刑事诉讼程序有效。[53] 因此，准确的理解是，《刑事诉讼法典》在这一事宜上出现了一个法律漏洞，根据其第 1 条唯一款的规定，应当通过《民事诉讼法典》第 653 条第 2 款的规定而填补此漏洞。

3. 如前所述，自由评价证据原则和法官自由心证原则普遍地适用于葡萄牙的刑事诉讼法，适用于一切所提交的证据。但是，当考察每一种法律所允许的证据方法时，有必要作出一定的简要陈述和一些详细解释，这些往往会表现为对该原则的重要限制甚至构成该原则的例外。具体表现如下。

a）对于人证和通过声明作出的证据（《刑事诉讼法典》第 214 条及以下），该原则如今（与 19 世纪之前的情况刚好相反）有效且无任何限制，甚至可以说这就是其主战场和大本营。诚然，[54] 从法律的多处规定中都可以

50　BMJ 129/343 s. .

51　Maia GONÇALVES，BMJ 129/348.

52　对此作出阐述并说明理由的，见 Eduardo CORREIA，RDES 14（1967）29 ss. e Castanheira NEVES 54。

53　参见前注 46。此外还可参见 R. LEGROS，*Considérations sur les motifs* e J. CONSTANT，*Propos sur la motivation des jugements et arrêts en matière répressive*，两篇文章都载于 RDPCrim 51（1970 – 1）3 e 279。

54　对此我们将来将会阐述，见本书第二卷。

推定，通过声明作出的证据并不具有与人证同等的证明力，[55] 但这完全不表现为评价证据的标准：法官有自由——适当的自由——以某一声明人所作证言为基础形成其心证，而不采纳与此相反的证言。[56]

b）而对于嫌犯所作陈述/证言（depoimento）（《刑事诉讼法典》第244条、第250条及以下以及第425条及以下），则需根据嫌犯是承认还是否认其被归责的事实而作出区分。如果其否认，自然可以完全地适用于自由评价和心证原则。但如果是自认的情况，关于自认的效力，则评价时须遵守真正的法定标准。实际上，根据第174条的规定，"无任何其他证明要素佐证的嫌犯自认，不具有作为有罪认定证据的效力"，接着该条唯一一款补充道，"即使嫌犯已经自认了违法行为，法官亦应采取一切措施以便弄清事实真相，应当使用一切其所掌握的要素，调查该自认是否是真实的"。这使我们的刑事诉讼法真正地被置于纠问式刑事诉讼程序的对立面，在纠问式程序中，"供认是证明的女王"（confessio regina probationum）准则与"因自认而被定罪"（confessus pro convicto habetur）准则具有无差别的效力。

根据第174条在体系上的编排以及其文字表达，该条规定的是有罪认定证据的阶段，因此该条规定仅对预备性预审有效。有些学者——如奥索里奥（L. OSÓRIO）[57]——推断，这一理论已不适用于审判阶段，但这样的推断意味着，其基础仅仅在于不鼓励以非法手段获得自认的目的，同时也是为了阻止错误的自我控诉，出于诸如感情和精神病理学上的原因，这样的情况频繁地发生。[58] 因此，也是在这个意义上，英国刑事诉讼法中所谓"processo agnitório"并不适用于葡萄牙，在这一诉讼程序中，如果嫌犯在审判的一开始就承认其是"有罪过的"，则不再进行证据调查。[59]

c）而对于鉴定证据，在葡萄牙曾出现的观点是，法官在评价鉴定证据时有绝对的自由。[60] 该观点似乎已得以确认，因为如今已经没有人坚持认为——这与"科学证据"出现后的迷乱阶段的情况正好相反，在葡萄牙，

55　关于通过声明作出的证据，Eduardo CORREIA，Proc. crim. 164 中指出，它"仿佛一种澄清用的辅助工具，处于次要的或者补充的地位"。还可参见 Cavaleiro de FERREIRA Ⅱ 326 s. 。

56　公认的观点：只需参见 L. OSÓRIO Ⅲ 326 e Eduardo CORREIA，loc. cit. 。

57　Ⅰ 58 e Ⅲ 104.

58　关于这一点，见 M. MIKOREY，*Temas de psicologia e psicopatologia criminal*（1961）43 ss. 。

59　参见 Eduardo CORREIA，RDES 14（1967）13 s. ；详细地对所谓认罪（guilty plea）进行阐述的，见 J. HERRMANN（见注 27）161 ss. 。

60　Eduardo CORREIA，RDES 14（1967）32 s. .

对此作出特别阐述的如阿丰索·科斯塔（Afonso COSTA）[61]　——鉴定人员的意见应当被视为包含真正的"决定"，否则，如果这样认为，则法官不可避免地必须遵守这些"决定"，因为这赋予了它们"不可废止性"，只有上诉制度才可以限制这种不可废止性，且这会导致根据《刑事诉讼法典》第197条的规定进行"新检查"的可能性受损。

但是，笔者认为不应无限制地推崇前述观点[62]：鉴于其本身的性质，鉴定必须具有——在某种特定的程度上，对此我们马上将进行阐述——不同于其他证据方法（尤其是人证）的证明力，使鉴定——正如一些学者所云[63]——不再单纯地作为一种证据方法，而是作为法官的真正的"助手"或"合作者"。

这恰恰说明，如果作为鉴定意见基础的事实材料可由法官自由地评价，也就是说，如果法官反对该等材料，可以剥夺鉴定意见的效力，则科学判断或本身所发表的意见只能受到同样物质性和科学的评判。也就是说：面对某一在科学上被证明的判断，根据法律要求，法庭在对所假定的事实基础的评价上享有完全的自由；但是，当涉及的是科学判断时，对其的评价则必须也是科学上的，因此通常从法庭的管辖权中抽离出来[64]——当存在显而易见的错误时除外，但在该等情况下法官则必须说明与科学判断存有分歧的理由。最高法院在其1970年12月2日作出的合议庭裁判中即肯定了此种观点。[65]

反对前述关于理由阐述的要求的，可以提出的论据是，《民法典》第

61　*Os peritos no processo criminal*（1895）243 ss. e passim. 还可参见 E. FERRI, *La Sociologie criminelle*（1905）n. 76。

62　关于这一问题的全部，见 Figueiredo DIAS, RDES 17（1970）277 s. 。需要注意，有趣的是，正面的论调如今——在一切情况下，基于完全不同的理由——得到了强化，对此的总结性介绍，见 D. KRAUSS, *Die Strafrechtliche Problematik kriminologischer Forschung*（1971）42 s. e *Richter und Sachverständiger im Strafverfahren*, Z 85（1973）320。

63　Cavaleiro de FERREIRA Ⅱ 346 s.；H. HENKEL § 58 Ⅱ. 反对的观点见 Eb. SCHMIDT Ⅱ, Nachtrag I vor § 72。近来对此问题进行概括性的介绍的，见 E. HEINITZ, *Grenzen der Zulässigkeit eigener Ermittlungstätigkeit der Sachverständigen im Strafprozess*, Engisch-Fests.（1969）693。

64　还可参见以限定性的方式对此作出阐述的，Simões PEREIRA, *Algumas considerações sobre a natureza e o valor da revisão pelo Conselho Médico-legal dos relatórios e exames periciais*, RDES 3/323, nota 4："不难承认的是，某些不可还原的技术结论，如果是在最好的条件下得出的，则对法庭具有强制力。"这与民主德国最高法院所表现出来的立场（BGHSt. 10, 211）完全相符："当某一事实是以一科学认识为基础而获得证明的，则不用法官对此形成心证。"

65　BMJ 202/146.

389 条如今已经确认，"鉴定人员的答复的证明力，由法庭自由确定"，而可以确定的是，1961 年以前的《民事诉讼法典》第 578 条却规定，如果裁判者作出与鉴定人员意见不同的结论，则必须阐述理由。笔者坚信，这一不成功的革新虽然是针对民法和民事诉讼法的，但无论如何，不应影响前面已就刑事诉讼程序作出的结论。

d）对于公文书或经认证文书所载之实质事实，对它们的评价存在真正的法定标准，[66] 因为根据《刑事诉讼法典》第 468 条唯一款的规定，它们"被视作获证明，不得针对它们提出疑问，除非它们是虚假的"。

但这一理论必须受到严格的限制，原因是，如果该文书是一个判决，则法庭只需接受那些属于裁判已确定案件范畴内的证据。在实践中最重要的一种可能发生的情况，无疑是关于对刑事诉讼程序中的先决问题的裁判的：此处不会对此问题进行详细的阐述，将来在合适的时候会对此进行研究，[67] 要注意的是，第 152 条规定，当对某一非刑事先决问题的审理被退回到有管辖权的法院时，"由有关法院针对其已确定地审理的问题作出的裁判，对依赖于此裁判的刑事诉讼而言，构成裁判已确定的案件"。

另外，关于第 166 条所规定的实况笔录，第 169 条规定，除非有相反的证据，实况笔录在法院具取信力，因此也从相应的有关推定中受益。

Ⅲ　存疑无罪原则

1. 如前所述，辩论原则（princípio de contradição e discussão）仍然在根本上规范着民事诉讼程序，根据该原则，由当事人负责提出对作出裁判属必要的证据方法，因为诉讼程序的进行在有关证据的事宜上的一切风险均由他们承担。因此，如果任一方当事人没有提出必要的证据方法来为其主张提供基础，由此而产生的不利后果由该方承担，此即举证责任原则，与此相关的则是各方当事人之间举证责任如何分配的问题。[68]

66　参见 Cavaleiro de FERREIRA, *Prova documental e prova indiciária em processo penal*, ScIvr 17（1968）287 e Campos COSTA, *Os documentos autênticos e autenticados e o regime da prova livre em processo penal*, ScIvr 5（1969）299。

67　见本书第二卷。

68　对此的完整阐述见 M. ANDRADE-A. VARELA, *Noções elementares de proc. civ.* 183 ss. e Cavaleiro de FERREIRA Ⅱ 303 s. 。

刑事诉讼程序中的情况则完全不同，众所周知，刑事诉讼程序中的法官因其职权而具有调查并查清提交审判的事实的义务，因此，在刑事诉讼程序中，控方或辩方并不承担任何真正意义上的举证责任。[69]

可以肯定的是，在刑事诉讼法中并不存在所谓形式上的举证责任，因为根据形式上的举证责任，当事人有义务提交必要的证据以支撑起对事实的论断／证明（afirmações），否则该等事实将不被视为已证事实。有些学者则不拘泥于此，认为在刑事诉讼程序中存在一种实质上的举证责任，[70] 这意味着，如果法庭——即使通过其证明活动——未能获得对事实的确信，而该等事实仍然存有疑问，则原则上应当作出不利于控方的裁判，因证据不足而宣告嫌犯无罪。

这一推论本身是正确的。但笔者并不认为，为正确理解其在法律上的意义，有必要或者值得提倡在刑事诉讼程序中构建"举证责任"，完全由控方承担。这至少意味着，将民事诉讼程序在理论上的分类任意地安排在刑事诉讼程序中，而它们不应在刑事诉讼程序中获得解决。原因在于，将刑事诉讼程序中因证据不足而作出的无罪判决说成是不利于控方的裁判是不正确的，因为控方通常是指公诉方（原则上由检察院代表）。实际上，检察院的职能并不是"不遗余力地"维护其针对嫌犯的控诉，而是辅助法官发现事实真相；可以这样说，检察院所承担的并非"控诉的义务"，而是"客观的义务"。检察院不是一方当事人，这至少是因为其并不拥有必然与嫌犯的利益对立的利益。[71] 因此，实质举证责任由检察官承担的说法，不仅是令人怀疑的，而且是错误的。在法庭仍存有怀疑的一切情况下，因证据不足而作出的无罪判决绝对不是举证责任的后果，而是因为存疑无罪原则的适用。

2. 根据调查原则，实际上很容易理解的是，对作出裁判重要的一切事实（不管是与犯罪事实有关的，还是与刑罚有关的），尽管有所收集的一切证据，但如果该等事实不能使法庭排除"合理怀疑"，则不能被视作"已证

69　关于这一问题，见 Eduardo CORREIA, RDES 14（1967）16 ss. 还可参见 Cavaleiro de FER-REIRA Ⅱ 305 s.（v. no entanto 311）。但在英国法中，刑事诉讼程序中的举证责任及其负担原则继续被绝对地承认，见 KENNY-TURNER 454，464 ss. e J. HERRMANN（cit. supra nota 27）225 ss.，法国法学理论也在一定程度上坚持此原则，参见 MERLE-VITU n. 751 ss. e STÉFANI-LEVASSEUR n. 28。

70　参见 E. BELING § 64 v; v. HIPPEL, *Der deutsche Strafprozess*（1943）384; ORBANEJA-QUEMADA 112 s.。

71　对此的详细介绍，参见本书后文第八节 Ⅱ。

事实"。另外，既然该原则使法庭有义务收集对作出裁判属必要的证据，那么不难理解，证据的不足绝对不能使嫌犯的地位不利：证据问题上存在的不明确（non liquet）——众所周知，这无论如何并不允许法官不作出裁判（《司法章程》第 110 条第 2 款和《刑法典》第 286 条）——必须始终以有利于嫌犯的角度来评价。这便是存疑无罪原则的含义和内容。

使用拉丁语表达的这一原则，是由斯图贝尔（STÜBEL）发明的，[72] 但该原则是 19 世纪"改革后的诉讼程序"的概括性的产物，它在很多国家被称为"在定罪前推定嫌犯无罪"。[73] 正是在这种形式下，该原则出现在《人权与公民权利宣言》第 9 条，联合国《世界人权宣言》第 11 条第 1 款（"凡受刑事控告者，在未经获得辩护上所需的一切保证的公开审判而依法证实有罪以前，有权被视为无罪"）和欧洲理事会《人权公约》第 6 条第 2 款（"凡受刑事罪指控者在未经依法证明为有罪之前，应当推定为无罪"）也是在此形式下作出的。

这一"无罪推定"在某些理论部门中遭到了各种各样的攻击，[74] 这是因为，如果对此作字面分析，不是局限于证据方面，而是渗透到整个诉讼程序的进行中，尤其是预备性预审阶段，则依据"无罪推定"，针对嫌犯所使用的任何强制措施都将不具有正当性（尤其是羁押）。[75] 但如前所述，这并非该原则的含义：既然"无罪推定"被视为存疑无罪原则的等值物，毫无疑问，在任何法治国家，它都属于刑事诉讼程序的基础性原则。[76]

---

72 *Das Criminalverfahren in den deutschen Gerichten* Ⅲ（1811）33. 该信息出自 H. HENKEL 382 nota 11。关于该原则的历史，参见 HOLTAPPELS e SAX，cits. e MERLE-VITU n. 753。而关于其现状，参见 D. KRAUSS，*Der Grundsatz der Unschuldvermutung im Strafverfahren*，Strafrechtsdogmatik und Kriminalpolitik（1971）153。

73 Cavaleiro de FERREIRA Ⅱ 316："在某种意义上，无罪推定即是'存疑无罪'原则。"还可参见 KENNY-TURNER 456 ss. e G. BETTIOL P. 2.ᵃ，cap. Ⅲ n. 4。

74 在意大利尤其如此，这几乎总是以 1930 年《刑事诉讼法典》的部长报告为基础。参见 V. MANZINI Ⅰ 226 ss. e U. FERRATI，cit. 32。对此的强烈辩护，参见 G. BETTIOL P. 2.ᵃ，cap. Ⅰ n.°4，明确地对曼齐尼（V. MANZINI）的观点提出了批评。

75 关于该推定的双重含义，一方面是关于证据，另一方面是关于嫌犯的状况，参见 G. LEONE Ⅰ 474（似乎 Castanheira NEVES 56 中也有提及）。而从狭义的角度阐述的，见 F. CARNELUTTI，*Principi* 245 页注释。另外要注意的是，"积极学派"（escola positiva）主张使该原则仅对初犯和偶然犯有效，而不适用于习惯犯或倾向型罪犯，参见 E. FERRI，*Sociologie criminelle* n. 73。

76 参见 Figueiredo DIAS，*O defensor e as declarações do arguido em instrução preparatória*，RDES 18（1971）185 ss.，nota 37。总结性的介绍还可见 G. BETTIOL P. 2.ᵃ，cap. Ⅰ n. 4 e Ⅲ n. 4。

3. 根据前指其含义和内容，存疑无罪原则仅针对事实问题的证据事宜，而非针对法律问题所产生的疑问：在后一种情况下，唯一正确的解决方法并非作出对嫌犯有利的解释，而是寻求在法律上最为正确的解释。[77]

然而，对于审判所针对的事实，该原则的适用不受任何限制，因此，不但适用于构成犯罪的事实及加重情节，亦适用于阻却不法性（如正当防卫，见《刑法典》第44条第5款和第45条）、阻却罪过（如紧急避险，见《刑法典》第44条第7款）和免除刑罚（如犯罪中止，见《刑法典》第13条）的事由，而且还适用于减轻情节，不论是可变更刑罚的情节还是单纯的"一般"减轻情节。在所有这些情况下，在证据调查之后仍然存在合理的怀疑，则必须以有利于嫌犯的含义理解，这必然导致的结果相当于有利于嫌犯的情节被完全证明时的结果。[78] 因此，最高法院在1971年7月14日的合议庭裁判[79]中指出的"存在行为的合理原因、阻却刑事责任的情节时，由被告对此提出主张并进行证明（！），以证明在其不法行为中不存在故意"是完全没有理由的。

至于该原则的例外（即存疑不利于被告的情况），人们通常喜欢举的例子是某些罪状——《刑法典》第408条和第409条——如属该等罪状，不对某些事实或情节作出证明会对嫌犯产生不利的后果。但正如有些学者所十分准确地指出的，[80] 这并不意味着"对罪过的推定"，而只是意味着，在该等罪状中，行为人被要求承担因其行为而产生的某些危险。

---

[77] 问题在于，是不是也不能使存疑无罪原则被赋予实体法上的含义，也就是在解释法定罪状的层面上的含义。肯定的意见，见 Eduardo CORREIA Ⅰ 150 ss.，但似乎这只应当出现于后文标题5所阐述的情况下。

[78] 葡萄牙学者对此的论述，见 Eduardo CORREIA，RDES 14（1967）22；Cavaleiro de FERREIRA Ⅱ 312 s.；Castanheira NEVES 59 s.。这在联邦德国（K. PETERS § 37 Ⅲ 1 b e HENKEL § 91 Ⅲ 2）和法国（MERLE-VITU n. 756）的法学理论中也引发了一些争论。对该问题在意大利的情况的详细介绍，见 M. MASSA，Ⅱ *dubio sulle cause di giustificazione*，RitalDPP 1960/109 ss. e F. CORDERO，cit. 48 s. e nota。关于在此背景下提出的一些有趣的问题，参见 H. J. BRUNS，*Ungeklärte verfahrensrechtliche Fragen des Contergan-Prozesses*，Maurach-Fests.（1972）469 e BRINGEWAT，*Fortsetzungstat und《in dubio pro reo》*，JuS 1970/329。

[79] BMJ 209/69. 对本案的批评，见 Figueiredo DIAS，RLJ 105/125 s.。应当指出的是，在罗安达中级法院1964年9月1日的合议庭裁判［*Acs. Trib. Rel. Luanda de* 1964（1965）211 s.］中，落败的平托·富尔塔多（Pinto FURTADO）是绝对正确的，该裁判书中指出，"与正当防卫有关的怀疑不能以不利于被告的方式依法解决，取胜的意见以与民事诉讼程序中分配举证责任类似的方式分配了刑事诉讼程序中的举证责任，涉及诉讼中的事实、抗辩的事实和辩护的事实，这在刑事诉讼程序中是不应当的"。

[80] 对此，见 H. HENKEL，*Die《praesumtio doli》im Strafrecht*，Eb. Schmidt-Fests.（1961）592 ss. e KERN-ROXIN § 15 D 3 a）。

可见，存疑无罪原则适用于阻却不法性、阻却罪过和阻却刑罚的事由，因此也适用于所谓可处罚性的客观条件。但是该原则也适用于诉讼前提吗？这是在本语境下所应解决的问题中最复杂的一个。

如果答案是否定的，可以援引的好的理由包括[81]：一方面，正如后文将会看到的，存疑无罪原则是罪过原则、"无罪过则无刑罚"原则在程序法中的表现[82]（如《爱德华多·科雷亚草案》第2条），与此相对，诉讼前提是绝对不同的问题；事实上，在刑事诉讼程序中所牵涉的问题并不是嫌犯的利益，而是某一诉讼程序的可受理性的问题，该程序甚至可能有利于嫌犯，因为可在其中证明其无罪。因此，在这个意义上，甚至不能使用"有利于"或"不利于"嫌犯的裁判的说法。

但这并不意味着，当针对与诉讼程序的可受理性有关的事实（例如，关于案件是否已过追诉时效）仍然存有怀疑时，鉴于一切刑事制裁的合法性原则的内部含义的实质内容，[83] 通常不应将之归档；不应当作出的行为是，为使该解决方案具有正当性而援引存疑无罪原则，也不应当援引嫌犯在一个对其"有利的"裁判中的利益！

4. 最高法院在司法实践中的一个共同错误是认为——以最高法院在1966年11月16日的合议庭裁判中的原话来表现[84]——"存疑无罪原则是一个关于证据的自然原则，因逻辑、理智和程序正义而产生，且由于它是一个关于证据的原则，不属最高法院的管辖范围"。

这完全是不正确的和不合理的。该原则是一项刑事诉讼程序中的一般原则，对该原则的违反构成一个真正的法律问题，因此可由最高法院审理。[85] 这并不因该原则应当被视为关于证据的原则而受到阻碍：即使基于逻辑和经验（正是因为此），该原则与其他一些原则——例如前文所指自由评价证据原则[86]——应当具有可靠的可复审性，即使采纳严格的、过时的理解，认为要提起复审上诉必须要有"法律问题"时亦然。[87]

81　关于下面的问题，参见 H. HENKEL § 91 Ⅲ 3；KERN-ROXIN § 15 D 3 b）。在一定程度上与此不同的观点，见 W. STREE, cit. 53 ss.。

82　类似的观点见 ORBANEJA-QUEMADA 114。

83　参见本书前文第二节 Ⅲ 2 a）。

84　BMJ 161/333.

85　Figueiredo DIAS，RLJ 105/140.

86　见前文 Ⅱ 2。

87　关于这一问题的概括性介绍，见 Figueiredo DIAS，RDES 17（1970）278 ss.。

5. 要小心地从存疑无罪原则的适用范畴中区分出来的情况是，法官没能就某一事实的本质、就其在法律上重要的各个特性作出澄清，但所澄清的事实足以给嫌犯定罪，可以确定嫌犯实施了违法行为，不管具体是哪一种。例如，法官确信嫌犯实施了某一财产犯罪，但仍有合理怀疑，不能确定有关事实要素是构成盗窃罪还是构成滥用信任罪。

学者们指出，在这种情况下，允许在一定的限制内，以对该等事实的替代性证明（comprovação alternativa）为基础定罪。[88] 但是，这样定罪是否应当的问题，显然构成一个超越程序法范畴的问题，而涉及法官根据宪法赋予他们的保障权利的职能而对可适用的罪状进行解释的问题。因此这本身是一个实体刑法上的问题，此处不做探讨。

第七节　关于形式的原则

参考文献：

P. BOCKELMANN, *Öffentlichkeit und Strafrechtspflege*, NJW 1960/217.

M. CAPPELLETTI, *Procédure orale et procédure écrite*（1971）.

F. CARNELUTTI, *La publicità del processo penale*, RDProc 1955/3.

F. CORDERO, *Scrittura e oralità nel ritto probatorio*, Tre studi sulle prove penali（1963）.

Ribeiro FARIA, *Publicité et justice criminelle*（1960）.

P. FEUERBACH, *Betrachtungen über die Öffentlichkeit und Mündlichkeit der Gerechtigkeitpflege*, 2 vols.（1825）.

G. FOSCHINI, *I principi fondamentali del dibattimento*, RitalDPP 1963/1037.

H. E. LÖHR, *Der Grundsatz der Unmittelbarkeit im deutschen Strafprozessrecht*（1972）.

C. MASSA, *La publicità e l'oralità del dibattimento penali*, Annali Macerata 25（1961）

88　参见 Eduardo CORREIA Ⅰ 151。对此问题作详细介绍，但否定该种可能性的，见 G. BETTIOL, *Sentenza penale di condanna e accertamento alternativi di fatti*, Scritti giuridici Ⅰ 202。有时还有学者认为——尽管并无道理——此处也可视为 "无罪推定" 的一种后果，见 BOUZAL n. 1183。关于这一问题，比较晚近的著作见 W. SAX, *Zur Wahlfeststellung bei Wahldeutigkeit mehrerer Taten*, JZ 1956/745, WILLMS, *Zum Begriff der《Wahlfeststellung》*, JZ 1962/628, J. HRUSCHKA, *Zur Logik und Dogmatik von Verurteilung aufgrund mehrdeutiger Beweisergebnisse im Strafprozess*, JZ 1970/637, G. JAKOBS, *Probleme der Wahlfeststellung*, GA 1971/277 及 J. WOLTER, *Alternative und eindeutige Verurteilung auf mehrdeutiges Tatsachengrundlage im Strafrecht*（1972）。

129 e Ⅱ *principio della immediatezza processuale*，Scritti Petrocelli lla immediatezz（1972）.

OETKER，*Mündlichkeit und Unmittelbarkeit im Strafverfahren*，GS 105/1.

N. PICARDI，*Reflessione critiche in tema di oralità e scrittura*，Studi Carlo Furno（1973）701.

REVUE INTERNATIONALE DE DROIT PÉNAL 32（1961）e 33（1962），*Les problèmes posés par la publicité donnée aux actes criminels et aux procédures pénales*，comunicações ao VⅢ Congresso da AIDP（Lisboa，1961），com relatório geral de Beleza dos Santos.

Eb. SCHMIDT，*Öffentlichkeit oder Publicity?*，Strafprozess und Rechtsstaat（1970）85 ss.

SCHORN，*Der Strafrichter. Ein Handbuch für das Strafverfahren*（1960）.

TÖWE，*Die Öffentlichkeit im neune Strafverfahren*，GS 107/280.

Ⅰ 关于形式的各项原则是审判阶段的结构性原则

本节所要探讨的是公开原则和口头原则，以及与它们有最重要的联系的直接原则。这些原则以一种直接的方式，遵守了刑事诉讼程序的进行所应遵循的形式。但可以肯定的是，它们的效力尤其——尽管不是仅仅——体现在审判阶段，该阶段是该等原则的大本营，在该阶段，该等原则的意义更为完整；因此，仅在审判阶段探讨这些原则也同样是合理的。无论如何，可以理解的是，鉴于其重要性，我们不得不将这些关于辩论及审判听证的宪法性原则作为刑事诉讼程序中与形式有关的一般原则。

另外，如前所述，口头原则——以及与其紧密联系的直接原则——是工具性的，是关于采纳证据（assunção das provas）的方式的，由此又与前一节所述的几项原则相联系，尤其是调查原则和法官自由心证原则。[1]

但这些丝毫不妨碍走向此处所采纳的体系化之路。公开、口头和直接是以一种特定的观点为基础构建刑事诉讼程序的基本准则：关于在诉讼程序中追寻并得到裁判的形式的观点。这样，我们将它们视为真正的与刑事诉讼程序的形式有关的一般原则，就具有广泛的正当性了。

Ⅱ 公开原则

1. 根据《政治宪法》第 121 条、《司法章程》第 98 条和《刑事诉讼法

---

[1] 参见本书前文第六节 Ⅰ 5（原文如此，译者疑为"第六节 Ⅰ"），还可参见 MERLE-VITU n. 1180。

典》第 407 条，公开原则应当不仅被理解为——正如传统观点所认为的[2]——任何公民有权观看（或旁听）审判听证的进行，而且表现为允许对该听证进行公开叙述。[3]

关于该原则的第一层含义，应当留意的是，该原则是有限制的——除了"关门审判"而进行的程序[4]——根据《刑事诉讼法典》第 408 条各款的规定，法官应当禁止有某些特质的人出席（不满 18 岁的未成年人、未被传唤参加诉讼程序的闲杂人等和不正常的人），还可以出于秩序、道德或卫生等原因，限制任何并非必须在场之人进入听证室或令其离开听证室。但显然，并非因此听证就不再是"公开"的了。此处所讨论的是对该原则的含义内容的一项限制，并不会使其基本内核无效，因此无须怀疑本条规定与《政治宪法》第 121 条的兼容性。

关于前指该原则的第二层含义，需要强调的是，允许进行公开叙述并不意味着允许在听证室中使用现代传播媒介所使用的一切记录方式（摄影、摄像、录音、广播、电视等），而只是允许使用那些不会损害对嫌犯的保护、司法官的尊严、工作的良好秩序和刑事诉讼程序的各项目的的方法。[5]在此背景下，应当突出的是，《刑事诉讼法典》第 93 条和第 411 条赋予法官和合议庭主席在听证中广泛的管制权力。

2. 如前所述，[6] 由于刑事诉讼程序负有社会责任，是法律社会的问题，故不难理解，刑事诉讼程序的公开是消除对实现刑事司法公正及所作决定的独立性及无私性而产生的任何不信任因素的最佳方法。

该观点包含在诉讼程序的"民主"观念之中，是如此的重要，证明费尔巴哈（FEUERBACH）关于公众本身就是刑事诉讼程序的参与者的论断[7]是

2　参见 Eduardo CORREIA，*Proc. crim.* 190 e L. Osório I 57。

3　这种分法在不同国家的法学理论中是相通的——对此可参见 AIDP 第八届大会上的发言，除了 Beleza dos SANTOS 的总报告 RintDPP 33（1962）145 ss. 以及就该问题的各种的解决方案 ibid. 369 ss. 外，本次大会为最新的研究提供的几乎不竭的源泉——例如，在德国（完整的介绍见 H. HENKEL § 84 I）、意大利（例如 G. FOSCHINI II 391 ss.，其中围绕这一问题提到了直接公开和非直接公开）和法国（参见 BOUZAT，n. 1333）的法学理论中。

4　对此将在下文进行阐述，见后文标题 3 下的内容。但首先可参见 G. WILLMS，*Sitzungspolizei und Öffentlichkeit der Verhandlung*，JZ 1972/654，663。

5　对此的非常细致的介绍，见 Eb. SCHMIDT，*Strafprozess und Rechtsstaat* 87 ss.，还可见 MAUL，*Bild-und Rundfunkberichterstattung im Strafverfahren*，MDR 1970/286 e R. ADAM，*Aufrechterhaltung der Ordnung in Gerichtsverfahren*，JZ 1970/542。

6　本书前文第二节 II 2 c）。

7　Cit. 168.

正当的。这一论断从技术的角度看不能被认为是正确的，因为公众的参与并不是通过在具体案件中宣告权利构成的，也不应取代法官（以及在存在陪审员的国家中的陪审员）而作为国家所构建的法律社会中的合法代表。但该论断至少非常恰当地使人们意识到，每一个公民对刑事司法的正确的和无污点的观点都是有利害关系的，同时——而且非常重要的是——也加强了共同负责的意识，不管是公民，还是刑事司法中的国家机关。因此，不管是社会的利益（当其体现在法庭中时），还是嫌犯本身的利益，都汇集在对听证的公开上，这对所有人都是一种真正的保障。这并不意味着这两种利益总是并行的：正如我们将要看到的，两种利益在具体的案件中可能是冲突的，正是因此而产生了对公开原则进行限制的必要性。

有时赋予公众以对司法进行监督的功能，这已经开始面对越来越多的质疑，因为人们认为，这些对听众几乎总是欠缺正确地理解诉讼程序和诉讼裁判所必需的"教育"（paideia）。但是，笔者仅部分地赞同对此的反对是理由充分的。一方面，所谓法律问题几乎始终——正如早期所展示的，且如今仍在很多地方存续的刑事陪审团的经验——是在一般公民的理解范围内；另一方面，尽管我们防范"感性"司法裁判或"路边"司法裁判的无度，但似乎不能否定的是，"法律感情"是社会价值观意识的最重要的源泉。[8] 对此的否定意味着，会对人类和整个社会的道德法律意识产生疑问，而笔者以及其他很多学者都认为，[9] 这种意识是一切法律价值的最终的和最重要的基础。而如果确实如此，从社会学的视角来看，公开将有助于培育和磨砺社会成员的法律意识。

3. 但是，显然，公开原则除了具有前述好处之外，也可能造成极大的不便。因此人们理解和接受对该原则进行限制，这些限制应当在一定的限度内，且应尽可能准确地对它们作出规定。

a）于是，有关听证对听众和观众的公开，首先对公开原则作出限制的是《政治宪法》第 121 条（"如果公开违背公共利益和公共秩序或善良风

---

[8] 仅需参见 H. HUBMANN, *Naturrecht und Rechtsgefühl*, Naturrecht oder Rechtspositivismus?, hrsg. v. Maihofer（1962）339 s.。对这一问题的概括性介绍，见 F. HARTUNG, *Um das Schwurgericht*, Z 82（1970）601。

[9] Figueiredo DIAS, *O problema da consciência da ilicitude* 214 ss., 272 ss., 321 ss., 376 ss., 403 ss., 411 ss.; Castanheira NEVES, *Lições de introdução ao estudo do estudo do direito* 32, 36 s.; F. WIEACKER, *Privatrechtsgeschichte der Neuzeit* 2（1967）612 ss.

俗")、《司法章程》第98条（"当在听证中作出的行为根据诉讼法属秘密行为，或当对案件的公开可能侵犯公共秩序、国家利益或善良风俗"时）和《刑事诉讼法典》第407条（当"公开会侵犯公共道德、利益或秩序"时）。

可见，此处所处理的是"一般条款"的问题，显然，一般法中所包含的这些一般条款必须在《政治宪法》所允许的框架内严格解释。另外值得注意的是，通过该等条款，立法者将就一个利益权衡问题作出决定的权利交给法官：当为公开提供利益的利益价值，低于因为公开而对公共利益和秩序或对善良风俗所造成的损害的价值时，法官应当宣告听证秘密进行。

不过，这一宣告应当依职权（但并不因此而排除检察院或辩方的申请）和公开地进行。有争议的问题是，法官是否应当就此决定说明理由，或者是否应当至少宣告该决定的理由是什么，以及是否在作出决定前进行辩论；考虑到法律的沉默，笔者找不出足够的理由对此给出否定的答案[10]——这甚至是因为，根据笔者的理解，对该决定应当是可提起上诉的，正如我们已经在多个场合阐述过的，[11]就像法官运用自由裁量权作出的裁判一样，是可上诉的。《刑事诉讼法典》第646条第3款的规定并不妨碍采纳这一解决方案，第2款也一样，因为关于不公开的裁判远远超越了单纯的"听证管制"的内容。

最后要注意的是，即使是不公开的听证，在宣读裁判及其之后的行为中也要公开（《刑事诉讼法典》第449条）。

很多特别问题在公开原则——不论采用该原则的哪一层含义——及其效力上表现出严重性。预审行为的公开、未成年人的刑事诉讼程序的公开以及一般意义上的刑罚执行程序的公开都属此种情况。但这些问题——不论它们有多重要，且在现实生活中它们确实重要——超越了我们目前所探讨的范畴，不仅因为它们不是关于听证的，而且因为它们是关于特别刑事诉讼程序的，应当在特别刑事诉讼程序中探讨。

b）而对于公开原则的另一面——与传播媒介相关的一面——正是在这一面上出现了一些当代刑事诉讼政策中最复杂的问题。解决问题的一般标

---

[10]　在一定程度上与笔者相似的观点见 L. OSÓRIO v 46。法国的解决方案似乎较为平和，参见 BOUZAT n. 1334 e MERLE-VITU n. 1181；意大利的情况，见 C. MASSA, Annali Macerata 25（1961）151 ss. e G. FOSCHINI Ⅱ 393。

[11]　例如，本书前文第五节 Ⅲ 4 b）2 "第二"部分。

准是尽可能地给予媒体机构更大的行动自由，但不得超越以下的限制：不得因此而对嫌犯的辩护权或国家的惩罚机制的稳定性和有效性造成很大的危险，总括而言（正如英国法和美国法中所体现的），旨在获得"fair trial"，即公平的审判。

上述所指的危险是非常真实的且频繁发生的——为了不那么危言耸听，一般可以限制到某一特定消息上——并可通过不同的形式表现出来，例如煽动情绪及哗众取宠，不论对嫌犯不利还是有利，甚至仅发放简单的"消息"——通常是由调查机关向传媒机构发出——在其中指明（或者令人有这样的联想，这往往更糟）某些嫌犯实施了某些犯罪行为且存有罪过。这就违背了我们的刑事诉讼法中的最基本的权利，以这种通过报章作审判来取代依法通过法院作审判、通过诉讼程序作审判，这不仅是违法的，而且是违宪的。此外，从社会学的角度而言，[12] 过度地公开披露刑事诉讼程序的内容，甚至可能意味着设立了一种"不经审判的不规范的刑事程序"制度，这时，显然会对嫌犯的无罪推定及对其基本权利的保障造成不可弥补的损害。[13] 为消除这些危险，美国律师协会（American Bar Association）于 1968 年制定了十分有趣且有用的公平审判 – 新闻自由标准（Fair Trial-Free Press Standards），旨在为关于法庭与传播媒介之间的关系的规范制定确定的标准。

在葡萄牙，在制定新的出版法律法规时也正对此问题进行分析。葡萄牙《出版法》（11 月 5 日第 5/71 号法律）[13a] 第 8 条（base）规定，"根据本

12　参见 J. H. SKOLNICK，*Justice without trial-Law enforcem ent in democratic society*（1967）239 ss.。

13　对此，KADISH-PAULSEN，1188 ss. 所引用的美国司法裁判非常有指导性，在标题为公开与公正审判（Publicity and fair trial）的部分（1198 ss.），还可以找到本文中马上要提到的标准。除了——要再提一次的——AIDP 第八届大会上的发言，这些发言中的大部分是关于刑事法庭与传播媒介之间的关系的，关于这一主题在意大利也有大量的参考文献，其中值得关注的有：D. PISAPIA，*Pubblicità e procedimento penale*，Jus 1959/259 e *Premesse giuridice allo studio della pubblicità dei fatti criminosi*，RitalDPP 1962/320；GIGLIO，*Attività giornalistica e libertà di stampa*，RitalDP 1954/71；GUADAGNO，*I problemi posti dalla pubblicità data agli atti criminosi*，RivP 1960 – Ⅰ/5；P. NUVOLONE，*Diritto penale della stampa*（1971）。奥地利的情况见 G. NENNING（Hrsg.），*Richter und Journalisten. Über das Verhältnis von Recht und Presse*（1965）。在英格兰，尽管最近几次试图通过立法解决该问题，这一问题的解决仍然基本上是通过注明的蔑视法庭（contempt of court）理论，如果对消息或评论的公开会导致对法庭的批评，或者包含着——无论是其本身包含还是其结果包含——扰乱司法运作的危险，根据蔑视法庭的理论，禁止公开，同时，违背此禁令的行为也将受到惩罚。关于蔑视法庭，参见 v. KENNY-TURNER 442。

13a　关于该法，参见 Lopes ROCHA，*Reflexões sobre as leis de imprensa*，BMJ 225（1973）11 e J. C. VASCONCELOS，*Lei de imprensa. Liberdade de imprensa*（1972）。

法所指出的宗旨，对出版的使用仅在为确保下列事宜时才受到限制：e）法庭的权威性、独立性和公正性"（还可参见第 6 条第 4 款）。

为《出版法》制定细则的 5 月 5 日第 150/72 号法令，其第 14 条和第 15 条是关于我们正在讨论的问题的。与前面所探讨的一致，本法令规定，不允许"在属刑事性质的诉讼程序的预备性预审阶段公开能表明嫌犯身份的"书面文件或图片，"但当因为实施违法行为时的周边环境导致嫌犯身份已被公开时除外"（第 14 条，Ⅰ f）。但要注意的是，根据第 15 条 d）和 e）的规定，对于描述有权限当局发出的通知的文本、依照法律规定必须公开的文本或者由公共部门制作而该公共部门命令或要求公开的文本，对这些文本的公布始终是合法的。

一方面，第 14 条 e）、g）和 h）项规定，禁止公布：以详细和耸人听闻的手法描述流浪、放荡、使用麻醉品、自杀和暴力犯罪等案件的书面文件或图片；指明侵犯贞洁犯罪中的被害人或者包含对关于侵犯贞洁犯罪、侮辱公共道德犯罪、堕胎罪、诽谤罪（当允许对事实真相进行证明时除外）或侮辱罪等的诉讼程序的摘录的书面文件或图片，以及对根据诉讼法秘密进行的听证的叙述。

对于违反这些义务的违法行为，根据第 114 条 b）的规定进行处罚，非经被害人报案通常不得进行刑事程序（第 119 条第 3 款）。[14]

Ⅲ　口头原则和直接原则

1. 有意识地远离支配着纠问式结构刑事诉讼程序的教规，"改革后"（reformado）的刑事诉讼程序是控诉式的，这是 19 世纪典型的诉讼程序，承认偏好以口头方式进行审判听证的制度，这样的结构被认为——基本上是有充分理由的——对一个公正裁判的获得更加适宜。于是，自 19 世纪起，葡萄牙的刑事诉讼程序转而以此原则为主导；虽然时至今日仍然没有成文法中的哪一具体条文对此原则作出明确地规定，但并不妨碍由该原则而产生一系列规范辩论及审判听证的规定，根据这些规定，诉讼活动在各诉讼参与人的在场下进行，因此，具有口头性。

但是，尽管口头原则的内容似乎已经十分清楚地得到了确认，该原则

---

[14]　关于该诉讼程序的特点，见第 120 条及以下。

（尤其是出现在葡萄牙民事诉讼程序中时）仍然被很多人严重地误解，这些观点扭曲了该原则，并且——更有甚者——将一些本与该原则完全不着边的结果与该原则联系起来。

首先，仅凭刑事诉讼程序中的行为以口头形式进行，并不足以说明这就是口头原则。假如真是这样，即便在发明文字之后，人们也很难找到哪个诉讼程序不是口头的。即使是在极度强调纠问式的诉讼程序中，肯定也不乏口头的诉讼行为，一方是有询问和调查职能的法官（inquisidor），另一方是嫌犯、证人等，而且最后还有一系列的口头讯问。

另外——且这是更重要的一方面——口头并不意味着排除书面，也就是说，并不意味着禁止将以口头进行的行为载于纪录、档案或会议纪要中，以便对证据的列举进行控制，尤其是在有关上诉的事宜上。

制定 1939 年《民事诉讼法典》的立法者遗忘了这一点，他们将口头原则作为不能将审判中口头提出的证据记录下来的理由[15]——这样的记录在刑事诉讼程序中也是欠缺的，而完全没有以更严谨的诉讼程序形式，也就是审理更严重的违法行为的诉讼形式（重刑诉讼程序的形式）！一方面，我们的上诉制度是书面性的，绝对地排除口头；另一方面，存在着审理事实问题的上诉法庭（中级法院：《刑事诉讼法典》第 646 条第 4 款），如果将前述情况与这两个事实结合起来，我们不能不得出结论，这整个制度是反常的，甚至是荒谬的，因为它一手给予（就事实上诉的可能性）而另一手夺取（禁止将口头提出的证据记录下来）。

不管该制度是不是荒谬的，它确实是与葡萄牙刑事诉讼法相伴的。但错误的做法是试图诉诸口头原则而为此辩护，这与口头原则完全无关。正如爱德华多·科雷亚所强调的，[16] 如果没有放弃上诉，则"被告、证人和声明人的证言应当记载下来"（《刑事诉讼法典》第 531 条、第 532 条、第 539 条、第 540 条、第 555 条和第 561 条），因为有关法官不会不接受口头作出的证据，且会在此基础上对它们进行评价，将它们记载下来只是一种补充的形式（第 532 条），而这些情况不应被视为口头原则的例外——更准确地说，与重刑诉讼程序的形式的情况相反！遗憾的是，错误地将口头与对口

15　由此产生的备受批判的想法是，将口头原则与合议庭运作的缺陷联系起来（关于这一点，参见 Alberto dos Reis, *Cód. pro. civ. anotado* Ⅳ 468），实际上应当将该等缺陷与未将口头作出的证据记录下来相联系。

16　*Proc. crim.* 192.

头作出的行为的记录的禁止等同起来的做法已经根深蒂固，并仍然活跃于葡萄牙诉讼法学理论中。[17]

当将"口头"原则作为刑事诉讼程序的一般原则进行探讨时，必须考虑的是前面所述的作出裁判的口头形式：当法官以书面作出的诉讼行为（会议纪要、档案，等等）为基础作出裁判时，支配程序的是书面原则；反之，当裁判是以围绕所要探讨的事宜的一次口头的辩论听证为基础作出时，支配程序的则是口头原则。这正是——这才是——口头原则所要表达的含义。

2. 与口头原则错综复杂地联系在一起的，是直接原则，可将后者笼统地定义为法院与诉讼程序的参与者之间的一种密切关系，从而让法院得以亲身感知到将作为其决定所取决于的事实。与口头原则一样，在直接原则中最具决定性的观点也是作出裁判的形式。

一些学者在直接的这层含义（他们称之为主观的或形式上的直接）上，又赋予其客观的或实质上的含义，据此，法庭应当利用直接的证据方法。"直接原则的第一层含义，规定的是法官必须如何使用证据方法，并指出了法官与证据方法之间的关系；而直接原则的第二层含义，规定的是法官必须使用哪些证据方法，并指出了证据方法与证据问题之间的关系郭特希密特（GOLDSCHMIDT）。"[18] 可见，显然该原则的第二层含义更多地与证据问题相关，与形式问题的联系则不那么紧密。

根据本文所采用的概念，似乎可以推论，直接原则与口头原则是极易混淆的。无可否认，这两个原则的适用范围在很大程度上是重叠的，但事实并不完全如此。例如，由嫌犯或证人提出的声明，同时适用于这两项原

17　首先，公布新《民事诉讼法典》的 1961 年 12 月 28 日第 44124 号法令报告书第 12 点中的分析，在一定程度上是模棱两可的。这种困惑的最晚近的表现之一，可以参见 Câmara Corporativo 第 33/x 号意见书的内容（会议纪要，1972 年 1 月 28 日，第 123 页），"因此，口头诉讼程序与书面诉讼程序相对；证据的口头调查与证据的书面或录制记录相对"（Palma CARLOS 和 Trigo de NEGREIROS 的落败意见才是正确的，ibid. 1134）。因此，国民议会的全国和地方政策和管理委员会所发表的意见也同样是错误的，"［口头制度］的例外，仅或者发生在刑事程序不那么隆重的形式中，且被控诉者没有事先放弃起诉，或者发生在缺席审判的特别诉讼程序中"（会议日志，1972 年 2 月 23 日，3211）。随着混合的口头制度的提出，前述错误并没有消失，而只是更加严重，在该制度中，对听证进行录音，以便对审判进行声音的电子再现（见 1972 年第一届全国律师大会上对第四主题——民事诉讼程序中的律师——得出的结论 1.2）。因此，这样的录音和复制事实上并不影响口头制度最纯粹的表述。

18　转引自 Eduardo CORREIA，Proc. crim. 192 s. nota。

则，但对扣押物品或文件的展示（例如，为适用《刑事诉讼法典》第426条的规定）则只符合直接原则的要求而不符合口头原则的要求。[19]

3. 如今人们一致认为，接受口头原则和直接原则的刑事诉讼程序是刑事诉讼法历史上最有效和最稳固的进步之一。事实上，已经有很多人十分肯定地承认，以书面原则为主导构建的刑事诉讼程序是存有缺陷的，因为它欠缺灵活性，而且有很大的出现错误的可能性，尤其是，由于这一原则，对证言可信性的评价将变得完全没有可能。

当然，无法不注意到将某一口头程序（verba volant）确定化的极大困难，[20] 以及因口头程序过快而可能产生的那些危险——尽管人们可以怀疑，通过某些现代的尝试以消除口头的弱点，主要是出于政治上的原因。[21] 无论如何，自从在刑事诉讼程序中考察嫌犯人格的极端重要性开始获得人们承认之时起，特别是因为受到特别预防思想的影响，赋予口头原则和直接原则以绝对的优势地位就不应再受到任何质疑。

实际上，只有通过这两个原则，才可与嫌犯当场和直接地接触，这样的接触是必不可少的，并可获得对嫌犯人格的印象。另外，只有通过这两个原则，才能尽可能准确地评价诉讼参与者所提供的声明的可信性。最后，只有通过这两个原则，才可对这些参与人[22]进行完全的听证，使他们以最好的方式就所收集的事实材料表明立场和发表参与对具体案件中的权利的声明。

4. 尽管如此，口头原则和直接原则也并不是没有限制的。只有对刑事诉讼程序的过程进行一次完整的阐述，展示其可能具有的各种不同的形式，才能够为这些限制（甚至例外情况）勾勒出一个准确的框架，但显然这样的阐述在此处既是不可能的也是不应当的。单纯为了例证，笔者想到的是，审判听证可以部分或者全部在嫌犯缺席的情况下进行——不管是为了维护工作的良好秩序的需要（《刑事诉讼法典》第413条），还是因为嫌犯不到庭（第562条及以下），又或因为对有关的违法行为不适用徒刑/监禁的刑罚（第547条），还有，法官在特定情况下，且当然是出于对发现"实质"真相的价值的尊重（但仍要探讨是否有理由这样做），可对间接证据进行评

19　本例是 H. HENKEL § 85 Ⅲ 中举出的。

20　参见 Alberto dos REIS, *Cód. pro. civ. anotado* Ⅳ 468 e M. ANDRADE-A. VARELA, *Noções elementares de proc. civ.* 262。

21　参见 TÖWE, GS 107/290 ss., 以及 OETKER, GS 105/21 在一定程度上也可参考。

22　采本书前文第五节 Ⅱ 中的含义。

价，等等。

上述原则的一个极端例外出现在葡萄牙诉讼法所采纳的上诉制度中。[23]虽然这样的解决方案根植于立法的传统和精神之中，时至今日仍然没有在葡萄牙引发较激烈的争论，但笔者还是对此感到担忧，因为它可能是非常不方便的，而且甚至可能——一旦发生对事实问题的上诉时——成为葡萄牙正义实现缺陷的原因。对此问题有必要进行详细的讨论，但现在进行这样的讨论是不可能的。[24]

最后可以讨论的问题是，"预备性预审"所具有的深刻的书面特征，是否构成口头原则的例外情况。显然，如果将口头原则视为审判听证中独有的一项原则，则答案将是否定的。但是，如果将之视为（应当如此）刑事诉讼程序中的一项一般原则，则不可否认，预备性预审使该原则受到了侵犯，这不仅因为预备性预审是"书面的"，而且更是因为，在预备性预审中收集的证据要素，不论是否在审判听证中进行口头地更新，但因为它们包含在卷宗之中，所以在对诉讼程序作出裁判时能对这些要素进行评价。为完全地尊重口头原则，境况就十分清楚了：要么使预备性预审不再具有书面性（第一步，使之具有口头性和对抗性），要么（笔者认为较好的）不承认预备性预审具有诉讼价值，使之成为一个先前的或者诉讼前的阶段。[25]

---

[23]　也不乏有人赞同于此（参见 OETKER, GS 105/22 s.），主张"巨型"刑事诉讼程序，这表现在程序的规模、嫌犯的人数等上。关于这一点，比较晚近的见 SEIBERT, *Die Öffentlichkeit in grossen Strafverfahren*, NJW 1970/1535 e J. HERRMANN, *Das Versagen des überlieferten Straf-prozessrechts in Monstreverfahren*, Z 85（1973）555 ss., 277 ss.。

[24]　参见本书第二卷。

[25]　关于这一问题，参见本书后文第八节 Ⅲ 2。

第二部分　**诉讼主体**

第八节　葡萄牙刑事诉讼程序的基本结构

参考文献：

C. ALLEN, *Grundsätzen und Methoden der Beweiserhebung im englischen Strafverfahren*, Z 72（1960）650.

K. BINDING, *Strafprozessrechtlichen Abhandlungen* Ⅱ（1915）196.

Brochado BRANDÃO, *Os juízos de instrução criminal-um problema de organização judiciária*（1973）.

Sá CARNEIRO, *A proposta de lei sobre organização judiciária*（1973）.

M. CHIAVARIO, *Convenzione europea dei diritti del uomo e riforma del processo penale*, RitalDPP 1970/661.

F. CORDERO, *Ideologie del processo penale*（1966）.

Eduardo CORREIA, *A instrução preparatória em processo penal（alguns problemas）*, BMJ 42（1954）5.

Critteri direttivi per una riforma del processo penale（1965）.

G. DAHM, *Grenzen der Parteiprozess*, Z 52（1933）542.

J. DIPLOCK, *La procédure pénale anglaise*, RDPCrim 44/617.

FAWCETT, *The aplication of european Convention of human rights* (1969).

W. GALLAS, *Zur Struktur des kommenden Strafverfahrens*, Z 58 (1939) 624.

J. GOLDSCHMIDT, *Der Prozess als Rechtslage* (1925).

M. GRÜNHUT, *Die Bedeutung englischer Verfahrensformen für eine deutsche Strafprozessreform*, Weber-Fests. (1963) 343.

J. HERRMANN, *Beweisaufnahme durch die Parteien und Kreuzverhör im anglo-amerikanischen Strafverfahren*, Z 80 (1969) 775 e *Die Reform der deutschen Hauptverhandlung nach dem Vorbild des anglo-amerikanischen Strafverfahrens* (1971).

H. MAYER, *Zum Aufbau des Strafprozesses*, GS 104/302.

J. MEYER, *Dialektik im Strafprozess* (1965).

OETKER, *Strafanspruch und prozessualer Parteibegriff*, GS 108/1.

PAULSEN, *Grundzüge des amerikanischen Strafprozesses*, Z 77 (1965) 637.

REVUE INTERNATIONALE DE DROIT PÉNAL 1927/420.

Eb. SCHMIDT, *Anklageerhebung*, *Eröffnungsbeschluss*, *Hauptverfahren*, *Urteil*; *Der Strafprozess-Aktuelles und Zeitloses*; e *Zur Frage nach der Notwendigkeit von Veränderungen der Hauptverhandlungsstruktur*-todos em Strafprozees und Rechtsstaat (1970) 129, 201 e 284.

Emygdio da SILVA, *Investigação criminal* (1909).

U. STOCK, *Zur Frage der Übernahme anglo-amerikanischer Strafprozessgrundsätze in das deutsche Strafprozessrecht*, Rittler-Fests. (1957) 305.

H. WILLIAMS, *The English penal sistem in transition* (1970).

Salgado ZENHA, *A constituição, o juiz e a liberdade individual*, ROAdv 32 (172) 161.

关于 III 5:

M. ANCEL, *La césure du procès pénal*, Études Hugueney (1964) 205; *La défense sociale nouvelle* 2 (1966) 251; *Le role social du juge pénal*, Estudos Beleza dos Santos I (1966) 210.

Barbero SANTOS, *La division en dos fases del proceso penal*, Estudios de criminologia y derecho penal (1972) 193.

José Manuel BELEZA, *Pena indeterminada* (1968) 348 ss. , 361 ss. .

P. CAMASSA, II *processo bifase per una giustizia moderna*, RivP 1970/640.

P. CORNIL, *La césure entre la condamnation et le prononcé de la peine*, BFDC 31 (1955) 96; *Déclin de la césure dans le procès pénal*, Estudos Beleza dos Santos I (1966) 224; *La division du procès pénal en deux phases*, RDPCrim 48/761.

H. DAHS, *Praktische Probleme der Schuldinterlokuts*, GA 1971/353.

DI TULLIO, *La césure du procès pénal en deux phases*, RIDP 41 (1970) 41.

F. GRAMATICA, *Nuove visioni del processo penale. II processo in 《due fasi》*, Scritti Petrocelli Ⅱ （1972）.

E. HEINITZ, *Zweiteilung der Hauptverhandlung?*, Lubtow-Festg. （1970） 875.

W. RÖMER, *Das Schuldinterlokut. Ein Beitrag zur Strafprozessreform*, GA 1969/333.

关于Ⅳ：

O. v. BÜLOW, *Die Lehre von den Prozesseinreden und die Prozessvoraussetzungen* （1968）.

F. CORDERO, *Le situazioni soggettive nel processo penale* （1956）.

J. GOLDSCHMIDT, cit. Guarneri, *Sulla teoria generale del processo penale* （1939）.

KOHLER, *Der Prozess als Rechtsverhältnis* （1888）.

NIESE, *Doppelfunktionelle Prozesshandlungen* （1956）.

刑事诉讼程序是一种社会关系，其本身不能成型，而是依赖个人和实体在其中发挥作用，作为程序发展的力量或方法。这些个人和实体具有不同的功能，他们在程序中作出法律上的行为，因此在程序中具有不同的权利和义务，比较合理的做法是将这些个人和实体统称为诉讼参与人（*participantes processuais*）。

另外，我们知道，刑事诉讼程序的标的原则上是不可处分的，不取决于参与该程序之人的意志的影响，但这并不意味着特定的诉讼参与人不能在一定程度上为刑事诉讼程序的具体进行设置条件和规定形式。具体地，我们将那些具有独立的诉讼权利和义务的参与人称为诉讼主体，这意味着，通过他们自己的决定，能够在特定的限度内决定诉讼程序的具体程序步骤。因此，诉讼主体除法院外，还有检察院和其他负责调查的机构及有控诉权的机构、嫌犯及其辩护人、被害人和辅助人；单纯的诉讼参与人则不同，如证人、声明人、鉴定人、传译员等。[1]

不论是对将诉讼参与人和诉讼主体作出区分——需要承认，这一区分在法律上没有任何反映——是否合适的问题，还是落实这一区分的形式的问题，学界并未有达成共识。例如，亨克尔对作出这一区分不感兴趣，[2] 而施密特却赞同区分，[3] 但他对诉讼主体的概念所给出的范围比笔者所指出的

1　类似的参见 Cavaleiro de FERREIRA Ⅰ 72。还可参见 G. LEONE Ⅰ 247. MANZINI Ⅱ 3 中将单纯的诉讼参与人——指狭义上的单纯的诉讼参与人，主要是指附属于刑事诉讼程序中的民事诉讼的参与人——称为次级主体或附属主体。

2　§ 25 Ⅰ.

3　Kolleg § 4.

范围要窄：仅涵盖那些所发挥的作用对刑事诉讼程序的成立必不可少的人。但进行这样的区分之后，根据笔者的主张，笔者相信，这样的区分不仅具有术语的价值，而且具有某种体系上的利益。[4]

按所指出的含义，诉讼主体是指通过某一刑事诉讼程序赋予其的法律地位而使该程序具有其自身特色者。在对每一个主体进行研究前，有必要进行一个整体的和动态的考虑，因为这样的考虑是找到认识某一刑事诉讼程序的基本结构的最佳方式。

I 有关"当事人的诉讼程序"的讨论和刑事诉讼程序的结构模型

1. 在欧洲大陆法系大多数国家的刑事诉讼程序理论中，是否可以（并且应当）将刑事诉讼程序设计为一个"当事人的诉讼程序"，是一个极具争议的问题。

与这样的争论接触的人的第一个反应也许是贬低这个问题，将之视为单纯的术语上的问题，或者，不管在任何情况下，将此问题降低为纯粹的形式上的构建和概念化的问题。实际上这将导致，对于一起想要分析这一问题的人来说，他们所使用的当事人的概念只有单纯的形式上的意义。

但是，当面对当事人的实质概念而讨论其在刑事诉讼程序中的可适用性时，这实际上意味着触碰到了学科中最困难和最复杂的问题，这一问题体现着某一特定的刑事诉讼程序的用途，但从这一问题中也能提取出关于向其中引入改革的必要性和适宜性的最重要的一些结论。

2. 要想更好地理解我们正在尝试讨论的这个话题，在进入这一话题之前，我们首先需要对诉讼程序一般理论中当事人概念可能采纳（并已经采纳）的几种不同的文义从根本上进行澄清。

a）首先——即使从年代的角度考虑也是最先的——呈现在我们面前的是当事人的实体概念，据此，当事人是指在有关诉讼程序中所讨论的实体法律关系的持有人。在民事诉讼法学中，这一概念的提出在逻辑上和历史上都与实质诉讼的概念相联系，在实质诉讼中，当事人针对法官所代表的国家提出法律保护的请求，而且实质诉讼中还有一个实体权利在诉讼程序

---

4 在日耳曼法学中的情况，还可参见 BELING 89 s.；KERN-ROXIN § 17 A；K. PETERS § 16 IV。

中生效的——虽然是公开的——时刻。[5] 它在刑事诉讼程序中的被接受意味着，一种完全类似于私法关系的刑事法律关系、一种"刑事（主体）权利"、一种针对罪犯的国家"刑事追诉"（Strafanspruch）都被视为刑事诉讼程序的标的。于是在刑事诉讼程序中（也仅在此中）存在两个真正的当事人：一方是国家，原则上由检察院代表，在法官面前提出其通过刑罚进行监督（tutela penal）的要求，另一方是嫌犯，后者对其遭受刑罚的义务表示质疑，通过法庭的裁判，这两方当事人的实体权利和义务获得立即确认或否认。[6]

但即便是在民事诉讼程序层面，如今也可以肯定地说，实质诉讼的概念已被超越，因此不能确认国家拥有一项与原告的利益相悖的利益，也不应将国家所发挥的作用视为一项"必须要做的"义务，而是应当视为为自身利益而作出的行为：该利益是从客观权利的实现中产生的。而一旦实质诉讼概念的内容被超越，则当事人概念的实体含义也将同样被超越。

除此之外，紧接着出现的问题是，实质诉讼的概念对刑事诉讼程序的可适用性扎根于概念和思考方式的转变，不只是从民法转到民事诉讼程序，而且也是从民事诉讼程序转到刑事诉讼程序，而这样的转变是不被接受的。郭特希密特早在他所在的时代即已注意到，[7] 法官与刑事诉讼程序之间的关系绝对不同于在法官和私法保护主张之间建立起的关系，这不仅因为控方不享有任何"权利"，而只有要求国家正义实现客观刑事权利的义务。[8] 还要补充的是，由诉讼这一含义而生的当事人的概念是无用的，因为它完全无助于对刑事诉讼程序内部结构的澄清。[9]

b）因此我们面对的只有对当事人的修饰的概念或程序上的概念，据此，当事人是指就诉因进行讨论并期待法官对该诉中的实体问题进行审理和裁判的那些诉讼主体。[10] 当人们想要知道刑事诉讼程序是否"当事人的程序"时，这一概念便凸显出来——也只有这一概念能够凸显出来。

不过，这是根据当事人的程序性概念所能得出的可能的答复（并已经作出的答复）中的又一个：这一答复确认刑事诉讼程序是一个当事人的诉

5　对此的详细介绍，参见本书第二卷。

6　关于这一概念，最新的阐述可见 H. KAUFMANN, *Strafanspruch Strafklagrecht*（1968）70 ss. 。

7　Cit. 243 nota. 还可见 GERLAND, *Der deustche Strafprozess*（1927）39 e Z 55（1936）715。

8　详细的评论见 H. KAUFMANN, *Strafanspruch Strafklagrecht* 77 ss. , 175。

9　类似的观点见 H. HENKEL § 24 Ⅰ A。

10　其他的见 G. LEONE Ⅰ 248 ss. 。

讼程序，但指的是形式上的或者不纯正的当事人。[11] 这基本上意味着，刑事诉讼程序中存在着两个主体，即控方和被控方，他们行使着在形式上相反的职能。只说是形式上的是因为，至少检察院只能被视为形式意义上的当事人，因为其义务并非在一切和任何情况下都是以对嫌犯的定罪为方向（或有助于对嫌犯的定罪）而作出行为，而是只在嫌犯有罪过时如此：也就是说，检察院并没有一项实现定罪的义务，而是和法官一样，只有一项客观的义务。[12] 而检察院所提出的主张可能在某种特定的含义上为嫌犯所重复：嫌犯毫无疑问拥有辩护权，但绝没有辩护的义务，也正是因为这个原因，并不必然要求检察院和嫌犯之间存在利益的对抗。

既然如此，不如坦率地承认，刑事诉讼程序并不是一个当事人的诉讼程序。如果我们将之称为形式意义上的当事人的诉讼程序（尽管在各方当事人之间并不必然存在利益上的对抗），即使不是不准确的，也是与我们的目的完全不相干的。因为，即使通过这一概念可以表现出区分辩方和控方的职能以及强调刑事诉讼程序和民事诉讼程序在结构上的不同的微弱优势，[13] 应当指出其所具有的严重的缺陷，通过一个术语上的小把戏，可以得到正在探讨的真实问题的结论，尤其是得出我们在此处探寻的问题完全无益于刑事诉讼程序内部结构的解释的结论。

c）由此我们可以得出结论，当我们思考刑事诉讼程序是否一个当事人的程序的问题时，我们必须将当事人理解为其实质的程序上的含义，我们必须将之理解为在诉讼程序中所争论且真正牵涉到的相对抗的利益的持有人；控方和辩方于是成为真正的竞争者，在他们的诉讼活动中存在着相对抗的利益，而他们的程序性权利则确实相互冲突。[14]

11　对此，葡萄牙学者的论述见 Eduardo CORREIA，*Proc. crim.* 15；Cavaleiro de FERREIRA Ⅰ 72 - 77；Castanheira NEVES 15。在日耳曼法学中，与笔者相同的观点，见 E. BELING 64，92 ss.；ENGELHARD，Z 58（1939）352；K. ENGISCH，*Prozessfähigkeit und Verhandlungsfähigkeit*，Rosenberg-Festg.（1949）104；GÖRCKE，*Weisungsgebundenheit u. Grundgesetz*，Z 73（1961）751；DOHNA，*Der Strafprozessrecht* 3（1929），5，47；V. MANZINI Ⅱ 5；F. CARNELUTTI，RitalDPP 1961/952。反对的观点首先可见 BIERLING，Z 10（1890）310。最近的著作见 W. GALLAS，Z 58（1939）631 e F. CORDERO 5，28 s.。

12　详细介绍参见本书后文第十一节 Ⅱ 1。

13　详细介绍参见本书前文第二节 Ⅰ 4。

14　关于这一特征，使人印象特别深刻的阐述见 OETKER，GS 108/10 s.，还可见 H. MAYER，GS 104/325 ss. 以及 K. BINDING，*Abhandlungen* Ⅱ 196 ss.，202。与本文一致的观点见 H. HENKEL § 24 Ⅰ B 1。

3. 对刑事诉讼程序的内部结构（如前所述，产生于各诉讼主体的共同行动）的定位和定义，最正确的做法是参考两个极端的结构模型，对它们的基本格局我们已经进行过介绍：[15] a）一个是单纯纠问式的诉讼程序中所采纳的结构模型，也就是 17 和 18 世纪大部分欧洲大陆国家立法中所规定的；b）另一个是单纯控诉式的诉讼程序中所采纳的，对应的是英国刑事诉讼程序的古典形式。

a）在第一种情况下，我们所面对的毫无疑问是典型的无当事人的诉讼程序，因为对真相的调查，以及笼统意义上的对诉讼程序目的的实现，被完全交付在法官的手上；甚至可以说，在此类程序结构中，不管从逻辑上还是自然地，甚至不强制要求一个负责控诉的官方机构的存在，因为该机构所被赋予的一切职能都由（或者可由）法官自己行使。

一个这样的结构的（表面上的）优势在于，法官得以更容易和更广泛地了解事实的真相——指一切在刑法上具重要性的事实，包括"控诉"中未包括的事实——因为其在诉讼程序的任何一个阶段都有唯一的和至高无上的支配权。但人们也已知道一个这样的优势的不可忍受的代价是什么：首先，调查者、控诉者和审判者的身份集于法官一身，使审判公正的确保在"心理上"不可能；[16] 接着，这还会对维护（从人性角度看是不可能的）面对国家权力时的司法独立造成正面的冲击。[17]

b）相反，在古典英国刑事诉讼法中，我们可以见到纯粹当事人刑事诉讼程序的典型例子。对刑事不法行为进行追诉和惩罚的公共利益由控方的代表（为一公共实体，或者正如在很多情况下的，是一个私人实体）来引领，嫌犯争取无罪的利益则由辩护人引领，这样，诉讼程序表现为控诉人和辩护人之间的一场讨论、战斗或者决斗，在法官公正的目光下进行。

这就是英国审判者的著名的不受影响性（和被动性）理论：在审判过程中，甚至连收集证明材料的工作都不属于法官——这也是当事人的职能，当事人主要是通过对证人、鉴定人，甚至嫌犯本人的讯问和反讯问（"examination-in-chief"和"cross-examination"）来行使该职能；法官仅负责领导听证，尤其关注的是在讯问中当事人不偏离法律规定的形式，并以控方

15　参见本书前文第二节 II，将两个问题联系起来，十分准确的阐述，见 KERN-ROXIN § 17。

16　关于在纠问式刑事诉讼程序中法官的心理状况，最准确的分析可以参见 Eb. SCHMIDT, Kohlrausch-Fests. 278，还可见概括性的阐述，NIESE, *Doppelf. Prozesshandlungen* 16 ss.。

17　关于司法公正和司法独立的特征以及它们之间的区别，参见本书后文第九节。

和辩方提出的证据为基础作出终局裁判（原则上是与陪审员合作作出，后者负责的是所谓事实问题，或者更准确地说，"罪过的问题"）。[18]

可以理解，一个如此构造的刑事诉讼程序，不管发现实质真相的意愿有多么强烈，该程序的基础都是确保嫌犯的自由和其个人权利获得最大限度的保障的愿望。[19] 从这个视角也可以理解，为什么当事人对标的有如此宽的处分权，不仅控方可以撤回控诉，而且辩方可以承认其罪过，也可以理解为什么当事人之间就嫌犯的罪过和责任达成诉讼程序以外的协议具有正当性——不管这种正当性是多么有限，这种现象的存在对于欧洲大陆法律思想来说都是极为震惊的。

Ⅱ 现行葡萄牙刑事诉讼法在争讼中的地位

1. 指出上面的前提条件后，就很容易理解葡萄牙占主导地位的观点——或许将此成为一个公认的观点也不为过——认为葡萄牙刑事诉讼程序目前的结构并不符合纯粹当事人诉讼程序的模型。[20]

a）首先，纯粹的当事人的刑事诉讼程序的一个特征是，当事人——检察院和嫌犯——在法律上和事实上都处于相同地位，也就是说，法律要求审判者以相同的方式评价当事人的地位，而当事人在实际的现实层面上，对诉讼标的的处置享受"机会平等"（如果这样表达合适的话）；这显然与民事诉讼程序中原告和被告的情况相似。

而在葡萄牙刑事诉讼程序中——也可以说在欧洲大陆的一切刑事诉讼程序中[21]——不应认为检察院和嫌犯实际上被赋予了相同的可能性，更不要说他们各自分别所追求的利益，在国家和法律制度看来，具有相同的价值。从这个视角看，首先欠缺的是对真正的当事人诉讼程序的成立属绝对必不

18　关于此处所列举的问题，见下文脚注 38 中指出的参考文献。
19　关于这一点，见 G. DAHM，Z 52（1933）592；以及后文标题Ⅲ 6。
20　不过，首先要提醒注意的是，之后所作的全部分析都是基于刑事诉讼程序的通常情况，即针对公罪的刑事诉讼程序进行的。不容置疑，在半公罪以及特别是私罪中，情况可能与我们接下来要介绍的情况在好几个方面有很大的不同；笔者认为不可否认的是，在针对私罪的刑事诉讼程序中，诉讼程序的结构可能在一些特质上明显接近于一个真正的当事人的诉讼程序。参见本书前文第四节Ⅰ 3 a）以及本书后文第十五节Ⅲ 3 a）。
21　例如，意大利的情况见 G. CONSO，*Considerazioni in tema di contradditorio nel processo penale italiano*，RitalDPP 1966/406 ss.。

可少的条件。

事实上，不容置疑的是，在葡萄牙的刑事诉讼程序中，检察院的法律地位高于嫌犯，这甚至明显地表现在其所被赋予的程序上的权力和职能：首先，检察院本身就具有完全的调查、采取强制措施的功能（国家权力、政治和防卫力量、专门的调查机构等），可以而且应当自由地调查和采取强制措施，[22] 而这些是嫌犯完全不具备的；其次，检察院可使嫌犯被拘禁——不管有没有事先确认罪过成立（《刑事诉讼法典》第 291 条及以下）——还可使嫌犯或第三人被搜索和扣押（第 35007 号法令第 12 条第 2 款，是关于《刑事诉讼法典》第 202 条及以下的）以及被检查（《刑事诉讼法典》第 175 条及以下），概括地说，可以采取一系列限制和剥夺人身自由的强制措施。

面对检察院及其权力，确实嫌犯并非手无寸铁，而是享有辩护权的，其稳固性和有效性，正如我们所知，[23] 在诉讼程序的任何阶段都受到宪法上的保护；准确地说，最近一次刑事诉讼法典改革（5 月 31 日第 185/72 号法令）所宣扬的目标之一即是使预备性预审阶段的辩护权具有实效（第 250 条及以下、第 264 条及以下以及第 70 条第 1 款和第 2 款）。[24] 但是，既然嫌犯在面对检察院时不是无权利的，那么，嫌犯在预备性预审阶段并不具有同等的权利，而要想使将我们的程序称为一个真正的当事人的诉讼程序具有正当性，从这个角度看，平等的权利是非常重要的。

或许直到审判阶段开始之后才可以谈论检察院与嫌犯诉讼权利的平等；而且，即使到了审判阶段，也不能肯定这样的平等是否在葡萄牙只是计划中的或者只是一种趋势（注意一些实际上很反常的规范的存在，例如《司法章程》第 17 条和第 23 条，允许检察院参加在最高法院和中级法院进行的为案件作出裁判而举行的会议，但不允许嫌犯参加）。不过，即使承认刑事审判阶段的结构基本上符合检察院和嫌犯法律地位平等的观念，这也远远

---

22 作为例证，可以举出的有第 35007 号法令第 14 条（"预备性预审由检察院领导，警察实体和警务人员为此向检察院提供后者所需的一切帮助"）、第 41306 号法令第 5 条第 1 款 ["检查或措施的申请可由检察院或司法警察向（法医实验室）提出"]、《司法章程》第 231 条（"地区的司法警察为代表，向其下属作出恰当的命令和指示，并向行政当局或军事当局请求公共部队的帮助……"），等等。

23 见本书前文第二节 Ⅲ 2 e），还可参见本书后文第十三节和第十四节。

24 实际上可以读一下该法令的报告书，其中写道，"刑事诉讼程序中有辩论预审，但是，这并不意味着放弃在预备性预审中指出辩护的方式，辩论预审受时间所限，且基本上是纠问式的"。

不足以确认这一阶段的葡萄牙刑事诉讼程序就是一个纯粹的当事人的诉讼程序（在葡萄牙的一些司法裁判中已经指出了这一问题：最近的参见最高法院 1971 年 12 月 9 日的合议庭裁判）。[25] 因此，无论如何，这一观念总是无效的，即使对于审判阶段而言亦然，对此下面我们将进行分析。

b）纯粹的当事人的诉讼程序的另一个固有的观点是，对诉讼标的的支配，即使不是全部，至少也是很大程度上属于当事人。我们知道，在民事诉讼程序中情况是这样，因为在民事诉讼程序中，处分原则、辩论或争论原则（contradição ou discussão）以及从该等原则中得出的推论取得了效力。[26]

不同的是，在刑事诉讼程序中，检察院不具有任何当事人所具有的典型权力。原因是，我们已经知道，检察院在起诉还是不起诉的问题上——严格来说关系到合法性原则——没有任何真正的自由裁量的余地，而且，自法庭被召集就控诉作出裁判之时起，检察院便不得将控诉撤回——这就是不可改变原则（imutabilidade）。[27] 还要补充的是，面对检察院的控诉，不管是就检察院解决方案中的种类还是幅度，法庭都保有完全的自由，而支配力贯穿于整个民事诉讼程序中的请求原则（princípio do pedido）在此并无效力。[28]

再者，为反驳之前提出的关于嫌犯的地位的结论，仅诉诸其辩护权是不够的，仅有辩护权并不足以表明其持有人享有一项"当事人的权利"：这一辩护权并不涵盖有效地表达请求的权能，也不涵盖未提出某一证据的归责，通常也不妨碍任何以嫌犯为标的的调查等法律活动。由此导致，调查原则在刑事诉讼程序中具有效力——虽然是有限的效力，对此我们已经介绍过。[29]

此外，有关检察院的法律地位，现行葡萄牙刑事诉讼法中的规则似乎规定检察院对程序中的一切参与都持客观的态度，而不是对"当事人"的态度。[30]

因此，在预备性预审中，检察院有义务收集一切证据——这在法国法

---

[25] BMJ 212/214 s.

[26] 参见本书前文第六节 I 1。

[27] 关于这一切，参见本书前文第四节 II。

[28] 参见本书前文第六节 I 1。

[29] 本书前文第六节 I 2。

[30] 反对的观点——但以笔者之见，这种观点毫无理由——见 Brochado Brandão 24："检察院所主持的预审是不公正的；因为检察院是一方当事人。至少因为检察院与行政机关有如此紧密的联系。"关于这后一个方面，参见本书后文第十一节 I。

学中有一个能说明问题的名称，"instruction à charge et à décharge"[31]——因此，不仅包括那些能使嫌犯入罪的证据，而且也包括那些证明嫌犯无辜或证明嫌犯行为正当的证据：这一阶段并不仅仅旨在"为起诉提供依据"（第35007号法令第12条），而且也要"组成卷宗"（《刑事诉讼法典》第170条）和"为查明真相而采取一切措施"（《刑事诉讼法典》第174条唯一款），因此也包括那些"可能有助于证明嫌犯无辜和无责任"的证据（第35007号法令第12条第1款）。

另外，关于起诉和不起诉，我们已经知道，合法性原则及其推论要求检察院必须持严格客观的态度。

这一切表明，在审判阶段检察院也可以——并且应当——提交一切证明材料，而不仅仅是那些对起诉有利的证明材料，甚至，如果检察院掌握了使自己相信嫌犯无罪的客观证明要素，还可主动地参与对嫌犯的辩护。这也解释了为什么根据《刑事诉讼法典》第105条和第113条，法律为法官设定的回避和声请回避制度可适用于检察院。

最后，这一客观态度作为检察院的义务，还表现在检察院在上诉中的参与上。因此，《刑事诉讼法典》第647条第1款允许检察院"专为辩方之利益"提起上诉，第675条则允许检察院不仅可就无罪裁判提起再审，也可就有罪裁判提起再审。

2. 前述论述表明，葡萄牙刑事诉讼程序的基本结构原则上是典型的无当事人的诉讼程序。但以笔者之见，正如前文已经足够清楚地强调的，[32] 如果有人根据此结论而认为我们的刑事诉讼程序是纠问式的，或者哪怕认为我们的刑事诉讼程序是混合了控诉式和纠问式的结构的，那就大错特错了。我们的刑事诉讼程序基本上是控诉式的，只是将调查原则作为一种补充；不管是其所具有的动态构造，还是在其中所蕴含的辩证法本身，都使我们的刑事诉讼程序完全远离于全部或者部分纠问式的诉讼结构。

在很多个含义上，可以说纠问式诉讼结构是静态的。首先一层含义是，在纠问式诉讼结构中，仅存在一种法官－嫌犯之间的两极关系，而不像葡萄牙一样存在一种以嫌犯为顶角而以检察院和法官的活动分别为两个边的三角关系。诚然，这些活动旨在实现相同的目的——刑事诉讼程序的目的[33]——但

31　参见 MERLE-VITU n. 750。

32　本书前文第二节 II c）。

33　参见本书前文第一节 III。

在任何情况下，它们在功能上都是不同的，[34] 正如亨克尔所非常清楚地指出的，[35] 检察院的活动中有特别强调的动态的要素，与主要属于法官的审理职能形成鲜明对比。

静态的另一方面表现在我们已经提过的嫌犯在纠问式刑事诉讼程序中的法律地位上，嫌犯被视为调查中的单纯"对象"，被视为诉讼程序"所针对者"，而不主动地参与诉讼程序。[36] 而再度与此形成鲜明对比的是，葡萄牙的制度（尤其是通过辩论权、被听取的权利和辩护权）赋予嫌犯的基本动态的作用，并确保嫌犯在诉讼程序中具有共同作用的"主体"的地位。

即便如此，笔者并不想否认，有些时候控方和辩方的职能或多或少地表现出明显的分立、分裂甚至天然地对立，在大多数情况下，我们可以从对立中找到刑事诉讼程序本来的目的和方法：惩罚一切有罪者（也唯有惩罚有罪者）并且尊重个人的自由和被保障的权利；发现事实真相，并且为此只使用程序上有效的方法；就所审理的案件给出一个公正的解决方案，并完全遵守程序形式；实现正义，并遵守保障权利的要求。[37] 这一切创造了刑事诉讼程序的一个特有的发展方向，刑事诉讼程序在其以控诉为基础的任何模型中都具有高度辩证的结构，这个特有的发展方向正是面对这样的结构而产生的。

3. 此外还要强调的是，葡萄牙刑事诉讼法在 20 世纪的历史，尤其是近些年的历史清楚地表明，刑事诉讼法努力地摆脱控诉与纠问的混合模型（即支配 1929 年《刑事诉讼法典》的模式），并强调——但没有陷入纯粹当事人诉讼程序的模型——制度中有关控诉式的元素。我们已经介绍过 1945 年 10 月 13 日第 35007 号法令所具有的虽然有限但极其重要的作用，且这在一定程度上为 5 月 31 日第 185/72 号法令所强化。[37a] 在两部法律之间也曾进行过几次法律改革，尽管范围有限，且明显针对的是细节，但它们对强调葡萄牙刑事诉讼法中的控诉式结构——尽管并不涉及调查原则这一补充原则——具有重要意义。

34　参见本书后文第十一节 III。

35　§ 24 II.

36　本书前文第二节 II 2 a）。

37　对这些问题的详细介绍，参见 H. MEYER, cit., 高度概括性介绍见 K. PETERS § 13。

37a　因为该法在很多地方使嫌犯的辩护权被增强。有观点认为，它赋予法官以对检察院的控诉进行直接控制的权力，如果我们接受这样的观点，在会在其公布中看到不可解释的纠问式的退化，而这无论如何都是该受谴责的。对这样的观点的评论，参见本书前文第三节 I 1 以及第四节 III 1 b）。

在本部分中我们只指出所作改革和革新中的三个例子，其中前两个是由国民议会发起的，最后一个是由政府发起的。

a）第一个可以给出的例子是 1959 年 5 月 23 日第 2096 号法律第 2 款，该款使《刑事诉讼法典》第 435 条有了新的措辞，使基本上建立在英美法系交叉询问（cross-examination）制度基础上的反讯问制度在葡萄牙的刑事诉讼法中恢复了效力。第 435 条起初的规定是承认反讯问的，但被第 36387 号法令第 2 条所废除，该条规定，"对方当事人"向证人提出问题的，原则上应当通过法庭提出，而不是——正如现在恢复后的情况——由"对方当事人"的代表直接向声明人提出。

这不足以证明现行葡萄牙刑事诉讼法赞成采纳真正的交叉询问制度及其在英美法中所具有的独特含义。在英美法中，对证人的听证可以归纳为由提交该证人的当事人进行的直接讯问（主询问 examination-in-chief）、由对方当事人进行的反讯问（交叉询问 cross-examination）以及围绕反讯问中出现的问题的澄清进行的再讯问（re-examination）。[38] 但是这一形式主义的真正意义只能在英美法最严格的"证据规则"的框架内实现，尤其是考虑到，在反讯问中变得允许（尤其是针对上述"对方的证人"的时候）暗示性的和争论性的问题（"诱导性提问"leading questions），而在直接讯问中，暗示性的和争论性的问题因所谓"证据排除规则"（exclusionary rules of evidence）而受到禁止。

根据现在第 435 条的新表述，当对证人的直接讯问结束之后，"对方当事人"的代表可在反讯问中向该证人提出"其认为对事实的澄清属必要的问题"。[39] 但这并没有给认为我们所面对的是细节上的变动，范围有限且突

38　关于这一制度，参见 KENNY-TURNER 479 ss.；T. ROODNER, *Impairment of defendant's right to cross-examination*, Washington LR 39（1964）194；C. ALLEN, Z 72（1960）659 ss.；PAULSEN, Z 77（1965）656 ss.；HERRMANN, Z 80（1968）775 ss. e *Die Reform* cit. 329 ss.，336 ss.。关于该问题在其他法律秩序中的地位，参见 TACKENBERG, *Kreuzverhor und Untersuchungsgrundsatz im spanischen Strafprozess*（1960）passim；A. Quintano RIPOLLÉS, *Grundsätzen und Methoden des Beweiserhebung im spanischen Strafprozess*, Z 72（1960）609 ss.；M. GRÜNHUT, Weber-Fests. 356 ss.；Eb. SCHMIDT, *Strafprozess und Rechtsstaat* 211 ss.；S. ASTOLFI, Ⅱ《controinterrogatorio》, RivP 1970/221。

39　与第 2096 号法律相关的一切文件——法律草案、Câmara Corporativa 的意见书（由 Palma CARLOS 报告）和在国民议会上的讨论——可见 ROAdv 19（1959）233 ss.，还可见 Almeida RIBEIRO, *Direitos dos advogados, sua independência e relações com a magistratura*, ROAdv 18（1958）225 ss.，423。

出形式上的价值的人提供理由。相反——这也是国外法学理论中公认的观点[40]——这是与刑事诉讼程序的内部结构最为相关的几次改变之一；概括地说，并不必然使调查原则牵涉到由法官负责的问题，应当给予控方和辩方（他们在审判中被置于同等的诉讼法律地位）寻找和提出证明材料以及创设性参与终局裁判的更大的可能性。

饶有争论的是——且事实上这一点远未能得到解答——这样的反讯问制度是否会侵犯事实真相，因为在这样的制度下，会出现提交于法庭的证明材料不清晰、碎片化和有遗漏的风险。[41]但笔者相信，只要留意（第 435 条的新表述中并没有忘记这一问题）并允许组成法庭的法官们[42]参与反讯问，可提出一切"其认为对事实的澄清属必要的问题"，则不会出现前述问题。以这种方式，调查原则获得了维护——尽管相对于控方和辩方的创设性活动（尽管并不像英美刑事诉讼程序中的支配性活动）而言仅具有辅助的和补充的作用——有助于法官尽可能地保持其中立性以及由此导致的在其裁判中的独立性，同时，允许一方"当事人"向对方提出的证人进行调查，明显有助于实质真相的发现。

b）笔者想举出的另一个例子在前文已经介绍过，[43]即 1969 年 3 月 5 日第 2139 号法律，该法修改了《刑事诉讼法典》第 667 条，从而禁止对原告不利的判决变更（*reformatio in peius*）。这个禁止所体现的不仅是控诉原则的一个后果，[44]而且体现了使刑事诉讼程序完全采纳控诉式结构的一次真正的加强。应当强调的是，这次加强并不质疑调查原则的辅助意义，而是相反，证明了该原则的辅助意义，这是因为，通过消除嫌犯对刑罚加重的担忧，鼓励他们提起上诉，从而实现对与大量的被判罪者认为不公正的判决有关

40　参考前文脚注 38 中所引文献。

41　与笔者类似的观点见 H. HENKEL § 24 Ⅰ 1 b；KERN-ROXIN § 17 c；坚决主张于此的，见 Eb. SCHMIDT, *Strafprozess und Rechtsstaat* 211 ss. 。

42　问题在于，应当允许全部还是只是部分法官参与。关于这一问题，可参考后文 Ⅲ 4 a）部分的阐述；关于法官在此情况下的地位，参见 SCAPARONE, *Equivoci sui poteri del giudice nel cosiddetto esame incrociato del testimoni*, RitalDPP 1969/894。

43　前文已经提到过本法：参见第三节 Ⅰ 2 和 Ⅱ 3b）与第 2139 号法律相关的一切文件——法律草案、Câmara Corporativa 的意见书（由 Manso PRETO 报告）、在国民议会上的讨论以及对 Tito ARANTES 的访问——可见 ROAdv 28（1968）253 ss. e 29（1969）306 ss. 。值得强调的是草案的理由陈述部分和 Câmara 的意见书，其中完整地收录了国外关于这一问题的最重要的参考文献。

44　Castanheira NEVES 36 s. 。

的事实的重新审理。[45]

但是，对于将涉及保安处分的一切情况排除出禁止的范围之外的做法，笔者认为这是不合理的。此处所隐含的——除并不适用于此的对立法成本的考虑外[46]——观点应当是，既然保安处分的科处都不受制于适用于之前的威吓性法律的原则，没有任何理由将对原告不利的判决变更的禁止延伸适用于保安处分的科处。但是紧接着，最近一次宪法修订以充足的理由[47]表明，该观点（至少部分地）是不准确的，因为这次修订考虑到要保障公民"免受前法规定的情况以外的保安处分"。要注意的是，笔者并不是承认一个观点直接制约着另一个观点，因为我们很容易达成共识的是，存在着一些特定的保安处分（那些单纯以精神失常为依据的或者有严格的治疗上的目的的保安处分），科处这些保安处分时不应适用禁止对原告不利的判决变更。但是毫无疑问的是，也存在其他的保安处分（或许是其他一切保安处分），对该等保安处分延伸适用禁止对原告不利的判决变更——这甚至是更有理由的。

同样不合理的还有《刑事诉讼法典》现行第 667 条第 1 款第 2 项的规定中的理论，据此，"如果检察院驻上级法院的代表在对诉讼程序的最初的检阅中表达加重刑罚的观点，并随即发表意见，被告被通知，并向被告递交了该意见书的副本，以便被告在八日内做出答复"，则不适用于对原告不利的判决变更的禁止。法律草案中指出，"当控诉引起从属上诉时"，不适用该禁止。[48] 行业工会（Câmara Corporativa）批评了这种解决方案，强调"不太理解从属上诉在刑事诉讼程序中的形象"，尤其是——且指出有力的理由——强调，检察院的行为"应当始终是客观的，这是出于对准确适用法律的考虑，而不是出于机会的原因"。[49] 但提出的解决方案获得了法律上的确认，不可否认的是，检察院的司法官，"尤其是职级较低而数量更多的那些司法官，在第一审中，通常欠缺完全令人满意的专业经验和专业储备"![50] 但是，这里不仅论述的基础不成立（既然法律赋予该等司法官以他们所被赋予的职能——其中有些职能的重要性远远高于提起一次上诉的重要性——

45　在这个意义上，最近的概括性介绍见 Eb. Schmidt, *Kolleg* n. 358 s. 。

46　ROAdv 28 (1968) 205 s. .

47　有关理由见 Câmara Corporativa 的意见书（由 Afonso Queiró 报告），载于 *Actas da Câmara Corporativa* 67 （X Legislatura, 1971) 629。

48　其中的理由见有关报告书，ROAdv 28 (1968) 262。

49　ROAdv 28 (1968) 291.

50　ROAdv 28 (1968) 293.

正是因为信任他们的专业经验和专业储备！），而且所采取的办法相对于禁止对原告不利的判决变更本身的理由而言也是令人绝对无法忍受的，结果使那些本来想阻止进门的东西却从窗户进来。更严重的是，由于不接受从属上诉的理念，结果使检察院在第一审中的客观态度本身成为疑问，有人指出，由于前述专业经验和专业储备的欠缺，"只要被告提起上诉，上级审的进行有必要由检察院中提起从属上诉的人员作出决定"！[51]

禁止对原告不利的判决变更在葡萄牙的效力因此而显著降低，这在很大程度上是因为，驻上级法院的检察官在行使第 667 条第 1 款第 2 项赋予其的权力时，采用了一种节俭的方式，[52] 更准确地说，它们从未行使过此权力。诚然，有很多好的理由使我们相信这种节俭是合理的，但是，对于将本应由法律作出的决定交由人来评判，这样的立法政策是否是好的政策就不得而知了。

c）最后——但也许是最有说服力的——例子，证明葡萄牙刑事诉讼法转向更强调控诉式结构的轨迹的，是最近的 5 月 10 日第 2/72 号法律。该法第 1 条规定，"一、在刑事诉讼活动的进行要求有刑事起诉法庭的地区，设置刑事起诉法庭。二、刑事起诉法庭的管辖权包括司法警察所调查的内容"。接着第 2 条第 1 款强调，"刑事起诉法庭负责：a）在司法警察预审的一般程序和保安程序中的预备性预审阶段和辩论预审阶段，行使审判职能；b）领导辩论预审；c）作出起诉批示或类似材料以及不起诉批示"。

以此途径而进行的向诉讼程序控诉式结构的努力是不容置疑的，因为它严格限制向负责刑事追诉的机构赋予实质上的司法职能。正如全文已多次提到的，[53] 将调查和控诉的职能与作出裁判的职能分开，是第 35007 号法令的主要价值。但是这样的分离，在葡萄牙的制度中，还远不能被视为已达到目的：首先，PJ 和 PIDE 中的高级公务员被赋予近乎审判的职能，而该等职能原则上是属于审理案件的法官的（尤其是批捕的职能），而更加笼统

51　ROAdv 28（1968）292. 于是开始有人认为，客观性在第二审时起由检察院专有，因此，首先可以确定的是，即使是这些司法官，也不能说他们是"客观的"，他们应当通过单纯保全措施来命令系统地提起从属上诉！可以肯定的是，在此背景下，应当将最高法院本身的肯定意见（1972 年 12 月 6 日的合议庭裁判，BMJ 222/340）延伸，对此，"所采用的制度是否完美是值得探讨的"。

52　此外，尽管人们注意到，如果嫌犯撤回其上诉，法庭可以不加重刑罚，但有关的批评并没有因此而平息。参见 ROAdv 28（1968）295。

53　参见本书前文第二节 I 1 最后部分，以及第四节 I 3 b）最后部分和 II 3，然后还可参见本书后文第十一节 III 以及第十二节 III。

地讲，检察院本身在预备性预审中被赋予实质上的审判职能，且该职能是不受司法上的控制的（正如一切影响嫌犯或第三人受嫌犯所保护的自由的裁判的情况）。

但是显然，将预审实体的该等职能收回并将它们赋予审理案件的法官不是解决问题——这一问题尤其严重，因为将个人的权利、自由和保障置于极其危险的境地[54]——的合适的方案，因此，如果再度在此程度上接受纠问原则，将对审判者在终局裁判或者甚至诉讼程序之后的整个过程中的公正性造成危险。但从这一论据中推导出的结论与审理案件的法官领导辩论预审和作出起诉批示的事实相矛盾：在其中任何一种情况下，法官都有可能造成影响其在审判中的公正性的且可能无法弥补的损害。

因此，笔者始终认为，这一问题较好的解决方案就是第 2/72 号法律所遵循的路径：建立起诉法庭，赋予起诉法庭在整个预审过程中所要形式的审判职能，以及对起诉的管辖权。要注意的是，这甚至是因为，如此赋予该等起诉法庭的结构，并没有使它们被法官的职能只是作出裁判而在任何情况下均不得作出警察和负责调查的机构本应承担的工作的古老评价——不过，在历史上的特定时刻，这一评价不具有强制力——所触及。[55] 之所以没被触及是因为，起诉法庭本来就不负责刑事诉讼程序中的预审/调查[56]——调查/预审仍然属检察院及其辅助机构的管辖——而只是在这个其所属的诉讼阶段行使审判职能。

问题在于，对第 2 条第 1 款 a 项中所提及的审判职能（funções jurisdi-

54　这在第 2/72 号法律的准备工作中尤其被强调。参见第 17/x 号法律的法律提案（Actas da Câmara Corporativa 83［X leg. – 1971］1806）、由 Arala CHAVES 报告的 Câmara Corporativa 意见书 n. 33/x（Actas, cit.［X leg. – 1972］1121 ss.）和在国民议会上的讨论［Diário das Sessões n. os 160, 161, 162, 163 e 170（1972）3201 ss.］。

55　葡萄牙学者对这一评价的反响，见 Eduardo CORREIA, BMJ 42（1954）7 ss.。该论断最早由捷克犯罪学家祖克尔（ZUCKER）提出，随后被广泛地重提，并在第四届 AIDP 大会（巴黎，1937）上被多名学者提起。参见 RintDP 1937/420 ss.。关于 juge d'instruction 在法国法中的形象，参见 P. CHAMBON, Le juge d'instruction. Théorie et pratique de la procédure（1972）。

56　正如 Sá CARNEIRO 提交的对修改第 17/x 号法律提案的建议书（Actas da Câmara Corporativa 95［X leg. – 1972］1379）第 1 条 a 项中所主张的。对此观点的辩护，见 Sá CARNEIRO, cit. 19 ss.，还可参见 Salgado ZENHA, ROAdv 32（1972）176 ss.。值得注意的是，在葡萄牙，早在 19 世纪已有创办刑事法庭的经验，该等刑事法庭被赋予实质上的调查职能甚至警察职能——而且，所授权的权力是在一个实际上纠问式的诉讼程序中不同寻常的且框架内的权力。对 João Franco 这场改革（昙花一现的改革：1893 – 1910）的批判性探讨，参见 Emygdio da SILVA, cit. 296 ss.。

cionais）的理解，采取的是真正广泛的含义，而不仅仅是将其狭义地理解为近审判职能（funções de quase-jurisdição），根据第 35007 号法令第 21 条和第 52 条的规定，后者属审理案件的法官享有：因为唯有在此广义上理解审判职能（也就是说，如前所述，将它理解为包含一切与人的基本自由直接关联的职能），才能完美地解决赋予独立的且有等级结构的实体实质上的审判职能这一最严重的问题——下文我们将会看到，鉴于《政治宪法》第 116 条的规定，这个问题使该制度本身的合宪性成为问题。[57]《刑事起诉法庭规章》（经 8 月 30 日第 343/72 号令通过）第 1 条第 1 款明确规定，"根据 5 月 10 日第 2/72 号法律赋予刑事起诉法庭在诉讼程序的预审阶段行使的审判职能包括：批捕和维持逮捕、作出临时释放的决定、保安处分措施的临时科处、接纳辅助人以及判处给付罚金和司法税"。如此，法律远远没有解决这一现行葡萄牙刑事诉讼法中最迫切需要解决的问题。[58]

另一方面的问题是将起诉法庭的管辖权延伸到[59]包括由安全总局（Direção-Geral de Segurança，DGS）调查的诉讼程序，因此，正如下文将要讨论的，[60] 该等程序的特色不应影响调查实体与审判者之间职能上的关系的类型。但 9 月 30 日第 368/72 号法令的第 8 条——与第 39749 号法令第 19 条中关于 PIDE 的规定相一致——仍然授予 DGS 的"总局长、副总局长、高级督察、司长和助理督察"以"法律赋予法官在预备性预审阶段行使的关于对在押嫌犯的讯问、对逮捕的批准和维持以及作出暂时释放的决定等职能。"

57　关于此，参见本书后文第十一节 Ⅲ。还可见由阿丰索·奎罗（Afonso QUEIRÓ）报告的行业工会（Câmara Corporativa）意见书，是关于 1971 年的宪法改革的，尤其是其中的第 8 条第 21 款的："不同的问题是，考虑到（检察院）此等行为的审判性质（jurisdicional），且根据《宪法》第 116 条的规定，该等行为是否不应由一位法官专属管辖，即使是不同于辩论及审判听证的法官亦然。"还可参见 Brochado BRANDÃO, cit. 14 s.。

58　Brochado BRANDÃO, cit. 11 中认为，该规章第 1 条第 1 款中的列举不应被视为穷尽性的列举，对此笔者不会不赞同该学者的观点，但是，如果认为在该等职能中还可包含任何其他实质上为审判职能（judiciais）的职能，则是过于乐观了——尤其是，例如，对于对检察院放弃起诉的控制的问题，要想使该等职能由预审法官行使成为可能，则必须以该制度本身精神的改变为代价。在这个意义上，至少文中提出的批评仍然是有道理的。

59　正如一些检察官和议员在对前述第 17/× 号法律提案的讨论中（参见前文脚注 54 中所引参考文献）所主张的以及萨·卡内罗（Sá CARNEIRO）在其前引修改建议书（前注 56）第 1 条第 1 款 a 项和第 4 款中所明确辩护的。还可参见 Sá CARNEIRO, cit. 19 ss.。

60　参见本书后文第十二节 Ⅰ 2 c）e Figueiredo DIAS, *O defensor e as declaração do arguido em instrução preparatória*, RDES 18（1971）164 ss.。

Ⅲ 对未来葡萄牙刑事诉讼法的展望

1. 至此，自然有必要提出的问题就是，葡萄牙刑事诉讼程序——目前所构造的程序不是以英美法为样板构造的当事人的诉讼程序，而是对应控诉式诉讼程序的模型，并以调查原则作为补充——是否需要进行一次全面的改革，如果答案为是，那么这次改革应当遵循何种路径进行。

对于第一个问题，很难不给出斩钉截铁的肯定的回答，我们需要在葡萄牙进行一次整体的和全面的改革，不仅针对实体刑法本身，而且本次改革——基本上对应于爱德华多·科雷亚在其刑法典总则部分草案（1963）中所指出的关于刑事处罚和保安处分的几个大的指引性原则，关于刑罚改革纲要的第9/x号法律提案的草案中也强调了这一问题，且已经由行业工会进行了评价[61]——会给处罚体制带来深刻的改变，[62] 并会在诉讼程序的事宜上引起广泛的和无可置疑的反响。

至于第二个问题，显然不能也不应在此对之进行详细的探讨。此处只是围绕本节的主题对此问题作出一个原则上的答复，并指出一些关于某些最重要的问题的观点，这些问题之所以重要，可能是因其本身的重要性，也可能是因为它们出现在当下，甚至处于法学理论和立法者关注的中心。

不过，前述讨论足以说明，以纯粹的当事人的诉讼程序为目标、以英美法中的制度为榜样而对我们的刑事诉讼法进行一次全面的改革，依笔者看来不仅是不可能的，也是不值得被向往的。这主要是因为，这通常会导致应属调查原则范畴的且作为整体组成部分的职能被破坏，从而极大地有利于倾向于辩论原则和处分原则。因此此处所面对的就是"刑事诉讼程序的民事程序化"的问题，而这是贝林格（E. BELING）早在其所属的时代就坚决地反对过的。[63]

一个提倡是使我们的刑事诉讼法向纯粹的当事人的诉讼程序的模型的方向发展，另外主张构建一个真正的控诉式的诉讼程序，在这样的控诉式

61　参见 respectivas Actas，de 5 - 4 - 72，1463 ss.（第9/x号法律提案的草案），e de 23 - 10 - 1973，2661 ss.（第54/x号意见书，由 A. Miguel CAEIRO 报告）。对该等纲要的核准，如今——根据《政治宪法》第93条 e 项，以及在经8月16日第3/71号法律进行的最近一次宪法改革中对此项的规定——属国民议会专属管辖的事宜。

62　对该等问题的概括性介绍，见 Figueiredo DIAS，*La reforma del der. pen. portugués* 38 ss.。

63　E. BELING 100 ss.。

程序中，控诉式程序类型与纠问式程序类型之间的历史抗争的迹象会消失（如今仍然可以在葡萄牙感受到这些迹象），以及，有一些注解只有第二种类型可以解释，其他的则会因本身心证的确认的动摇而不可避免地给出妥协的解决方案。相应地，在这样的控诉式程序中，一方面，不影响对调查原则的（候补）效力的维护且完全尊重诉讼标的的不可处分性原则；另一方面，没有使检察院的客观义务（尤其是检察院在进行不受法官直接和即时控制的诉讼行为时的客观义务）成为问题，在此基础上，使检察院和嫌犯处于尽可能平等的诉讼地位。

2. 在此背景下，预备性预审的问题变得尤为白热化。因为在预备性预审中——可以断言——鉴于该阶段在葡萄牙的刑事诉讼制度中所具有的秘密性、非抗辩性和书面性，考虑到这一预审已经是诉讼程序的一部分，对其之后的诉讼行为（尤其是审判阶段）有价值，且由此可能——通过将其结果载入卷宗，由法官查看——制约或者影响终局裁判的方向，故此时的刑事诉讼程序结构继续表现出纠问式诉讼程序的一些典型特征。[64]

如前所述，第185/72 号法令旨在使预备性预审阶段嫌犯的辩护权得到扩充以及获得实质上的有效性和可靠性，以更好地保护其基本的权利、自由和保障。但是，可以理解的是，这并不被视为对上述问题的圆满的解决方案，因为仍然维持着该阶段的纠问特征和程序价值。以此观点，同样可以理解为什么人们主张建立自妨辩论预审（instrução ab initio contraditória），以使整个刑事诉讼程序具有真正控诉式的结构。[65]

但是，[66] 如果该建议旨在将依职权对犯罪消息进行调查而主体不通过辩论进行参与的预审阶段完全消除，笔者认为这样的观点是应当被摒弃的。

64　顺带提及该等问题的，见 Figueiredo DIAS，RDES 18（1971）179 ss.，186 ss. 。对此处所提及的一切问题的概括性介绍，见 Eduardo CORREIA，BMJ 42/5 ss.，e Emygdio da SILVA，cit. 139 ss.，223 ss. e passim。

65　这是葡萄牙学者萨·卡内罗所主张的解决方案，见前文脚注 56 中所提到的建议书，其中第 1 条第 2 款规定，"预审在其任何阶段都是辩论预审，赋予涉嫌人和嫌犯以必要的辩护权利保障"。意大利学者的类似观点，见 P. NUVOLONE，L'istrutoria penale，Criteri direttivi per una riforma del proc. pen.（1965）100；葡萄牙学者的观点见 Salgado ZENHA-Duarte VIDAL，Justiça e polícia，Teses e documentos do II Congresso Republicano de Aveiro I（1969）285 ss. e Sú CARNEIRO，cit. 20 ss. 。

66　关于接下来的内容，见 Figueiredo DIAS，RDES 18（1971）190 s.，180；还可参见 G. LEVASSEUR，Vers une procédure d'instruction contradictoire，RScCrim 1959/297 ss.，G. STÉFANI，L'acte d'instruction，Études Huguenay（1964）135，as comunicações ao IX Congresso da AIDP，RintDP 34，cad. 3 - 4（1963）1 ss. e P. CHAMBON，L'instruction contradictoire et la jurisprudence（1953）。

即使表面上是为了最大限度地保护公民的基本权利，但在深层次上，这可能不仅损害镇压犯罪的公共利益，而且损害嫌犯维护自己的好名声的利益，而在其中，除非所面对的嫌疑有最低的基本理由，否则法律上的安宁将成为问题。[67]

表面看来，完全的辩论预审的起诉书仍然与无嫌犯参与的先前阶段的存在相兼容。为此，有必要谨慎考虑使这一先前阶段具有先前程序的特征的观点，对于这一特征，学者们已经以一种十分清晰的含义进行了描述，而不应有任何模棱两可的余地：根据该预审的含义，它不被纳入诉讼程序的卷宗，因此不会制约——更不会损害——诉讼程序的后续发展。[68] 事实上，诉讼程序开始于辩论预审或开始于控诉本身，在此之前的一切活动，不论是检察院作出的，还是检察院的辅助实体作出的，都不是刑事诉讼程序的组成部分。

因此，预备性预审（或者如很多国家的立法，将此背景下的活动称为：初步侦查）尽管是由官方实体实施的，但它对于诉讼程序而言是一件私人事情，是"当事人的法律行为"，它服务于控诉者心证的形成，但仅凭于此——即在审判中进行口头重复之前——对诉讼程序而言没有任何价值。或许可以这样说，对于预备性预审，不管是从其价值而言，还是从其对未来的和可能发生的刑事诉讼程序的效果而言，都完全相当于在决定提起民事诉讼程序之前私人所进行的调查。[69] 结果是，这一预审的进行完全无须听取嫌犯

67　在这个意义上，还有一位学者十分确信控诉机制的优势并发表其见解的学者，见 Franco CORDERO，cit. 173 ss.，205 ss.；此外还可见 Eduardo CORREIA，BMJ 42/5 ss.。

68　据此，笔者不得不承认，坎波斯·科斯塔（Campos COSTA）的论点是完全站不住脚的，见 Campos COSTA，*Da acção penal：seu conceito e determinação do momento em que se inicia*，RDES 8（1955）241 ss.（以及在其文章中所提及的有关的参考文献），该学者认为，根据第35007号法令，"刑事诉讼"直到控诉时才真正开始。如果我们使诉讼（acção）的概念（笔者认为这在刑事诉讼程序中是无价值的和无用的，原因将在本书第二卷中说明）与"刑事诉讼程序"的概念相一致，则必然得出与前述论点针锋相对的观点，不管是根据第35007号法令还是根据《刑事诉讼法典》的规定，预备性预审都是刑事诉讼程序中的一个阶段，包括其所具有的完全的程序上的价值，因此，诉讼程序开始的准确时刻是预备性预审开始之时。同样站不住脚——但是原因恰恰相反——的还有 Brochado BRANDÃO，cit. 17 中的论断，据此，在存在由警察进行的初步侦查或先程序侦查阶段的刑事制度中，"刑事诉讼开始的时间早于葡萄牙法上刑事诉讼开始的时间"。找不到应当将此阶段视为刑事诉讼的进行的任何理由。

69　对刑事诉讼程序中此类型的预备性预审的详细和准确描述，参见 Franco CORDERO，*Problemi dell'istruzione*，*Linee di un processo di parti e Diatribe sul processo accusatorio*，no seu livro *Ideologie*，cit. 151 ss.。相同作者的其他文献还可参见 *La riforma dell'istruzione penale*，RitalDPP 1963/714 ss.。

作为嫌犯的意见，但官方权力也完全不强制参与有关嫌犯基本权利的事宜的范畴。侦查的结果不得被用于诉讼程序中，而只服务于调查实体/预审实体的确信的初始形成，但这并不意味着无法挽回地剥夺调查实体/预审实体行使其本应行使的强制措施的权利。[70] 当官方权力对嫌犯基本权利范畴的强制介入被认为是必不可少的时候，可以进行强制干预，但要在预审法官的指导下——或者更准确地说，在其法律控制下——进行，但如此就自动地开启了辩论预审阶段，并如此地启动了刑事诉讼程序。刑事诉讼程序终究随着辩论预审而开始，只有辩论预审能够向未来的和可能进行的控诉提供依据。

此类制度的优势就不言自明了：首先，整个刑事诉讼程序都是对抗式的，则检察院和嫌犯（或者更宽泛地说，控方和辩方）在任何阶段都处于平等的诉讼法律地位；其次，降低了违反口头原则的风险，防止那些因为只出现在预备性预审中而未在审判中自动更新从而无法被辩驳的证据被评价；最后，以此种方式消除诉讼程序目前的双重性或二元性（一个阶段由检察院主导，另一个阶段由法官主导），这是无数歧义产生的来源，并使审判中的预审（调查）所应具有的重要性和显要地位与审判者所必须具备的公正性和客观性相兼容，从而防止出现屈服于诱惑而依赖于预备性预审的结果。且这一切不妨碍镇压犯罪的公共利益，不妨碍使用法律允许的程序上的强制措施的可能性及调查的官方性原则，不妨碍诉讼程序的推进和继续进行，不妨碍预审/调查实体行动的客观性和刑事诉讼程序标的的不可处分性。

弗朗哥·科尔德罗（Franco CORDERO）承认在刑事诉讼程序中存在着一个基本上以前面描述的为模型构建的预备性预审，并由此出发得出结论，[71] 辩论预审的维持几乎不脱离于纯粹的本质（pura intilidade），因为它只是对未来的审判的一次难以解释的提前。

---

70 值得注意的是，以联邦德国现行的刑事诉讼法为例，授权检察院的预审/调查活动是极其有限的，因为检察院自动（也就是说：独立于法官）拥有的权力和职能是受到最严厉的限制的，甚至不允许检察院强迫嫌犯出席以便被听取意见（参见 Eduardo CORREIA, RLJ 99/66 nota）。关于联邦德国《刑事诉讼法典第一次修订法》的草案——1. StVRG. Drucksache Ⅵ - 3478——司法部长 JAHN 在联邦议院（Bundestag）上强调（参见 *Das Parlament*, 14 - 6 - 1972, 3），"该法案使检察院得以在法官的完全控制下，采取其为圆满完成预备性预审而必须采取的强制措施"。

71 见前文脚注 67 中所引参考文献。

但这似乎并不一定是有道理的。首先，如果预备性预审必须在不听取嫌犯意见也不牵涉到其基本权利范畴的条件下进行，那么很容易理解，预备性预审无论如何都不可能是穷尽的（esgotante）。因此，如果预备性预审应当紧跟着控诉进行——因为人们期望通过预审来为定罪收集到足够的迹象——那么肯定相对于控诉而言，定罪的比例是非常小的，这是社会的法律情感所无法容忍的，将会损害人们对于"隐私"的正当利益，结果是损害了镇压犯罪的公共利益。除此之外，一旦初步侦查显示有必要触及嫌犯的权利义务范围（以及经过多少次听取其意见，包括强制听取，才足以消除所收集到的迹象！），则必然发生一次草率的起诉，该起诉最终并不服务于任何人的利益，但如前所述，能够对国家和嫌犯本身的正当利益造成损害。

3. 综上所述，有必要使所构建的刑事审判，即使不是当事人的诉讼程序，至少也要符合控方和辩方诉讼法律地位严格平等的原则。

很多学者反对，[72] 使这些诉讼主体在法律上的地位平等化的主张，事实上在他们之间挖掘出了更明显的不平等——除非嫌犯可以以其强大的经济能力弥补（仅在某种程度上，在某种限度内）其相对于国家权力赋予检察院所拥有的在手段上的缺失，即使在英美法系中亦然——笔者认为这样的反对并没有充分的理由。而这并不是因为笔者赞同重新计划将辩方的职能进行分割的可行性，就像在检察院和警察之间存在的职能区分一样——正如英国"barrister"和"solicitor"的区分以及美国"lawyer"和"private detectiv"的区分[73]——而是因为笔者十分严肃认真地对待检察院在整个审判阶段的客观性义务的持续性（因此，检察院应将其公权力服务于对辩方提出的观点和要求的任何证明材料进行不偏不倚的调查的工作）；而尤其是因为，笔者没有忘记社会思想是如何赋予国家本身以通过专业机构填补缺口的职能，而在辩护权的具体实现的情况下，该等缺口可能是因嫌犯的弱小的经济条件所打开的。

显然，笔者考虑的正是司法援助机制，在葡萄牙，目前对此作出规范的是 6 月 9 日第 7/70 号法律和 1 月 18 日第 562/70 号令，[74] 其中的规定与之

---

72 其他学者的论述可参见 H. HENKEL § 24 Ⅰ 1 b)。

73 关于这一问题的阐述，可见 GRÜNHUT, Weber-Fests. 359 e s. e HERRMANN, *Die Reform*, cit. 249 ss. , 258 ss. , 273 ss. 。

74 参见 Dias MARQUES, *Acerca da proposta de lei da assistência judiciária*, ROAdv 30 （1970）137 ss. 。近期有 Lúcio VIDAL, *A assistência judiciária nos tribunais ordinários* （1971）。

前的法律相比表现出明显的自由性。而确实不能不注意的是，这一机制确实存在，并且在采纳单纯的当事人的诉讼程序模型的国家中获得了极度的发展，在这些国家，该机制被视为确保制度完美运作的最重要的社会条件之一。[75] 不过，笔者所想到的不仅有司法援助，而且还有应当赋予所有嫌犯的自动地且无负担地（尽管是在法官的控制下，包括预审法官和审理案件的法官，以防止滥用和拖延）求助于国家在刑事调查和证明材料的收集和分析方面的专门部门的可能性。

在这些基础条件之中，不应当对提倡控方与辩方在刑事诉讼程序中的法律地位的基本均衡怀有任何畏惧。而能够确认的是，刑事审判的结构，在现行刑事诉讼法中，已经基本上对应于这个计划，在一次整体的改革中，不应当在此意义上重新思考每一条法律规范，从而使诸如前述《司法章程》第 17 条和第 23 条等不正常的规定从制度中消失。

4. 显然，尽管说了这么多，仍然不乏有人坚持认为，赋予法官在听证中的调查职能将不可逆转地使之丧失公正性和客观性，因而继续主张被动法官原则，这是英美法中纯粹的当事人的诉讼程序的典型原则。但是，一般而言，正如笔者在不止一个场合所主张的赞同将调查原则作为补充，[76] 似乎阻碍了使这一论据具有正当性的脚步。这是因为，在葡萄牙司法实践中找不到任何能够强迫我们接受或者有力地说服我们背弃调查原则作为补充原则的可能性的依据（或许应当将某些特别形式的诉讼程序排除在外，但在这些程序中，其最严重的缺陷更应当归责于该等诉讼形式的结构，而非共同制度中的缺陷）。

但是，这并不意味着不能找到某些对审判结构本身进行的改革，它们旨在最大限度地拯救裁判者的公正性和客观性。为此我们将列举出笔者认为与此时正探讨的问题有关的那些改革中的两例作为参考。

a）施密特近些年来一直建议——对他的建议，并没有进行细致的研究，而笔者认为这样的研究毫无疑问是值得的——在合议庭中，调查和收

---

75 在美国，通过联邦最高法院的判决，从宪法第十四修正案中直接衍生出了"任何嫌犯都不应因其不利的经济条件而处于不利的地位"的原则。关于几个主要的裁判，参见 KADISH-PAULSEN 700 ss.；更晚一些的概括性介绍，见 M. PAULSEN, *Grundzüge des amerikanischen Straf- prozesses*, Z 77（1965）622 s.。关于这一问题在德国的情况，比较晚近的著作见 F. BAUER, *Armenrecht und Rechtsschutzversicherung*, Studi Carlo Furno（1973）89。

76 参见本书前文第二节 Ⅱ 2 c）以及第六节 Ⅰ 2 及以下，此外还可参见第八节 Ⅱ 1 b）。

集证据的职能只被赋予一名法官，该法官也是唯一一位对卷宗进行审理的法官，而其余的法官仅被赋予作出裁判的权限。[77] 这样就确保真正的裁判者具有全面的中立性（以及按英美法的标准，具有完全的积极性），并不因此而不得不放弃在审判中的司法预审/调查的好处。

这样的解决方案似乎在原则上有助于确保整个刑事审判中的公正性，并不因此而质疑审判中的调查最能体现刑事诉讼程序想要找到实质真相的意图的观点，也不因此（与预备性预审受到保护的先程序的特征一起）而质疑裁判者不应当依赖于预审结果的观点。但是，即使将采纳这样的制度就必然出现的司法组织和管辖权划分等复杂问题置于一边，仍可提问的是，对于负责调查的法官作为主体而受到的损害，是否不会传染到其余法官。尤其还可提问的是，裁判者所被赋予的完全的被动性在一个诸如葡萄牙法律的法律制度中，是否可以承受，因为在这里，完全没有法官被动的任何传统。[78]

b）为了尽可能保证刑事裁判者的客观性和公正性，学者们提倡将审判分割为两个不同的阶段，这在很大程度上相当于英美刑事诉讼法中的"定罪"（conviction）与"判决"（sentence）的区分：[79] 前者旨在对被指控的事实进行审判，而后者旨在具体地确定对罪犯科处的处分。结果是，由于不在第一阶段对与嫌犯之前的生活有关的一切事宜——其性格、其行为方式、其刑事纪录——进行审理，从而防止法官在此阶段形成偏见，从而可能影响对被指控的事实的证明。不幸的是，时有发生的情况是，[80] 面对一个有严重的刑事纪录或有着非常独特的人格特征的嫌犯，法官们往往降低对被指控的不法行为的证明要求，尤其是当他们发现该不法行为与该嫌犯曾被定罪的事实具有相似性时，或者当他们发现该等事实与嫌犯的人格特别符合

77　Eb. SCHMIDT, DRiZ 1959/20 s. ——对该研究笔者并没有直接查阅——e *Strafprozess und Rechtsstaat* 146，218 e 303 s. 但要注意的是，在对应后一所引文献的研究中，Eb. SCHMIDT 本身的立场，相对于其在之前研究中所持的立场，似乎也是削弱的和存疑的。与前所阐述相一致的观点，见 M. GRÜNHUT, v. Weber-Fests. 361 s. e Kern-Roxin § 17 D.。

78　类似的，在德国法中的情况，见 HERRMANN, *Die Reform*, cit. 131 ss.，417 ss.。

79　其他的做此类比的学者还有 M. GRÜNHUT, v. Weber-Fests.（1963）362 s.；G. BLAU, RintDP 1969/447；葡萄牙学者的著作，见 J. M. BELEZA, cit. 351。

80　对此有很多例子可以引用，例如在波尔图中级法院 1972 年 6 月 21 日的合议庭裁判（摘要载于 BMJ 219/263 s.）中，被援引作为猥亵罪（atentado ao pudor）的证据的事实中包括，"被告过去的行为并不是那么完美的，不排除他曾想对十岁的未成年证人进行侵害"。

时。这样的趋向确实不应被采纳，因此有必要通过将审判划分为两个阶段来抵制这样的趋向。[81]

简单地说，从其真正的重要性和含义而言，这一问题远远地超越了时至今日仍被引述以证明我们的解决方案合理的理由，也成为近二十年来刑事诉讼法学界最广为讨论的问题之一。从实定法的角度讲，该解决方案是清楚的：《刑事诉讼法典》赋予审判以绝对单一的结构。但是有必要利用回忆和重新思考争议的主要线条的机会（虽然正如下文所见，这在一定程度上超越了本节所要考虑的问题的框架），以便我们也能够在应然法（lege ferenda）层面对此争议作出决定。

5. a) 学术界对前述关于对刑事诉讼程序中的"对责任的裁定（césure）"[82]（德国法中的"Schuldinterlokut"）问题的命名以及"将刑事诉讼程序分为两个阶段"[83] 的问题进行探讨，且自 1951 年以来，该问题在不计其数的国际会议上被热烈探讨。

基于学术上的分析和对立法改革的分析，尤其是借助"社会防卫"（défense sociale）的拥护者之口——既包括提出较极端观点的格拉马蒂卡（F. GRAMATICA），也包括所提观点相对缓和的安塞尔（M. ANCEL）或科尼尔（P. CORNIL）[84]——传播关于将刑事审判分割的思想，自 1954 年在安特卫普举办的第三届社会防卫大会，至 20 世纪 60 年代末，成为获得大多数学者认可并被大多数国家的立法所采纳的思想。但是，到了 1960 年，人们在罗马聚集召开第十届 AIDP 大会，本届大会的议题之一就是上述问题，但在此次大会上，反对进行分割的人在数量上其实与赞成分割者相当，使达成

81　在这个意义上，笔者相信 O Cycle d'Études des Nations Unies sur l'examen médico psychologique et social des delinquants（1951）-Conclusions de la section judiciaire，Rev. pol. crim.（1953）138；然后还可参见 J. M. BELEZA，cit. 352 s. 。

82　在 P. CORNIL，Estudos Beleza dos Santos I 222 中解释了命名的原因："En poésie，la césure entre les deux parties d'un vers interrompt la cadense，mais elle laisse subsister l'unité des vers. Ⅱ doit en être de même ici：la césure indique un changement de point de vue，mais elle doit conserver l'unité profonde du traitemet de l'individu délinquant。"

83　要注意的是，这些命名中的任何一个都是不正确的，因为此处的区分的问题只适用于审判阶段，而不适用于整个刑事诉讼程序。

84　关于社会防卫运动内部的区分，详见 Marc ANCEL，La défense sociale nouvelle 2（1966）121 ss. e A. ONECA，Las teorias penales italianas en la postguerra，ADPCP 1967/26 ss. ；概括性的介绍见 Eduardo CORREIA Ⅰ 94 s. ，其中列举了其他可资参考的文献。

一致的解决方案成为不可能。[85] 而——也许最能体现该观点在当前所面临的被怀疑的局面的征兆是——过去或许是对分割的最强烈的拥护者的比利时学者保罗·科尼尔（Paul CORNIL），[86] 意识到实现其主张在现实中存在的难度，尤其是考虑到刑事法律制度最晚近的发展趋势，在其最近的研究中得出下列结论，"La césure（…）n'a plus raison d'être et il est nécessaire de mettre sur pied un mode unique de procédure pénale aqui envisage，en un ensemble cohérent，le jugement et le traitement du délinquant"。[87]

b）可以被试着用于反对承认刑事诉讼程序中的分割的首要的和最彻底的论据，是人们认为导致分割的观念在历史上产生的刑法思想所应受到的批评。也就是说，由于分割与"社会防卫"之间有不可分离的关系，并因此而与一项明显具有保护性色彩的刑事上的权利相联系，而根据该权利，罪责的观念和报复的观念无从立足——或者只占次要地位——因此，基于罪责和报复性刑罚思想而建立的整个刑事制度（葡萄牙法即是如此[88]）都应当通过强制力而被拒绝承认效力。[89]

不过笔者并不认为此论据能够起到决定性的证明作用。现行葡萄牙刑事法——可以肯定，未来的葡萄牙刑事法也是如此——建基于罪责和报复性刑罚的思想的现实，并不意味着对社会防卫和罪犯重返社会的思想的拒绝。恰恰相反，葡萄牙的刑事法律的出发点在于法益保护（社会防卫的外部功能），通过承认人格上的罪责来对此功能进行限定（内部的功能），以形成一个辩证的刑罚观念，[90] 这样的刑罚虽然是对罪责的刑罚，但必须通过罪犯的社会再适应而使其进行犯罪的趋向获得修复拥有一个动态的意义，唯有如此，才能有效地实现对法益的保护。[91] 从这个观点出发，我们看不出

85　支持该观点的人士包括 BLAU 和 FISCHINGER（联邦德国）、LUNA（巴西）、MARSAWAFI（埃及）、VITU（法国）、CONSO 和 MORUZI（意大利）、STRAHL（瑞典）、ANDENAES（挪威）。反对的有 CORNIL（比利时）、CONSTANTARAS 和 ZISSIADIS（希腊）、CALDARERA 和 CUCCHIARA（意大利）、CIESLAR（波兰）、RUZEK（捷克斯洛伐克）、BAYER 和 VASILJEVIC（南斯拉夫）——全部载于 RintDP 1969/431 ss.。

86　BFDC 31（1955）96 ss..

87　P. CORNIL，Estudos Beleza dos Santos I 225.

88　最晚近的著作，参见 Figueiredo DIAS，*O problema da consciência da ilicitude* 167 以及其中脚注 6 中所引参考文献。

89　类似的观点见 Barbero SANTOS，cit. 200 ss.。

90　笔者认为，这与关于"作为制度的刑罚"的概念的新近理解之间并没有本质上的不同：Eduardo CORREIA，*A influência de Franz v. Liszt sobre a reforma penal portuguesa*，BFDC 46（1970）16 ss.。

91　Figueiredo DIAS，*La reforma del der. pen. portugués* 38 s.，46.

在一个查明罪责的诉讼阶段与之后的一个确定刑罚的阶段之间存在任何分歧，既然在后一阶段中确定的刑罚是针对罪责的刑罚，因而是"合理的"，且必须同时是有社会再适应功能和具有保护性的刑罚。因此，对分割的问题，不能在刑事法的一般概念的理论框架中解决，而要在对刑事诉讼政策进行考虑的实践层面上解决。

c）一直以来被认为能够为分割提供最强有力的支持的论据，甚至能够为强行分割提供依据的论据是，只有通过分割——而不是通过审判的单一结构——才能够对罪犯的人格（*personalidade do delinquente*）进行充分的考虑，而如今，这一点对于履行刑罚的个性化、准确地确定所适用的处分以及正确地区分对待被判刑者等要求而言，绝对是不可或缺的，这在真正实现现代化的刑事法律制度中都有所体现。

不论对这一论据如何评价，有一件事情是确定的：由于其在葡萄牙法上所呈现的形式（与大多数国家的立法相同），审判听证明显不能回应前述刑事法的新要求——尤其是，当法律成为一个如此个性化的概念，并且专注于罪犯的人格，正如在爱德华多·科雷亚的《刑法典草案》中所表现出来的那样时，这种无力就更加明显了。但由此仅仅产生了对该听证的程序步骤进行改革的必要性，而并不必然意味着需要将之分为两个阶段：为对区分的适当性的适时性作出决定；有必要诉诸其他方面的考虑。

d）通常被援引作为采纳分割制度的困难的是，该制度以强制力导致一个远长于刑事诉讼期间的期间。众所周知，刑事司法发挥作用越及时，刑事司法就会越完美和越有效——因此，毫无疑问，获知实质真相的可能性，与实施犯罪和判决转为确定之间的时间差成反比——同时经过人们对最对刑事诉讼程序的拖延提出的抱怨的考察，可以说，在任何国家，可以不费力地理解的是，将刑事审判分为两个阶段的想法，从这个观点上看，会遇到最强烈的反对。但是，在强硬地提出此论据之前，也必须对之进行仔细的分析。

无可非议的是，这使嫌犯拥有更广泛的防御方法的现代趋向，使刑事诉讼程序的平均持续时间延长了。从这个意义上说，这种延长纯粹且完全是应获支持的，因为它直接反映着法治国家的要求以及人们在诉讼程序层面所能感知的实质正义。但是，只要这一拖延不是嫌犯更有效的辩护权的直接结果，而是出于其他方面的考虑，就必须要小心地权衡其优点和缺点。

首先，在分割制度中，显然第二阶段仅在就第一阶段作出确定性审判后才应当开始，也就是说，[92] 在可针对第一阶段的裁判提起的所有平常上诉的方法均已穷尽之后！但这一解决方案在现实中是如此不获支持，绝大多数学者都会承认，仅在就第二阶段作出裁判之后才可能受理上诉，除此之外不存在其他的路径，至少在原则上不存在。[93] 仍然会导致严重困难出现的情况是，当有关法院改变其在第一阶段中的裁判时，使被选择对新形式的"事实"科处的刑罚种类是否合适变得令人怀疑；而这是因为，葡萄牙从来没有哪一家上诉法院（甚至也没有看到或者听到嫌犯！）处于实施真正的刑罚的个性化的地位。[94] 对此问题，唯一正确的解决方式是，有关法院如果要改变第一阶段的裁判，应将案件发回第一审法院，以便在贯彻口头原则和直接原则方面具备极佳条件的第一审法院在有需要时修改其对第二阶段的裁判。但是，考虑到由此导致的刑事诉讼程序的拖延，这一解决方案也是灾难性的。

除了上述已经不薄弱了的论述之外还有，不容置疑的是，分割制度——不论有权限对第二阶段进行审理的法院是哪一审级：可能是同一个法院，正如安塞尔所主张的；[95] 可能是由法官、教育家、社会学家和医生组成的特别机构，正如科尼尔所主张的；[96] 也可能是刑罚执行法院/法庭，正如在葡萄牙法中可能有立足之地的[97]——笼统地说，导致对辩护的适当保障和在诉讼程序的第二阶段亦进行预审的适当的可能性，这导致对证据进行调查和

---

[92]　正如在 R. SCREVENS，*L'étude de personnalité et le jugement*，RDPCrim. 32（1951）509 中所准确地指出的。

[93]　对该问题的谨慎讨论，见 BLAU e FISCHINGER，Z 81（1969）46 ss.，55。

[94]　如前所述，我们的反对与为适用刑事上诉而对事实问题和法律问题之间的区分毫无关系——关于这一点的概括性介绍，见 Figueiredo DIAS，RDES 17（1970）278 ss.——我们也并不想否定我们的最高法院将量刑视为法律问题从而由复审法院管控的司法裁判。因此很明显，量刑是一回事，在一个真正区别化的 penologia 中进行刑罚的选择和个性化是另一回事，而后者正是当代刑事法所要求的，且对于后者，笔者认为，我们的上诉法院绝对没有进行此项工作的绝对权力。关于如今在此领域发挥作用的那些严格要求的概括性介绍，参见 M. R. Crucho de ALMEIDA，*A penologia diferencial. Um ramo crescente de investigação em criminologia*，Estudos Beleza dos Santos 141 ss.。

[95]　Études Hugueney 223.

[96]　BFDC 31（1955）108 ss.. 还可参见该作者的另一著作，*Observation des délinquants*，BFDC 31（1955）117 ss.。

[97]　在前述第十届 AIDP 大会上，分割的拥护者中的大部分似乎都已经倾向于文中所指出的、由安塞尔牵头提出的第一种解决方案，主张在诉讼程序的两个阶段中不更换法官（关于该共同观点在锡拉库萨（Siracusa）预备会议上被提出的过程，参见 Baebero SANTOS，cit. 205 ss.）。笔者完全赞同这一解决方案，因为它是在分割制度内最慎重和最具可行性的解决方案；但是显然，不更换法官不应当损害在第二阶段中寻求专业人员协助的可能性。对此，葡萄牙学者的论述可见 J. M. BELEZA，cit. 364 ss.。

讨论、作陈述、作询问、召开评议会作出裁判等的时间都要加倍。即使通过这种方式第一阶段的时间能被缩短，但毫无疑问，在整个刑事诉讼程序的持续期间将会实质性地增加。[98]

e）具体构建分割方式的形式，也不能脱离于那些严重的困难和质疑，尤其是涉及其到底是强制性的还是任意性的困难。

再一次是以安塞尔为先导，[99] 大部分学者如今承认，其强制性明显多余，因为从根本上说，为打击小型的和中型的犯罪行为，并不要求采纳这样的制度。但笔者认为不能否认的是，将对分割的适用置于法院的自由裁量之下是最差的解决方案——这不仅是因为，正如很多学者有理有据地指出的，[100] 法院对法律的解释与运用也许承担着将该制度仅适用于最特殊的案件的责任，而且还因为，这会创造一系列新的障碍，而它们使诉讼程序的持续期间变得更长。

显然，可以考虑的是，通过法律来笼统地决定在哪些案件中将审判强制分为两部分，但是，人们也不认为法律能够轻易地摆脱完成这样一项任务的责任。法国所采取的解决方案是，[101] 使分割在适用于"犯罪"时具有强制性，而在适用于"不法行为"（delito）时具有任意性，或者说，仅对可被科处一定刑罚（例如，两年以上徒刑）或可通过某一特定形式的程序（例如，重刑刑事诉讼程序/控告刑事诉讼程序）进行处理的犯罪是强制性的，这一解决方案是绝对不恰当的，这是因为，分割的好处并不取决于违法行为或刑罚的严重性，而是取决于案件的具体情况，尤其是那些与行为人的人格及其重返社会的难度相关的那些情况。

不管是强制性的还是任意性的，不管被作为原则适用还是仅适用于特殊的情况，就其构建的具体形式而言，分割制度还面临着一个重大的困难，该困难是如此之大，以致以笔者之见，仅该困难本身就足以使整个分割制度成为疑问。该困难就是，将刑事审判分割以后，每一阶段的内容到底应当如何确定？尤其是，向作出该等区分提供依据和理由的内容是什么？

对那些追随"社会防卫"极端言论的人而言，诉讼程序的第一阶段应当完全用于确定将有关行为归责于行为人，因此，处理的是不法行为的纯

---

[98]　关于该结论的确切含义，还可参见 F. HEINITZ, Lübtow-Festg. 840。

[99]　Études Hugueney 2231，其中有内容一致的说明。

[100]　例如，ANDENAES, RintDP 1969/669 e E. HEINITZ, Lübtow-Festg. 840。

[101]　类似于通过 1958 年《刑事诉讼法典》建立的制度［第 81 条第 6 款和第 7 款，关于"人格档案"（dossier de la personnalité）］。

粹的物质性，而第二阶段则用于审查行为人的反社会性（其中包含行为人的可归责性的问题）和确定刑事处分。[102] 但是，一方面，不可能将某一事实归责于一个未经确定其可归责性的主体，另一方面，人们早就想要在分割制度与"conviction"和"sentence"这一英美刑事诉讼程序中典型的区分——类似于德国法学学理上对"Schuldfrage"和"Straffrage"的区分——之间建立起类比关系，这两方面的因素导致，人们普遍接受的观点（始终由"社会防卫"的缓和派的拥护者所主张，且再一次由安塞尔所牵头[103]）是，在第一阶段（安塞尔将此称为"对应受谴责性的诉讼程序"）法官应当对有关事实在整体上作出裁判（其中包含与罪责有关的一切问题），而第二阶段（安塞尔将此称为"社会防卫的诉讼程序"）是针对行为人的，对其情况和个人特征进行调查，并选择适当的刑罚。

只是，如此地提出这一问题，意味着——尤其是当面对着一个像现行葡萄牙刑法的刑法时，更有甚者，当面对爱德华多·科雷亚草案中的刑法时——使分割制度成为无稽之谈。事实上，即使是面对着那些赞同所有的罪责都是对事实的罪责的观点的刑事法律制度，同样不容置疑的是，行为人的人格从根本上决定性地对罪责问题造成影响。首先是因为，如果不对行为人的人格进行考察，可归责性的问题就不能获得完全解决；[104] 其次是因为，对于故意和过失的问题，即使按其传统含义理解，该等问题受到行为人在面对刑法所保护的价值时的个人态度影响；[105] 最后是关于阻却罪责的事由的问题，诸如不可要求性（inexigibilidade）和对不法性的意识的不该受谴责的欠缺，非经对行为人人格这一"价值种类"的审理，也无法对该问题作出决断（甚至无法准确地提出问题）。[106]

由此得出结论，将罪责的问题在诉讼程序的一个阶段提出，而在其后的另一阶段对行为人的人格进行调查（并对此作出裁判），这样的主张是完全不能实现的。[107] 另外，如果相对应的刑法在对事实的罪过之余（或取代事

---

102 意大利学者格拉马蒂卡（F. GRAMATICA）的推论是这样，引自 Barbero SANTOS, cit. 194 s.。在某种程度上，这也为科尼尔所主张，见 BFDC 31（1955）107 s.。

103 Études Hugueney 117, 120；*La défense sociale nouvelle* 2（1966）251；*Le role social du juge pénal*, Estudos Beleza dos Santos I 210.

104 参见笔者拙作 *O problema da consciência da ilicitude* 191。

105 同上注，第 235 页及以下。

106 同上注，第 191 页以及第 309 页及以下。

107 对此，RUZEK, RintDP 1969/606 中有非常准确的阐述。

实的罪过），承认对行为人人格的罪责进行单独的参考，则更是如此！还要强调的是我们之前已经阐述过的一个问题，是关于罪犯的人格对罪责问题的重要性的，可以并且应当再回到量刑标准的问题上[108]——参见《刑法典》第 84 条，且更强有力的论证见《爱德华多·科雷亚草案》第 86 条——因为所有的这些量刑标准均与将审判分成的若干阶段中的第一阶段有关，且早在该阶段中即已被考虑。

显然，只要法官保持不变，上述论据中就没有哪一个能够确定地阻止走向分割的思想的步伐：在第一阶段收集对"罪责问题"作出裁判所必需的一切资料，之后其中的大部分资料又会在第二阶段被重新利用和评价。但必须要承认的是，通过这种方式，不仅有力地动摇了分割所具有的优势，而且不可避免地导致证据无谓的重复、拖延和反复——所有这些都会使刑事诉讼程序的持续期间延长、复杂性增大。前述论据并非旨在说明该制度是完全不可能的，而是——这已经很明显了——旨在说明其所具有的极度的不便，甚至是无效用。因此，当想要反驳前述论据时，某些学者的做法是，举出两个阶段之间的某些的"联结"（passerelles）（笔者认为，这是指两个阶段之间的一种 imbricação 或一种"vicariato"）以支持自己的观点，它们与罪过和量刑有关的因素相联系，于是，可以思考的问题是，由此产生的该制度是否在实质上不同于——且在一定程度上优越于——现行的审判的单一制度。

f）在有关罪犯人格和量刑的因素的问题上，两个阶段的叠盖，依笔者之见，使本可以成为分割制度的最大优势——尽管可能较少被提及[109]——的优势无效：这个优势就是，通过将一切与罪犯先前的生活有关的事宜从第一阶段排除，防止法官在此基础上形成偏见，从而影响对嫌犯被指控的事实的证明。而由于该等情况对不法罪状的证明或罪责的确定有重要作用——且该等情况能够依据对实质真相原则的准确理解而正当地发挥重要作用——并因此而应当在诉讼程序的第一阶段被审理和评价，结果使这一优势灰飞烟灭。[110]

---

[108] 正如 E. HEINITZ, Lübtow-Festg. 841 中所提出的观点及理由。

[109] 但可参见 E. HEINITZ, cit. 842 ss.，此外，除前文脚注 81 中所引参考文献外，还可参见 Eb. SCHMIDT, *Strafprozess und Rechtsstaat* 307 s. 。

[110] 英美的刑事诉讼程序禁止将嫌犯的"性格、记录和背景"呈交陪审团，禁止陪审团考虑这些因素（参见 J. HERRMANN, *Die Reform*, cit. 302 s.，322，434 ss. e E. HEINITZ, cit. 843），而《法国刑事诉讼法典》第 16 条则明确禁止在对嫌犯的违法行为或罪责进行证明时考虑其"人格档案"。在一个像葡萄牙这样的法律制度中，此类禁止无非就是完全排除通过对行为人之前生活的考虑（例如，盗窃罪、破毁罪、性犯罪等）得出的迹象来证明其实施了有关行为的可能性。这与前文中有关实质真相原则的讨论相一致。

g）综上所述可以得出结论，将刑事审判分为两个阶段的观点，如果不是完全不能执行的，其实际的效用和可行性大于其有疑问的效用和可行性。似乎更准确的说法是，学术界和立法上的努力是为了给在整个审判中（在整个刑事诉讼程序中也是如此！）对罪犯人格的调查提供更好的条件，但并不因此而将之分为两个阶段。此外，这些努力也是为了使法官具备一切条件以正确地和有依据地选择或具体化所科处的刑罚——在特定情况下，不仅允许，甚至要求法官寻求专业人员的协助——并不因此而为之创设一个专门的诉讼阶段。

诚然，很多与刑罚的具体化有关的问题超越了单一审判中的法官的权限和能力。但是，为考虑该等问题，在葡萄牙的制度中存在刑罚执行法院，找不到不扩大其管辖权的理由。尤其是，由于葡萄牙刑事法律制度中将要规定（相对）不定期刑——规定在《爱德华多·科雷亚草案》第 94 条及以下——此刑罚也许是最有希望打击"严重的"犯罪的方式之一，也许是对之进行控制的最有效的方法之一，在此种情况下，扩大刑罚执行法院的管辖权就更有必要了。

6. 现在可以得出结论。刑事诉讼程序以控诉式为基础，但以调查原则作为补充的结构，在未来仍具正当性继续存在，并可作为未来刑事诉讼法的基础，而并不必须屈从于纯粹当事人诉讼程序的典型制度。后者这一制度，由于其在理论上的严密性——加上其在整个诉讼程序中所具有的辩证性，通过在程序中所探讨的利益的对立所被赋予的重要性表现出来——而具有强制效力，且从某种观点来看，可被视为一个在政治上值得赞扬的制度[110a]——因为它确保嫌犯处于一个有更广泛的自由且与其所受到的怀疑相称的地位——与此同时（笔者认为，这是该制度的唯一一个没有疑问的优势），赋予法官的法律地位使之超越任何怀疑，使法官在作出裁判时保持中立性、客观性和公正性成为可能。

考虑到这些优势，尤其是在该事宜方面，不应当太匆忙地关闭对从这样的制度中产生的（仅仅因为这被视为完全应被舍弃的）、被认为对更好地实现刑事诉讼程序的目的适当的想法的讨论。但我们并没有太多疑问的是，面对这样的目的以及由此产生的对实质真相的要求，欧洲大陆的制度模式

[110a] 在此背景下进行的十分重要的论述，见 G. COLE, *Politics and the administration of justice* (1933)，还可参见 F. MORRISON, *Courts and the political process in England* (1974)。

可能仍然继续具有优越性，不仅因为欧洲的制度与一个根深蒂固的传统相适应，而且因为很可能是欧洲的制度更符合其适用对象的特质、存在方式以及其本身的社会条件。[111]

作为结论，应当再尖锐地作出一个警告——正如诸如联邦德国的亨克尔所为[112]——一个像葡萄牙的刑事诉讼制度这样的刑事诉讼制度，其实际效用完全取决于它能够将法院司法官提升到一个什么样的高度；它关注的是如何实现那些使法官履行裁判职能的极佳条件——完善的技术准备；对良知的持续压力的呼唤；在保持其中立性、客观性和公正性时的严格的自我控制的意愿；在政治、社会、经济和等级方面完全独立的保障——于是，这成为唯一一种能够保障该制度良好运行，并能证明该制度优于纯粹当事人的刑事诉讼程序的形式。

IV 作为"法律关系"和作为"法律状况"的刑事诉讼程序

1. 从法律视角看——其他的视角还有道德、社会、政治、文化等——刑事诉讼程序是规范对某一具体犯罪的调查和澄清的纪律规定，使以其行为而成就某一罪状之人被科处某一法律后果。在这个意义上，从形式的视角来看，刑事诉讼程序构成一个公"程序"（procedimento），从有调查和澄清趋向的第一个官方行动开始展开，直到作出一个有既判力的判决为止，甚至直到被定罪的嫌犯被执行其所被科处的刑事处分为止。如前所述，[113] 这一程序不仅针对嫌犯及其与由参与程序的机构所代表的惩罚性权力的持有者之间的关系，而且也牵涉到一系列"第三人"——证人、声明人、鉴定人、传译员——在他们与诉讼主体之间形成了更为多样的法律关系，他们在诉

111 　笔者认为不应笼统地赋予此种类型的论据以与一切和任何法律上的表现有关的信任——至少当不处理那些允许对其中出现的问题进行科学审理的因素时是如此。但是，关于（如今被广泛呼吁的）向英美刑事诉讼程序的靠近，我们如果要采用该制度并没有很大的阻碍，这是因为考虑到该诉讼程序与盎格鲁－撒克逊民族最标志性、最著名的特征之间存在着如此明显的联系，而概括地说，也是因为在每一民族存在的特定条件与其相应产生的司法机构之间存在着紧密的联系。因此，笔者完全赞同 Eb. Schmidt, *Strafprozess und Rechtsstaat* 146 中提出的理由，该学者指出："有一件事情是确定的：对英美刑事诉讼法的接受要以对英国人的特性的接受为前提，即以对司法当局的典型的英国式的尊重和全部英国法律传统为前提，总之，以英国人及其历史为前提。"

112 　§ 24 I 1 b 最后部分。

113 　参见本书前文第三节 III 3。

讼程序中处于不同的法律地位。[114]

正是为了在法律上涵盖所有这些多样性，将刑事诉讼程序作为一个统一的整体，有人尝试将之定性为诉讼法律关系（relação jurídica processual）。

诉讼法律关系的概念是由奥斯卡·冯毕罗（Oskar v. BÜLOW）首次应用于诉讼程序之上，在其真正对整个现代程序法理论有标志性意义的著作中，之后这一概念被科勒重构和发展；[115] 但不管是在哪一位学者的著作中，对这一概念的思考都基本上针对的是民事诉讼程序，在民事诉讼程序中，在双方当事人和法院之间，存在着一个三角关系，而该关系——根据法学一般理论的主流观点[116]——是相对于一方当事人的实体权利和作为其对方的一方（或几方）当事人的法律责任或义务的情况的一部分。[117] 这样，这一概念与诉（acção）这一程序法上的概念有着不可分割的联系，且事实上，至少在原则上，与将诉作为法律保护的主张的诉的实质概念具有不可分割的联系。[118]

诚然，不乏学者意识到，在刑事诉讼法中落实这一概念存在巨大的难度，尝试将诉讼法律关系这一概念与一个纯粹形式上的诉讼的概念相兼容，在后一概念中，仅要求在诉讼程序中作出任一裁判，因此，只要求一个就实体问题作出的判决或单纯形式上的判决。于是，诸如贝林格等学者没有赋予前一概念其他价值，没有使对程序的把控持续到法官审查诉讼前提是否存在并就在该具体案件中是否有审判义务作出声明的时刻为止。[119] 但是，不仅在诉讼法学中引入一个无非是为了再次确认"刑事正义的管理和实现的义务"[120] 的一般思想的一个新的概念没有任何必要，而且可以确定的是，

---

114 类似的阐述，见 K. PETERS § 16 Ⅰ。

115 对该等学者（他们的著作已经在本节参考文献部分列出）的理论的延伸阐述，以及诉讼法律关系理论所具有的特性的介绍，见 J. GOLDSCHMIDT, cit. 1 ss.。

116 参见 Manuel de ANDRADE, Teoria geral da relação jurídica Ⅰ（1960）2 ss. e SANTORO-PASSAREL-LI, Teoria geral do direito civil（1967）49 ss.。即使是在 Orlando de CARVALHO, Direito civil（Teoria geral da relação jurídica, 待出版）中被称为法律关系的"功能部分"的，似乎从法律的视角来看，也不能将其所被赋予的"狭"义扩大，对此狭义，下文将进行阐述。

117 类似的观点也为诉讼法律关系理论在意大利最主要的拥护者之一所主张：G. LEONE Ⅰ 220。还可参见 G. BETTIOL, P. 2., cap. Ⅲ, n. 1。

118 关于诉讼行为的实质概念和形式概念（对此将在本书第二卷中进行研究），还可参见 Manuel de ANDRADE, Lições de processo civil（1945）324 ss.；Anselmo de CASTRO, Lições de processo civil Ⅰ 151；Eduardo CORREIA, Proc. crim. 22 ss.；Castro MENDES, O direito de acção judicial（1959）。

119 E. BELING 76；关于与实体问题的审理有关的诉讼程序，这"是活动，而不是关系"。

120 正如 Eduardo CORREIA, Proc. crim. 37 s. 中所强调的。

这一概念并不符合在建立于一个诉讼程序中的多重法律关系中找到一个有助于使该程序作为一个整体保持统一的纽带这一无可辩驳的要求[121]。

2. 用以前所指出的含义理解法律关系的概念，至少必须要承认的是，不能按该概念在民事诉讼程序中所具有的含义来接受该概念。在民事诉讼程序中最根本的问题：一方面，是在诉讼程序中拥有对立利益且确实在行动的各当事人之间有辩论的存在；另一方面，相应地，是处于倾向于平等的法律地位的双方当事人在法庭面前就案件进行辩论。而在刑事诉讼程序中，如前所述，根本问题既不是检察院与嫌犯之间存在分歧，也不是检察院和嫌犯在面对法庭时并非处于相同的法律地位。

认识到这一不可否认的区别以后，有些学者承认，诉讼法律关系自始在民事诉讼程序中就是三角的或三边的，[122]而在刑事诉讼程序中是角状的或者双边的。[123]

但这也不能为人们所完全接受。尽管没有对能够使诉讼法律关系的概念笼统地失效的论据施以确定的效力[124]——该论据是指，法官不能被视为一个负有义务者，至少在根据法律关系的一般理论而探讨的意义上不能，因为法官的行为是为实现一个独立的利益，即落实实体法的利益——但却承认，在隐含的意义上，法官是"负有义务的"（仅指其司法义务在程序上的落实），而事实在于，刑事诉讼法律关系的建立和发展并不是单一的，而是分阶段的。于是乎，在预备性预审阶段（如果我们想要该阶段涵盖刑事诉讼程序的全部现实，就必须在诉讼法律关系之内对此进行分析），诉讼法律关系原则上[125]仅建立于检察院和不确定的人之间，或者，当"基于检举或作为证明措施的结果，预备性预审所针对的是特定人"（《刑事诉讼法典》，第

---

121 例如，G. LEONE I 219 中承认，甚至将之归责于那些"将诉讼关系撕裂为更小的一些关系的整体或'束'"的学者。

122 参见 Manuel de ANDRADE, *Lições de proc. civ.* 362 s. 。但 Castro MENDES, *Manual de processo civil* 128 s. 中将该关系设想为角状关系。

123 参见 Eduardo CORREIA, *Proc. crim.* 39 s. （倾向于"三边"的叫法，但强调在检察院和嫌犯之间没有任何关联），而严格说来（就其核心而言/in seinen Kernstück），K. PETERS § 16 II 中也赞同此观点。

124 诉讼行为的概念本身也是如此。关于此，参见本书第二卷。

125 之所以突出"原则上"，首先是因为法官可以参与这一阶段，可以专门为对嫌犯的羁押以及之后的讯问的参与（《刑事诉讼法典》第 290 条和第 253 条），也可以笼统地为行使预审法官在该阶段所被赋予的一切职能而参与（第 2/72 号法律，第 II 条 1 a）以及《刑事预审判断章程》第 1 条第 1 款）。

250 条）时，诉讼法律关系建立在检察院和嫌犯之间。不同的是，在辩论预审阶段和审判阶段，法律关系基本上在法官、检察院和嫌犯之间建立起来，但始终不能说在检察院和嫌犯这两个诉讼主体之间建立起了直接的联系。

前述分析似乎使我们纯粹地、完全地拒绝刑事诉讼法律关系这一概念。[126] 但是，如果我们放弃坚持这一概念的严格含义，即（民）法学一般理论本身的含义，转而以更为广泛的意思接受这一概念，将之视为由法律所控制的社会生活关系，则不会像刚刚一样断然拒绝了。这样，刑事诉讼法律关系的概念的有用效力将至少包括，使人们清楚地意识到，一旦刑事诉讼程序启动，必然在国家和各个不同的诉讼主体——虽然他们的法律地位是非常多样化和差异化的——之间建立起法律关系，并由此而产生了他们的诉讼权利和义务。

从这个意义上说，这一概念必然是形式上的和抽象的。诚然如此，但并不因此而妨碍其在历史上发挥极其重要的作用，且时至今日仍因有利害关系而存在。其作用在于表明，一切由诉讼程序创造和在诉讼程序中创造的关于参与人的关系，其自我运行是以一个真正的法律体制为直接基础，而不是按偶然事件、判断或偶然的机会来发挥作用。[127] 其作用概括来讲——从贝蒂奥尔（G. BETTIOL）非常准确地强调过的视角来看这些问题[128]——在于，刑事诉讼程序必须被视为"法治国家的思想作为保障公民自由和限制国家干预的思想而出现和壮大的一个后果，其前提条件是国家应当承认个人的不受侵犯的权利"。

3. 除了形式和抽象外，诉讼法律关系的概念还可能被批评——确有学者如此评价，尤其是郭特希密特——是静止的。在这种情况下，该概念又应当被断然地拒绝，因为诉讼程序首先必须是动着的（pro-cedere），是程序（procedimento），以某一目标为方向前进，通过一系列相联系的诉讼行为，其中每一个诉讼行为构成其后的诉讼行为的基础。总之，如前所述，[129] 是动态的。

但是，综上所述，已经能够理解的是，并非不可避免地以诉讼法律关

---

[126] 对此，从该概念不可能像在民事诉讼程序中发挥的作用那样在刑事诉讼程序中发挥作用这一角度出发，参见 J. GOLDSCHMIDT 149，还可参见 Eb. SCHMIDT, *Kolleg* n. 32 ss. e W. NIESE, cit. 104。

[127] 赞同此观点的学者还有 H. HENKEL § 24 Ⅲ e K. PETERS § 16 I e *Strafprozesslehre im System des Strafprozessrechts*, Maurach-Fests. (1972) 453。

[128] P. 2.ᵃ, cap. Ⅲ, n. 1.

[129] 前文 Ⅱ 2 部分。

系的一个"静止的"概念为条件：正如彼得斯所指出的，[130] 该概念中可以并且应当包含"在某一诉讼程序进行过程中所产生的权利的义务的一切可能性"。

这正是诉讼法律状况的概念所要努力涵盖的含义。该概念由科勒首创，后来根据郭特希密特的研究，将之指明为"一方当事人在诉讼中所有的期待、可能性、负担和负担的解除的整体"，它并不处于一个形式状况之中，而是将会关系到各方当事人的实质权利，因此，将会关系到法律保护的主张。[131]

曾经有人对此观点进行过指责——从刑事诉讼的视角看，该指责是有道理的——与对一个有利判决的要求相联系的事实，或至少是表明在一方当事人（原告）与法院将会作出的裁判之间的关系。[132] 但是，如果诉讼法律状况的概念与实体法律状况的联系不是那么紧密，它就能够以明显的效用维持下来，以使诉讼程序动态起来；问题点在于，在它所关系到的法律状况中，诉讼程序在其逐渐地和按阶段地发展中发生在某一个特定的时刻。[133] 在这里，"法律状况"这一称谓——并不必然打破其与刚刚讨论的诉讼法律关系的概念之间的联系——反映出随着诉讼程序的发展所达到的阶段，并指出应当继续进行该阶段以实现通过诉讼程序旨在实现的目标。只要能够被诉讼主体正确地掌握，该"法律状况"能够为将要进行的"诉讼行为"[134] 的公正性和有效性提供可靠的标准。如此就表现出——但也如此而消耗掉——该概念的价值。

130　§ 16 Ⅳ.

131　J. GOLDSCHMIDT 259. 之后还可参见 146 ss. e 227 ss. 。

132　参见 G. LEONE Ⅰ 225. 这一"实质"因素，已经在 J. GOLDSCHMIDT 的思想中清楚地表达，后来借助 GUARNERI e CORDERO, cits. 的研究而在意大利法学界发扬光大。至于另一层含义，见 G. Bettiol 的评论（前注 128），其中对此概念进行了指责，指出"将程序法教义分解为一系列情绪的或心理的状况，结果是使刑事诉讼程序具有一种社会意旨，而非法律意旨"。但笔者并不这样看，原因在于：那些期待、可能性、负担以及要求获得有利判决的主张，都是法律上的，正如围绕这些问题的状况是法律状况一样。

133　关于其确切的含义，见 H. HENKEL § 24 Ⅳ e W. NIESE, cit. 57。

134　关于"诉讼行为"的理论，参见本书第二卷。

第一章

法院

第九节　刑事法官[1]

参考文献：

M. ANCEL, *Le role social du juge pénal*, Estudos Beleza dos Santos I 203.

O. BACHOF, *Grundgesetz und Richtermacht* (1959).

BETTERMANN, *Die Unabhängigkeit der Gerichte und der gesetzlichen Richter*, Die Grundrechte Ⅲ 2 (1959) 523.

P. BOCKELMANN, *Richte und Gesetz*, Smend-Fests. (1952) 23.

Marcello CAETANO, *Manual de Ciência Política e Direito Constitucional*, com a col. de M. Galvão Teles, 6 (1972) 663.

F. SÁ CARNEIRO, *A proposta de lei sobre organização judiciária* (1973).

1　对本节中包含的内容，之所以在此处进行探讨，纯粹是因为在葡萄牙几乎完全没有对司法法的系统性阐述，否则本来应该在司法法中对该部分内容做详尽阐述。因此不难理解的是，在接下来的阐述中，我们将只会讨论与这部分内容——其性质显然也接近于国家和宪法的一般理论的性质——有关的主要问题，甚至只是这些主要问题中与刑事诉讼法更直接相关的一些。更详尽的阐述，见所引 Marcello CAETANO、Afonso COSTA 和 Alberto dos REIS 的著作。

P. CALAMANDREI, *Processo e democracia* （1954） 67.

G. COLE, *Politics and the administration of justice* （1973）.

Afonso COSTA, *Lições de organização judiciária* （1899）.

K. EICHENBERGER, *Die richterliche Unabhängigkeit als staatsrechtliches Problem* （1960）.

E. FAZZALARI, *La imparcialità del giudice*, Studi Carlo Furno （1973） 335.

Pinto FERREIRA, *Uma abordagem sociológica da magistratura judicial* （1972）.

J. Magalhães GODINHO, *Direitos*, *liberdades e garantias individuais* （1973） 217.

M. GRÜNHUT, *Die Unabhängigkeit der Richterentscheidung*, M Krim 1930, 3/1.

Arthur KAUFMANN, *Gesetz und Recht*, Wof-Fests. （1962） 357.

R. MARCIC, *Von Gesetzesstaat zum Richterstaat* （1957）.

Fred MORRISON, *Courts and the political process in England* （1974）.

Castanheira NEVES, *O instituto dos 《assentos》 e a função jurídica dos Supremos Tribunais*, RLJ 105/133.

D. PETERS, *Richter im Dienst der Macht* （1973）.

Th. RASEHORN, *Unabhängige Richter oder Justizbürokraten?* JZ 1970/574.

I. REINA, *Lo 《judex suspectus》 nel processo penale* （1965）.

Alberto dos REIS, *Organização judicial* （1909）.

A. Santos SILVA, *A Constituição e a dependência do poder judicial*, ROAdv 31 （1971） 73.

Ary dos SANTOS, *A crise da justiça em Portugal* （1970）.

Eb. SCHMIDT, *Iustitia fundamentum regnorum* （1947）, *Gesetz und Richter* （1952）, *Die Sache der Justiz* （1961） e *Probleme der Richterverantwortung*, Strafprozess und Rechtsstaat （1970） 151.

SCHORN, *Die Ablehnung eines Richters im Strafprozess* e *Die Ausschliessung eines Richters im Strafprozess*, GA 1963/161 e 257.

SCHWEIZERICHE ZEITSCHRIFT FÜR STRAFRECHT 75 （1959）：*Stellung und Aufgabe des Richters im modernen Strafrecht*, German-Fests.

SCIENTIA IVRIDICA 21 （1972） e 22 （1973）.

K. SEIBERT, *Befangenkeit und Ablehnung*, JZ 1960/85.

F. WIEACKER, *Gesetz und Richterkunst* （1957） .

I 职能和特征

1. 根据《政治宪法》第 71 条和第 116 条的规定，法院是"主权机关"（órgãos de soberania），负责行使"审判职能"（função judicial）。这在刑事诉讼程序方面意味着，法院作为国家公权力以及在此之上构建的法律社会的代表，是唯一有管辖权对其按诉讼程序进行审理的刑事法律案件作出裁判、适用实体刑法的机构。[2]

之所以由法院负责行使该审判职能（*função judicial*），是因为前文我们称为审判权（*direito judicial*）的权利，[3] 这也可被称为法官的权利（*direito dos juízes*），[4] 或者（更常见的）被称为司法见解（*jurisprudência*）。当然，这并不意味着法官在某一诉讼程序中作出的任何行为都构成"司法见解"；但所有的行为都关于并且致力于实现诉讼程序的目的，而诉讼程序的目的又融入一个司法裁判之中。此外，正是应当从这个意义上去理解《司法章程》第 110 条第 1 款中提出的原则，根据该款，"司法官具有就……作出审判并使其裁判得以执行的使命"。

2. 不管多么难以在概念中和制度中找寻和发现一个能够表现其最特别和最固有的特征的"根本本质"，也不管多么难以在概念中和制度中找寻和发现一个其在空间上非历史的和不能改变的"性质"，不容否定的是，现实本身和生活的要求首先使人们必须相信，独立性（*independência*）是"审判"中最不可舍弃的特征，因此也是审判职能中最不可舍弃的特征。现实和生活的要求——需要补充的是——仅在一个法治国家本身的宪法学见解中才获得确认。一方面，直接原因是这不可言说，"而且，如果在法治国家中审判职能的自主和独立不获承认（和保障），法制观念本身将被颠覆"；[5] 另一方面，是因为这些见解主张权力分立的原则，但如果不使这些权力中的每一个的独立性获得保障，权力分立原则实际上将无从实现。

因此，所有法院作为一个整体——以及其中的每一个法官——是主权机关（《政治宪法》第 71 条），审判职能仅得由法院行使（第 116 条），据此可以得出的结论是，法院的实质独立（客观上的独立）[6]——组成法院的

2　对此的详细阐述，见本书前文第一节 Ⅲ。

3　参见本书前文第三节 Ⅰ 2。

4　参见 MEYER-LADEWIG，*Justizstaat und Richterrecht*，AcP 161/97 e A. ARNDT，*Gesetzerecht und Richterrecht*，NJW 1963/1273。

5　Castanheira NEVES，RLJ 105/181. 还可参见 Marcello CAETANO，cit. 206，664。

6　有些学者将此称为职能上的独立，这不无道理。其中包括 Castanheira NEVES，loc. cit. 196。该学者想要以此种方式表明，法院所被赋予的独立性也可用于"以其所能够的唯一方式来实现权利，借助于功能上和目的上的适当性，借助于真正的管辖权和权限"。因此，这一特征表现为非常接近马上将在第 3 部分"遵守法律"的标题下介绍的特征。

法官的个人独立（主观上的独立）也会强化法院的独立——是所有真正的司法见解必不可少的条件（《政治宪法》第 119 条和第 120 条以及《司法章程》第 3 条）。

从国家理论的角度来看，司法独立的理论根基应当从孟德斯鸠的三权分立（*separação dos poderes*）学说中找寻；从那时起，尤其是自 19 世纪上半叶改革中的自由运动时起，该理论反映在多个国家的立法之中，其目的在于阻止行政当局和君主对司法（Kabinettsjustiz）的干涉，这在专制时期是经常发生的。在葡萄牙，[7] 该原则体现在 1822 年的《政治宪法》（第 176 条）、《大宪章》（第 11 节，第 120、第 121、第 122 和第 145 条）、1838 年的《政治宪法》（第 127 条）和 1911 年的《政治宪法》（第 57 条和第 60 条）中。

如果对其基本要素作详细分析，法院的独立包含着一种复合的含义（*significado plural*），它不仅表现在严格的法律层面，而且具有最显著的政治、经济和社会的症状和影响。如果取其最广泛的含义，根据如今主流的观点，[8] 法院的独立具有多重含义。

a）相对于国家的其他权力时的独立（或面对其他主权机关：国家元首、国民议会和政府）。这是独立直接的政治方面的含义，它产生自存在于任一法治国家的"权力分立"的基础原则：必须赋予法院在一切与其审判职能的行使有关的事宜，尤其是与其就某一具体案件作出裁判有关的事宜上的完全的自由，使它们免受议会、政府或行政机关的任何直接的或者间接的影响和压力。[9]

b）相对于公共生活中的任何群体时的独立（政党、游说团体、利益集团和施压集团、新闻界、广播电视界等）。随着国家本身在面临如今的技术社会而发生的发展，[10] 司法独立的这一层含义或许变得更加难以维持。尤其是在议会民主制下，该等群体对司法职能的行使所施加的影响明显远比国

7　关于该原则在 20 世纪之前的历史，参见 Afonso COSTA，cit. 22 ss.，37 s. e A. de REIS，cit. 5 ss.。而关于该原则近期的历史，见 Marcello CAETANO，cit. 679 ss.。

8　参见 H. HENKEL § 26 I 2 e G. FOSCHINI I 315 ss.。其他有趣的评价见 K. PETERS § 17 III，该学者将司法独立分为"Weisungsfreiheit"、"Entscheidungsfreiheit"、"Handlungsfreiheit"和"Verantwortungsfreiheit"。

9　参见 Sá CARNEIRO，cit. 11。作为此种独立的对等条件，有一些相应的规定，例如在《司法章程》第 135 条中，正如 Pinto FERREIRA，cit. 26 中所述，规定了"一系列的禁止，其目的主要在于维护司法官在作为司法官时、作为司法官的非政治性"。

10　关于上述"群体"在此背景下所发挥的作用，参见 Rogério SOARES，*Direito público e sociedade técnica*（1969）118 ss. e passim。

家权力和司法官僚主义本身施加的影响更加危险。这是因为，为使司法官能够以有效的方式抵御这样的影响，仅在法律上保障其独立还是不够的，而且有必要创造一整套主观的独立条件给法官，通过这些条件而使法官们在社会和经济方面获得自主。[11]

c）相对于司法官僚等级结构的独立，[12] 也就是说，由某公务员发出、而法官因等级原因应当遵守的"命令或指令"（《司法章程》第3条a）。对这一独立性的正确的理解方式如下：法院司法官团——《司法章程》第109条对此作出了明确的规定——也构成一种"等级秩序"，由"最高法院法官、中级法院法官和初级法院法官"组成，从组织管理的视角看，他们属于司法部。于是可以理解和接受的是，法官能够接收并且应当遵守由其工作的组织和监督方面的上级发出的命令和指示，例如，涉及许可、缺席、缺勤和其辩解（《司法章程》第136条及以下），工作的内部安排，关于期间的内部规则，纪律管辖权（《司法章程》第459条及以下）等事宜。按此含义理解的独立性，确实阻止法院司法官服从于与其行使审判职能有关的命令和指示，并由此而阻止法官的上级对法官施加任何类型的压力，使法官不受干扰地就其所审理的案件作出裁判。[13]

因此从理论上，面对行政中的司法独立和对工作组织中的上级的遵守是相兼容的。但是也存在着一些干扰因素，如果这些因素加剧，将使制度的完美性被置于严重的威胁之中：这些因素包括一切与法院司法官的任命、晋升、解职、停职、调动和任何有关工作岗位安排的事宜。在葡萄牙，普通法院司法官的终身性和不得罢免性受到宪法保障，在《政治宪法》第119条，《司法章程》第111条c项又毫无保留地重申了法官的终身制。但这并没有解决问题，反倒引申出更多的问题，诸如什么样的晋升、停职、调动等的机制

11　但笔者并不因此就赞同 Pinto FERREIRA，cit. 25 中的观点，该学者指出，"与金钱报酬的问题紧密相关的，并非真正的或本体的独立问题，而是职业尊严的问题"。还可参见前揭第30页，其中在第8条中提到了独立的"客观条件"。与文中观点接近的还可见 Sá CARNEIRO，cit. 15 s.。而关于全部内容，见 G. COLE，cit.。

12　笔者认为这样的命名有些夸张，我们本可以更简单但是完全正确地将此称为：相对于"司法行政"（*administração judicial*）的独立。但使用"司法行政"表述也存在巨大的风险，即容易与"司法（管理）"（*administração da justiça*）的表述相混淆，后者之前已讨论过多次，是指刑事诉讼程序中特定的职能［还可参见本书前文第十一节Ⅰ1 c）］［原文如此，译者猜测指"Ⅰ2 c）"］，而在本文中我们想探讨的内容完全是另外一码事，我们想讨论的是司法的纯粹的行政管理方面的内容。

13　参见 BAUR，*Justizaufsicht und richterliche Unabhängigkeit*（1954）；Eb. SCHMIDT，*Lehrk* Ⅰ n. 480 ss.。

是应当为法律所接受的，以便使独立原则能够以最好的方式实现。

在此背景下，在葡萄牙最被广泛讨论的几个问题诸如，面对"根据年资顺序"的要求，所谓"根据高等司法委员会制定的排列顺序，因优秀而升级"是否恰当（《司法章程》第 119 条第 1 款和第 120 条），按司法部的选择或政府的指定而任命（第 121 条及以下）是否恰当，以及高等司法委员会现在的结构（第 400 条及以下）是否合理。由于这些问题极为复杂，且与司法法中的特有事宜存在联系，不能在此对该等问题进行研究。[14] 之所以提到这些问题，只是为了指出按我们现今所采纳的含义，独立性原则的内涵是什么。[15] 笔者并不想因此而忘记，更不能否定的是，根据司法独立本身的政治上的含义，这整个问题也可能具有重要意义。

d）相对于其他法院的独立性。虽然如前所述，在司法官团内部存在着一个等级次序，但法院和法院之间以及法官和法官之间是相互独立的，也就是说，当他们作出裁判时，并不受制于任何他们不"采纳"的主流司法见解或裁判指导方针。这与受英国法影响的法律制度恰好相反，在这些法律制度下，司法官团严格地受制于"先例"原则，而在葡萄牙所采纳的这类型的法律制度中，之前就类似案件作出的司法裁判，不管是由什么法院作出的，都不被视为具有约束力，这也许是因为人们认为，[16] 先例制度是司法发展和进步的障碍，是对将法律适用于具体案例时的"创造性功能"的障碍。如此便确保法官具有必要的独立性，在行使职能时只依据其对法学和法律的个人理解——但要注意的是，个人理解不同于纯粹主观的、任意的和不受控制的理解——而正是必须据此含义来理解《政治宪法》第 120 条以及《司法章程》第 3 条 c）所确立的司法免责原则，"但不影响法律规定的例外，也不影响对法官因行使职能时的滥用或不当行为而对其科处民

14　提及这些问题的著作可参见 Pinto FERREIRA，cit. 29 ss. e Sá CARNEIRO，cit. 11 ss.，还可参见 Mouga RODRIGUES，*Reflexões sobre a selecção dos magistrados judiciais* e F. José VELOSO，*Promoção por mérito à segunda instância*，均载于 ScIvr 21（1972）504 ss. e 22（1973）46 ss.。而关于该等问题在意大利的状况，见 G. FOSCHINI Ⅰ 322 ss. e S. RANIERI，*Formazione e nomina dei magistrati*，ScPos 1970/3。

15　在此背景下应当注意的是，正如 Cavaleiro de FERREIRA Ⅰ 168 中也指出的，"对司法裁判内容的行政调查或检查违反《宪法》第 120 条的规定，该条规定法官对其审判不须承担责任，这类调查或检查可能成为指挥审判活动的一种不正当的方式"。

16　还要判断这一想法是否有依据，但是，要对此观点进行研究，必须要分析一些不适于在此处进行分析的问题。

法、刑法和纪律上的处分"。[17]

但是，《司法章程》第 111 条 a）后半部分对我们正在探讨的独立性的含义设置了可以理解的限制（*limitação*），规定了"下级法院对上级法院在上诉中作出的裁判的尊重义务"。这一义务在我们的上诉制度中尤其重要，[18]尤其是当最高法院认为"事实方面的裁判可以并且应当被扩展，以便为法律方面的裁判提供充分的基础"而将诉讼程序发回第二审法院（根据《刑事诉讼法典》第 729 条第 3 款和第 730 条第 1 款的规定）的时候。在这种情况下，"最高法院在确定可适用的法律之后，命令重新审判案件，以符合法律方面的裁判"，这意味着，下级法院在具体案件中必须考虑上级法院对法律的理解，即使二者的理解不同亦然。类似的情况也出现在《民事诉讼法典》第 712 条第 2 款和第 650 条第 2 款 f）项的规定中，据此，中级法院得以对法律的特定理解为由，撤销合议庭的裁判。

如果在刚刚讨论的那些假设的情况下并不真正构成司法独立的限制——而只是产生于裁判价值等级的可以理解的要求——则不能说这是在葡萄牙的制度中赋予最高法院的判例的价值和功能，正如前文所述，[19] 法院——包括最高法院——的职能并不很好地适应于判例所存在的"有普遍强制力的教义"的确定上（《民法典》第 2 条）；似乎因此而不可否认的是，以这种方式而引入了一种能够影响司法官团在功能上的独立性的外部机制。另外，通过使判例产生的效力及在作出有关裁判的案例之外，这使法官本身的独立性面对其他法院，从而使法官的独立性受到绝对的挑战。[20] 笔者并不认为为保证上级法院司法裁判适用法律的统一就必须采取这样的解决方案：保证统一的这一需要可能导致的结果，例如——正如在联邦德国法律中所发

17　从这个视角看，在一定程度上使《刑事诉讼法典》第 169 条的教义变得值得怀疑，该条规定，"合议庭就每一疑问逐一作出答复，由全体成员签字，不得作任何声明"。通过这种方式，毫无疑问，法官被强制要求参与作出一个其实其心底不赞同的裁判；这应该足以证明这是对法官道德上的自主的一种不尊重（K. PETERS § 17 Ⅳ 3 中也持同样观点），所造成的损害大于想要通过《刑事诉讼法典》第 469 条的规定来实现的实际好处。

18　在我们接下来的介绍中所指的只是对"终局裁判"的上诉，对于所谓"具中间性质的裁判"，没有必要将上述义务的范围大大扩展及此。关于这一点，比较有趣的阐述，参见 J. DERROPPÉ, *La notion particulière de decision definitive en procédure pénale*, Quelques aspects de l'autonomie du droit pénal （1956）118。

19　本书前文第三节Ⅰ 2 最后部分。

20　基本上与本文观点一致，且进行了完整的和结论性的研究的，参见 Castanheira NEVES, RLJ 105/195 ss. 。

生的情况[21]——强制上级法院在想要摆脱之前的某一同等或更高价值等级的裁判时，必须服从某一由最高法院全会处理的案件的裁判，但是，全会的裁判从来都不具有能够到达作出该裁判的法院的普遍的强制力，除非立法者作出相反的意思表示！

最后要提醒注意的是，现行《政治宪法》第 123 条第 1 款规定，"法院得将对条文正文中所指违宪行为进行审查的管辖权集中于某一或某些法院，并赋予该等法院所作出的裁判以普遍的强制效力"。[22]

3. 与司法独立原则必然相关的问题是法官所具有的遵守法律的义务 (*dever de obediência à lei*)。根据《司法章程》第 110 条第 3 款的规定，该义务"包括尊重法律价值判断的义务，即使所解决的是未特别规定的情况时亦然；只要须经司法裁判的案件确实应受法律规范，法官不得以法律规定含糊或者未有规定为由拒绝审判"。而《民法典》第 8 条第 2 款亦规定，"不得以法律规定的内容不合理或者不道德为借口而不履行遵守法律的义务"。

由此，似乎可以认为在我们的实证法律制度中，法官被以这样的方式赋以遵守法律的义务，约束审判者以严格合法的和实证主义的方式活动。[23]但是，持此观点的学者忽视了《宪法》第 4 条的明确规定，根据该条，葡萄牙及国家各主权机关，包括各法院，承认遵守"道德和法律"作为其活动的限制。通过这一方式，[24] 在遵守法律的义务的含义和限制的定义的问题上，葡萄牙实体制度中的规定是与法律思想中最现实和最清晰的方法论意识相吻合的。而事实上，这一问题具有双重价值：一方面表明，当且仅当能够表现为且能够被接受为法律时，法律方对法官具有强制效力（相应的结果是搁置对所谓"不公正的法"的适用）；另一方面表明，法院不仅应当遵守法律中的实定法，而且应当遵守一切对某一具体的法律问题的解决有效的合法性的客观标准（相应的结果是搁置对笼统和抽象的法律规范的

21　参见《Gerichtsverfassungsgesetz》（相当于《司法章程》）第 120 条、第 121 条、第 136 条、第 137 条和第 138 条。而关于此问题的全面阐述，见 W. HANACK，*Der Ausgleich dievergierenden Entscheidungen in der oberen Gerichtsbarkeit* (1962)。

22　关于这一问题的最新阐述，见 Marcello CAETANO，cit. 683 s.，其中列出了参考文献。

23　在葡萄牙同样持此观点的学者还有，例如 Pires de LIMA，RLJ 97/46 s. e *Oração de sapiência*，BFDC 36（1961）70。

24　对此的详细且经得起推敲的阐述，见 Castanheira NEVES，*Questão-de-facto* 531 ss.。以不同的方式论述，但得出相同结论的，见 Carlos MOREIRA，*Do Direito*，*do Estado e das suas relações* (1950) 19 s.；Eduardo CORREIA，RLJ 96/377 s.；Rui de ALARCÃO，*Introdução ao estudo do direito* (lições de 72-73) 49 ss.；e Pinto FERREIRA，cit. 57 ss.。

"纳入性适用"的实证 – 法定教义)。

4. 前述对法官职能和特征的概括性分析适用于大部分葡萄牙法律体制，因此也适用于刑事法官。近些年来不乏有人指出刑事法官具有重要的特殊性，这是因为他们所担负的工作具有高度的社会性，使他们完全不同于诸如民事法官等其他法官。但是，在这些著作中所提出的主张含糊不清、模棱两可，可能导致刑事法官所被赋予的"审判职能"被扭曲。

实际上，不应使刑事法官的社会职能与其审判职能对立起来，正如刑法学思想领域的现代发展要求人们忘记或者降低对法学和法律的遵守，支持人文和社会科学等法律以外领域的技术职能。正如著名的马克·安塞尔（Marc ANCEL）（众所周知，他是社会防卫的现代指导方针最主要的拥护者之一）所写到的，"刑事法官在法律规则之外，在正义本身之外"（le juge pénal n'est en déhors ni de la règle légale, ni de la justice proprement dite）。然后发生的就仅仅是，"刑事科学的发展明显地揭示了其功能的社会特征……一方面，事实上，不可争辩的是，刑事法官在现代社会中发挥着社会功能，但另一方面，不能否定的是，这种社会功能实际上并未偏离其审判职能，后者仍然是基础性的和具有较高地位的"（l'évolution de la science criminelle a fait apparaître à l'évidence le caractère social de sa fonction…D'une part, en effet, il est incontestable que le juge pénal a désormais dans la société moderne une fonction sociale; mais, d'autre part, il n'est pas moins certain que cette fonction sociale ne l'écarte pas en réalité de sa fonction judiciaire qui reste à la fois essentielle et éminente）。[25]

对刑事法官社会功能的强调，与对刑法本身的社会特征的强调一样，一方面是 19 世纪以预防的实用主义的指导方针取代报应的古典教义的结果，另一方面也是塔德（TARDE）、李斯特（V. LISZT）、普林茨（PRINZ）等社会学派出现的结果，而总体而言，是因为人们已经将注意力转移到罪犯的人格（"可罚的不是行为，而是行为人"/nicht die Tat, sondern der Täter ist zu bestrafen）以及使他们重返社会的要求上。这在当代变得尤其突出，这是因为我们从自由的法治国家转变为社会化的法治国家，[26] 后者对社会正义提出了特别要求，而它们决定了在刑事立法，特别是对罪犯的处理方面要遵循人性化的、教育的和社会连带主义的新路径。之所以会有这一演变（在社

25　Marc ANCEL, Estudos Beleza dos Santos Ⅰ 204 s..

26　参见本书前文第二节 Ⅱ c）。

会防卫的教义中获得了最广泛的重视），根源是一个"人类的新形象"，[27] 而此演变的特征很好地表现在拉德布鲁赫对李斯特的旧范式作出的改变："可罚的不是行为人，而是人类"/nicht die Täter, sondern der Mensch ist zu bestrafen。[28]

对此演进过程所作的粗线条的、概括性介绍是不容置疑的。但是，即使不考虑在革命性的自由主义的起源处已经清楚地呈现出了对社会的关注这一情况——例如，孟德斯鸠和贝卡利亚想要使刑事法官成为法律的纯粹的神谕和合法性的守护者；但可以肯定的说，[29] 这只是因为他们在那里看到了"一种新的保护社会的方法，且从《人权与公民权利宣言》中产生的社会本身也是新的！"——从刑事诉讼法的角度分析，所描述的这一演变也并不要求修改法官所被赋予的职能。我们所探讨的只是其词源为刑法中的一个基本词源的一次演变，它必须反映在其具体的适用或落实上，因此及于刑事法官层面。如果试图从此演变中推倒出使刑事诉讼程序和刑事法官的职能"去法制化"（des-juridificação）——正如社会防卫学派中某些极端部门的学者所积极主张的[30]——则不仅是危险的，而且实际上对此领域是灾难性的，因为这将使公民的自由和基本权利受到不可补救的威胁，且（在人文主义和保护主义的托词下）结果是将公民捆绑着双手交予社会学和全权国家。对某一需要审判的刑事案件的决定性评价——即使是在诸如未成年人刑法或刑罚执行法中——必须自动是法律评价，由专门的法官负责。[31]

Ⅱ　回避和声请回避

1. 前文通过对法官的独立性特征的介绍，展示了法官自由行动的基础如何受到保障，以免受外部对他们施加的压力。但这还不足以同时保证每一次审判的客观性：除了前述一般的保证外，仍有必要不使法官的"公正

---

[27]　对此，参见 Figueiredo Dias, *La reforma del der. pen. portugues* 13 ss. e 21 ss.。

[28]　G. Radbruch, Der Mensch im Recht（1957）45. 而关于这一演变过程的详细介绍，参见 T. Würtenberger, *Strafrichter und soziale Gerechtigeit*, SchwZ 75（1959）35 ss.。

[29]　正如 M. Ancel, Estudos Beleza dos Santos I 206 中所指出的的。

[30]　尤其是意大利的格拉马蒂卡和德国的鲍尔。

[31]　最后还要注意的是，这并不意味着拒绝分析在案件中出现的法律之外的一切因素（社会的、政治的、道德的），而只是不允许用这些因素来确定性地决定对法律问题的解决方案。对此问题的更详细的介绍，见 Figueiredo Dias, *O problema da consciência da ilicitude* 18 s. e nota 39。

性”受到质疑，此处并非指面对外部压力时的公正性，而是指由于法官与应由其审理的某一具体案件之间存在特别关系而出现的问题。[32]

事实上，在一个具体案件中，有多个原因能够使某一法官在审判中显示出公正的能力受到质疑；应当强调的是，此处所关注的并不是该法官最终是否有保持公正这一事实，而是保护该法官免于被怀疑没有保持公正，不留下任何怀疑的机会，以此来增强社会对其司法官所作裁判的信任。[33]

对法官行为的公正性提出怀疑的各项理由，并不一定具有相同的法律效果：在具备某些理由的情况下，直接导致法官不可能在某一诉讼程序中作出行为，在这样的情况下，不论诉讼参与人有无在具体案件中对法官提出反对，都应宣告该法官回避；而在具备其他理由的情况下，只有诉讼主体有对法官参与审判提出拒绝的可能性。前一种情况是指回避（impedimentos），后一种是指声请回避（suspeições）。[34]

2. 根据《刑事诉讼法典》第 104 条，不论是正式负责案件的法官还是代任法官，法官的回避须以其与下列的关系为依据：a）与待审判的事实有直接关系（例如，本人为被害人或嫌犯：第 1 款）；b）与被害人（*ofendido*）[35]、嫌犯（*arguido*）、辅助人（*assistente*）或民事上的受害人（*civilmente lesado*）有关系（例如，为其配偶、亲属、监护人等：第 1 款和第 2 款）；c）与该刑事诉讼程序有关系（例如，以检察院代表、辩护人、律师、鉴定

---

[32]　这一“与具体案件的联系”使此处所探讨的现象明显不同于《司法章程》第 117 条所讨论的“安排法官时的回避”；“法官之间的不可兼容性”也是如此，这规定在《刑事诉讼法典》第 108 条和《司法章程》第 132、第 133 条中。

[33]　葡萄牙学者对此的阐述见 Cavaleiro de FERREIRA Ⅰ 234，237。还可参见 V. MANZINI Ⅱ 199 s.："在某一诉讼程序中，如果考虑到对可能对审判造成破坏性影响的内部是由的平均反抗力度，有理由推定存在一些可能违反司法公正的情感或关注，则对有嫌疑的法官（judex suspectus），不论鉴于任何严重的原因，应被免除作为这一诉讼程序中的法官。"葡萄牙法学家们对此问题的观点，还可参见 BORGHESE，*Astenzione e ricusazione del giudice*，EdD Ⅲ（1958）947 e LOSCHIAVO，NssDI Ⅱ（1958）1467。

[34]　不大容易理解的是，虽然法律在这一方面所追寻的利益具有如此高的公共性的公共利益，但法律并不鼓励提出回避和声请回避的附随事项。但在葡萄牙的法律制度中，关于该等附随事项的延迟提出，参见《刑事诉讼法典》第 117 条。

[35]　要注意的是，根据《刑事诉讼法典》第 11 条第 1 款的规定，被害人的狭义上的概念（对此，参见本书后文第十五节 Ⅰ 2）对此效果的产生也有作用（仍不知道这是否有理由）。诚然，这一条文被第 35007 号法令第 4 条取代了（例如 Maia GONÇALVES anot. 1 ao art. 11.°）），其中所包含的教义与第 1 款所包含的教义不同。但正是因为此，可以正当地提出的问题是，第 1 款的规定是否继续有效，至少作为对《刑事诉讼法典》中规定的理解的系统性要素而继续有效。

人或证人的身份：第 3 款和第 5 款以及第 3 段）；d）与另一刑事或民事诉讼程序的主体有关系，该诉讼是对该法官提出的，针对的是其在行使职能时作出的行为或因其职能而作出的行为（第 4 款）。[36]

有学者认为，[37] 对回避理由的列举是穷尽式的（*taxativa*）列举，因为它们构成法官管辖权规则的例外情况。但是，《刑事诉讼法典》第 104 条中是否存在漏洞而应当通过《民事诉讼法典》中的类似规定，即第 122 条的规定来填补呢？要反驳这一想法，首先可以提出的形式方面的论据是，《刑事诉讼法典》对此事宜的规定是明确的，因此不能说此处问题的性质是"漏洞"。但可以肯定的是，第 122 条在其作出的某些规定上要比《刑事诉讼法典》规范的范围更广；另外，不能质疑的是，使社会信任刑事诉讼程序中的法官的必要性要远比民事诉讼程序中信任法官的必要性更加强烈：例如，如果不认为刑事法官被禁止"就其已经发表过意见或作出过裁判的问题来作出裁判"（《民事诉讼法典》，第 122 条，I c），那么将是极其荒谬的！因此，鉴于刑事司法的良好实现这个如此紧迫的理由，似乎有必要强烈地提倡以《民事诉讼法典》中的有关规范对《刑事诉讼法典》中的有关规范进行补充，并适用于具体的案件之中；[38] 还要提倡的是，要尽可能广泛地理解《刑事诉讼法典》第 104 条所提出的理由。[39]

在任何时候，回避应由法官依职权宣告（*iudex inhabilis*），并须在卷宗内作出批示。如法官未这样做，检察院应当申请该宣告，辅助人和嫌犯亦得提出该申请。第 104 条第 1 款和第 2 款中提到的依据，可在诉讼程序的任何阶段中提出，而对其他依据，仅在就该等依据所属的诉讼程序或被反对的法官行使职能的诉讼程序作出终局裁判之前，方得提出争辩（第 104 条和第 110 条，其中后者规范的是回避的程序）。就回避提出的争辩使诉讼程序中止进行，但那些如果延误将会带来不可补救的损害的行为可继续进行；

---

[36] 关于在某一具体刑事诉讼程序的层面可能具有重要性的"特别回避"，参见《司法章程》第 134 条。

[37] L. OSÓRIO II 233.

[38] 可被用来平复立法和实证法意识的技术手段可以是，由于《民事诉讼法典》的制定晚于《刑事诉讼法典》，其中体现了一些关于法官回避问题的立法理念的最新发展。

[39] 例如有人认为，随着《刑事诉讼法典》第 104 条各款中所指之任何人死亡，回避并不终止；关于这一争论以及参考文献，参见 Silva ARAÚJO-Gelásio ROCHA，*C P P*（1972）241. 类似的，还有人认为，已经作为预审法官参与过诉讼程序的法官亦应回避——正如在其他国家的法律制度中所规定的，例如联邦德国。

但如果所涉及的法官[40]认为所提出的回避只是一个拖延时间的行为，应命令诉讼程序按其步骤和附随事项的步骤继续进行（第 111 条）。

3. 在前述须回避的情况之外，法官不得自发地声明声请回避，但检察院、辅助人或嫌犯可以《刑事诉讼法典》第 112 条各款中规定的依据为由，拒却法官审理有关案件。卡瓦莱罗·德·费雷拉（Cavaleiro de FERREIRA）[41]将全部这些可声请回避的理由归纳为，法官或其血亲与其余诉讼主体之间存在血亲关系（第 1 款）、利益关系（第 2 款、第 3 款、第 4 款、第 5 款、第 6 款）或敌对关系（第 7 款）。

此处同样存疑的一个问题，且与刚刚就有关回避的问题指出的理由一样，对声请回避的理由以穷尽式列举的方式列出，这种做法是否值得赞扬是令人怀疑的；[42] 毫无疑问，更好的做法是使用——类似的如联邦德国刑事诉讼法典第 24 条 II 中的做法——一个一般性条款，其中规定，"当存在任何能够导致对法官的公正性产生不信任的依据时"，受到怀疑的法官（iudex suspectus）可被拒却。

首先，法官不能自发地考虑声请回避，而唯有其余的诉讼主体享有一项拒却权——该权利应当在"知悉声请回避的依据后，自拒绝人参与诉讼程序之日起的五日内"行使（第 114 条）——这一事实表明，声请回避的依据的效力小于回避的依据；也正是因此，法律明确规定了其中有些人被欺骗性地诱发，但导致法官被拒却的可能性（第 112 条唯一款）。声请回避程序的进行（第 114 条）从根本上取决于法官对声请回避的承认，不管是明示的承认还是默示的承认（第 3 款），或者取决于法官对声请回避的否认（第 4 款），但不论哪种情况，必须要注意的是，在程序的最后所要作出决定的，并非该法官是否真的不会公正地行事，而是是否存在其参与会面临社会的不信任和怀疑的危险。

4. 总之，隐藏在有关法官的回避和声请回避的一切事宜之后的，是现在司法政策领域的一个真正的法律一般原则。该原则就是，使在任何法院中、就全部诉讼主体而言盛行一种纯粹客观和无条件法治的氛围，这是法律的任务。因此每一法官都要不惜一切代价避免任何可能破坏这一氛围的情况发生，而且还要再次强调的是，不仅要杜绝能够导致法官丧失公正性

40　且不是回避程序中的法官。参见 L. OSÓRIO II 288 e Maia GONÇALVES anot. 2 ao art. 111.°。

41　I 237 s. .

42　L. OSÓRIO II 291.

的情况，而且也要杜绝那些可能使其他人确信法官丧失了公正性的情况。[43]。

　　法官的这些与前述氛围的保持不相容的态度，传统上只能通过上诉的途径（当确实提起上诉时）受到惩罚，但由于该等态度违背了辩论及审判听证中的形式原则等固有原则，[44] 应当首先通过对与法官的回避和声请回避有关的法律的准确理解来获得缓解和补救。[45] 而表现该等态度的情况，例如，法官在听证进行过程中睡着了，再如，法官在听取陈述的过程中已经写好了判决，又如，法官在听证期间只听取已经取得其确信之人的论调，等等。

第十节　法院的刑事管辖权

参考文献：

G. ALLEGRA, *I conflitti di giurisdizione e di competenza nel processo penale* (1955).

M. ANDRIOLI, *La precostituzione del giudice*, RDProc 1964/325.

A. ARNDT, *Gesetzlichkeit des Richters als Strukturprinzip der rechtsprechenden Gewalt*, JZ 1956/633.

K. A. BETTERMANN, *Die Unabhängigkeit der Gerichte und der gesetzliche Richter*, Die Grundrechte Ⅲ/2 (1959) 523 e *Der gesetzlicher Richter in der Rechtsprechung des Bundesverfassungsgericht*, AöR 94 (1969) 263.

P. BOCKELMANN, *Strafprozessuale Zuständigkeitsordnung und der gesetzliche Richter*, GA 1957/357.

R. BRUNS, *Zur Auslegung des Art. 101, 1, 2 GG*, NJW 1964/1884.

Chaves e CASTRO, *Organização e competência dos tribunais de justiça portugueses* (1910).

P. CLUNY, *Acumulação de crimes da competência de tribunais comuns e especiais* (Jur.), ScIvr 3 (1953 – 4) 517.

G. CONSO, *Costituzione e processo penale* (1969) 401.

43　从这个视角看就很容易理解为什么那些主张将对任何回避或声请回避的调查范围扩大的理解是值得赞扬的。因此，在最高法院 1973 年 2 月 7 日的合议庭裁判（BMJ 224/113）中提出的教义也是值得赞扬的，该裁判中指出，"针对就回避的附随事项作出的裁判是可以提起上诉的，甚至可上诉至最高法院，即使主诉讼程序是一个轻刑诉讼程序时亦然"。

44　参见 KERN-ROXIN § 46 V。

45　同样以此路径来论述的还有 Eb. SCHMIDT, *Kolleg* 39 s.。

Giampaoli, *Competenza funzionale*, ScP 1964/467.

G. Grünwald, *Die sachliche Zuständigkeit der Strafgerichte und die Garantie des gesetzlichen Richters*, JuS 1968/452.

E. Kern, *Der gesetzliche Richter* (1927).

G. Levasseur, *Réflexions sur la compétence. Un aspect négligé du principe de la légalité*, Études Hugueney (1964) 13.

A. Manassero, Introduzione allo studio sistematico della competenza funzionale in materia penale (1939).

D. Oehler, *Der gesetzliche Richter und die Zuständigkeit in Strafsachen*, Z 84 (1952) 292.

Pisani, *La garanzia del giudice naturale nella Costituzione*, RitalDPP 1961/414.

V. Reina, *La connessione del reati e dei procedimenti* (1937).

Revista de Legislação e de Jurisprudência 62/21, 100.

Rinck, *Gesetzlicher Richter, Ausnahmegericht und Willkürverbot*, NJW 1964/1649.

Sabatini, *La competenza surrogatoria ed il princípio del giudice naturale nel processo penale*, RitalDPP 1962/957.

Somma, 《Naturalità》 e 《precostituzione》 del giudice nell'evoluzione del concetto di legge, RitalDPP 1963/797.

I　"自然法官"原则

1. 如前所述，[1] 刑事方面的合法性原则不仅要求订定罪状和处罚中的合法性（禁止类推），不仅要求适用之前的法律，而且约束一切所谓"刑事事宜"，也就是说，也约束为具体定出将某一事实定义为犯罪和为确定所科处的处罚而适用的规范。总之，合法性原则也包括"刑事镇压"中的合法性，即为科处某一刑罚的诉讼程序的合法性。

因此，长久以来人们一直有充分的理由认为，前述合法性的要求[2]的一个必然后果就是"自然法官"或"法定法官"原则的确立，[3] 通过这一原

1　参见本书前文第二节 Ⅲ 2 a)、第三节 Ⅱ 3 a) 以及第三节 Ⅲ 4，还可参见行业工会关于《政治宪法》最新修订的第 22/x 号意见书，由 Afonso Queiró 报告（Actas da Câmara Corporativa x［1971］628）。

2　详情参见 G. Levasseur, Études Hugueney 15, 24 ss. 。

3　前一个名称是在法国和意大利的现行立法中所使用的，后一个名称是联邦德国使用的。接下来在本文编码"1"部分的最后会对此进行阐述。

则，我们寻求以明确的方式去确认公民的基本权利，为此，某一案件由依之前的法律被规定为有管辖权的法院来审判，而不是为此专门设立和临时找的管辖权法院。这约束着对人的权利的必要保障，关系到司法的秩序、独立和公正审判的要求以及社会对司法的信任。为满足这些要求，有必要指出这一原则的三重含义。

a）第一，该原则表明了其本意层面：只有法律能够制定和确定法官的管辖权。

b）第二，该原则寻求明确一个时间上的参考点，并据此确认了不可追溯原则：法官及其管辖权的确定，依据的必须是在作为诉讼程序标的的犯罪事实作出之时已生效的法律。[4]

c）第三，该原则旨在对管辖权的限定秩序起到约束作用，从而排除任何随意地甚至任意地作出裁判的可能性。因此禁止例外的管辖，即专门为就某一或某些具体的案件创设管辖，因为这损害了管辖权的一般规则；不妨碍宪法和法律规定的某些特别法院的有效存在，但坚决禁止将任何刑事案件转移，也坚决禁止任何当局任意地使该刑事案件中止。

吸取英国自 1215 年《大宪章》至 1628 年《权利请愿书》以及美国 1776 年几部最早的宪法性文书的经验，大革命之后的法官在 1790 年即以明确的方式，在关于新的司法组织的法律中，赋予公民以能够提供最坚固的保障的法官审判的基本权利："关于管辖的宪法性秩序——由法律规定——不得被颠覆，也不得使被归责者摆脱他们的自然法官……"[5]

自此，该原则几乎出现在任何一个法治国家的宪法中。在撒丁岛，《卡洛斯·阿尔贝托章程》（Statuto de Carlos Alberto）（1848 年）第 71 条中即规定，"不得使任何人摆脱其自然法官。因此，不得创设任何特别法院或委员会"。而现行《意大利政治宪法》在确立合法性原则的第 25 条，也就是关于公民基本权利的部分，规定"不得使任何人摆脱法律预先为其设定的自然法官"。类似的规定也出现在联邦德国的基本法中，该法第 103 条第 1 款规定，"不得设立对例外的管辖权。不应使任何人摆脱其法定法官"。而《奥地利政治宪法》第 83 条第 2 款也同样作出规定，"不得使任何人摆脱其

4　在此背景下，尤其可参见 M. SINISCALCO, *Irretroattività delle leggi in materia penale*（1969）126 ss.。

5　之后的还可参见 1791 年《政治宪法》第五章第 4 条；1830 年《宪章》第 52 条；1848 年《政治宪法》第 4 条；1852 年《政治宪法》第 1 条和第 56 条。

法定法官"[6]。

"自然法官"的思想也同样在合法性原则的葡萄牙宪法传统中存在了一百多年的时间。事实上，1822年《政治宪法》第9条第二部分就应当被理解为提出了自然法官原则。[7] 而这一原则又十分清楚地被规定在1826年《宪章》第145条中，该条第10款规定，"任何人不得受有管辖权的当局以外的任何当局的审判，且管辖权问题须以之前的法律确定，须按照法律规定的形式"；作为该款的后果，第11款规定，"以此来维护司法权的独立性。任何当局不得将待决案件调审，不得使案件停止，也不得重启已终结的诉讼程序"。1838年《政治宪法》第18条对该原则的表述较为缓和，[8] 而在1911年《政治宪法》第3条第21款中又重新对此原则作出了十分清楚的阐述："任何人不得受有管辖权的当局以外的任何当局的审判，且管辖权问题须以之前的法律确定，须按照法律规定的形式。"

2. 无法解释的是，自然法官原则似乎并没有被规定在葡萄牙1933年的《政治宪法》中。虽然人们达成一致，认为第8条和第9条中包含的合法性原则也具有程序方面的价值——甚至在字面上指有人"被判处刑事责任"的事实[9]——但难以反驳的是，对法律要事先已生效的要求仅涉及犯罪事实的描述和刑罚的确定（在最近一次修改宪法之后，也涉及对哪些案件应当适用保安处分的问题），而不涉及有管辖权的法官的确定。[10]

6　有趣的是，"自然法官"原则目前并未在英国获得承认，在英国，治安法院（Magistrate's Court）以及季审法院和巡回法院（通过《法院法》，这些法院自1971年5月起被皇家法庭所取代）的实体管辖和地域管辖，部分取决于控诉的自由裁量，部分取决于法院的自由裁量。J. HENKEL, *England-Rechtsstaat ohne gesetzlichen Richter* (1971) 中尝试就此得出自然法官原则并不是一个法治国家中不可或缺的原则的结论。但笔者认为这一论断没有充分理由：在英国，至今没有出现过决定管辖权的自由裁量权被用来针对嫌犯或被用来偏袒政治权力的情况，这一事实确实提供了有利于支持英国法官具有真正的独立性的证明，甚至可以证明，法治的概念在英国的发展是经过了不同于欧洲大陆的发展模式，但仅凭于此还没有足够理由将此范例传播到英国以外的地区（在英国，经验表明，"法律的正当程序"和"公正审判"等理念中所包含的保障已经足够），并被用来纠正从欧洲大陆的法治国家的概念中衍生出的各项要求。

7　其文本如下："法律面前人人平等。因此，不应使任何犯罪在案件裁判管辖范围的问题上享有任何特权。这一规定不包括那些按其性质属法律规定由专门的法官管辖的案件。"

8　其文本为："任何人都不受有管辖权的当局以外的当局审判，不依之前的法律以外的法律而受到惩罚。"

9　笔者在前文第二节 Ⅲ 2 a)、第三节 Ⅱ 3 a) 以及第三节Ⅲ 4 中对此进行过辩护。

10　如果制定宪法的立者们愿意，在第8条第9款中加入自然法官原则本是极容易的一件事。为此只需要在"作为或不作为"等词语后面加上"并确定有管辖权的法官"的表述即可。

这种打破宪法传统的做法，无论如何都是没有道理的。为反对该原则的确立，可以提出作为论据的事实，很多时候，正是保证审判的公正性以及保证进行该审判的诉讼程序的良好秩序的要求本身，要求我们不将对某一具体案件的管辖权授予按法律规定有管辖权的法官，而是在此情况下允许诉讼程序的转移。这可能首先导致产生的结果是，一位法官被视为回避或声请回避，而只要有特殊的情况表明十分有必要将案件转移，就应当这么做（可以想象的情况例如：参与人众多的"巨型诉讼程序"，无法在狭小的法院中进行；在整个社会中创造了一种普遍的且不可控制的愤怒情绪的案件；出于公共秩序的原因而对安保条件提出了最高要求的案件；等等）。

但反对明显是行不通的。虽然可以对前述特殊的情况作出概括性的规定，但显然，自然法官原则丝毫不排斥一部之前的法律对此等情况作出规定，并指出在这些情况下，将管辖权授予原则上有管辖权的法院以外的另一家法院时应当遵循什么样的一般程序。如前所述，该原则想要禁止的只是事后创设一位法官，只是随意或者任意地确定有管辖权的法官的可能性。不管在哪一种情况下，我们所面对的实际上是只服从于国家理性的政治行为，结果不可避免地变为"一个任意的处置，因此与法治国家的原则不相容"。[11]

在意大利，前述对保证刑事审判的公正性和良好秩序的要求，恰恰导致自然法官原则被视为——尽管宪法法院已经提出了一些对此的严重怀疑[12]——与《意大利刑事诉讼法典》第55—60条的规定相兼容，这些条文允许以公共秩序或正当怀疑等为理由，将一刑事诉讼程序移送至原则上具有地域管辖权的法官以外的另一法官处。[13]

事实上，与此原则不相容的是葡萄牙《刑事诉讼法典》第36条第6款以及《司法章程》第19条第1款 j）项的规定，根据该等规定，最高法院——

11　F. CORDERO 129.

12　不过宪法法院击退了这些怀疑。参见第50号合议庭裁判（1963年4月24日）和第109号合议庭裁判（1963年6月7日），均载于 RitalDPP 1963/624 e 943。支持这些裁判的学者主要有著作：G. CONSO, *Limiti inerenti al principio dalla certezza del giudice e rimessione del processo per legittimo sospetto o gravi motive d' ordine publico*；*La constituzionalità dall' art. 55 alla di una sentenza providenziale*; e *I due commi dall' art. 60 C P P ovvero due disposizioni sicuramente conformi alla Costituzione*——全部载于 RitalDPP 1963/241, 624, 645。还可参见同一学者的其他著作，G. CONSO, *Costituzione e processo penale*（1969）401 ss. 。

13　除前注中所引参考文献外，还可参见 LARICCIA, *L'istituto della rimessione dei procedimenti per gravi motivi di ordine publico e per legittimo sospetto e la garanzia costituzionale del giudice naturale precostituito per legge*, RitalDPP 1966/1110。概括性的阐述见 G. FOSCHINI I 332 ss. 。

"当其认为有必要时"或"当有理由采取该措施"时——得命令"使该刑事诉讼程序由有管辖权的法院以外的法院来进行审判，只要原法院的法官、检察院、辅助人或被告提出了此申请"。事实上，由于对转移刑事案件的目的作出规定时使用的是完全不确定的条款，法律接受——不论最高法院具体是如何使用这些条款的[14]——国家理性的理由，结果正如前所述，导致法治国家在刑事方面的一个前提条件受到损害。

引发较小反对的是所谓非强制性调离（ope judicis）的情况[15]——《刑事诉讼法典》第 671 条和第 683 条的主体部分——原因在于，虽然在其中没有指出应当遵循的标准，但对非强制性调离的考虑只适用于审判已经开始的案件和客观上已确定的情况。而对于强制性调离（ope legis）的情况——第 683 条唯一款以及第 698 条第 2 款——就绝对可以理解了，这是一种法律上的推定，推定原则上具有管辖权的法院不具备进行一次客观的、不受怀疑的审判的最佳条件；将"自然法官"思想中所包含的保障适用于该等情况时，只应当要求法律首先给出关于如何确定有管辖权的法官的抽象标准，《刑事诉讼法典》第 51 条[16]、第 52 条和第 53 条中规定的情况就十分贴切地反映了这种做法。

Ⅱ　刑事管辖权及其类别

1. 如前所述，"自然法官"原则的其中一个目的是建立法院的固定组织（*organização fixa dos tribunais*），比起刑事诉讼法，对此问题的细致研究更适宜在司法法中进行。因此，此组织不适宜作为在此处进行透彻分析的对象，此处的分析既不涉及已构建的制度[17]——主要规定在《司法章程》中——也不涉及从立法政策中所引发的困难问题（独任庭和合议庭，陪审团和陪审员，等等）。

14　毫无疑问，我们的最高法院在大多数时候都在尝试找到限制法律赋予其的自由裁量的客观标准：参见 1961 年 10 月 11 日、1962 年 10 月 10 日和 1963 年 4 月 3 日的最高法院合议庭裁判，分别在于 BMJ 110/376、120/295 和 126/364。

15　关于该等情况，见 Cavaleiro de Ferreira I 227 ss.——其中在"因调离产生的管辖权"的标题下对此问题进行了分析——以及对前指法律文本的评论。

16　对该规定是否已被废止，学理上存在疑问。对此的不同意见，参见 Cavaleiro de Ferreira I 229 及 Maia Gonçalves，anot. 2 ao art. 51.。

17　关于这一问题，参见 Cavaleiro de Ferreira I 172 ss.。

简单说，仅有这样一个法院的固定组织，还不具备充足条件赋予司法——具体是指审判[18]——以一种不可或缺的安排，只有具备这样一种安排，才能根据某一具体案件的类别确定应当将之交由同类法院中的哪一家法院，应当具体地通知哪一家法院对此案作出裁判。由于欠缺这样的安排，不可避免地导致审判权分割中的混乱，导致法院之间不必要的冲突，结果不仅对嫌犯造成不可弥补的损害，也从整体上给刑事司法造成不可弥补的损害。

从这个视角看，变得绝对有必要使前述司法组织对每一法院的活动范围作出规范，使每一具体的刑事案件只能由唯一的一家法院受理，[19] 在这一法院中确定刑事诉讼程序的管辖权。

还要注意的是，这种对管辖权的确定也表现为"自然法官"原则中包含的准则。因此，有关安排应当以概括的和抽象的方式——因此是法定的——以使控方能够知晓其应当向哪一法院作出指控，也使法院知晓就哪些案件其可被通知进行解决。一切井然有序，完全排除了控方选择一家预计所作裁判最对控方有利的法院的可能性。

2. 具体确定哪一法院有管辖权对某一刑事案件进行审理和裁判并不是一个一下子就能回答的问题，而是要先回答三个在结构上不同的问题。[20]

a）哪一个法院，根据其类别（如警察法庭、轻刑法庭、刑事法庭、中级法院、最高法院、刑事全会、税务诉讼法庭、军事法庭等），应当对某一属特定性质（例如，在公共场所的醉酒、非自愿的或自愿的杀人、渎职、妨害国家安全罪、走私、弃置等）的刑事案件进行审理？这是确定事宜管辖权（*competência material*）的问题。

b）在对案件在事宜上有管辖权的一类法院中，根据地域上的位置，应当具体通知哪一家法院对特定事实进行审理和裁判，这是确定地域管辖权（*competência territorial*）的问题。

c）就前述两个指标——事宜和地域——确定管辖权要依据法律，要考虑案件的最初发展，以及其在第一审中的程序。因此还要回答第三个问题，

18　参见 Eduardo CORREIA, *Proc. crim.* 276 e Cavaleiro de Ferreira I 176 s. 。

19　当然，这不妨碍同一"案件"（根据实体法的规定）应当由一家以上法院相继审理的可能性，这可能是因为有不同的审级，可能是因为同一"案件"中的不同事项本身的特殊性（例如，审理事实的法院和刑罚执行法院）。参见后文标题Ⅵ下内容。

20　完整的阐述见 G. BELLAVISTA, *Competenza penale*, NssDI Ⅲ（1957）68 e G. GUARNERI, *Competenza penale*, EdD VⅢ（1961）100。

即如何确定对诉讼程序的发展有管辖权的一家或几家法院的问题，或者对在第一审的审理活动以外的单独诉讼行为的管辖权问题（等级管辖），又或——在同一审级中——对特定诉讼程序阶段的管辖权问题。因此，对此类管辖权的确定，首要地与各法院按其类别所行使的审判职能有关，学界习惯上一致将此称为功能管辖（*competência funcional*）。

《刑事诉讼法典》第 144 条给人的感觉似乎是，在事宜、地域和功能管辖之外，应该还存在着第四种管辖权，即法院的国籍功能（在这种意义上，指"国际管辖权"）。前文探讨了如何确定刑事诉讼法在空间上的适用范围，[21] 但当时的详细论述已经足以使我们得出结论，这一问题不作为管辖权的问题而独立存在，这是因为，根据当时所讨论的方向，刑事审判的问题作为一个整体，严格存在于国家界限之内。[22]

接下来要进行的分析并不旨在对刑事诉讼程序中的管辖权分配问题进行全面的概括性介绍，[23] 而只是对管辖权安排的基本原则做一介绍。笔者之所以这样安排是出于很多理由。第一，对此事宜进行详尽的系统性的阐述将会使篇幅难以忍受的长，再者可以肯定的是，司法组织是很独特的话题，除非明确地对此进行阐述，否则几乎不能被其他内容所包含。正是基于这一理由，一些学者想要将（刑事和民事）诉讼管辖权问题的广阔区域归纳到对司法法和司法组织的系统性阐述中。第二，对此事宜的详细阐述——尤其在一个像葡萄牙这样的刑事诉讼法中——所涉及的主题往往在另一场合进行完整的阐述（至少是较详细的阐述）更为恰当，尤其是在那些对普通和特别诉讼程序的不同形式进行研究的场合最为恰当。例如，对事宜管辖权的详尽研究要求首先将很大一部分精力用于对诉讼程序形式的研究，[24] 而对于功能管辖权——如前所述，这也涉及每一个单个的诉讼行为的发展——只有对每一诉讼行为逐一进行考虑时，[25] 才能真正实现对功能管辖权的详尽研究，而这无论如何都要求首先将很大一部分精力投入到对刑事诉讼程序中的上诉的研究上。

---

[21]　本书前文第三节 Ⅲ 2。

[22]　得出同样结论的还有 Cavaleiro de FERREIRA Ⅰ 178。

[23]　这样的阐述可见 Cavaleiro de FERREIRA Ⅰ 179 ss.，随着立法的演变，自然对其中的部分观点持保留态度。

[24]　参见 Cavaleiro de FERREIRA，同前注。

[25]　H. HENKEL § 27 Ⅲ 1 最后部分中持相同观点。

Ⅲ 事宜管辖

1. 根据前面所阐述的内容，我们将事宜管辖定义为"考虑到待审理案件的性质，划分给不同种类的法院的那部分审判权；结果，与对将要处理的事项的实质或性质有决定性的特点相符的，是拥有合适的组织和形式的司法机关"。[26] 因此，事宜管辖所处理的主要是按照第一审刑事法院的不同种类分配刑事案件的问题。

2. 为解决这一问题，立法者被提供了多种不同的处理方法或路径。[27]

a）一种是被学者们[28]称为管辖权的抽象确定（*determinação abstracta da competência*）的方法，据此，事宜管辖权直接地或者无条件地根据法律确定。如果立法者采纳这种方法，还可以通过两种不同的路径来实现拟实现的目的：或者授予每一法院就特定罪状进行审理和裁判的管辖权（例如，自愿杀人由合议庭管辖，非自愿杀人由独任法官管辖，妨害国家安全罪由刑事全会管辖，等等）；或者不考虑单一的罪状，授予每一法院就抽象上所对应的刑罚在一定限度内的犯罪进行审理和裁判的管辖权——尽管这一可适用的刑罚是之后才通过使用每一特定形式的诉讼程序而实现的（例如，可科处的刑罚在两年以下的犯罪由独任法官管辖，对可科处更严厉刑罚的犯罪由合议庭管辖）。

b）一种方法被称为管辖权的具体确定（*determinação concreta da competência*），据此，无须直接考虑罪状或可适用的最高刑罚，而是要考虑预期将在判决中被具体定的罪，或考虑预计判决中将科处的刑罚。不难理解，在这样的机制下，每一独任庭或合议庭在具体科处特定刑罚时，就对所期待的刑罚（在每一诉讼程序中对将要科处的刑罚的预先判断）的预期，在管辖权上赋予一定的余地。这一判断，按事物本身的性质，通过受到约束的自由裁量来确定，首先是由检察院或负责控诉的机关自由裁量，然后由控方申请对案件进行审理的法院本身自由裁量。[29]

---

[26] Eduardo CORREIA, *Proc. crim.* 276 s. .

[27] 此处的分析也同样适用于现行联邦德国法律中的有关规定（参见下一脚注中所引学者和参考文献）。

[28] 尤其是德国法学界，参见 F. BOCKELMANN, GA 1957/357 ss. ; H. HENKEL § 27 Ⅲ 2; KERN-ROXIN § 7 A Ⅱ; OEHLER, Z 64（1952）292 ss. 。法国学界的情况，见 MERLE-VITU n. 1151 s. 。

[29] 另一可以引申出管辖权的一种具体确定方法的观点认为，如果控方认为某一案件应被赋予特别的或者更少的重要性，控方可将此案件提交至一家比通常有管辖权的机构更高或更低的机构审理。

c）针对前述第二种方法，即管辖权的具体确定方法，有学者对反对其作为自然法官原则中的固有保障的含义的观点提出了异议，[30] 而且他们的观点不无道理。虽然人们反对对那些声援使此方法用于建立真正的可由控诉机关自由裁量选择管辖权的主张持保留态度的做法（这是因为，说起自由裁量，根据我们所知的目前存在的关于任何不确定的概念的主流规定，这种自由裁量无论如何都是受到约束的自由裁量）。[31] 虽然人们应当承认，由控诉机关作出的"选择"对"被选择的"法院并不具有约束力，后者应当保留有将诉讼程序转移至其认为有管辖权的法院的自由——事实是，通过这一方式，削弱了自然法官思想中所包含的保障，根据这一保障，只有之前的法律应被用来确定有管辖权的法院（且唯一一家有管辖权的法院）。因此，此时对管辖权的确定似乎应当包含直接的和无条件的指定的内涵。

d）现行葡萄牙刑事诉讼法原则上——显然，这一原则是从出现在自然原则本身且反应在对全部和任何种类管辖权的确定上的那些限制上抽象出来的——遵循事宜管辖权的抽象确定准则，包括所探讨的法定罪状的类别的准则，包括以可科处的最高刑罚为标志的违法行为的严重性的准则，甚至也包括在一定程度上将这两个准则结合的准则。

另外，应当注意的是，违法行为的严重性的标志在我们的法律中表现为参照可适用的诉讼程序的形式的间接途径，只要所适用的是普通诉讼程序。简单地说，虽然之后必须对普通诉讼程序中的各种不同的形式的适用范围进行细致的阐述，[32] 但并不因此就必须对之前阐述的内容做实质性的修改，因为普通诉讼程序的形式原则上是根据可适用的刑罚的严重性确定的，更准确地说是根据可适用的最高刑罚（《刑事诉讼法典》第 63、64、65、68、69 条）；即使这明显不以不同的准则确定，例如违法行为的性质的准则（《刑事诉讼法典》第 66 条），这仍然仅仅表现为违法行为的严重性在数量上的指标。

3. 如上阐述清楚地表明，事宜管辖权首先定出普通法院与特别法院在刑事上的差别，然后确定它们在组织上和功能上各自的特殊性，以使它们相互区别于彼此。[33]

---

[30]　对此，见前注 27 所引 P. Bockelmann 和 Oehler 参考文献。

[31]　对此，见 Bettermann, Die Grundrechte Ⅲ/2564 及 H. Henkel § 27 Ⅲ 2 b 注释。

[32]　参见本书第二卷。这一事宜是完全理解文中概括性地阐述的问题的前提条件。在此框架下的更详尽的阐述，见 Cavaleiro de Ferreira Ⅰ 180 ss.。

[33]　Eduardo Correia, *Proc. crim.* 277.

a）普通法院与特别法院之间的区分规定在《政治宪法》第 116 条第二部分中，本条中所灌输的理论是，最高法院以及第二审和第一审法院以外的法院都应当视为特别法院；第 117 条表明，创设特别法院，[34] 赋予其对某一或某些种类的犯罪进行审判的专属管辖权，并不是任意的，而是只允许针对税务犯罪、社会性犯罪或妨害国家安全的犯罪创设。

仅有这些要素还不足以容易地、肯定地列举出存在于法律制度中的特别刑事法院——从宪法学上的表述的方向——这主要是因为，仍然有一部分学者将普通法院再细分为有一般审判权的普通法院和有特别审判权的普通法院。[35] 笔者认为，能够确定地视为特别法院的，一方面有军事法院[36]——包括陆军法院和海军法院，它们都从属于最高军事法院——另一方面有审理扶养类问题的合议庭，[37] 再者还有具有刑事管辖权的税务和海关法院。但引起疑问的——对有关法院的定性在学理上摇摆不定——有刑罚执行法院，[38] 有未成年人法院，[39] 有犯罪全体会议，[40] 有家事法院，[41] 有劳动法院，[42] 还有民事法院。因为这些司法组织全部或多或少地具有刑事上的管辖权。[43]

34　实际上，只有特别法院的"创设"是为宪法文本所禁止的——因此可以得出结论，诸如军事法院和审理扶养类问题的法院等是具有正当性的，它们在《政治宪法》生效之日即已存在。但笔者认为不容置疑的是，如果这样理解，将会使通过对宪法规定的情形以外的特别法院的禁止而进行的保障被削弱——因为此处真正涉及公民基本权利的保障，而这在《政治宪法》第 8 条有系统性的基础［正如 Câmara Corporativa, Pareceres, Ⅵ Legislatura I (1957) 101 中所准确地指出的］。正是基于这一情况，使 Marcello CAETANO 在 *Manual de ciência política e direito constitucional* Ⅱ (1972) 671 中提出了下列问题："而如果有关法院并非新创设的，但为特别法院，可以获得对特定种类的犯罪，或者对在特定情况下发生的事实或指定的个人等进行例外审判的管辖权？虽然没有创设法院，不存在有效的宪法上的禁止，但这一问题的精神在于，对市民进行审判的应为在其作出违法行为之日对此有管辖权的普通或特别法院。"

35　参见 Marcello CAETANO, cit. 665。

36　关于各军事法院，参见 *Pareceres da Câmara Corporativa* (1955 – Ⅰ) 201 ss.。

37　关于为重造此类法院所作的尝试，参见 *Pareceres cits.* (1957 – Ⅰ) 91 ss.。

38　Marcello CAETANO, cit. 665 中将此视为特别法院，而《司法章程》第 7 条又似乎将之纳入一般的司法组织；支持后一种定性的，见 Cavaleiro de FERREIRA Ⅰ 188。

39　Eduardo CORREIA, *Proc. crim.* 278 中认为这是特别法院，而 Cavaleiro de FERREIRA Ⅰ 187 s. 和 Marcello CAETANO, cit. 667 中认为它们只是特别的普通法院。

40　还是 Eduardo CORREIA, cit. 278 中认为这是特别法院，但这种观点似乎并没有在 Cavaleiro de FERREIRA, cit. 190 中获得支持。

41　参见行业工会自己的意见书——*Pareceres* (1970 – Ⅰ) 302 s. e 339 ss.。

42　参见 Marcello CAETANO, cit. 669 e nota 2。

43　关于这些问题，将在之后进行更详细的介绍，即在第二卷有关普通刑事诉讼程序和特别刑事诉讼程序的区分的章节中。关于对这一问题的立法和学术状况的概括性介绍，可见 Maia GONÇALVES anots. ao art. 35.。

在此框架下，比解决这一问题——这明显属司法法的范畴——更值得重视的问题是，关于特别法院和特别的普通法院，事宜管辖权的连接因素原则上在于罪状的种类和性质，在于嫌犯的人格特征，有时还在于前述两个因素的结合。[44]

b）在一般的普通法院的组织中，根据《司法章程》，享有刑事管辖权的法院有市政法院（第 63 条），有地区法院——单纯作为法律法庭（第 33 条第 2 款）或作为合议庭（第 35 条第 I 款 a 项）行使职能——有中级法院（由两个或两个以上分庭组成，既享有民事管辖权也享有刑事管辖权，[44ᵃ] 其作为第一审法院行使刑事管辖权的情况，规定在第 24 条第 I 款 b 项和第 2 款 b 项和 c 项中），还有最高法院（由两个民事分庭和一个刑事分庭组成，其作为第一审法院审理刑事案件的管辖权的情况，规定在第 18 条 c 项和 d 项——关于犯罪全体会议——以及第 19 条第 1 款 b 项、d 项、e 项、f 项、g 项、h 项和 l 项以及第 2 款中）。

在里斯本和波尔图地区，它们的地区法院中另有一个值得强调的特征，即民事法院与刑事法院的分立；其中刑事法院中包括刑事（合议）庭（第 42 条 a 项）、轻刑庭（第 42 条 b 项）和警察庭（第 42 条 c 项），应当注意的是，根据 5 月 10 日第 2/72 号法律第 4 条的规定，可以在轻刑庭和警察庭中组建合议庭。

如果我们只考虑一般的普通法院，可以肯定的是，刑事管辖权的基本连接因素在于违法行为的严重性，尽管具体的法律如何用于对此作出确定的指标是不断变化的。

4. 要证实某一特定的刑事法院无事宜管辖权，必须遵守下列规则。

根据《刑事诉讼法典》第 138 条的规定，无事宜管辖权构成一项抗辩[45]——根据《民事诉讼法典》第 487 条、第 493 条和第 494 条中所使用的术语，这是一项"延诉"抗辩，因为此时所陈述的"事实妨碍法院审理案件之实体问题"——在诉讼程序的任何阶段，在作出终局裁判之前，它既

44　刑罚执行法院的事宜管辖权的确定是根据"行使审判权的标的的性质，这不仅体现在犯罪的特定类别上，而且当不应同时对犯罪危险状态和某一违法行为进行审定时，还体现在犯罪危险状态上"（Cavaleiro de FERREIRA I 188）。参见《刑事诉讼法典》第 629 条。

44ᵃ　但要注意的是在第 2/XI 号法律提案中——目前 Câmara Corporativa 正对此进行研究，参见 1973 年 11 月 22 日的会议纪要，第 93 页以下——打算在中级法院中创设民事分庭和刑事分庭。

45　对刑事诉讼程序中的各类"抗辩"在学理上的阐述，参见本书第二卷。

得由诉讼主体提出，又得由法院依职权承认（《刑事诉讼法典》第139条和第140条）。根据第400条和第1款的规定，在程序中对无管辖权作出审理的时刻通常是在辩论及审判听证之前。

经审判认定该抗辩理由成立，并宣告无管辖权后，须将诉讼程序移送有管辖权的法院，而此法院仅须将本不应当作出的行为或必须被重新作出的行为撤销，并得命令无管辖权的法官作出可能影响案件裁判的任何行为（第145条和第1款）。

因此，似乎此处我们所面对的是一个将使某些诉讼行为无效的制度（尽管不是使诉讼程序无效的制度）。但是，根据卡瓦莱罗·德·费雷拉的观点，[46] 当所涉及的是特别法院的无事宜管辖权时，无事宜管辖权即相对于审判权的绝对缺失，从而使所作出的行为不成立——结果是，所作出的判决不具有判决的效力，从而不会成为裁判已确定的案件。而这样的情况并不会发生在普通法院上，不论是一般的普通法院还是特别的普通法院均是如此。但最高法院似乎倾向于给出一个更为严格的指导方针，指出"仅当所作出的判决是非法作出的判决时，我们才面对不成立的判决的问题"。[47] 这一问题关系到所谓"诉讼行为理论"，在对该理论进行详细阐述时将引出解决该问题所需考虑的要素。[48]

Ⅳ 地域管辖权

1. 《刑事诉讼法典》中关于地域管辖权的规定（第45条及以下）的目的，是从具有事宜管辖权的一类法院中，确定应通知哪一家法院对某一具体案件进行审判；换句话说，这些规定是关于如何将刑事案件分派予同类的不同法院。

这样规定的目的在于，为每一刑事案件找到能够在具有即时性——因此要考虑该法院与犯罪地和嫌犯所在地的紧密联系——的最优条件下进行

---

46 Ⅰ 192 s.

47 见最高法院1971年2月2日的合议庭裁判，BMJ 214/87。该裁判中决定，"一名初级法院的法官对一位司法官进行审判，而这本应由中级法院管辖，故该法官作出的判决违反了管辖权规则，但该判决并非不成立，因为它是由有审判权的实体作出的"。并不能因此得出结论，但提出了理由证明，这一判例意味着对卡瓦莱罗·德·费雷拉的理论的限制。

48 参见本书第二卷。

审判的法院。[49] 这样，尽量使每一案件对应在地域上有管辖权的唯一一家法院。

2. 为实现上述愿望，法律规定了一个基本标准，这是根据前述目的选出的：即不法行为地（locus delicti）标准；但由于这一标准在具体情况下可能是无用的或者不适当的，因此法律不得不规定适用一些辅助标准的可能性。于是我们有下列标准。

a）第 45 条规定的是确定地域管辖权的一般标准，即违法行为既遂标准：原则上，违法行为既遂的地方被视为不法行为地（locus delicti），因此，在所谓"结果犯"中，标志着既遂的是符合罪状事件的发生，而非实施行为的终结（或不作为的终结）。对于确定地域管辖权在程序上的效力，这一解决方案仍以某种单一主义为前提条件，而这在某些情况下并不是实现作此规定的目的的最佳方式。更好的做法也许是，在特定情况下，接受一种混合的标准，[50] 但将管辖权赋予最先与案件发生关联的法院（也就是"已对审判做准备"的法院）。[51] 这在葡萄牙法律的整体框架下，只是以辅助或例外标准的名义存在（第 45 条第 3 款和第 47 条）。[52]

由于明显过于简单，"既遂"标准的适用带来了很多大的问题；而虽然这是一个主要属于实体法讨论范畴的问题，但是，除非严格证明能够使在实体法中得出的结论尽可能地适应于所要达到的诉讼目的，否则不应将这些结论照搬到诉讼法中来。

于是首先可以提出的问题是，第 45 条中的既遂，指的是刑法中的所谓形式既遂（罪状的全部构成要件在事实上成就），还是实质既遂（对不法性的认定由重要性的全部要素同时成就）。[53] 这一问题最重要的实践意义表现

49　参见 Eduardo CORREIA，*Proc. crim.* 283。

50　类似于确定葡萄牙法院对在国外实施的违法行为的管辖权时的做法，见《刑事诉讼法典》第 46 条中的建议（还可参见《爱德华多·科雷亚草案》的第 5 条第 1 款）。关于这一问题，最新的概括性的阐述，见 Figueiredo DIAS，*Compétence des juridictions pénales portugaises pour les infractions commises à l'étranger*，BFDC 41（1965）121 ss.。

51　德国法采取了不同的解决办法，接受确定地域管辖权的两种标准——不法行为地和嫌犯住所（《刑事诉讼法典》第 7 条和第 8 条）——的常态共存。但是，尽管如何选择有管辖权的法院与对嫌犯基本权利的保障并不直接相关（或者说，至少不像在事宜管辖中那样直接地相关），但这种类型的规定是否包含着对自然法官原则的一种威胁仍然是存疑的。

52　对此，参见后文 e）部分的内容。

53　近年来德国法学界普遍接受了这一区分方式——只需参见 H.－H. JESCHECK，*Lehrbuch des Strafrechts*，AT 342；Eb. SCHMIDHÄUSER，*Strafrecht AT，Ein Lehrbuch* 181 s. ——尽管每个人作出接受的方式并不完全一致。

在，例如，审理某些刑事犯罪（如投毒）时有管辖权的法院的确定，或者，概括地说，对所谓抽象危险犯进行审理时管辖权的确定。第一种方案在文字上和概念上的启发可圈可点，但笔者认为，鉴于刑事诉讼法的目的，第二种解决方案才能更好地服务于确定地域管辖权的利益。[54]

在既遂的一般标准之中还存在一些特别问题，这些问题的出现是因为，有些违法行为的既遂是通过一系列连续和重复的行为（习惯犯和连续犯，如淫媒），或者是通过一个在时间和空间上有延续性的作为或不作为（继续犯，如私牢）。第 45 条第 2 款对这些情形作出了规定，赋予"作出最后一行为之地或完成既遂之地的法院"以管辖权。

最后，不难理解的是，既遂取决于罪状的完全实现或判断不法性所基于的法益的完全实现，使对既遂的评判在很多情况下充满疑问。在葡萄牙，对堕胎罪的处理即属此种情况，1941 年 2 月 21 日的判例对此问题作出了解决，指出："为审理堕胎罪……实施或完成堕胎操作的地区具有管辖权，即使胎儿的娩出是发生在另一地区亦然。"同样地，疑问也出现在财产犯罪和侵犯名誉罪的问题上，尤其是当这些犯罪是"远程"实施的时候（通过邮寄或类似方式，通过代理人的方式，等等）。[55]

b）由于并非所有犯罪都能达到既遂阶段，显然确定地域管辖权的一般标准并不是永远都能奏效。因此第 45 条第 1 款规定，"如果违法行为未达既遂，作出最后一实行行为或可处罚行为之地的法院有管辖权"：这一规定即可适用于未遂和实施终了未遂的情况，也适用于本身被规定为独立犯罪且规定有刑罚的预备行为（如《刑法典》第 444 条）。[56]

c）对选举中的不法行为（第 51 条），[57] 对受害人为法院法官或检察院人员的案件，或有他们的亲属参与的案件，且实施有关违法行为之地位于该法院或检察院的辖区（第 52 条和第 53 条），法律作出了特别规范——出于审判的公正性和威信等显而易见的原因，将管辖权赋予最临近的地区的法院（但是，见第 52 条第 1 款）。有关治安法官的规定见第 54 条。

---

54 这在结果上符合葡萄牙学者关于将葡萄牙刑事法适用于在国外实施的投毒的情况的学理讨论：参见 Beleza dos SANTOS, *Dir. crim.*（1936）225；Eduardo CORREIA Ⅰ 172 ss.；Furtado dos SANTOS，BMJ 92（1960）195。

55 关于这些犯罪以及有关的司法见解，参见 Maia GONÇALVES anots. ao art. 45。

56 Eduardo CORREIA, *Proc. crim.* 284.

57 对这一条文的有效性的疑问，参见前文脚注 16。

d）第 45 条规定的只是违法行为在本国范围内作出的情况。但众所周知，葡萄牙的法院在特定情况下也对在国外作出的违法行为具有管辖权，对此种情况的研究涉及葡萄牙实体刑法在空间上的适用范围的问题；[58] 为定出在地域上有管辖权的葡萄牙法院，第 49 条和第 50 条作出了规定。如果葡萄牙法律以"船旗国标准"（违法行为的实施是在船舶或飞行器上）的名义而具有管辖权，则地域管辖权根据第 48 条的规定确定。最后，如果有关违法行为只是部分地在本国领土上实施，第 46 条对此作出了规范，正如我们所知，本条采纳了混合标准或多元标准，如前所述，根据这一标准，如果罪犯实施犯罪活动是在本国领土上，或者符合罪状的结果是在本国领土上产生的，则将该违法行为视为是在葡萄牙实施的。

e）如果有关违法行为是在不同地区的边界处实施的，而对到底是在哪个地区作出的存在疑问，第 45 条第 3 款规定了审判的先入为主（prevenção da jurisdição）原则，可将管辖权赋予其中任何一家法院，但倾向于最先知悉该违法行为的法院。

如果不知道违法行为是在什么地方实施的，第 47 条规定了"forum deprehensionis"原则，将对此违法行为进行审理的管辖权授予可处置嫌犯的法院或嫌犯被拘禁之地的法院；如有多名嫌犯被拘禁，则可处置的嫌犯数量最多的法院或拘禁最多嫌犯的地方的法院有管辖权；如数量一样多或者没有嫌犯被拘禁，则最先知悉此违法行为的法院有管辖权（审判先入为主）。

3. 对于无地域管辖权的证明，刑事诉讼程序——不同于民事诉讼程序——中不存在对绝对无管辖权和相对无管辖权的区分，无地域管辖权的认定原则上适用于与无事宜管辖权的认定相同的标准；也就是说，无地域管辖权也同样既得由法院依职权发现，又得由其余诉讼主体作为"抗辩"提出。

不过，不同于事宜管辖权，地域管辖权并不那么直接地与对嫌犯基本权利的保障的问题相关联——但笔者的意思并不是"自然法官"原则在此处不适用——而只是处理如何在同等等级和管辖权的法院之间分派案件的问题，[59] 故对无地域管辖权的证明在某种程度上是受到约束的：无地域管辖权的提出或声明，必须在第一审进行审判听证之日之前作出（第 140 条

58　对此，详见 Eduardo CORREIA Ⅰ 164 ss. 及 Figueiredo DIAS，BFDC 41（1965）117 ss.。

59　同样注意到此问题的还有 G. LEVASSEUR，Études Hugueney 25 nota 1。

第 1 款）。

V 事宜管辖权的确定和地域管辖权的确定中的共同问题

确定事宜管辖权或地域管辖权的规则可能会经历一些变化——除葡萄牙法中对"自然法官"原则的那些不获承认的例外——这可能是因为在不同的违法行为之间存在着特别的牵连关系，也可能是因为在特定情况下法律赋予特定法院的管辖权的延伸。

另外，在具体确定不管是事宜管辖权还是地域管辖权时，可能出现不同法院之间的管辖权冲突。对该等问题的解决，不管涉及的是事宜管辖还是地域管辖，解决方法是基本相同的，因此可以一并考虑，且一并考虑也更合适——但不影响提及与每一种管辖相关的特殊问题。

1. 若干犯罪之间存在特别的关系——可能是客体的或物上的联系，也可能是主体上或人上的联系，还可能二者兼有——完全能够证明将它们合并审理更为合适。但我们此处并不是要探讨单纯的合并审理，而只是讨论对我们之前所研究的确定事宜管辖权和地域管辖权的原则构成例外的合并。这些情况被称为牵连管辖。

因此《刑事诉讼法典》第 58 条和第 59 条的规定与我们目前探讨的主题无关，因此，它们的前提条件——前一条规定得很清楚，只有后一条不清楚——是，所涉及的各违法行为，根据管辖权的一般规则，应当在"同一法院"处理。因此，它们所涉及的是单纯的合并审判，而不是"牵连管辖"的情况。[60]

牵连管辖的正当理由，首先是诉讼经济。但不仅如此，除诉讼经济外还有——虽然没有凌驾于其之上——刑事司法的顺利进行（将牵连案件合并可能使证据调查及有关审理更加彻底）甚至司法裁判的威信（因为避免了对牵连的违法行为作出的多个裁判实质上相互矛盾的危险）等原因[61]。这

60　反对的观点见 Cavaleiro de FERREIRA I 207，其中指出，第 58 条导致对管辖权规则因事宜的偏离。但正如 L. OSÓRIO I 506 文中指出的，"但这一规定在此处错位了，因为它并不构成对管辖权规则的改变"。同样地，关于第 59 条，见 L. OSÓRIO I 510 e Maia GONÇALVES，anot. 3 ao art. 59。

61　尽管在形式上它们不应被视为相矛盾的裁判，对此，见第 668 条、第 669 条、第 673 条第 1款、第 698 条等。

一切都能达到，但要注意的是，不影响"自然法官"保障的固有内容，因此，牵连的标准规定在之前的法律中，以笼统和抽象的方式来选择确定有管辖权的法院。

正如本部分开篇所指出的，决定管辖的牵连可以分为三种：a) 人的或者主体的牵连，数个违法行为因同一行为人而相互联系；b) 物的或客体的牵连，当有多个违法行为和行为人，因为各违法行为本身的物质性或内容而相互联系起来；c) 混合（人和物的）牵连，当前述两种类型的联系在同一具体案件中存在。

a) 人的或主体的牵连规定在第 55 条，意味着所谓违法行为的真正竞合，[62] 对这些违法行为的处罚，由于行为人的同一性——尤其是因其人格的同一性，而根据葡萄牙实体刑法的观点，人格与罪过相关——而具有独特性，即只科处一个刑罚。因此前述条款规定，由一家法院对竞合进行审理，即"审理所对应的刑罚最重的违法行为的法院，如各违法行为同等严重，[63] 则在嫌犯被拘禁之地的法院，如嫌犯未被拘禁，则在最后一个违法行为实施地的法院，如各违法行为实施时间相同，则在作出首个起诉批示或同等文件之地的法院"。而第 55 条第 1 款还规定，"如已提起不同的诉讼程序，[64] 则须将所有诉讼程序合并于涉及引致牵连管辖的违法行为的诉讼程序上"。如此就构成了实质和地域管辖一般规则的例外。

但针对的是前面研究的所有规则吗？关于地域管辖规则，答案是肯定的；而对于事宜管辖的规则，第 55 条第 2 款规定，"如被告须同时为政治犯罪和一般犯罪承担责任，则在分别对此两类犯罪有管辖权的法院分别审理，但作出最后一个有罪判决时要考虑之前的判决，对所有的违法行为仅科处一个刑罚，且仅执行该刑罚"。

现在的问题是，这一款中规定的诉讼程序的分开——其结果是维持了

62　关于这一问题所涉及的实体刑法中的概念，详见 Eduardo CORREIA II 197 ss., Unidade e pluralidade de infracções（1945）及 Pena conjunta e pena unitária in Direito Criminal（col. Studium, 1953）175 ss.。此外还涉及对《爱德华多·科雷亚刑法典草案》第 92 条的认识以及围绕这一问题在修订委员会上进行的讨论（Acta II 157 ss.）。

63　关于如何确定"违法行为的严重性"，以适用此处的有关规定的问题，意大利法学家的观点，见 SOMMA, La "gravità del reato" come criterio per la individuazione del giudice competente ai sensi degli artt. 47 e 48 c.p.p., RitalDPP 1965/1155。

64　这首先表明，原则上，只要有可能，应当仅提起一个诉讼程序。还可参见 Maia GONÇALVES, anot. 3 ao art. 55.° e depois a RLJ 62/100 ss.。

事宜管辖的一般规则——应当仅适用于政治犯罪[65]与一般犯罪的竞合，还是应当理解为，只要竞合的犯罪中有一个犯罪的审理权属于一个非普通法院（专门管辖法院或特定管辖法院），就都要分开？与卡瓦莱罗·德·费雷拉一样，[66] 笔者主张应当采后一种理解；能够证明这一点的，除根据《政治宪法》关于特别法院的一种有强制性的解释外（第117条），还有《军事司法法典》（Código de Justiça Militar）中关于军事审判权的第367条和第396—398条的规定，此外还有一个普遍观点，即所有普通法院以外的法院，在其存在的严格理由和目的的范围内，都应当享有管辖权，且这一点将为第55条第4款所证明。因此，事宜管辖的一般规则仅在普通法院的组织的范围内，才可因人的牵连关系权而被排除适用。

除以此种方式对人的牵连原则作出的限制外，另一处限制体现在第55条第3款，该款规定，"当某一违法行为的行为人实施了其他使审判延误的违法行为，则法官得依职权或者应检察院或辅助人之声请，命令对其中某一或某些违法行为分开处理，且有关判决先予执行，之后作出的判决须遵守前款规定，但必须考虑已执行的刑罚"。

于是就提出了对这一概念是否应当尽可能严格地解释的问题，学术界和司法判例中的主流观点认为应当。[67] 但这一问题并不仅表现为此，而且还关系到，这一规定是否赋予法官一种自由裁量权，虽然是受到约束的；而法律的目的似乎是强行分开审判，不是因为所实施的新的违法行为会对审判造成"任何"延误就要分开，而是仅当延误很严重，以致消除或者甚至淹没了本来想要通过牵连实现的好处时，方得分开审判。

一旦因牵连管辖而发生的合并不发生作用而应当分开审理时，所产生的问题是，应当由哪一法院对《刑法典》第102条同时规定的各个刑罚进行法律上的合并。[68] 考虑到这一问题，共和国总检察长在其发布的意见书[69]中指

65　一个无法在此处解决的很难的问题是，"政治犯罪"这一表述在立法上的准确范围是什么（对此问题作出进一步阐述的最新著作，见 Boaventura SANTOS，*Os crimes políticos e a pena de morte*，Pena de morte-Comunicações ao Colóquio int. do centenário da abolição da pena de morte em Portugal Ⅱ 123 ss.）。下文将对此进行阐述，出于本处内容的目的，这一表述可以等同于那些对其审理的管辖权属刑事法院全会的犯罪。

66　Ⅰ 217；而反对的观点见 RLJ 62/23 s 及 P. CLUNY，SciIvr 3/520 s.。

67　关于这一问题的资料，见 Maia GONÇALVES，anots. 5 e 7 ao art. 55°。

68　且这已经不是单纯的事宜上的合并了，因为《刑法典》第102条第1款规定，"罚金刑不适用本条规定，它们必须与其他刑罚一并"。

69　1952年6月26日，BMJ 36/48。

出，"一、如有违法行为的合并，则必须将分别科处的各刑罚进行法律上的合并，即使有关裁判已转为确定亦然。二、为此，因地域原因而有管辖权的法院为作出最后判处的法院。三、如总刑罚超出了独任法官通常的管辖权，则该合并仅得在合议庭的参与下进行，但该法官得科处重刑罚的情况除外"。

因此，作出最后判处的法院正是应当进行法律上的合并的法院，法律上的合并，或者在知悉竞合存在的裁判中作出，如果包含各刑罚的各判决均已转为确定，则在后来的补充裁判中作出，且在有需要时在合议庭的参与下进行。卡瓦莱罗·德·费雷拉强调，[70] 第55条第4款就其字面意思而言仅指第3款的情况，不过从第4款中可以得出的一个牢不可破的结论，其在精神上包括一切存在违法行为的实质竞合但须分开审判的可能性。[71] 最后还需强调的是，如最后一个违法行为是由特别法院审理的——或无管辖权对法律上合并后的严重性科处刑罚的专门法院——则对此合并进行审理的管辖权应当属于作出最后转为确定的普通法院判决的法院所在地的合议庭。

b）物上的牵连或客体上的牵连，一种情况是指，某一违法行为是由数个行为人所实施，即共同犯罪，[72] 另一种情况是指，数个违法行为是在同一场合中实施的，可能数行为人互相向对方犯罪，可能由相联系的数人所实施。事宜管辖和地域管辖规则的例外情况表现在，对于第一种情况，第56条将管辖权赋予应当对可能被科处的刑罚最严重的行为人进行审理的法院，而对第二种情况，第57条将管辖权赋予应当审理最严重的一个违法行为的法院；如各违法行为的严重性相同，则控制有在押被告的法院有管辖权；如有多名在押被告，则所控制的在押被告数量最多的法院有管辖权；如不同法院控制的在押被告数量一样多，或者没有在押被告，则由最早作出起诉批示或同等文件的法院负责。

第56条中所谓"同一违法行为的数行为人"是指某一犯罪的数个共同犯罪人，而根据《刑法典》第19条至第23条，他们是指正犯、从犯和包

---

[70]　Ⅰ 221.

[71]　要注意的是，第55条第4款并不包含对地域管辖规则的任何偏离，而只包含对实质关系规则的偏离。对此，最高法院在定出1941年12月14日的判例（BMJ 28/203）时指出，"对某一被告的某些特定违法行为的定罪转为确定后，对其被指控之前所实施的其他违法行为进行审判的地域管辖权的确定，适用于关于地域管辖的一般规则"。

[72]　关于共同犯罪，详见 Eduardo CORREIA Ⅱ 245 ss.，*Problemas fundamentais da comparticipação criminosa*，Direito Criminal（col. Studium，1953）87 ss. 及 Cavaleiro de FERREIRA，*Da comparticipação criminosa*（1934）。

庇犯。诚然,认为包庇也是从犯的一种形式,并必然是共同犯罪的一种形式的观点如今已被超越,取而代之的观点将包庇视为一独立的违法行为,且法律对此往往规定程序上的后果(见第46条第2款)。但只要实体刑法未改革,我们就无理由支持那些将包庇排除于第56条的适用范围之外的观点。[73]

发生多个犯罪,但不能将所有犯罪归责于相同的一些行为人——这种情况已不属于共同犯罪的范畴——但可能这些犯罪是在同一场合中实施的,或者数行为人互相向对方犯罪,或者由相联系的数人实施犯罪。这假定在所实施的各犯罪的内容存在紧密的联系,这"可能是因为产生犯罪的原因相联系,可能是因为导致实施犯罪的环境相联系,也可能是因为执行上的相互依赖"[74]:由此形成法律规定的牵连。

与我们之前所阐述的因人的牵连管辖类似,第56条也将共同犯罪人中的某些有特别管辖的情况排除在物的牵连管辖之外;而出于前述原因,此处应当理解为既包括特别法院,也包括单纯的专门法院。[75]另外,看不到任何理由不使这一排除也同样适用于第57条中规定的情形。

最后,值得注意的是,其中一位共同犯罪人适用特别管辖的情况不是唯一一种能够导致分开审理的情况:根据第56条唯一款的规定,[76]"当有必要不延长对某一被控诉者的羁押或出于其他应予考虑的原因",法院得依职权或应检察院、辅助人或嫌犯的申请,终止事宜管辖权的牵连。法律没有给出关于前述概括性条款如何落实的标准。但是,如前面刚刚所阐述的,这里也完全取决于法官相信,牵连到具体案件中对诉讼目的的实现所带来的好处被所引起的不便所磨灭甚至完全超越。[77]

c)可能发生的情况是,某一行为人实施了多个违法行为,而其中的一个或一些与其他行为人的违法行为存在物上的牵连:由此即产生了人的和物的牵连的竞合,在确定有管辖权的法院时须优先考虑人的牵连(第60条)。

73　见 Cavaleiro de FERREIRA I 207;Maia GONÇALVES,anot. 2 ao art. 56.°,Pinheiro FARINHA,*CPP* 86 及 L. ARAÚJO-G. ROCHA,*CPP* 162 s. 。

74　Cavaleiro de FERREIRA I 208. 这并不意味着仅仅是违法行为之间的遥远的、不确定的稀松的关系。在这个意义上,见最高法院1972年4月26日的合议庭裁判,BMJ 216/79。

75　Cavaleiro de FERREIRA I 211 ss. .

76　但该条款也适用于第57条规定的情况。见 Cavaleiro de FERREIRA I 214。反对的主张见波尔图中级法院1939年3月15日的合议庭裁判,RJ 24/240。准确的,见最高法院1969年6月4日的合议庭裁判,BMJ 188/67。

77　类似的观点见 L. OSÓRIO I 493 以及前注中所指的最高法院的合议庭裁判。

但此处所谓优先，仅就地域管辖的可能转移而发生；对于事宜管辖——此类管辖根据所牵连的较严重的犯罪而确定——不可能发生牵连的竞合。[78]

根据第 60 条第 1 款，如果各违法行为是在同一地区所实施的，各行为人均须共同承担责任——即使其中一些行为人并未被牵连到所有的违法行为中——则应当审理最严重的一个违法行为的法院为有管辖权的法院。[79] 根据第 2 款，法官得按照第 56 条唯一款的规定，行使权能进行分开审判。

2. 面对前述类型的牵连，可能出现的情况是，法院认为与违法行为或被告有关的控诉不成立，无法据此确定管辖权。在此情况下，如果认为应将整个诉讼程序退回对仍可成立的控诉有事宜或地域管辖权进行审理的法院，则意味着不考虑使法律规定牵连的一切原因，这对诉讼程序及其主体无益。正确的解决方法是维持之前所指定的法院的管辖权。

例如：甲被指控在科英布拉实施了故意杀人罪以及在佩内拉（Penela）和阿加尼尔（Arganil）实施了一些小的盗窃罪。即使科英布拉的法院后来认为该杀人行为是在正当防卫的情况下进行的，从而不具有可处罚性，仍然维持对此违法行为的竞合进行审理的管辖权。

这一现象被称为事宜或地域管辖权的延伸，且第 61 条中提到了这种情况，尽管作出的是其十分狭义的规定，这可能是因为它明显只触及人的牵连，也可能是因为，这规定的仅仅是认定对决定管辖权的各个（或一个）违法行为的指控不成立的情况，而不是认定对用以确定管辖权的各个（或一个）嫌犯的指控不成立的情况。但是，根据前面的阐述，找不出任何理由来阻止对此概念进行延伸的解释。[80]

3. 不管是在事宜管辖权的具体确定上，还是在地域管辖权的具体确定上，都可能发生两个或更多法院之间的管辖权冲突：一种情况是，不同层级、性质或地理位置的多个法院都声称对同一案件的审理有管辖权（管辖权的积极冲突）；另一种情况是，不同层级、性质或地理位置的多个法院都声称对同一案件的审理没有管辖权（管辖权的消极冲突）。[81]

78　Cavaleiro de FERREIRA Ⅰ 225.

79　对于各个诉讼程序是在不同的地区法院（juízo de comarca）进行的情况，见 Maia GONÇALVES，anot. 2 ao art. 60°，还可参见 RLJ 62/399 s. 。

80　对此还可参见 Cavaleiro de FERREIRA Ⅰ 225 & Maia GONÇALVES，anot. 2 ao art. 61°。

81　见《民事诉讼法典》第 115 条第 2 款中所给出的定义。关于管辖权冲突的两种情况，见 Alberto dos REIS，*Comentário* Ⅰ 369 ss. 。

如冲突发生在最高法院的不同分庭之间，则由最高法院全会处理（《司法章程》第 18 条 d 项）；如冲突发生在中级法院之间，发生在属于不同司法区域的区域之间或在任何特别法院之间又或在特别法院与普通管辖法院之间，则由最高法院的分庭处理（《司法章程》第 19 条第 1 款 d 项）；如冲突发生在同一地区的不同法院之间，或在属于同一司法区域但是不同地区的法院之间时，则由中级法院的分庭处理（《司法章程》第 24 条第 2 款 c 项）。

有些学者[82]在概念上区分管辖权冲突（conflitos de competência）与审判权冲突（conflitos de jurisdição）——对此还可参见葡萄牙《司法章程》第 19 条第 1 款 d 项和《民事诉讼法典》第 115 条——区别在于仅仅涉及普通法院，还是也涉及特别法院或专门管辖法院以及非司法实体。这一术语似乎假定，非普通法院只有一小部分审判权，且与普通法院的审判权的含义不同。这表明，似乎笼统地称为"管辖权冲突"是不准确的。[83]

VI 职能管辖权

前面我们已经阐述了不对葡萄牙刑事诉讼法中的职能管辖权进行全面研究的原因。笔者想要突出的只是，由于这些问题在此处所表现出的复杂性，可以根据在不同司法机构之间分配法官职能时的基本标准，将问题一分为三。[84]

a）等级上的职能管辖权。这是最重要的一种，甚至往往被视为唯一的一类职能管辖权；[85] 此类管辖权的产生是因为，刑事裁判并非一经作出即具有确定性，而是通常允许其他司法机关对之相继进行后续检查。对普通审判而言，我们所要考虑的作出裁判的机关，有第一级或第一审（在此级中

---

82 葡萄牙学者的观点见 Alberto dos REIS，*Comentário* I 103 ss. e 365 ss. 及 *CPC Anotado* I 250 ss.。意大利学者的观点见 DEL POZZO，*Conflitti di giurisdizione e di competenza*（dpp），EdD VIII（1961）1028；SABATINI，*Trattato dei procedimenti incidentali nel proc. pen.*（1953）94；G. FOSCHINI I 371 s.；ALLEGRA，cit. Passim。

83 对此，见 F. CORDERO 157。

84 下文论述中提到的观点非常接近于 G. FOSCHINI I 346 ss. 中的观点，尽管这种同一性——由于意大利法与葡萄牙法之间的不同——往往概念意义大于实质意义。

85 Cavaleiro de FERREIRA I 232 中指出，这是"本义上的职能管辖权"。

还必须包括预审法官——原因我们将在下文阐明[86]——以及在特殊情况下还包括检察院司法官），有第二级或第二审（就法律事宜和事实事宜具有完全的管辖权——尽管对后者的管辖权是有限制的，这些限制来自对它们进行控制和改变它们的极小的可能性[87]），有第三级，或关于正当性的一级（管辖权严格限于法律事宜），有重审（参见《民事诉讼法典》第729条第3款和第730条），还有特别的一级，即再审（《刑事诉讼法典》第682条和第683条，前者是关于indicium rescinds，后者是关于indicium rescissorium）。

　　b）阶段上的职能管辖权。为完全实现刑事诉讼程序所要达到的目的，程序的进行必然具有复杂性，鉴于此，程序在发展中并非只有一个阶段，即使第一审程序亦然，而是分为几个时期或者阶段，其中每一阶段均须符合其所须遵循的前提条件。[88] 在各个阶段中，有三个阶段对职能管辖权的确定是重要的：首先是预审阶段，在此阶段，由预审法官和检察院司法官负责作出决定；其次是审判阶段，在此阶段，作出裁判的权限专属于普通法院或特别法院；最后是执行阶段，此阶段的管辖权一分为二，分别属于进行有关诉讼程序的第一审法院和刑罚执行法院（《刑事诉讼法典》第625条、第628条和第629条）。

　　c）机构上的职能管辖权。仍然从其机构组织的视角来看，在刑事诉讼程序中各作出决定的机构中也存在一定程度的复杂性，此处也可以称为职能管辖权的一种分割。由于葡萄牙已经废除了陪审员（jurados）（第35条第4款）和陪审团制度（第474条及以下），根据现行刑事诉讼法，对此话题所需指出的只剩下单一或独任法官与合议法官之间的区分的问题，前者是指法庭仅由一人组成的情况，后者是指法庭由多人组成的情况，如合议庭、中级法院或最高法院的分庭等。对后一种情况，需要说明的是，合议庭通常是同质的，即由具有同等基础特征的人组成——唯一的例外是某些特别法院，例如军事法院或审理扶养类案件的合议庭——而且是均等的，也就是说，合议庭中各成员在作出裁判时处于同等地位，但不影响赋予成员中的某一位（通常是合议庭主席）以作出命令的独特职能。

　　职能的专门性、独特的能力、职务的独特结构和组织、工作的划分，这一切汇集起来就是确定"职能管辖权"并将之分类的原因。关于职能管

86　参见本书后文第十一节Ⅲ1和4。

87　对此，参见前文第七节Ⅲ1和4。

88　对此，参见本书前文第八节Ⅳ和本书第二卷。

辖权，第 144 条中有所提及，在关于无管辖权的例外的问题上，提到了"与正在审理有关待决诉讼程序的法院不同类别"的法院，而证明无职能管辖权的制度，则与证明无事宜管辖权的制度完全相同（与第 140 条第 1 款的规定相反）。

第十一节　检察院在刑事诉讼程序中的法律地位

参考文献:

J. BLOMEYER, *Die Stellung des Staatsanwaltschaft-Der StA als Vorrichter?*, GA 1970/161.

BRANGSCH, *Die Stellung der Staatsanwaltschaft*, NJW 1951/59.

Figueiredo DIAS, *O dever de obediência hierárquica e a posição do MP no processo penal*, RLJ 106/171.

DÜNNEBIER, *Die Grenzen des Dienstaufsicht gegenüber der Staatsanwaltschaft*, JZ 1958/417 e *Die Bindung der Staatsanwaltschaft ans Gesetz*, JZ 1961/312.

G. FOSCHINI, Ⅱ *PM nella struttura di un processo penale giurisdizione*, RivP 90 (1966) 317.

GÖBEL, *Anklagezwang und Gewaltentrennung*, NJW 1961/856.

GÖRCKE, *Weisungsgebundenkeit und Grundgesetz*, Z 73 (1961) 561.

F. GOYET, *Le MP en matière civile et en matière répressive et l'exercise de l'action publique* (1953).

M. KOHLHAAS, *Stellung der Staatsanwaltschaft als Teil der rechtsprechenden Gewalt* (1963).

M. de Miguel GARCILOPEZ, *Ley penal e MP en el Estado de Derecho*, ADCP 16 (1963) 251.

E. MUSSO, *Problemi costituzionali del PM*, RitalDPP 1963/398.

Navarro de PAIVA, *Manual do MP* 3 (1901).

PENTEADO-GUIMARÃES-MACEDO, *MP-órgão de justiça*, Justitia 30 (1968).

S. PIACENZA, Ⅱ *PM organo di giutizia autonoma e la riforma del c. p. p.*, RitalDPP 1966/123.

M. – L. RASSAT, *Le MP entre son passé et son avenir* (1967).

Eb. SCHMIDT, *Staatsanwaltschaft und Gericht*, Kohlrausch-Fests. (1944) 261; *Richter und Staatsanwalt im demokratischen, sozialen Rechtsstaat*; *Rechtsauffassung der Staatsanwaltschaft und Legalitätsprinzip*; e *Zur Rechtsstellung und Funktion des Staatsanwaltschaft als Justizbehörde*-todos em Strafprozess und Rechtsstaat (1970), respect. 17, 99 e 176.

SARSTEDT, *Gebundene Staatsanwaltschaft?* NJW 1964/1752.

F. SESTI, *Appunti sul lineamenti di riforma dell'istituto del PM*, RivP 90 (1966) 689.

Emygdio da SILVA, *Investigação criminal* (1909) 104.

TÖWE, *Staatsanwalt und Gericht*, GS 108/20.

WAGNER, *Zur Weisungsgebundenheit der Staatsanwälte*, NJW 1963/8.

Ⅰ 检察院作为独立的司法机关

1. 检察院司法官团的职能是对某一犯罪的怀疑进行调查和在有需要时提出控诉，现代检察院司法官团的设立，[1] 是"改革后的刑事诉讼程序"的结果，根据法国的启蒙和革命思想，应当以新的刑事诉讼程序取代之前采纠问式结构的刑事诉讼程序。通过检察院司法官团所要实现的目标包括：使主持预备性预审和控诉的实体与负责审判的实体相分离，以此来实现审判中所必需的客观性和公正性；使在不受任何偏见影响的审判中进行预审/调查成为可能；使法院免于陷入大量只是基于非常脆弱的怀疑并因此最终嫌犯很难被

1　关于检察院起源的极具争议的历史，尤其是其在"旧制度"（ancien régime）中的历史，见 M. – L. RASSAT, cit. 7 ss.，esp. 21 ss. 中的极好的研究；还可参见 F. HÉLIE, *Traité d'instruction criminelle* ns. 238 a 251, A. ESMEIN, *Histoire de la procédure criminelle* 100 s.，MERLE-VITU, n. 809。葡萄牙学者的有关著作见 Dias da SILVA Ⅰ n. 32 ss.。关于司法官团 20 世纪初在葡萄牙的状况，比较有趣的见解见 A. MONTENEGRO, *A reorganização do MP de* 24 – 10 – 1961, Estudos Jurídico Ⅰ (1903) 445。

定罪的刑事诉讼程序中；通过控诉确定法官行使审理权力的准确范围以及裁判已确定的案件的范围，使控诉成为嫌犯辩护权及其基本权利的重要保障。

但是，前述检察院与法官之间在组织和职能上的分离并不能避免这两个实体在刑事诉讼程序中的广泛关联和合作。只要考虑，二者均为公共实体，同属国家机关，这使它们被赋予"并行的司法官团"的地位；特别是，二者的汇集，都是为了实现一个实质上相同的目的：对罪犯的追诉和惩罚，也就是说，最终是为履行国家赋予它们的管理和实现刑事正义的义务。正是检察院与法官之间的这种实质的相互关联，使检察院在刑事诉讼程序中真正的法律地位成为问题。[2]

2. a）如果我们将注意力全部集中于不可移调、须负责任和等级从属等原则——正如下文我们将会阐述的，这些原则支配着检察院司法官团的结构组织——上，我们可能首先会将检察院视为纯粹的行政实体，视为真正的一般的行政机构。但是，有理由对此观点提出质疑，在此方面，一个最重要的捍卫者是德国的格拉夫·祖·多纳（Graf zu DOHNA）。[3]

首先对此结论提出质疑的人们普遍认为——正如德国学界大多数人对这一仍然附属于拉邦德（LABAND）和奥托·迈耶（Otto MAYER）所提出的指导方针[4]的观点——行政活动最突出的一个特征在于它主要是以及时性和自由裁量的标准为指引，尽管其通常是以法制观念为基础，且在法制观念划定的范围内进行。其他对此提出质疑的人们，同意行政人员归根结底与法官一样，服务于立法者，且他们在行使职能时往往使用自由裁量权，但他们同时指出，"行政"中的自由裁量与"司法"中的自由裁量并不是同样类型和同等程度的，因此，司法权（jurisdição）只包含于适用法律的方法论的程序之中，[5]而不允许以发现事实真相或实现正义以外的其他目的而适

2　M. – L. RASSAT, cit. 36 ss. 中指出，"公务员"的身份与"司法官"的身份之间的辩证的紧张关系，自现代的检察院出现以来就一直存在，对此下文我们将进行阐述。

3　G. zu DOHNA, *Die Stellung der Staatsanwaltschaft zu Gericht, Polizei und Regierung*（1928）46 ss. . 这也是意大利的主流观点，参见 G. FOSCHINI I 256；F. CARNELUTI, *PM, giudice unico, giudice laico*, RitalDPP 1961/952。但也有反对的观点，见 G. CONSO, *Ambiguità de anomalie dell'istruttoria formale* RitalDPP 1960/370 ss. 。在法国也是如此，参见（虽然是批判性的）M. – L. RASSAT, cit. 157。

4　对此的详细介绍，见 Afonso QUEIRÓ, *Lições de direito administrativo* I（1959）20 ss. 。

5　关于这一点，Castanheira NEVES, Questão-de-facto § 15. Cavaleiro de FERREIRA I 84 中则指出，"对检察院而言，法律并非对其活动的一种限制——这与行政活动不同——而是其活动本身的目的"。

用法律。

不论根据上述哪一种观点，事实上，不能说检察院在刑事诉讼程序中的活动是纯粹的"行政"活动——这可能是因为，检察院的活动（在葡萄牙）均须完全遵守严格的合法性原则，也可能是因为，无论如何，[6] 自预备性预审开始至审判结束，检察院的活动并不遵守及时性和自由裁量的考虑，而是须直接受制于在司法程序中的协助。如此才能实现其在发现真相和落实法律上与法官合作的职能，归根结底，这才是检察院参与刑事诉讼程序的真正原因。

根据刚刚的分析，笔者认为，不应将检察院单纯视为普通的行政人员——即使那些坚决拒绝将自由裁量的标签作为行政活动的特征的学者亦不会如此认为，只需从中排除那些参与对法律冲突作出决定的职能的人员。[7] 这是因为，如果正如下文即将阐述的，检察院也不能被视为司法机关（órgão judicial），笔者认为始终可以肯定的是，前述检察院的参与适用法律——法律只需服从于发现事实真相和实现正义的目的——的职能，可被广泛地用于区分检察院在刑事诉讼程序中的法律地位以及普通行政人员在行政的一般框架中的法律地位。

b）综上所述，可以理解为什么认为检察院具有司法职能和权力的指导思想如今获得广泛接受——这一指导思想最近又被重新确认，意大利学者穆索（E. Musso）和德国学者马克思·科尔哈斯（Max Kohlhaas）都就此提出了强有力的论据。[8] 但是，不管从总的论点而言，还是根据实体法律制度中的规定，似乎都表明葡萄牙并没有接受这一指导思想。

正如以施密特为代表的学者所指出的，[9] 也正如从前文关于刑事诉讼程序的目的的讨论中[10] 所能得出的，这一司法职能的实质特征必然是对案件中权利的宣告，而这通过一个可转为确定的裁判而实现。然而，这样一种可

6　笔者想说的是：尽管在我们的刑事诉讼法中，就刑事诉讼程序的推进规定有及时性原则［以混合的模式，对此前文第四节 II 2 b）中进行过阐释］。

7　对此，参见 Afonso Queiró, Lições I 35。

8　参见 E. Musso, *Problemi costituzionali del PM*, RitalDPP 1968/398 ss. 及 M Kohlhaas, *Stellung der Staatsanwaltschaft als Teil der rechtsprechende Gewalt*（1963）。

9　*Zur Rechtsstellung und Funktion der Staatsanwaltschaft als Justizbehörde* Strafprozess und Rechtsstaat 176 ss.

10　本书前文第一节 III。

能性原则上[11]是禁止检察院作出的。诚然，检察院有此职能，正如其余诉讼主体也具有此职能；但是，检察院既不负责宣告案件中的权利，而且其所作决定原则上不能凌驾于裁判已确定的案件的标志性效力之上。在这个意义上，可以说，"司法宗旨"（vocação jurisprudencial）并不是检察院司法官团先天固有的。

不过，这一从目的论的角度出发得出的结论之所以成立，是因为在组织上，检察院欠缺司法职能往往具备的一个特征：[12] 即独立，这是宪法学中的一个标签。如果另外从其所行使的职能的视角看，检察院不能被视为司法官团的组成部分，如果从其所具有的权力的角度看，也会得出同样的结论。事实上，《政治宪法》第116条是通过司法职能来定义司法权的；而如前所述，如果检察院不行使司法职能，则必然得出检察院也不构成司法权的组成部分的结论。[13]

c）以笔者看待事物的方式，要理解检察院在刑事诉讼程序中的准确的法律地位，首先要对管理司法的职能进行区分，一方面是狭义上的司法职能，另一方面是一般的管理职能，且笔者认为这是司法权与行政权之间真正的桥梁。[14]

我们所理解的司法管理（administração da justiça 或 administração judiciária）是指，正如亨克尔所阐释的，[15] 是指与法律有紧密联系（其意义和目的即是在具体案件中落实法律）、根本上受到发现真相和实现正义等价值观的约束，且有法院、公证员和刑事诉讼程序中的辩护人等实体参与的一切活动，包括国家活动和非国家活动。在所执行的活动中，只有一部分——仍有必要强调该学者的观点，尽管其观点与施密特的观点[16]相符——可被视为"司法"（jurisprudência），因此是"司法"职能，而余下的部分仅仅构成"司法管理"（administração da justiça），[17] 因为它直接参与实现法律的目标，仅

11　强调"原则上"是因为，事实上，第35007号法令例外地赋予检察院以实质上的司法职能（尤其是在关于将诉讼程序归档的决定上）。参见 Eduardo Correia，RLJ 99/33 ss.，Figueiredo Dias，RDES 18（1971）213 ss. e 后文标题Ⅲ部分以及本书后文第十二节Ⅲ3。

12　如前所述，见本书前文第九节Ⅰ。

13　G. Foschini Ⅰ 252 ss.，255 中也赞同这一结论。

14　类似的观点还可见于 C. Roxin，*Strafprozessrecht*（Schonfelder）3（1967）8 s. 。

15　§ 29 Ⅰ 2.

16　*Strafprozess und Rechtsstaat* 183 ss.，186 s. 。

17　类似的概念在德国称为"Rechtsfürsorge"，而在法国广泛流传的称法是"homme de justice"。参见 A. Arndt，Umwelt urd Recht，NJW 1961/1617。

服从于前述发现真相和实现正义的目的，并不表现为就具体的法律冲突作出裁判，因此也就不表现为以司法本身的形式对案件中的法律作出的声明。

因此，应当得出的结论是，检察院在诉讼程序中的法律地位，其定义与适用于司法管理领域的原则相符；检察院是一个独立的司法管理机关，虽然在事宜上和职能上与法院相联系，但独立于法院，而且具有自身的结构和组织，且活动既不能完全归类为"一般的行政职能"，也不能完全归类为"司法职能"。即使从这一理论和概念上的特征本身中不足以得出关于检察院与法院之间的某种关系的结论，[18] 但此特征是解决各种关系中最艰难的问题的最重要的基础。[19]

Ⅱ 检察院活动和结构的基本原则

1. 从检察院作为管理司法的机关这一特征中可以得出的主要内容是，检察院无条件地受制于发现事实真相和实现正义等价值观，由此产生的要求是，检察院参与刑事诉讼程序中的任何活动，均须遵守严格的法律客观性标准。

关于检察院在刑事诉讼程序中的客观性义务，以及由此产生对此在实质意义上的"当事人"身份的否认，前文已经进行了非常详尽的阐述；[20] 此处只需重复支配这一义务的思想核心：法律社会所关注的并不仅仅是对所有有罪过者的惩罚，而且也仅仅对确有罪过者进行惩罚，在真正的法治国家尤其如此，因此，作为管理司法的机关，检察院所要负责展示的不仅是能够证明嫌犯有罪过的迹象，而且也要呈现能够证明嫌犯无罪或者罪过较小的迹象。而适宜指出客观性原则所带来的一些实际好处，尤其是，通过这种方式，使法院所需面对的无根据或根据较弱的刑事诉讼程序的数目大大减少。

另一个问题是，是否如很多拥护英美刑事诉讼程序的学者所主张的，认为检察院同时履行控诉者的职能和诉讼主体的职能并具有绝对的公正性

18　对此，参见本书后文标题Ⅲ下内容。

19　基本上与本书观点类似的，除目前大多数德国学者（H. HENKEL、KERN-ROXIN、Eb. SCHMIDT 等）外，法国学者也对此发表看法，从将要制定的法律的层面，见 M. – L. RASSAT, cit. 141 ss. ；葡萄牙学者的观点见 Cavaleiro de FERREIRA Ⅰ 82 ss. 。

20　本书前文第八节Ⅱ 1。

并不是单纯的乌托邦式的理想主义。关于纠问式诉讼程序中的法官的记忆，并不有助于澄清关于前述观点的证明——此时的法官被赋予以无限的调查权和控诉权，且往往是以使嫌犯获得更好的辩护为名义——因为在控诉式诉讼程序中，检察院原则上不具有作出决定的职能。但是，如果否认同时履行两种职能使检察院在刑事诉讼程序中的行动必须符合最高的道德和法律要求，就太天真了；而且，为对此作出回应，首要的是，法律本身不应表露出对依据客观性要求行事的检察院人员的能力的内在怀疑。前文在提及禁止对原告不利的判决变更（*reformatio in peius*）的问题时，笔者给出了一个关于该等立法上的摇摆的例子。[21] 其他的例子可见因等级关系而产生的所谓"强制上诉"的问题。[22] 笼统地说，可以肯定的是，对检察院有顾虑地履行客观性义务的最大危险，来自对其遵守上级的义务的范围和效力的错误理解。[23]

履行检察院客观性义务的必不可少的内在条件，自然是要确保其本身的公正性。为此，如前所述，[24] 法律针对法官创设了一套关于回避和声请回避的制度，规定在《刑事诉讼法典》第 105 条和第 113 条中，其中可适用的部分应当同样适用于检察院的代表或人员。

很多现代的立法——与 19 世纪的大部分立法不同——都主张必须将此制度延伸适用于检察院，这并非因为想要削弱对检察院公正性的保障，而是因为此类司法官团的可移调特征和相应的"替换的权利"，[25] 总是有可能替换掉需回避的和被怀疑的人员，而不论有关的刑事程序。[26] 这一程序的极端简单和快捷，也证明了对检察院人员的回避和声请回避的法定制度的偏好是合理的，《刑事诉讼法典》也接受了这种解决方案，见第 113 条。

2. 从前述检察院在刑事诉讼程序中是一个司法机关这一特征中，还可以得出的是，检察院的全部活动均与法律相联系。这一联系的内容类似于

21　本书前文第八节 II 3 b）。

22　专门对此问题的阐述，见 Figueiredo DIAS，RLJ 106/182 ss.；其他对此的阐述，尽管是在不同的背景下，见 Paulo CUNHA，*Recurso obrigatório em processo penal. Anotação ao Assento do STJ de 20 – 12 – 1935*，O Direito 68（1936）12。

23　对此，参见后文 3 b）部分［原文如此，译者猜测指"4b)"，但此处不能确定］。

24　参见本书后文第九节 II。

25　参见后文标题 4 最后部分的阐述。

26　对此，主要的论述可见于联邦德国法学理论中，完整的介绍见 H. HENKEL § 29 II 2。

之前我们关于法官内容的讨论;[27] 区别仅在于,检察院原则上不具有作出裁判的职能或实质意义上的司法职能,前述联系在实践中的表现主要是在推进刑事诉讼程序时的合法性原则。[28]

3. 尽管作为司法管理机关,如前所述,检察院在实质上和职能上与法院相联系,但检察院并不具有独立性的特征,这是因为它不享有司法的权力和职能,《政治宪法》第 119 条和第 120 条仅将独立性赋予法官。因此,《司法章程》第 170 条第 1 款中指出,"检察院是一个可移调、须负责任且有等级组织关系的司法官团,其从属于司法部长,且处于共和国总检察长的领导之下"。

"可移调性表现为,政府有权将属于检察院司法官团的人员在同一类或类别之内自由地转移"(第 170 条第 2 款);"须负责任性表现为,检察院司法官须根据法律规定作出其为履行职务所需实行的行为,须履行其义务,并须遵守从其上级处收到的指示和命令"(第 170 条第 3 款);"等级关系表现为,司法部长是共和国总检察长的直接上级,共和国总检察长是共和国各检察长及总检察长的其他助手的直接上级,各检察长是其助手以及共和国检察官的直接上级,检察官是助理检察官(subdelegados)的直接上级"(第 170 条第 4 款)。通过这些特征,可以理解为什么学理上通常认为检察院司法官团有单一性,有同一性和不可分性。[29]

于是,从这些特征中,我们能够得出通常可被称为检察院司法官团在组织上和结构上的附属性(dependência)的原则。而此处有必要提出的问题是,在应然法层面,这种附属性是否不应当被与《政治宪法》中规定的法院司法官团的附属性类似的附属性所取代。

笔者相信,答案应当是否定的。首先,由于检察院不具有就具体的法律冲突作出裁判的职能,故其独立性的特征不具有法院司法官团独立性的基础。再者——这一点尤其重要——由于检察院的职能包括随时适应惩治犯罪的要求,而这些要求是易变的,因此检察院在行动中需要具备一定的

27　本书前文第九节 I 3。

28　参见本书前文第四节 II。

29　法国有一原则,"检察院是统一的和不可分的"(le ministère public est un et indivisible);关于这一不可分原则,见 MERLE-VITU n. 817,比较详细的介绍见 M. – L. RASSAT, cit. 82 ss. 这一原则在葡萄牙参加的第四届美洲间检察院大会上获得了重申,见大会决议 I c);"检察院的组织应当以单一和不可分等原则为基础……"(MBJ 217/499),还可参见 Cavaleiro de FERREIRA I 83。

自由度（在合法性原则的限制内）以及以社会便利为标准的指导方针，而这些对法官的职能并不适用。据此可以认为，检察院的人员须接受——在一定的限度内，对此下文将作阐述——其行政管理上的上级的职务命令，对对抗和控制犯罪的几大原则的界定即在此基础上进行。

这样，在检察院的"附属性"与其直接受制于法律、发现事实真相和实现正义的特征之间就可能产生一种辩证的紧张关系，这是不可避免的；但是，这样一种紧张关系在一个法治国家中仍然可以维持在可以容忍的限度之内，前提是符合以下两个条件：第一个条件是，检察院的遵守义务受到合法性原则的限制，且对此义务的违反不产生任何外部的效力，诸如对刑事诉讼程序的效力；[30] 第二个条件是，检察院的任何活动，一旦触及宪法上对公民基本权利的保障的范畴，则必须受到严格的司法控制。[31]

4. 检察院司法官团的单一、同一和不可分的特征导致：一方面，人员之间按其等级或类别而存在上下级命令关系，结果是每个人均须遵守其上级的指示和命令；另一方面，整个检察院司法官团在组织上形成了一个有严格等级关系和金字塔型的结构，对此《司法章程》第 174 条和第 175 条有所规定。

由于事实上检察院司法官团是以等级关系建构的，这首先意味着，每一人员都受制于其上级的领导权（poder de direcção），通过这一权力，上级得要求其下级作出特定行为，得向其发出"职务命令"或发送"通告"（circulares）和"指令"（instruções）。[32] 与此领导权相对应的，如我们所知，是下级工作人员的遵守义务。不过，考虑到检察院所具有的司法管理机关的性质以及其与一般的行政管理机关的区别，前述领导权和这里的遵守义务，凡是涉及刑事诉讼程序的，则必须限制在非常特定的范围之内，而对此等限制的准确阐释引起了最错综复杂的一些问题。

为解决此处可能出现的各种假设，有必要阐释一下一般的领导权（poder de direcção geral）与具体的领导权（poder de direcção concreto）之间的根本差别。一般的领导权是指针对大多数情况给出的命令和指示，以抽象的形式或者可被视为以抽象的形式（例如，关于归档、控诉、上诉、诉讼形式的确定等事宜的概括性指导方针）；具体的领导权是指针对某一具体诉

30　参见后文标题 4 部分。

31　参见后文标题 III 部分。

32　Afonso QUEIRÓ, Lições I 318.

讼程序给出的命令和指示（例如，关于某一诈骗或身体伤害的诉讼程序的控诉或归档的命令）。

另一个有关的问题，根据葡萄牙的制度——以德国法学理论为指引[33]——是司法部长所具有的、我们称之为外部领导权的权力与属于检察院机构本身的内部领导权之间的区别。这一区分也同样符合《司法章程》，制定《司法章程》的立法者们意识到，有必要在第 171 条中对司法部长的领导和监管权作出专门的规定；而尤其能够证明此区分合理的事实是，虽然司法部长对检察院拥有无可置疑的等级权力，但其本身不得也不应被视为前面所描述的"司法管理机关"，而是完全构成一个一般的行政机关（órgão do Executivo）或行政管理机关（órgão da Administração）（《政治宪法》第 107 条）。

最后需要指出的是，如果检察院的一位人员违反了服从上级的法定义务，其行为仅在组织层面上产生影响——主要表现为其须负纪律责任（除可能的民事和刑事责任外）——而不会产生任何职能上的效力，因此，不会对与违反服从义务的行为有关的刑事诉讼程序造成任何后果，因此该行为继续在程序中有效。[34]

根据这些区分，我们可以得出应当对在检察院司法官团的等级关系中且与某一刑事诉讼程序有关的领导权——以及由此产生的服从义务——设置哪些限制。

a）首先我们可以得出的一个非常肯定的结论是：任何领导权，不论是一般的还是具体的，不论是内部的还是外部的，都受制于合法性原则这一不可逾越的限制。假如检察院的某一人员收到一份来自司法部长或某位共和国检察官的指令，指令的内容可能是命令其不得对任何构成《刑法典》第 358 条规定的犯罪的行为提出控诉，原因是国家计划实施一个限制出生率的政策；抑或，所收到的一份命令的内容是令其不得对一位触犯公务上侵占罪的高级公务员提起控诉，理由是出于对公共利益或公职形象等的考虑——这位检察院人员不仅不应当遵守这样的命令或指示，而且恰恰反而应当彻底地、完全地违背这些命令或指示。

33　只需参见 H. HENKEL § 30 Ⅲ 2。

34　以此结论为基础的不仅有德国法学——以 GVG（相当于我们的《司法章程》）第 144 条为基础，详见 C. ROXIN, *Strafprozessrecht*（Schonfelder）11——而且还有法国法学。参见 MERLE-VITU n. °816。

之所以这样说是因为，根据《刑法典》第 287 条的规定，不促进有关诉讼程序构成犯罪；而且，正如最优良的犯罪学和行政学理论所述，[35] 如果服从上级将导致实施犯罪，则该服从义务完全终止。得出前述结论的另一理由是，笼统地说，不同于该结论的其他结论是违宪的，这是因为，根据《政治宪法》第 4 条的规定，葡萄牙——因此也包括该国的全部机关——承认道德和法律为其限度。

在德国，曾经有学者指出，司法部长不是"司法管理机关"，与刑事诉讼程序没有任何直接联系，因此也不受制于关于促进程序的合法性原则。但是，联邦德国最高宪法法院对此问题却做出了完全相反的裁判，该裁判的基础是，既然促进程序的活动在职能上存在等级关系，其中的各项原则就适用于检察院须实施促进行为的一切情况，即使该等行为是由诸如司法部长的某一机关决定作出的，而司法部长仅在组织上有联系亦然。这一理论如今已在学者之间达成共识。[36]

b）在前述限制中，一般的领导权，不论内部的还是外部的，不引致任何反对，而且在葡萄牙被广泛实行，对检察院在刑事诉讼程序中行动的一体性带来显著的好处，而且甚至[37]在对刑事诉讼法的解释和适用上也有很高的学术价值。

c）但是，对于外部的具体的领导权，即由司法部长实行的领导，则可能已经产生了疑问。对此，不乏学者主张，既然赋予检察院司法官团以行使司法权的机关的法律地位，应当否定司法部这一行政机关有在关于某一刑事诉讼程序的全部事宜上向检察院发出具体命令的宪法上的可能性。[38] 但是，在此概念层面，这一结论不能被作为一个好的结论而获得接受，这是因为，在此层面，人们可能提出反对，理由是，检察院既不是司法机关（órgão judicial），也不享有独立性这一宪法上的特权。

因此，对这一问题应当在对刑事政策的考虑的层面上解决。反对司法部长的具体的领导权的学者认为，通过这一权力，将在刑事诉讼程序中引

---

[35] 对此的详尽评论和分析，见 Eduardo CORREIA II § 5.°，23。还可参见《爱德华多·科雷亚草案》第 38 条唯一款以及第一次部长修正案第 42 条第 3 款。

[36] 参见 GÖRCKE，Z 73（1961）595 s.，其中列举了大量的参考文献。

[37] 正如前文所述，见第三节 I 3。

[38] 采纳这种观点的学者有 GÖRCKE，Z 73（1961）606，M. KOHLHAAS，cit. 58 s. 及 WAGNER，NJW 1963/8 ss. 。

入对纯粹政治性的命令的考虑，这些考虑从单纯的国家理由中得出。但是，这一论据即使不被全盘否定，在面对促进程序的合法性原则给针对检察院行使的领导权——包括由司法部长行使的领导权——设置的绝对的限制时，这一论据也失色不少。另外，如果不能将检察院视为一个真正的"管理司法的机关"，那么将之视为一个不进行司法管理的层次也是不准确的，相对于其他任何行政机关，显然检察院有直接遵守法和法律的义务。最后，能够合理地适应这一问题的职能方面的观点是，使检察院司法官团受制于来自某一在组织上更上级的实体的具体命令，只要该等命令完全遵守了合法性原则即可。除此之外，作为该解决方案的法律基础，总是可以争辩的是，《司法章程》第 171 条 c）项的规定涵盖抽象的命令，这从与 a）项的对比中可以得知，a）项中规定的是"一般命令的指示"（directrizes de ordem geral）。

在此基础上，可以得出司法部长的具体领导权具有正当性的结论，[39] 但不妨碍宣告该权力在刑事诉讼政策层面、在最严格的限度内、仅在例外情况下方得实施的好处。

d）至于内部的具体领导权，没有产生、原则上也不会产生任何反对。此外，《司法章程》第 170 条第 3 款后半部分对此有明确的规定。

e）但是，合法性原则就是对全部具体的领导权所设置的唯一的限制吗？笔者认为不是的。

首先，已经有人主张，当法律本身赋予检察院以一定的进行审查的自由裁量空间时，例如，在特定情况下，由检察院判断是否存在"充分迹象"或"充分证据"以提起控诉的问题，在该等情况下行使领导权的正当性就会降低。但是，这样的一个标准似乎并不必然值得被接受。这不仅是因为，很难将真正的自由裁量与其他应当被划入法律解释范畴的情况（尤其是规范性概念、不确定的概念等等）相区分，[40] 而更重要的是因为，在目的论的角度上找不到足够的理由向检察院施加自由裁量的事宜，而非就法律解释的事宜（在实践中该等事宜更加重要和经常出现）的服从义务。

其次，有学者认为应当纯粹和完全地否定与检察院在审判听证中的活动有关的领导权，或者至少否定此种情况下的具体的领导权，此观点的根

39　类似的观点在法国法学中的表现见 M. – L. RASSAT，cit. 96，在德国法学中的表现见 H. HENKEL § 30 III 2。反对的观点见 Cavaleiro de FERREIRA I 84。

40　对此，其他学者的阐述可见 K. ENGISCH，*Introdução ao pensamento jurídico* 170 ss.。

据是"笔受拘束，口却自由"（la plume est serve，la parole est libre）的原则；[41] 但更合理的似乎是其他学者的立场，认为起约束作用的只是必须遵守那些支配着审判听证阶段的法律原则，尤其是直接原则。[42]

另一个我们不得不完全赞同的观点是，对全部领导权的一个总的限制是，检察院在其参与的整个刑事诉讼程序中必须始终遵守的客观性义务。例如，上级的命令如果是要求下级在某一关于杀人的刑事诉讼程序中，不在审判阶段中出示（或不在预备预审中评价）某一对嫌犯有利的证据，而是将对此举证的责任施加于辩方，则这样的命令是不允许的，是不合法的，是不应被遵守的。另一解决方案意味着改变检察院在刑事诉讼程序中的职能的性质，将其"行政地位"（estatuto administrativo）置于其发现事实真相和实现正义的首要职能之下。

最后有必要强调的是，有些学者——且在某些国家的法律秩序中，例如联邦德国，此观点可能已经成为主流观点——认为，在就某一具体的刑事诉讼程序所采取的立场问题上，下级的法律信仰（convicção jurídica）也构成对上级领导权的限制：如果服从构成一种精神胁迫，使下级背弃其根据客观标准形成的心证，则不应要求其服从。[43]

可以说，这一解决方案似乎意味着，将上级的领导权以及与之对应的服从义务完全交给了刑事诉讼程序所要实现的真相和正义的价值。但是，即便如此，这也不是无可批判的。假如对该等价值的追求仅在完全牺牲领导权和服从义务的情况下才能够实现，我们就不再怀疑实现该等价值所被赋予的优先性！

但是，笔者相信，冲突并不是必需的，而是恰恰相反，对各种利益的协调，在很大程度上是可行的。为了理解，有必要思考的是，下级的法律信仰构成对上级领导权的限制的解决方案（毫无疑问，这是减轻检察院人员的服从义务与对其意志自由的保护之间的摩擦的最好的路径，除此之外，这也是该检察院人员在其参与的全部诉讼活动中始终保持严格的客观精神的

41　关于此，可参见 MERLE-VITU n. 816 e K. BADER，*Staatsanwalt und Rechtspflege*，JZ 1956/6. M. – L. RASSAT, cit. 119 ss.，其中赋予此原则以不同但更为合理的含义：上级得随时要求下级作出某一行为，但不得强加一个观点。还可参见 F. HÉLIE，*Traité d'instruction criminelle* 2 (1886) n. 488。

42　见 H. HENKEL § 30 Ⅲ 4。

43　这样的观点见 Eb. SCHMIDT，*Strafprozess u. Rechtsstaat* 196 s.；DÜNNEBIER，JZ 1958/421；GÖRCKE，Z 73（1961）609；H. HENKEL § 30 Ⅲ 4。

前提条件）并不必然给检察院司法官团所须实现的刑事政策的上层目的实现带来巨大的风险，因为上级的指导方针总是可以约束的，可以通过使用其所被赋予的退回权（*devolução*）或替换权（*substituição*）来约束。[44]

于是，应当记住的是，这些理论在葡萄牙参加的第四届美洲间检察院大会（巴西利亚，1972 年）决议 I e）中获得了完全的承认，该会指出，"每一人员有权能依据其标准行事，因此应当规定一个恰当的替换程序"。[45]这是我们所能期待的对我们的观点的一次最全面的肯定，也是对我们的问题给出了最好的解决方案——尽管是在应然法（iure constituto）层面——的一种确定性路径。

事实上，根据《司法章程》第 227 条 b）项的规定，"检察官的助手尤其有权限：只要被认为合适，且共和国检察官同意，得在任何诉讼程序中代表检察院，如被要求，还得替换检察官行使后者的职责……"

因此我们可以得出结论，只要具体的领导权的行使遵守了合法性和客观性的原则，则行使领导权的行为原则上是有效的，应当被遵守；但是，如果对命令的执行会违背有关人员以客观事实为依据形成的法律信仰——只要依其观点其作出的有关决定是对法律的正确适用——则服从义务应当终止。这不会给上级正当提出的目标的实现带来任何损害后果；要注意的问题只是，如有可能，应将有关人员，即在有关诉讼程序中代表检察院的人员的信仰告知其上级。这样我们就得到了一个制度，既有维护检察院人员的客观性及其信仰自由的优点，又不会威胁到上级正当提出的目标的实现。

III　检察院与刑事法院的关系

1. 关于这一问题，总的原则清楚、具体地体现在《司法章程》第 172 条第 1 款中："检察院司法官团与法院司法官团具同等地位且相互独立，检察院的代表不得接受法官的命令或谴责。"这两个司法官团之间的关系于是就通过平等（*igualdade*）和独立（*independência*）这两项特征体现出来，并由此产生了三重结果。

44　退回权（或收回权）是指，上级有权力主动要求亲自具体实施下级的职能；替换权是指，上级有权力指定另一下级，以具体实行通常有管辖权的人员的职能。二者均为等级权力的通常特征。关于这一问题的部分方面的阐述，见 Afonso QUEIRÓ, *Lições* I 322 ss. 。

45　BMJ 217/499 s. 。

a）在检察院履行其职能时，法院不得向其发出任何命令，检察院完全独立于各法院。规定在第 35007 号法令第 44 条和《刑事诉讼法典》第 346 条中的情况——根据该等规定，如在辩论预审结束后，检察院决定将诉讼程序归档或等待调查更好的证据，[45 a] 而法官认为仍有要素须在程序中继续跟进，则作出说明理由的批示，声明命令将有关程序退回检察院检阅，以便后者提出控诉——完全是一个例外情况，因其在诉讼范畴中的地位才具有合理性，因为事物的性质而必须赋予法官在刑事诉讼程序中的任何司法阶段都具有这样的地位。[46]

b）检察院不得向法院作出任何命令或指示，且检察院所具有的通过行使其促进刑事诉讼程序的职能（或者也可说是义务）而启动程序，从而使司法机关投入运作的权力，也不能视为原则的例外。[47]

c）任何人均不得同时在同一刑事诉讼程序中既代表检察院又作为法官——正如前文已提及的《刑事诉讼法典》第 104 条第 3 款的规定。但有必要指出以避免误解的是，这毫无妨碍从检察院司法官中聘任法官的制度。是否应当这样认为的问题，纯粹是一个组织上的和司法政策上的问题，在此不做讨论。

2. 综上所述似乎可以发现，在检察院与法院之间确实存在区分，不仅是建制上的区分，也是职能上的区分，这一区分是如此清晰，以致在任何情况下都不能对其视而不见。但是，如果考虑该问题的某一特定方面，对这一方面，前文我们曾多次提到过，[48] 第 35007 号法令也对此给予过特别关注，[49] 且其将使整个问题——在任何控诉式的刑事诉讼程序中都会出现的一个问题，即检察院和法院在刑事诉讼程序中所进行的活动之间的相互关系和相互依赖——变得更加尖锐，则这一区分将变得相当有问题；这个方面使整个问题变得更加尖锐，尤其体现在第 12 条第 2 款的规定上，"《刑事诉

[45 a] 前文已经详细地阐述为什么我们认为，随着《刑事诉讼法典》第 351 条的重新生效，第 185/72 号法令并不想要将学理所指拓展到除有辩论预审的情况以外的其他情况［参见本书前文第四节 Ⅲ 1 b)］。

[46] 这一点在法国也获得承认，在法国，检察院相对于法院的独立性备受赞扬，但这也不妨碍存在一些与本文所举例类似的特殊情况。参见 MERLE-VITU n. 818。

[47] 关于这一点，见 K. MOHRBOTTER, *Bindung der Strafrichter an das Handeln der Verwaltung?*, JZ 1971/213。

[48] 参见本书前文第三节 Ⅰ 1 最后部分以及第八节 Ⅱ 3 c)。

[49] 之后的情况见 Figueiredo DIAS, *O defensor e as declarações do arguido em instrução preparatória*, RDES 18（1971）164 ss.。

讼法典》中所有关于犯罪的证据（Corpo do delito）且不与本法令相矛盾的规定，适用于预备性预审，但是，法典中所规定的须由检察院行使的一切权力和职能，转由诉讼程序这一阶段中的法官行使，但本法令第 21 条的规定除外"。

如今应当不难承认，事实上，第 35007 号法令中设计的制度，一方面是关于检察院与其辅助机关之间的关系的，另一方面是关于检察院与法院之间的关系的，这一制度在实践中并不能够落实，且已经不符合葡萄牙当前的司法现实。之所以出现这样的局面是因为，第 35007 号法令赋予了检察院实质上属司法职能的职能，但想将对其职能行使的控制完全交由司法官团的等级结构内部来实现。换句话说，产生这样的局面，是因为赋予了这个在结构上存在等级关系——因此，从宪法的角度讲，不是独立的——的司法官团，以就涉及公民自由范畴的法律冲突作出决定的职能和权力，但没有同时接受此举自然会产生的后果（甚至是根据宪法而应当产生的后果：见《政治宪法》第 116 条）：使对该等冲突的决定终究能够在司法上获得控制。

从此局面中产生了一系列真正的极端状况，对此，司法见解和法学理论将致力于并始终致力于研究这些情况，而不难理解，这些情况并不总是能够在一个严密的思想框架之内获得解决，因为欠缺立法上的支持，而这恰恰是必不可少的。

我们来想想（为了只引用一些最具代表性的例子），为适用《刑法典》第 125 条第 4 款，司法机关通过判例将"刑事诉讼中的据位人作出的预审和控诉行为"界定为"司法行为"的必要性。[50] 想想现在主流的司法见解——对控诉的合法性原则进行司法控制的必要性的推动下产生，尽管这明显违背第 35007 号法令中建立的制度的精神——坚定地主张，辅助人有对公罪提起控诉的正当性，即使检察院拒绝提出控诉时亦然。[51] 想一想，当面对检察院关于归档的批示是否与裁判已确定的案件具有类似的效力这一问题时，司法见解所陷入的困境。[52] 最后想想最近在葡萄牙出现的一个问题，即当辩护人没有出席预备性预审中嫌犯作出声明的程序时，对此的司法审理和审

---

[50] 最高法院 1961 年 5 月 17 日的判例，见 BMJ 107（1961）345 ss.，这个判例如今已因为其适用的直接范围的问题而在学理上受到批判（但在葡萄牙这是相当不合适的），对此，见《刑法典》第 125 条第 4 款第 1 项，通过第 184/72 号法令修改的版本。

[51] 关于这一问题，参见本书前文第四节 I 3b）和 II 3，以及本书后文第十五节 III 3。

[52] 关于这一点，参见本书后文第十二节 III。

查问题，因为这一问题本身又带来了另一难题，即法院是否能够或者应当就针对检察院或刑事警察机关所作决定提起的上诉进行审理。[53] 最高法院在1971 年 3 月 31 日的合议庭裁判中对此给出了肯定的回答。[54] 尽管这一裁判明显有意将讨论的范围限于司法警察局（PJ）局长和副局长，在行使法律赋予该法官的在预备性预审中行使的职能时（所谓"类司法"职能）所作的决定，但无可否认，这一裁判中提出了一个非常有益的观点，从此观点出发，能够对如何控制在预备性预审中负有领导职能的当局行使实质上的司法职能这一问题进行一次全面的审视。

《政治宪法》第 116 条在其前一部分中指出，"司法职能由普通法院和特别法院行使"。由此首先可以得知，在宪法层面，对司法职能的定义不能通过行使职能的当局这一形式标准，否则上述文字就完全是赘述的。由法院行使的职能……由法院行使！因此，唯一可能的一种解释是，宪法文本根据司法职能的对象/客体来定义实质上的司法职能。这就意味着，司法职能是指，所有根据其对象（即根据行为的性质）而应被视为司法职能，且仅得由普通法院和特别法院行使的职能，换句话说，仅得由法官以法官的身份行使的职能。

而另外，如果所有围绕在预备性预审中作出的行为而产生的，并且与嫌犯的辩护权和对嫌犯基本自由的保护有关的一切冲突，实质上都构成司法职能的对象，那么我们将在目前的葡萄牙刑事诉讼程序中发现一个十分明显的两难境地：或者我们将这些行为，包括由调查实体作出的行为，全部视为真正的法官的行为，以此来使这些行为具有可上诉性——这样，那些赋予该等实体以行使实质上的司法职能的管辖权的法律规定的合宪性才能得到维护，至少基本上获得维护；或者，反之，仅将该等行为视为行使某一逃脱司法职能本身的控制和力量的职能的产物——则必然出现所涉及的各法律规定在实质上违宪的问题。[55]

面对这样的两难困境，笔者认为对前一种解决方案的倾向是不容置疑的。[56]

53　关于这一问题，通过第 185/72 号法令对我们的刑事诉讼程序进行法律改革之前的情况，见 Figueiredo DIAS, RDES 18（1971）159 ss.，而目前的情况见本书后文第十四节 IV 3 c）。

54　BMJ 205（1971）181 ss. .

55　在这个意义上，似乎本应当接受关于第 39749 号法令实质违宪的主张，对此最高法院 1970 年 12 月 9 日的合议庭裁判中发表了意见，没有采纳这一主张。见 BMJ 202/120 ss. 。

56　赞同第二种解决方案，即关于不合宪的，见 A. FERRÃO-S. ZENHA, *O direito de defesa e a defesa do Direito*（1971）42 ss. 。

对此，我们先谈谈一种在当代法学理论中获得广泛承认的，要求对法律的解释必须以"符合宪法"的方式进行[57]的命令（mandamento）。而在目前的情况下，不能质疑为什么倾向于通过"司法"解释，将法典授予法官在预备性预审阶段具有的权力和履行的职能转移于负责调查的实体，而这不可避免的后果是使该等实体的决定具有了可上诉性。

另外，这种解释虽然是字面上的，但更好地适应于第 35007 号法令第 12 条第 2 款的规定，因此，它所谈及的并不只是法典赋予法官的职能，也有赋予法官的权力。

因此，似乎我们的一般法中的规定本身也要求对它们的理解必须"符合宪法"，从而避免与根本法第 116 条规定的正面冲突以及由此产生的实质违宪的问题。这意味着，如果调查实体的任何决定涉及嫌犯的辩护权及人身自由受到保护等宪法保障的权利，则必须将该等决定视为一个真正的司法决定，由此产生的本质特征就是可上诉性（《刑事诉讼法典》第 645 条及以下）。

有人会说，这样一种解决办法会导致，或至少在实践中会导致将第 35007 号法令中的制度与法典联系起来相当困难，因为在制定法典时的一个前提条件是只有法官作出的裁判才是真正的司法裁判。而承认这一断言的真相并不那么难。

简单地说，要消除这些困难和障碍，只能通过未来的法律（ad legem ferendam），尤其是，通过预审法官对检察院在预备性预审中所作的全部与公民基本权利有关的决定进行全面的控制；[58] 而且我们不得不承认的是，完全满足这些愿望，是葡萄牙立法的一个刻不容缓的任务。但在实定法（de lege lata）层面，适用者不得不求助于可供其使用的法律工具（通常是《刑事诉讼法典》第 1 条唯一款所在最大限度内允许的），以消除障碍和尽可能地解决困难。关键点在于，永远都不能忘记，这正是必须支付的合理代价，这样才能确保第 35007 号法令中的很多规定是合宪的，也有助于保证检察院司法官团和狭义的司法官团（法院司法官团）真正的尊严。

另一方面这意味着，通过赋予检察院以作出实质上属司法行为的行为

57　参见本书前文第三节 Ⅱ 2。

58　如前所述［本书前文第八节 Ⅱ c)］，在根据第 2/72 号法律设立刑事起诉法庭以后，这一问题有减轻，但并未完全解决，这是因为，规定有这些权力的条文的适用过于严格，且检察院司法官团只占有极小极小的司法领域。

的权限，法律想要使检察官成为真正的司法官，这会使前文所述"司法机关"与"司法管理机关"之间的区分完全成为一个荒谬的东西吗？我们不会阐述得这么深入，况且相信也没有必要这样。检察院在本质上仍然是管理司法的机关，但却例外地拥有了司法权，并因此而受制于司法的直接控制制度。这是必须提出的最低要求，如此才能确保在一个真正的法治国家中检察院在刑事诉讼程序中的地位。

3. 在本语境下还需要探讨另一个备受争论——在德国法学界尤其如此——的问题，即检察院在行使其在刑事诉讼程序中的职能时，是否受到法院司法见解的实质约束，尤其是最高法院发布的主流司法见解。

前文已经阐述过的一个例子[59]有利于对这一问题的说明：检察院掌握了关于一起投机罪未遂的充分迹象，并认为这一行为是应受法律惩罚的——第41204号法令第25条和第21条——但可能的情况是，在此方面达成共识的司法见解认为这种可能性没有明确规定在法律中。此时检察院应当提出控诉吗？

如上，葡萄牙的司法见解从未就此问题清楚地表明立场。但仍然表现出一定程度的倾向，当法院接受辅助人就某一检察院未提起控诉的公诉提起的控诉，而检察院想要系统地对法院所有关于接受这一控诉作出的裁判提出上诉时，司法见解倾向于使检察院受到实质约束。对此表现比较突出的是最高法院1960年6月8日的合议庭裁判，[60] 其中指出，"当各审级的法院所作裁判违背本院的统一司法见解时，则须对之提起上诉以维护统一司法见解。但是，（检察院）提起上诉的目的正是为了获得一个与本统一司法见解相违背的裁判，则既不合逻辑也不合理……"

对法院司法见解提出的关于检察院的实质约束的问题——这一问题也由德国联邦最高法院提出，并获得参加第45次德国法学会（1964年）的大部分学者支持[61]——的一个肯定的回答，必然依赖于合法性原则和权力分立原则，以及法律适用中的一体（统一）价值。但是，笔者并不认为这些思

59　本书前文第四节 II 3。

60　BMJ 98/424 ss. .

61　基本内容可见 F. NOWAKOWSKI e SCHWALM，Verhandlungen d. 45 DJT（1964）7 ss. 。反对的观点见 LÜTTGER，GA 1957/193 ss. ；Eb. SCHMIDT，Strafprozess u. Rechtsstaat 99 s. ；H. HENKEL § 29 V III；HERRMANN，VERHANDLUNGEN cit. 41 ss. ；还可见同载于 Verhandlungen cit. 65 ss. 中围绕所提出问题进行的激烈讨论。

想足以得出结论。

关于合法性原则，我们已经十分肯定地介绍过，[62] 该原则要求，当法律规定的一切法律和事实的前提条件全部具备时，检察院有义务促进刑事诉讼程序。但该原则完全没有表明，在某一具体案件中确定这些前提条件是否具备是应当以检察院的意见还是法院的意见为准。另外，权力分立原则表明，司法见解（jurisprudência）仅得由法院作出，而如前所述，[63] 检察院的活动本身并不构成"司法活动"（actividade jurisprudencial），而且，也不会因为检察院不在实质上受制于司法见解这一事实，其活动就会转变为司法活动（actividade jurisprudencial）。统一的司法见解可能最终被接受，其价值渗透到我们的整个法律秩序中。[64] 但是，似乎纯粹的管理司法的机关并不必须使其活动受到限制，以便于前述价值的实现，使该等价值实现的责任终究属于法院司法官团——况且，法院司法官团本身其实也并不完全受制于这一价值的支配，正如有事实表明的，[65] 法院本身在作出其裁判时，原则上并不受制于通过主流司法见解形成的先例。

综上所述，反对对检察院的约束的有力论据是，使检察院放弃其亲自形成的心证，始终是高度不利于客观性原则的：如果检察院的活动应当无条件地遵循实现法律的理念，那么很难理解什么"法律"能够使检察院的情况与法官的情况完全不同，完全不同于检察院依据法律而客观形成心证时的法律。如非如此，则《司法章程》第 172 条第 1 款将失去其最大的价值，因为该款中规定，"检察院司法官团平行于并且独立于法院司法官团……"

这意味着主流的司法见解对检察院没有任何价值吗？绝非如此。不同于其他任何管理司法的机关，检察院应当尽可能地对这些见解给予关注和重视——遵守这些见解将意味着检察院完全牺牲其自身的心证，且即使已经谨慎地考虑过司法部门的指示后仍然如此，才可以不遵守它们；而当发生这样的情况时，仍然应当十分清楚和客观地就其未遵守司法见解的事实作出说明，并指出其这样做的原因。这些主流司法见解对检察院的指导——而

62　本书前文第四节 II 2。

63　见前文标题 I 中的内容。

64　《司法章程》原来第 240 条以非常清楚的方式规定，"法官……应当考虑应当被同等对待的所有案例，以尽可能地获得一个统一的司法见解"。但这一观点已经不再出现在现行的《司法章程》中了。

65　前文已经指出过，见本书前文第九节 I 2 d）。

非约束——尤其作用于控诉或者不控诉的决定的作出上，而在审判听证（尤其是陈述）中和对上诉的解释上所要持的态度，由于更直接地处于司法控制之下，大可仅考虑检察院自身的心证。[66]

第十二节　检察院在刑事诉讼程序中的职能

参考文献：

M. Fernandes AFONSO, *O caso julgado e os despachos de abstenção de acusar proferidos pelo MP*, ScIvr 13（1964）153.

Frederico BATISTA, *Reclamação（Art. 27.° do Decreto-Lei n.° 35007）*, ScIvr 7（1958）414 ss.

Eduardo CORREIA, *A instrução preparatória em processo penal（alguns problemas）*, BMJ 42（1954）5 e *Despacho de arquivamento do processo e caso julgado*, RLJ 99/33.

Ary Elias da COSTA, *Manual elementar do delegado do Procurador da República* I 2（1960）.

Campos COSTA, *O carácter público da acção penal*, ScIvr 5（1956）192 e *Fiscalização do exercício da acção penal*, RDES 8/275.

KLAIBER, *Staatsanwaltschaft und Kriminalpolizei*, GS 106/58 e *Neuordnung der Kriminalpolizei*, GS 110/301.

L. LAMBERT, *Précis de police judiciaire*（1959）.

Le CLÈRE, *La police*（1972）e *Histoire de la police*（1973）.

MAY, *Staatsanwaltschaft und Kriminalpolizei*, Z 52（1933）612.

PARRA-MONTREUIL, *Traité de procédure pénal policière*（1970）.

G. RADBRUCH, *Grenzen der Kriminalpolizei*, Sauer-Fests.（1949）212.

SCHLANBUSCH, *Staatsanwaltschaft und Kriminalpolizei*, Z 52（1933）621.

SCHNEIDENBACH, *Staatsanwaltschaft und Kriminalpolizei*, GS 106/50.

Simões PEREIRA, *Corpos de delito sem acusação que devem devem ser conclusos. Interpretação de um aspecto do art. 28.° do Decreto-Lei n.° 35007*, RDES 4/57.

WENZKY, *Die Unterstellung der Kriminalpolizei unter die Staatsanwaltschaft als wiederauflebendes Reformproblem zum Strafprozess*, Z 75（1963）266.

66　在这个意义上，见 H. HENKEL § 29 VⅢ 最后部分。

　　要准确理解检察院在刑事诉讼程序中所履行的全部职能，需要对有其出现的每一阶段分别进行详细的研究，因此，对此的准确理解只能通过本书第二卷中阐述的第四也是最后一部分中的要素而获得。本节的目的只是在此部分为对检察院职能框架的研究提供一个笼统的和概括性的视角，同时，本节会比较详细地述及两个问题：一个问题是检察院与某些司法管理的辅助机关（司法警察机关）之间的关系，另一问题与上一节中刚刚讨论过的问题息息相关，即检察院与法院之间的关系。

I　预备性预审的领导权：检察院与司法警察机关之间的关系

　　1. 作为负责促进对违法行为的追诉的机关，检察院的首要职权是对违法行为进行全面的调查，以及在可能的情况下澄清违法行为嫌疑。为使之能够完满地实现这一目的，法律（第 35007 号法令第 14 条）赋予其对预备性预审的领导权，而检察院在行使次领导权时须遵守规范其活动的几个原则，尤其是合法性原则和客观性义务。

　　但是，应当注意的是，检察院具有对预备性预审的领导权这一规则，在葡萄牙遭受了一些严重的和重要的偏离。因此，根据第 35007 号法令第 15 条，如果"对有关犯罪须适用重刑诉讼程序或轻刑诉讼程序，则预备性预审必然由检察院主持"，而如果"对有关犯罪适用轻微警察程序，则得将预备性预审的职权赋予警察当局"（第 16 条）；另外，根据第 17 条的规定，"如果检察院以外的其他当局能够实行刑事诉讼（exercer a acção penal），则该等当局有权限负责有关诉讼程序中的预备性预审"；最后，正如第 18 条所规定的，"就所有依据有关立法的规定受到影响的诉因，专门的司法警察机关有权限进行预备性预审"。但是，在上述三种情况下，真的构成预备性预审的领导权属检察院原则的例外吗？

　　前两种情况不会产生任何疑问。对于第一种情况，第 16 条本身指出，将进行预备性预审的职权赋予警察当局时，"不得损害检察院对预备性预审的领导权"。对于第二种情况，第 17 条在其第 2 款中提出了一些假设，在这些假设下，促进刑事诉讼程序——该法中错误地将此称为了"实行刑事诉讼"——的职能并不属于检察院，而是属于其他公共实体，诸如行政当局（针对的是对市政条例、规章和告示的违例行为）、治安警察局（PSP）和国民警卫队（GNR）（针对的是应当在建议诉讼程序中审判的违法行为以及一切轻微违反行为）以及有权限对某些活动或某些专门规章的执行进行监督的国家机关（针对的是在作出该等活动时出现的或违背该等规章的轻微违反行为）；在这些情况下可以承认，对预备性预审的领导权本身已不属检察院，而是属于被赋予促进有关刑事诉讼程序的权限的实体。[1][2]

而在第 18 条所规定的情况下，司法警察机关有权限在有关的诉讼程序中进行预备性预审——例如根据第 35042 号法令（第 14 条及以下）有权限的司法警察局（PJ），或者根据第 368/72 号法令（第 14 条及以下）而有权限的国家安全警备总署（DGS）。[3] 这些情况真正构成检察院领导预备性预审的原则的例外？[4] 还是恰恰相反，应当认为虽然预审是由该等实体进行的，但检察院有权力对该等实体作出的诉讼活动进行领导和控制？

只有第二种理解是正确的。但为证明这一点，且由于不可能要求法律文本对此给出斩钉截铁的答复——不管是第 35007 号法令还是第 35042 号和第 368/72 号法令，在谈及这些情况时，都只是规定警察有权限"实施"或者"进行"预备性预审，而从未像第 35007 号法令第 16 条那样清楚地规定有权限"领导"预备性预审——我们不得不更加深入地探究关于司法警察的行为和机构的问题。

2. a）在历史上与警察这一概念本身相联系，[5] 可以说，维护秩序以及保障治安和公共安宁，时至今日仍然是警察制度存在的真正原因。因此，保护公民免受外部扰乱，关系到保持一种社会生活结构所期待的状态，这些一方面是公共秩序的决定性因素，另一方面也是作为整体的治安的决定

1　Cavaleiro de FERREIRA Ⅰ 92 中指出，"由检察院以外的官方机构实行的刑事诉讼，限于在简易诉讼程序中审理的违法行为，以及轻微违反"；而在该等情况下，根据第 35007 号法令第 2 条唯一款的规定，预备性预审"得被真正地免除"。但事实是，如果根据第 17 条的规定，由该有权限当局负责实行刑事诉讼，则这一预审可以存在。因此，这似乎可以视为检察院领导预备性预审原则的一个不可否认的例外。

2　这同样也适用于《刑事诉讼法典》第 609 条及以下规定的针对司法官的特别诉讼程序，在该等程序中，预备性预审由法官而非检察院领导。

3　或者甚至根据第 41204 号法令第 37 条的规定，同样包括 IGAE、GF、GNR 或 PSP？该法令经第 46193 号法令和第 452/71 号法令而被部分地修改。还要注意的是第 35042 号法令第 3 条，该条规定，检察院、司法警察局、国民警卫队、各市市长以及治安法官（Juízes de Paz）也能针对预防犯罪的事宜行使司法警察职能。

4　Eduardo CORREIA，*Proc. crim.* 153 中似乎也是这样灌输的。但是，该学者在对司法警察行为问题进行专业的（ex professo）的探讨时（*A instrução preparatória* 15 ss.），似乎明确地指向另一种解决方案。

5　关于这一点，见 Marcello CAETANO，*Manual de direito administrativo* Ⅱ（1972）n. 425 s.，详细阐述见 Le CLERÈ，*Histoire*，cit. passim。

性因素。从这个角度不难理解，警察机关属行政机关，因此可知其隶属于内政部。即使赋予警察以预防犯罪甚至对抗犯罪的职能，它的这一地位似乎也丝毫不会改变。[6] 这一职能还包含在一般治安的要求之中，且完全可以划入前面所描述的框架中。

只是可能会发生的一种情况是，由于负有对抗犯罪的使命，因为这些使命，某些警察机关可能——由于可操作性和效率等明显的原因——被赋予作出某些行为（尤其是预审行为）的权限，这些行为作为刑事诉讼程序中的行为，会直接或见解地触及效益和效力问题。从而，警察的活动以这种方式而获得了司法管理辅助活动的范围。那些活动因此而应当被视为司法警察的行为，而那些具有正当性作出该等行为的当局则应当被视为司法警察机关。[7]

b）如此定出司法警察机关的行为和机构等概念的基础后，首先必须要考虑的是，在包括葡萄牙在内的大多数国家中，此类机构被设立时使用的都是司法警察或者类似的名称，[8] 而前述概念所涵盖内容的范围远比此类机构要更宽泛。毫无疑问这是典型的司法警察机关，是现代社会所感知到的迫切需要的直接后果，尤其是在大城市，迫切需要创建一支高度专业化的警察队伍，[9] 使之具有进行全面的刑事调查所需的一切权力、手段和扶持，尤其是，应当使之配备法医学实验室（Laboratório de Polícia Científica），并配有在刑事科学实践学校（Escola Prática de Ciências Criminais）培养、培训和专业化的调查人员的编制。[10]

---

6 因此笔者并不赞同某些学者［例如，葡萄牙的 Eduardo CORREIA，BMJ 42（1954）15 及注释 11 和 Cavaleiro de FERREIRA Ⅰ 104 以及意大利的 G. FOSCHINI Ⅰ 393］的观点，他们继续——沿着法国共和历四年雾月 3 日《犯罪与刑罚法典》第 18 条的方向，对此可见 Marcello CAETANO，cit. n. 427——使行政的警察与司法的警察相对立，根据的是所涉及的只是预防犯罪，还是亦包括镇压犯罪。关于这一点，比较晚近的著作见 G. SABATINI, *Attività di prevenzione e attività di repressione della polizia*, Scritti Raselli Ⅱ（1971）。

7 这样就出现了第 35042 号法令报告书中的那些考虑以及其中的规范，尤其可见第 1 条和第 4 条。相同的观点见 Eduardo CORREIA，cit. 15 ss. e Cavaleiro de FERREIRA Ⅰ 101。

8 正如葡萄牙早先的刑事调查警察局（Polícia de Investigação Criminal），它在一定程度上，是现在的司法警察局的前身。

9 关于下一个特征，参见第四届美洲间检察院大会决议 Ⅱ b）和 c）（BMJ 217/500），还可参见 H. HAHN, *Police in urban Society*（1971）。

10 在葡萄牙，法医学实验室是根据 1957 年 10 月 2 日第 41306 号法令设立的，其地位正好附属于司法警察局；还根据该法令设立了刑事科学实践学校——即如今的司法部职业培训学校（Instituto de Formação Profissional do Ministério da Justiça）——直接隶属于司法部（第 11 条），其运作由 1958 年 2 月 1 日第 41516 号法令所规范。

另外，考虑到这一机构在对抗犯罪中的特殊地位以及其与刑事诉讼程序的准备之间的几乎独立的联系，很多国家将之定位为从属于司法部；葡萄牙即作出了这样的立法选择，通过第 35042 号法令第 2 条第 1 款作出了这样的规定。[11] 这样做的目的，[12] 首先是消除在检察院与司法警察之间的关系中的双轨制，据此，不可避免地赋予司法警察以在所有涉及刑事诉讼程序的准备工作中的辅助机关的特征，但从组织的视角看，司法警察又保持着其自主的地位，因此，检察院并不具有对司法警察进行的具体的调查活动进行指导的权利。

关于司法警察，毫无疑问，检察院拥有对应当由前者实施的预审和诉讼活动进行领导和控制的权力。但这只能在《司法章程》第 194 条第 I 款 e）项的规定中得到证实[13]。

c）但是，如前所述可以得出——第 35042 号法令第 2 款的规定只是对此作出了确认——司法警察机关并不仅仅包括司法警察局，而且也包括取代之前的 PIDE 的 DGS，以及有权限作出预审和诉讼行为的其他实体。简单地说，对于该等实体——尤其是 DGS，在后文的阐述中我们将以此为例——已经有人质疑是否能够得出结论，认为该实体在进行预审或诉讼活动时亦受制于检察院的领导和控制的权力。

根据 1954 年 8 月 9 日第 39749 号法令第 2 条的规定，"内政部长对 PIDE 的权限，与法律赋予司法部长和赋予共和国总检察长的对司法警察局的权限相同"；而这一观点不经任何修改地转化为关于组建 DGS 的第 368/72 号法令的第 5 条。卡瓦莱罗·德·费雷拉据此而认为，DGS 与检察院之间在职能上的任何联系均已被破坏，从而创建了一个"并不属于刑事诉讼程序结构的预备性预审"，它只具有单纯的"行政形式"[14]——我们不得不承认，这将成为我们的体制中的一个谬误。但我们并不认为并非不可避免

11　但有些国家并没有采取这种做法，例如联邦德国，德国的刑事警察（Kriminalpolizei）也附属于联邦内政部，其行动是统一的，通过一个联邦机构，即联邦刑事警察局（Bundeskriminalamt）来实施。关于意大利司法警察的结构，参见 GRANATA, *Organizzazione della Polizia Giudiziaria*, RivP 1952/170 ss.；而法国的情况，见 R. GASSIN, *La police judiciaire devant le Code de procédure pénale*, RscCrim 1972/71 ss.。

12　还要再次参见第 35042 号法令报告书，尽管其中不是完全清楚的方式阐述的。

13　根据该项，"共和国总检察长是检察院司法官团在等级上的首脑，有权限作为上级引导和监督司法警察局行使职能"。

14　Cavaleiro de FERREIRA I 117 ss. 关于文中内容的后续讨论，参见 Figueiredo DIAS, *O defensor e as declarações do arguido em instrução preparatória*, RDES 18（1972）177 ss., nota 28。

地必须受制于对事物的这样的理解。

恰恰相反，我们不否认卡瓦莱罗·德·费雷拉观点的绝对正确性，该学者清楚地指出由于第 39749 号和第 368/72 号法令中的上述条款而在刑事诉讼程序方面创造出来的缺陷，甚至不恰当之处，与已消失的 PIDE 一样，法律赋予现在的 DGS 以直接关系到对抗犯罪和准备刑事诉讼程序的权力和职能——尽管在有些时候，在之前我们所阐述的[15]关于检察院的一些情况下，这些权力和职能其实是司法性质的——因此这实质上恰恰成为（时至今日，第 368/72 号法令第 4 条又重新对此进行了强调）[16] 司法警察本身的标志性的权力和职能。既然如此，应当承认，为尊重检察院与司法警察机关之间在结构上的联系的价值，更可取的做法是，使适用于司法警察局的等级从属原则同样适用于 DGS。[17]

但是，法律认为，由于另外一组原因——只能是占据优势地位的政治原因[18]——必然导致 DGS 从属于内政部。当然，这些原因的价值不应当在此处讨论。但必须要肯定的是，不论 DGS 是什么，不能不遵守的原则是，从刑事诉讼的角度看，DGS 是一个司法警察机关，因而与其他司法警察机关一样，受到检察院"诉讼中优势地位"（primado processual）的约束。即使检察院不具有对 DGS 作出的一般或具体的活动进行指导和监督的任何权力——因为这两个实体之间在组织上的联系已经被切断——但作为司法管理机关，仍然对一切能够产生刑事诉讼上的效力的警察活动享有不可拒绝接受的控制权力。只有这样，才能保证法治国家的理念向所有警察提出的要求获得满足，才能使保证公民权利的必要性所提出的要求获得满足。另外，只有这样，检察院对警察机关的近乎教导的职能才能得到履行，这正如社会学中指出的，[19] 是使社会能够对警察机构作出的有关刑事诉讼程序的

15　本书前文第十一节 Ⅲ。

16　该条规定，"DGS 是一个独立于司法警察局的机构，对于属其权限范围的违法行为，有与法律赋予司法警察局的相同的权力和职能"。

17　在这个意义上，从未来的法律（de lege ferenda）的层面进行阐述的，有 Cavaleiro de FERREI-RA Ⅰ 117 ss. 以及 Eduardo CORREIA，BMJ 42（1954）15 ss. 。

18　尽管针对类似的问题，有人有时也提到"司法职能和刑事诉讼程序的效率"这一原因。参见 G. FOSCHINI Ⅰ 392。

19　参见 J. SKOLNICK，*Justice without trial*（1967）199 ss. 和 F. REMINGTON，*The role of police in a democratic society*，J. of CL Crim & PS 56（1965）361。还可参见一个在相同背景下的有趣的研究，J CLARK，*Isolation of police：a comparaison of the british and american situations*，J. of CL Crim & PS 56（1965）307。

行为保持信任的最有力的理由。

此外，这也是一些国家所采取的解决办法，这些国家承认法治国家的规则，但出于政治或其他原因，将对警察的在等级上的权限赋予内政部长。西德即属这种情况。[20] 在德国，检察院即使因前述事实而不具有对警察的当局权力或对之进行监视等概括性权利，但不能否认，对于一切涉及某一刑事诉讼程序的事宜，检察院有绝对的优势地位，从这个角度看，警察只是检察院的一个辅助机构。要重申的是，这并不意味着检察院与警察之间组织上联系的缺失不被视为一个缺陷，这个缺陷本来应当在一系列改革中被消除。[21]

II 提出控诉并在审判中代表控方

1. 如侦查期间收集到充分迹象，显示有犯罪发生及何人为犯罪行为人，则检察院须对该人提出控诉（《刑事诉讼法典》第 349 条）。如前所述，此时的关键问题时，要使检察院具有正当性，或者有关犯罪为公罪性质，或者在半公罪的情况下有被害人的举报，又或在私罪的情况下有被害人的举报和自诉。[22]

通过提出控诉，检察院以社会的名义，向法院要求追究某一有理由被怀疑实施某一违法行为之人的责任。如此，检察院所实行的其实并不是一个刑事"诉讼"——不管是《刑事诉讼法典》（第 5 条及以下）还是第 35007 号法令（第 1 条及以下）都早在这个阶段即开始规范（但这只是构建理论上的单纯前提，并不要求解释说明）——并不是对在类似于民事诉讼程序的真正的"当事人的诉讼程序"中所讨论的法律保护的要求，而只是特别地表达一种法律社会所感受到的必要性，即由某一法院就关于特定人实施某一违法行为的怀疑发表意见的必要性。[23]

---

[20] 前文已指出，见前文脚注 11。

[21] 从所说明的情况中，在德国产生了一些关于检察院与警察关系改革的极其优秀的著述。关于各种不同的意见，见参考文献部分所引 KLAIBER、MAY、RADBRUCH、SCHNEIDENBACH、SCHLANBUSCH 和 WENZKY 的著作。另外，关于警察与检察院之间关系的性质的讨论，显然更有理由适用于警察与预审法官之间的关系的性质。

[22] 参见本书前文第四节 I 3 a）。

[23] 关于这一点，我们已经多次进行过阐述，尽管这一话题有理论建设性功能，应当在后文再进行明确的分析，参见本书第二卷。

但需注意的是，在葡萄牙，检察院不具有提出控诉的垄断权。正如前文中我们所强调的，第 35007 号法令第 2 条授予特定实体以就某些违法行为实行"刑事诉讼"的权限。这意味着，在这些情况下，该等实体具有提出控诉或进行与之相关的诉讼行为的权限（关于违例行为的诉讼形式，见《刑事诉讼法典》第 543 条及以下，关于简易诉讼程序形式，见第 556 条及以下）。另外，在私罪中，主控诉——也可能是唯一的控诉——由私人提出（第 35007 号法令第 3 条唯一款）。

2. 但是，检察院在控诉方面的职能并不仅限于提出控诉的职能，而是当然也包含在整个审判阶段中代表控方的职能。但正如我们所知，这并不意味着检察院行动的指导方向是努力为已提起的控诉找到能够使之成立的正当理由，而是以发现事实真相和实现正义的目的为指导方向，也就是说，以对客观性义务的严格遵守为指导方向。这一情节，由于它应当出现在检察院在审判中作出的所有行为之中——仅在对此阶段进行研究时才能够确定这些行为如何[24]——因此在其口头陈述（《刑事诉讼法典》第 467 条、第 533 条、第 539 条和第 559 条第二部分）中具有特别的重要性，在口头陈述中，检察院既要就事实问题发表意见，也要就法律问题发表意见。

Ⅲ 放弃控诉

1. "如证明无犯罪发生，或刑事诉讼已消灭，又或有事实要素证明嫌犯不承担责任"，则根据第 35007 号法令第 25 条的规定，"检察院放弃提出控诉，在卷宗中声明事实上的或法律上的合理理由"。而该法令第 26 条则规定，"如无能够证明违法行为要素或证明何人为行为人的足够证据"，以及如不能"推定能够补足迹象证据"，则"检察院放弃提出控诉，并根据第 23 条的规定，将此事实告知共和国总检察长"。这些就是放弃提出控诉的几种可能的情况，《刑事诉讼法典》第 343 条也对此作出了规定，这如今已成为检察院在刑事诉讼程序中的最重要和最成问题的职能之一。

如前所述[25]——肯定是在"刑事诉讼是公共的"（第 35007 号法令第 1 条）和检察院司法官团独立于法官司法官团（《司法章程》第 172 条第 1

24　参见本书第二卷。

25　本书前文第四节I 3 b）。之前还讨论过［第三节I 1 以及第四节 Ⅲ 1 b）]，以笔者之见，在通过第 185/72 号法令进行的刑事诉讼法典改革中，没有对接下来所指制度进行任何修改。

款）等思想的推动下——为对检察院放弃控诉的决定进行控制，立法者规定了一种完全是等级上的监督；而人们已经意识到，这样的一种监督是不足够的，面对合法性原则的要求，使司法见解开始受理作为辅助人的私人针对公罪提起的控诉，即使检察院已经放弃对此提出控诉时亦然。但没有必要在此背景下对这一问题进行深入阐述，只需指明的是，前述等级监督可以通过三重路径触发。

a）通过检举人。须将放弃提出控诉的情况告知检举人，而检举人"如果是可成为辅助人之人，可就未提出控诉一事向共和国总检察长提出异议"（第35007号法令第27条）。[26]

b）通过法官。未提出异议时，须将卷宗送交法官，而如果法官"认为有足够的条件成立以进行控诉，则将其理由载入批示，并将卷宗上呈共和国检察长"（第28条）。[27]

c）直接通过共和国检察长。检察院每三个月向共和国总检察长送交"一份清单，载有可适用于轻刑诉讼程序或重刑诉讼程序，但最终未提起控诉的公罪性质的犯罪行为"（第23条）；既无人提出异议，又无法官批示时，"在依据第23条的规定告知共和国检察长之日起满三十日后，该归档方具有确定性"（第29条唯一款）。

不过，不管是这里的哪一种情况，对是否应当进行控诉的最终决定权都属共和国检察长。

之所以说是"最终"，是因为这有助于清楚地理解第35007号法令。但至少令人怀疑的是，该法令中规定在这一点上的目的是阻止共和国检察长们对共和国总检察长在等级上的依赖关系，《司法章程》第194条第1款的规定并未比这更清楚。[28] 因此，人们认为"检察院司法官团在等级上以总检察长为首"，并确认总检察长有"监督其下级如何履行各自的职务义务，向

---

[26]　因此，似乎，至少直接地，此异议的目的是就应否提出控诉（对此，见 Campo COSTA，RDES 8/292）以及是否不应继续进行预备性预审（对此，见 F. VELOSO，ScIvr 4/399）作出决定。但是，同样可以肯定的是（正如所引前一位学者所指出的），如检察长认为有关诉讼程序被错误地组成卷宗/调查/预审，则得以《司法章程》第227条 b）的规定为依据，命令继续进行预审。

[27]　关于对这一规定的理解的问题，见 Simões PEREIRA，RDES 4/57 ss.。

[28]　相同的观点还可见 Maia GONÇALVES anots. 3 ao art. 10.°，其中指出，总检察长的一些批示中也承认了相同的理论，尤其是1956年5月29日的和1960年1月5日的批示（BMJ 129/268）。

他们发出适宜的命令和指示"的权限。更有疑问的是，在这一事宜上，[29] 是否能够认定共和国总检察长从属于司法部长。如果确有这样的从属关系存在，则考虑到部长决定在某些情况下的可司法上诉性，在这里我们可以建立起一种（尽管是极其有限的）可能性，即对检察院的放弃决定进行司法监督的可能性！

最后要注意的是，截至目前所讨论的放弃提出控诉都是发生在预备性预审之后的。如已进行了辩论预审，则必须注意《刑事诉讼法典》第346条的规定——该条如今的适用与经第185/72号法令进行改革之前的适用一样，这是因为第35007号法令第44条的规定——据此，"如促进刑事诉讼程序的检察院将卷宗归档或等待提出更佳证据，而法官认为具备继续进行诉讼程序的要素，则法官须在附理由说明的批示中对此作出声明，命令将卷宗发回检察院检阅，以提出控诉"。如前所述，考虑到检察院在辩论预审中的积极作用，就可以理解这一解决办法了。但该办法并没有实质地违背控诉原则，因为辩论预审和起诉的法官——葡萄牙的法律即是如此规定的，但第2/72号法律第2条第1款b）项和c）项以及经第343/72号令通过的规章第2条第1款中规定的情形除外——与负责审判的法官是相同的。

2. 检察院放弃提出控诉，可能使有关诉讼程序产生两种不同的结果。

a）一种结果是归档，"如经过预审/调查发现卷宗中所载之事实不构成刑事违法行为，或针对全部行为人的刑事诉讼均已终止"（《刑事诉讼法典》第343条）。

b）另一种结果是等待提出更佳证据，"如没有证明违法行为要素或证明何人为行为人的充分证据"（第345条）。

如前所指出的与放弃提出控诉的决定有关的诉讼程序在结果上的两种可能性，在如今——尤其是在第185/72号法令颁布以后[30]——仍然有效，则一个这样的决定在程序法上的价值或效力问题，仍然是一个有争议的问题（正如自第35007号法令生效时起就有争议一样）。

如果诉讼程序的结果是等待提出更佳证据，则不会产生重大疑问的是，

29　尤其注意之前我们所讨论的，见本书前文第十一节Ⅱ4。

30　事实上，在此之前不乏有人主张，《刑事诉讼法典》第345条应当视为已被第35007号法令废止，依据是该部法令中确立了控诉原则和等级监督制度。但没有理由，正如 Eduardo CORREIA，RLJ 99/68 中所强调的。无论如何，经第185/72号法令对第367条的编辑，关于此问题可能产生的任何疑问都被驱散了。还可参见 Maia GONÇALVES anot. 2 ao art. 345.。

有关决定获得了——尽管是在特定的限度内——与裁判已确定的案件类似的效力，这在学理上被称为情事不变（rebus sic stantibus）的裁判已确定的案件。[31] 实际上，在这种情况下并没有找到关于辩论性预审旨在解决的那些主要问题——是否存在违法行为，行为人的确定及其责任——的一个确定性的判断标准。既然如此，这一现实必须要限制该命令所具有的确定的程序性效力，它仍然以对情势变更条款的保留为条件，也就是说，条件是后来出现了相对于已经审理过的事实或证据资料的"新"事实或"新"证据资料。

第 345 条唯一款的规定为此理论提供了明确的依据，该款规定，"在本条规定的情况下，即等待提出更佳证据的情况下，一旦出现新证据资料，有关诉讼程序得继续进行"。此外还需注意的是，对事实是否为新事实的检定，一方面要从规范性视角来看（与在诉讼程序标的和裁判已确定的案件等问题上，对解决"事实的同一性"问题起决定作用的视角相同[32]），另一方面，要严格遵守与基于新事实而对有罪判决进行再审时所依据的指导标准类似的标准。[33] 在命令等待提出更佳证据的批示作出后又重开的诉讼程序，实际上在深层次上是一次真正的再审，尽管其在程序步骤上有所简化，且命令作出此行为的当局有不同。

3. 更难的问题是，不取决于司法裁判的归档，其价值和效力如何，当这一结果是根据第 35007 号法令第 29 条的规定，因从预备性预审中获得的结果而载入卷宗。但是，我们赞同爱德华多·科雷亚的观点，即赋予归档以与裁判已确定的案件类似的价值和效力，认为这是在葡萄牙唯一一个可以辩护的观点。[34] 因此，另一种论点——在我们的司法见解[35]和检察院司法

31　很容易理解，这一诉讼类别的大本营（campo de eleição）在所谓的保安程序（processo de segurança）（见葡萄牙第 34553 号法令第 25 条及以下）中，德国学者对此的论述，参见 H. HENKEL, *Das Sicherungsverfahren gegen Gemeingefährliche*, Z 58（1939）214 和 NAGLER, *Das Adhäsionsverfahren im geltenden Recht und im Enturf der Strafverfahrensordnung*, GS 112/333 ss., 意大利学者对此的阐述见 G. LEONE III 552 和 *Osservazioni sul processo di prevenzione criminale*, RitalDPP 1860/15 ss. 以及 G. GUARNERI, *Regiudicata*（*dir. proc. pen.*）, NssDI XV 232。

32　参见本书前文第四节 III 2 以及本书第二卷。

33　参见本书前文第三节 II 3 b）以及本书第二卷。

34　接下来将对此进行阐述，笔者认为，这大体上与 Eduardo CORREIA, *Despacho de arquivamento do processo e caso julgado*, RLJ 99/33 ss. 中所主张的立场相一致。在结论及其最重要的依据上，也同样与 Castanheira NEVES 153 ss. 相一致。

35　能作为例子证明这一立场的，有 1961 年 3 月 15 日、1963 年 3 月 27 日和 1964 年 2 月 5 日的最高法院合议庭裁判，分别载于 BMJ 105/528、125/341 和 134/353。

官团之间[36]占主导地位的观点——认为它们只是行政性质的单纯决定，而这些决定不能转为确定或获得类似的效力，这一论点则必须被舍弃。下面我们将概括性地阐述这是为什么。

a）首先，不容置疑的是，《刑事诉讼法典》中的归档批示（根据第346条及以下的规定，这只属法官权限）具有司法性质，完全相当于宣告嫌犯并非有关犯罪的行为人的裁判。由此可以有把握地得出，依据第148条及以下的规定，该批示获得裁判已确定的案件的效力。此外也是因为第694条使之适用于（尽管是有限制地）再审上诉制度。

这首先表明，在是否赋予裁判已确定的案件的效果的问题上，指引着立法者的并不是对其他制度的形式概念性质的昂贵的考虑[37]——尤其是那些只关注对案件的实体问题作出审理的真正的判决的那些效力的考虑——而是行为性质的实质标准，即其为真正的裁判这一特征。

可以肯定的是，即使在此背景下，仍然可以认为，法律既然没有将裁判已确定的案件的效力与就实体问题的裁判联系起来，也没有将它们与行为的决定性特征联系起来，而是最终联系到导致该行为产生的权威的形式标准——联系到该行为是法官的行为这一事实。但这并不是准确的，原因有两个。

第一个原因是，在《刑事诉讼法典》生效之前的法律领域——至少在NssRJ生效期间——占主导地位的理论是，虽然归档批示是由法官作出的，但否认其具有裁判已确定的案件的效力。[38]《刑事诉讼法典》的立法者当然

36　参见 Fernandes AFONSO，*O caso julgado e os despachos de abstenção de acusar proferidos pelo MP*，ScIvr 13（1964）153，还可参见 Cavaleiro de FERREIRA Ⅲ 163，"放弃提出控诉并不是一个可以转为确定的司法裁判"。

37　笔者想要谈的是意大利的主流理论，该理论认为，归档是关于诉讼的存在的一个单纯裁判，而只有对那些针对案件实体问题作出的裁判，才可以考虑赋予它们以裁判已确定的案件的效力（至少是完全的裁判已确定的案件）。在此基础上，在意大利，人们否认归档——作为"宣告无罪"（di proscioglimento）的预审判决——具有裁判已确定的案件的效力，或在任何情况下，一种类似于排除基于新事实或证据要素重新进行诉讼程序的可能性的效力。在这个意义上有 *Relatione al re* 54，与《意大利刑事诉讼法典》方向一致。全面的阐述见 V. MANZINI，*Trattato di dir. proc. pen. italiano* Ⅳ（1925）456 和 SABATINI，*Trattato dei procedimenti incidentali nel proc. penale*（1965）395 ss.。在葡萄牙，同样的形式主义的论述，见 Fernandes AFONSO，SIcvr 13（1964）157。

38　在这个意义上，见 Assis TEIXEIRA，*Manual* 2（1923）202 s. e 678。所引第一处中有阐述如下："命令将有关刑事诉讼程序归档的批示，不妨碍重新开始针对被推定为犯罪行为人之人的刑事程序，在物证之后询问新的证人，而且，在检察院促进下已经规定的诉讼程序，得应当事人的申请而继续进行（RLJ 39/164；波尔图中级法院 1904 年 4 月 22 日和 1911 年 6 月 2 日的合议庭裁判，分别载于 GazT 31/19 和 RT 30/32）。"

并非不了解这一理论，之所以规定此类批示具有裁判已确定的案件的效力，无非是想对归档的实质意义作出比 NssRJ 更有力的评价，因为作出此批示的实体仍为同一个。

这可以证明，在是否赋予某些行为以裁判已确定的案件的效力的问题上，《刑事诉讼法典》立法者唯一考虑的是有关决定的实质性质和所决定行为的重要性。除此之外——于是我们就引出了第二个原因——如果任由自己受导致该行为产生的权威的形式标准的驱动，则将违背最好的行政学理论中的一些结论，[39] 这些结论认为，亦应当将裁判已确定的案件的效力赋予虽由行政当局作出，但实质上具有司法性质的一切行为，即因自身的性质而要求被赋予该效力的一切行为。如前所述，这一思想在 1929 年的立法精神中得以体现。

既然如此，如今应当在葡萄牙提出的问题正是如下：归档批示如今已由检察院负责作出，那么在《刑事诉讼法典》范畴，其实质性质是否与法官作出的归档批示相同？在此背景下提出这一问题后，答案只能是肯定的。

b）首先，前面所提及第 35007 号法令第 12 条第 2 款确认，转授予检察院的，不仅有《刑事诉讼法典》赋予法官在预备性预审中的职能，而且还有法官在预备性预审中的权力。这意味着，该等行为的实质性质并未改变，改变的只是有权限作出该等行为的实体。那么，既然该等行为是相同的，既然其实质性质是相同的（司法性质），则应当赋予它们的价值也是相同的——即当该等行为过去由法官作出时所具有的珍贵的价值。[40]

此外，第 35007 号法令中没有包含任何与此种明确的解决办法相违背的规定——面对之前法律中的规定，必然要求给出一种明确的解决办法——甚至也不能从中，哪怕微弱地，推导出相反的结论，且必然倾向于认为，法律文本中灌输的思想是继续赋予归档批示以类似于实体问题上裁判已确定的案件的效力。

c）余下的问题——而且此处的问题必然是根本点——是，这是最合理的解决办法吗？但是，关于这一方面，笔者认为该问题的答案显然是肯定的，以致无须用很长的篇幅来阐释。如果一种解决方法——正与我们所维护的解决方法相违背——无视在归档之后嫌犯因其地位所应得到的辩护，

39　关于这一问题的详细说明，见 Eduardo CORREIA，RLJ 99/50 ss. 。

40　参见 Eduardo CORREIA，RLJ 99/49 ss. 。

允许随意地（ad libitum）将归档批示废止，从而允许随意地甚至任意地重新进行诉讼程序，这样的解决办法多么令人震惊完全无须夸大！

人们也许会问，由于归档是由检察院而非法院所实施，则是否在归档之后嫌犯理应得到更少的辩护的保护？这一疑问不无道理。仅仅因为有关权限如今属于检察院而非法院，并不必然意味着嫌犯在归档之后有权享有的法律上的安宁有理由被消除——允许以基于同等事实的新的预备性预审来打扰嫌犯，不管多少次，也不管什么时候。[41] 此外可以肯定的是，如前所述，在葡萄牙，检察院被赋予以入侵和攻击——虽然是以合法的方式——公民的基本权利和自由的范畴的权力。[42]

事实上，正是检察院是否干预公民权利受宪法保障的范畴的事实，应当在实质上决定着归档的效力，为对此进行说明，我们以奥地利法为例。奥地利人认为，归档原则上不产生裁判已确定的案件的效力。但是，既然允许针对归档提起再审上诉，则自某人被视为嫌犯之时起（《奥地利刑事诉讼法典》第 361 条第 1 款），亦即自该人作为嫌犯被听取意见、拘留和羁押时起，即已产生了这样的效力。[43] 也就是说：如果预备性预审是在嫌犯以外进行，无论如何都不强迫嫌犯，[44] 有关诉讼程序得在有管辖权的法院继续进行，即使归档批示是由检察院作出的亦然。但反过来，如果预审行为打破了嫌犯在法律上的安宁，构成对嫌犯自由宪法学范畴的侵犯，则不再可能继续进行诉讼程序，而是必须赋予归档以嫌犯已确定的案件的效力。这是从归档被赋予这一效力具有正当性的诸理由中能够得出的最有力的一个确认。

---

[41] 当然，要在有关刑事程序的时效期间内。但要注意的是，在第 184/72 号法令修改《刑法典》第 125 条的表述之前，甚至连这一限制也不存在，因为根据——这本身是绝对正确的——最高法院 1961 年 5 月 17 日的判例（BMJ 107/345），"《刑法典》第 125 条第 4 款中所使用的司法行为（actos judiciais）的表述，也包括由刑事诉讼中的据位人作出的调查行为和控诉行为"。

[42] 这符合 Fernandes AFONSO，ScIvr 13（1964）163 中的论据，但违背"社会防御犯罪"和"获得实质真相"的利益——仿佛这些利益能够以居民在法律上的安宁为代价而实现。并指出，"直觉告诉我们，检察院在决定是否重启有关程序时，必须以与考虑放弃提出控诉的合理理由时相同的方式，因此自然要求不会比这低"——因此，如果将一个只有法律的客观性才能够解决的问题交由人的主观性来解决，则这是错误的。

[43] H. ROEDER 216.

[44] 而这正是德国法中出现的情况，即预审法官（Untersuchungsrichter）不参与预审——因此很容易理解，归档不具有裁判已确定的案件的效力。意大利法中也存在着类似的情况，意大利的主流观点认为，归档应当被理解为涉及单纯犯罪消息（但也有反对的观点，见 G. LEONE，RitalDPP 1951/485 s.，该学者一贯认为，已经可以在一定程度上赋予归档以裁判已确定的案件的效力）。关于这些问题的讨论，见 Eduardo CORREIA，RLJ 99/66 nota 1。

　　d）考虑到法律仍然对归档的情况和等待提出更佳证据的情况进行区分——对两种情况适用不同的制度——这也使检察院的归档批示具有类似于实体问题上裁判已确定的案件的效力这一观点得以强化。

　　事实上，如前所述，当检察院批示内容是使有关诉讼程序等待提出更佳证据时，毫无妨碍在后来出现更佳证据的情况下，随时继续进行诉讼程序；不同的是，当批示的内容是命令将有关诉讼程序归档，则一旦第35007号法令第29条唯一款中规定届满，该批示具有"确定性"。仅当这一"确定性"被认为在含义上类似于实体问题上裁判已确定的案件，也就是说，当人们认为在前指期间届满后，作出归档的实体不得对此归档提出异议，也不得将之废止，则这种制度上的多样性才有理由存在。[45]

　　事实上——这一关于期间的经过的要求何在？笔者相信，答案只能在于，之所以使归档批示的确定有一个期间，是因为这一决定关系到一个严重的后果——恰恰与实体问题上裁判已确定的案件的效力相类似，因此是使已提起的诉讼程序终止而非单纯中止的效力。因为那不是归档的效力，而且注意检察院批示的临时性必定是无用的。

　　也不能是以另一种方式存在，否则整个法律制度将变得完全和纯粹的荒谬。于是我们可以得知，诉讼程序的确定性归档，比单纯使之等待提出更佳证据更具有临时性。这是因为，这一状况还与一种有限制的裁判已确定的案件的效力相联系，即情事不变（rebus sic stantibus），而此等效力且并不与归档相联系，因为检察院得随时重开诉讼程序，即使证据与其将程序归档时所依据的证据相比并无变化亦然。在一个这样的"制度"中追寻其固有的严密性是徒劳的！

　　除了这些之外还要加上对实践的有力的考虑，实践也要求我们赋予检察院归档批示以解除的效果：即法律希望预审活动是穷尽性的，这样才能理解为什么赋予指导预审的机关以如此广泛的权力（它们实际上是司法权力！）。允许重新进行已归档的诉讼程序实际上意味着对预审员的疏忽和轻率的不受欢迎的邀请。

　　这并不是说，接受这一理论就是承认国家在某些情况下得放弃行使其刑罚权（ius puniendi）。首先，关注作为归档批示的基础的依据（第35007号法令第25条：没有发生犯罪；刑事诉讼已终止；有事实要素证明嫌犯不

　　45　参见 Eduardo CORREIA，RLJ 99/67 s.。

负责任）者，将会看到，赋予归档以与实体问题上裁判已确定的案件相类似的效力，永远也不会对前述刑罚权的行使带来任何严重威胁。其次，显然在此处不值得以实际上嫌犯实施了犯罪，但诉讼程序被确定性地归档的情况进行辩解。同样不能作为争辩理由的情况是，一名罪犯被不公平地宣告无罪，没有任何人想过要不再赋予该等情况下的无罪判决以实体问题上裁判已确定的案件的效力。最后也是最重要的是，为避免对国家刑罚权的行使造成威胁，法律规定，当检察院在预备性预审终结以后仍有怀疑时，允许检察院不作出归档的决定，而是使卷宗等待出现更佳证据：如果确定性归档没有被赋予解除的效果，这一规定将完全失去意义——并且应当像德国法和意大利法中的做法，将之废除。

e）最后以两个词结尾，以明确我们认为应当采取的解决方案的含义和范围。

第35007号法令第29条唯一款中规定的期间届满之后，根据法律的规定，归档具有确定性。这首先意味着，不可能再作出任何根据第23条的规定属共和国检察长权限的监督裁判。因为如果可以这样做的话，则显然这一新的裁判将导致其检察官作出的批示被废止。同样可以确定的是，检察长不可能作出新的裁判，应当不可置疑地决定检察官的批示具有不可废止性。[46] 另外，在归档批示变得不得由作出该批示的实体废止的同时，也不得针对该批示提出争执，第27条和第28条的规定可以证明这一点。

综上所述，可以说，最终赋予检察院归档批示以一种不可改变性，严格地说，这甚至超越了法官裁判的不可改变性——对这一归档批示不仅不能通过司法争讼进行监督，而且还因为，即使是在《刑事诉讼法典》第673条允许对已转为确定的判决进行再审的那些极端情况下，也不允许对归档进行再审。

对于第一个障碍，应当在应然法的层面考虑，尤其是承认——正如我们已经主张，且之后还会提及的[47]——以德国法上的"强制起诉程序"（Klageerzwingungsverfahren）的方式，通过上诉法院对检察院放弃提出控诉的决定进行直接的司法控制的可能性。对于第二个障碍，不妨承认，当就赋予检察院的归档批示以类似于裁判已确定的案件的解除效果达成一致意

46　否则，上级得在其下级实施属其权限范围的行为时随时将之替换这一原则将成为问题，但当法律为下级保留有一定权限时除外，而笔者认为，归档不属于此例外情况。

47　参见本书前文第四节 Ⅱ 3 以及本书后文第十五节 Ⅲ 3 b），dd）。

见时，人们认为《刑事诉讼法典》第 694 条的规定基本上有效。[48] 根据这一规定，"对命令将诉讼程序归档或宣告嫌犯并非有关违法行为的行为人的且已转为确定的批示，允许基于第 673 条第 2 款和第 3 款中的某一依据，进行再审，为此须遵守第 676 条、第 677 条、第 680 条至第 683 条以及第 686 条至第 689 条的规定"。只是第 673 条第 3 款中提到的"法官或陪审员"，如今应当理解为由检察院向行为人作出，针对的是那些可能构成接受贿赂罪、贿赂罪和贪污罪的行为（《刑法典》第 318 条），尽管考虑到"法无明文规定不为罪"（nullum crimen sine lege）原则含义的严格内容，已经不包括构成渎职罪的行为（《刑法典》第 284 条）。[49]

IV 其他职能

到目前为止所介绍的各项职能，不仅包括检察院在刑事诉讼程序中所行使的最重要的职能，而且也包括那些能更好地服务于刻画检察院在刑事诉讼程序中所具有的司法地位的职能。但是，仍然有必要注意其他职能，这样我们所描绘的框架才能被视为完整。但是，对这些职能的研究，要围绕它们所发挥作用的每一诉讼目的或诉讼阶段来进行。

在我们现在所提到的这些其他职能中，比较值得强调的是以下几个。

a）参与辩论预审。对此阶段的领导权属法官（《刑事诉讼法典》第 330 条），而检察院行使笼统的职能，如前所述，不是"当事人"职能，而是——与在审判听证中一样——发现实质真相和落实法律的职能。

b）提起上诉。如前所述，检察院有提起上诉的正当性，不仅得为控方利益提起，亦得为辩方利益（甚至只为辩方利益）提起。参见前文第八节 II 1 b）最后部分以及《刑事诉讼法典》第 647 条和第 675 条。

c）根据《刑事诉讼法典》第 627 条的规定，促进执行刑罚及保安处分。

48　Maia GONÇALVES，anot. ao art. 694.°中赞同此观点，该学者指出，"如果根据 Eduardo CORRE-IA 教授在 RLJ 99/33 ss. 中的主张，赋予检察院的归档批示以另一种性质，则应当认为本规定的适用范围未被触动"。且 Eduardo CORREIA，loc. cit. 34 中的断言也不与此对抗，该断言认为，归档决定是不可改变的，即使通过再审方式亦然，因为再审仅指以"新事实"为基础的再审。但也有学者认为第 694 条已被废止，依据是这是"明显的"（？），见 Fernandes AFONSO，ScIvr 13（1964）162。

49　问题在于，对于《刑事诉讼法典》第 673 条第 3 款中所提到的渎职罪，是否如今不应当理解为所指的是未促进刑事程序的犯罪。

第三章

嫌犯和辩护人

第十三节 嫌犯

参考文献：

Z. ALEKSIC, *Persönliche Beweismittel im Strafverfahren* (1969).

K. BADER, *Zum neuen § 136 StPO*, JZ 1951/123.

Messias BENTO, *O arguido e o suspeito na instrução penal*, ScIvr 22 (1973) 603.

P. BOUZAT, *La loyauté dans la recherche des preuves*, Études Hugueney (1964) 155.

F. CARNELUTTI, *Diritto dell' imputato agli esperimenti sul suo corpo*, RDProc 1956 II/270.

F. CORDERO, *Prove illecite*, Tre studi sulle prove penali (1963) 145.

Eduardo CORREIA, *Les preuves en droit pénal portugais*, RDES 14 (1967) 1.

DOSI, *La c. d. testimonianza della parte e l' obbligo di verità*, RitalDPP 1963/429.

J. ENGELHARD, *Die Vernehmung des Angeklagten*, Z 58 (1939) 355.

ERBS, *Unzulässige Vernehmungsmethoden*, NJW 1951/386.

A. ESER, *Aussagefreiheit und Beistand des Verteidigers im Ermittlungsverfahren. Rechtsvergleichende Beobachtungen zur Rechtsstellung des Beschuldigten*, Z 79 (1967) 612.

G. FOSCHINI, *La istruzione preliminare*, Studi de Marsico I (1960) 575.

J. GRAVEN, *Les problèmes des nouvelles téchniques d' investigation du procès pénal*, RSc-

256

Crim 1950/313.

W. HARDWIG, *Die Persönlichkeit der Beschuldigten im Strafprozess*, Z 66 （1954） 236.

L. HUGUENEY, *Les droits de la défense devant le juge d'instruction*, RScCrim 1952/195.

HOFFMANN, *Bemerkungen zur Aussageerpressung*, NJW 1962/972.

THE JOURNAL OF CRIMINAL LAW, CRIMINOLOGY § POLICE SCIENCE 1966/138 ss.

MAZZANTI, *Rilievi sulla natura giuridica dell'interrogatorio dell'imputato*, RitalDPP 1961/1173.

E. MEZGER, *Die Beschuldigtenvernehmung auf psychologischer Grundlage*, Z 40 （1920） 152.

S. NAGER （ed.）, *The rights of the accused in law and action* （1973）.

K. PETERS, Gutachten f. den 46 deutschen Juristentag （1966） 155.

K. PFENNINGER, *Die Wahrheitspflicht des Beschuldigten im Stafverfahren*, Ritter-Fest. （1957） 355.

PROCURADORIA-GERAL DA REPÚBLICA, *A narcoanálise em processo penal* （Parecer）, BMJ 163 （1967） 135.

REVUE INTERNATIONALE DE DROIT PÉNAL 43 （1972） 223 ss.： *Coloque sur les méthodes scientifiques de recherche de la vérité* （Abidjan, Costa do Marfim, 1972）.

C. ROBINSON-A. ESER, *Le droit du prévenu au silence et son droit à être assisté par un défenseur au cours de la phase préjudiciaire en Allemagne et aux États-Unis d'Amérique*, RScCrim 1967/586.

ROUSSELET, *Les ruses et les artifices dans l'instruction criminelle*, RScCrim 1946/50.

H. SCHREIDER, *Die Stellung der Beschuldigten im Hinblick auf die Aussage nach formellem und materiellem Strafrecht* （1968）.

A. SCHUBART, *Die Rechte des Beschuldigten im Untersuchungsverfahren, besonder bei Untersuchungshaft* （1973）.

W. STREE, *Schweigen der Beschuldigten im Strafverfahren*, JZ 1966/593.

WESSELS, *Schweigen und Leugnen des Beschuldigten im Strafprozess*, JuS 1966/169.

WIMMER, *Gestehen und Leugnen im Strafprozess*, Z 50 （1930） 538.

此外还可参见下一节开篇部分所引参考文献。

I　概念和术语

1. 嫌犯是指有强烈的嫌疑，实施了某一有充分证据证明成立的违法行为的人。这就是经第 185/72 号法令修改后的《刑事诉讼法典》第 251 条对这一刑事诉讼程序中的"义务主体"（sujeito pasivo）的定义。

在我们旧的刑事诉讼法中——不论是《刑事诉讼法典》的最初版本，

还是第 35007 号法令——没有与此对应的规定；如果只是规定一个单纯的定义或概念上的限制，正如我们现在的做法，可能有人会想，如果不会造成特别大的不便，这一定义或限制是可以免去的。但并非如此：某人成为嫌犯，从刑事诉讼程序的角度看，应当关系到一些最为重要的效果，它们显然不同于对那些以其他身份参与程序之人，尤其是只是单纯作为证人或声明人之人的效果。例如，讯问嫌犯的制度（《刑事诉讼法典》第 250 条和第 253 条及以下）——或者讯问的只是涉嫌人——与询问证人和声明人的制度（第 218 条及以下）相比有很大的不同，与后者相比，前者有更复杂的形式，提供更大的保障。此外，仅在讯问嫌犯时有被委托的律师或依职权委任的辩护人必须在场的要求（第 253 条和第 264 条：讯问被拘禁的嫌犯的情况），或者至少允许他们在场（第 265 条）。[1]

但某人"成为"嫌犯，正如人们已经想过的，不应被视为刑事诉讼程序开始的时刻。如前所述，一旦获悉发生了某一违法行为（消息），检察院必须开展一切调查的程序性活动，这些活动，即使针对的是"不为人所知的"事实，而没有"针对特定的某人"（第 250 条），仍然构成预备性预审，因此，是刑事诉讼程序的一部分。[2] 这也可以通过所引第 251 条要求某人成为嫌犯时必须"有强烈的嫌疑实施了某一有充分证据证明成立的违法行为"这一情况得到证明，因为显然，对此的证明必须以诉讼程序中所载的资料为基础。[3]

另外，刑事责任表现为，某人须为其作为正犯或作为共同犯罪人实施的刑事违法行为承担责任，由此可见——至少根据"罪过原则"是如此——只有自然人能够作为一个真正的刑事诉讼程序中的嫌犯，而法人或由多人组成的协会则不能[4]。

1　这在英国法中的表现尤为明显，在英国，根据所谓的《法官守则》（*Judge's Rules*），使某人成为嫌犯会产生一些独特的效力：关于旧版的和新版的（1964 年）《法官守则》，见 St. JOHNSTON，*The Judge's rules and police interrogation in England today*，J. of CL，Crim. & PS 1966/85 ss.。

2　例如，参见本书前文第八节 Ⅲ 2 及 Ⅳ 2。

3　正如 Maia GONÇALVES anot. 2 ao art. 251.°中所准确指出的。此外还需注意的是，第 252 条已经提到了预审（instrução），而正如我们马上将在下文中阐述的，该条中所指为尚未被视为嫌犯之人。

4　但是，当我们舍弃真正的刑事诉讼程序的范畴，而交织于因"单纯违反社会秩序"引起的程序时，则情况就不同了。关于这一问题的完整的、详细的阐述，见 J. Castro e SOUSA，*As pessoas colectivas em face do direito criminal e do chamado 《direito de mera ordenação social》*（diss. copiografada，Coimbra，1972）。

2. 这样，我们现行的法律制度将嫌犯——我们刚刚介绍完嫌犯在法律上的特征——与单纯的涉嫌人（suspeito）区分开来，后者是指"被怀疑实施了某一违法行为之人，在预审/调查中对怀疑的依据进行调查"（第252条），但对其的怀疑仍没有达到第251条所要求的强烈怀疑的程度。[5] 无论如何，不能不指出的是，第252条唯一一款允许单纯的涉嫌人申请在程序中被作为真正的嫌犯来对待。这其中所包含的思想——即反对通过拒绝或延误某人正式成为嫌犯，不当地减损某一刑事诉讼程序拟针对之人本应当被实质性地给予的权利和保障——值得获得无条件的赞扬。[5a]

除涉嫌人和嫌犯外，另外一个与它们有别的概念是被告（réu）：被告仅指被起诉的嫌犯，即已经被提起控诉，且该控诉被法官受理或接收，从而被正式地要求向法律社会承担责任之人。但只能赋予这一区别以程序上的和形式上的价值，而绝不能使之具有实质效力，即不应赋予被告以不同的且更优的程序法律地位[6]——好像嫌犯只是预备性预审的标的，而被告却已经成为审判中的主体，这是错误的。正如我们接下来要论述的，自从成为嫌犯之时起，嫌犯即是刑事诉讼程序中的独立主体。

还要提醒注意的是，前述对嫌犯和被告在概念上的区分只能被赋予（某种）理论上的而非立法上的价值。事实上，《刑事诉讼法典》在很多时候、很多场合下提到被告，其含义也包括在起诉以前的阶段中的嫌犯（第22条及以下、第98条第4款等），因此，任何用性质形容词来描述这一区别，以使之具有实质的法律效果的尝试，都应当被否决，这一区别只是概念上的、形式上的。[7] 于是就可以理解为什么人们倾向于使用嫌犯这一笼统的指称，这可能是因为，如前所述，单纯的涉嫌人能够（甚至自愿地）成为嫌犯，也可能是因为其范围本身涵盖被控诉者和被起诉者。唯一应当与此相区别的是被判罪人（condenado）或被判无罪者（absolvido）——严格地说，仅在有关判决已确定以后才可使用这两个概念。

---

[5]　但在经第185/72号法令进行改革前，Castanheira NEVES 161中已经将涉嫌人（suspeito）视为嫌犯（arguido），尽管嫌犯这一名称中也包含被告（réu）。

[5a]　现行《法国刑事诉讼法典》中存在着相似的情况，该法典第104条和第105条正是旨在防止通过"晚入罪"（inculpation tardive）拒绝向可能成为嫌犯的涉嫌人提供必要的保障，而只是将之作为简单的证人听取其意见。关于这一点，见 STEFANI-LEVASSEUR n. 35。

[6]　但还可参见 Castanheira NEVES 161 s. 中的论述。

[7]　参见 Figueiredo DIAS，RDES 18（1971）193 注释51. 关于葡萄牙法在此方面在术语上的不准确，参见 Cavaleiro de FERREIRA Ⅰ 142 s. 。

II 嫌犯在刑事诉讼程序中的法律地位：基本原则

1. 嫌犯在某一刑事诉讼程序中所被保障的法律地位，是一块极佳的试金石，可用来评估有关刑事诉讼法律制度的精神，而可能对嫌犯的法律地位带来危机的，正是前文我们所描述的对此事宜有决定性的问题，即构建国家与个人之间关系的方式，以及相应的，个人在社会中的地位的问题。[8] "你只要告诉我你如何对待嫌犯，我就可以知道你们所采取的是什么样的刑事诉讼程序，以及建立这一程序的是一个什么样的国家"——这一标语以令人印象深刻的方式描绘了我们现在所探讨的问题的重要性。

对嫌犯在刑事诉讼程序中的法律地位的历史演变——不仅限于葡萄牙的发展历史，而且也包括在其他有同等文明和文化程度的各国中的发展历史[9]——进行分析，虽然只是浅显的分析，却能够广泛地证明前述论断成立：嫌犯在刑事诉讼程序中的法律地位，始终与各国对国家理论的理解的政治基础有直接的对应关系。

于是可以理解，在根据刑事诉讼程序制度原旨主义划定的界限内，在收复失地运动（Reconquista）时期，嫌犯在我们的刑事诉讼法中的地位对其更为有利，迪亚士·达·席尔瓦（Dias da SILVA）甚至指出，[10] 在这一时期，"当局不怎么保护个人以对抗罪犯，而是更多地保护罪犯"。

同样可以理解，随着宗教裁判思想（ideias inquisitórias）的出现，嫌犯地位迅速和逐渐地恶化——这表现为，《菲利普律令》（Ordenações Filipinas）允许对他们使用酷刑，又如，葡萄牙王国的各宗教裁判所（Santo Ofício da Inquisição）的多部规章（regimentos）中规定有嫌犯的辩护权，但徒有其表（在1640年时尤其如此）。[11] 在宗教裁判程序中，事实上，一个以极权原则为基础建立的国家的全部力量都在服务于调查实质真相。但是，如此地无视嫌犯的基本自由及其人格尊严，使辩护权彻底成为表象，嫌犯则完全成为诉讼程序中的"客体"，而该程序的唯一的宗旨只是获得嫌犯的

8　参见本书前文第二节 II。

9　与接下来的思考完全相同的观点，见 H. HENKEL § 38 II。

10　I 51。

11　关于这一问题的完整阐述，可阅读萨赖瓦（A. J. SARAIVA）所著 *Inquisição e Cristãos-novos*，尤其是第 108 页及以下（o processo inquisitorial e o processo comum）。

"自认"。这些都十足地印证了当时一份文档中的断言："很明显，有如此多的人认罪，并不是罪过的现实，而是程序出现了罪过。"[12]

19世纪，在革命思想的影响下进行的程序法改革，其首要目的是将对实质真相的调查与法治国家的前提条件联系起来，要求严格尊重公民的权利、自由和保障，以此来对调查进行约束。因此，自然有必要重新保证嫌犯在刑事诉讼程序中的主体地位，保证其享有真正的有效的辩护权。这样做的目的不仅仅在于——或者说，主要目的并不在于——限制国家的权力及其代表的裁量权，更是为了回应一个终于从最清醒的法律意识中得出的想法：如果不赋予嫌犯以最广泛和有效的机会，使他们能够就其受到的怀疑进行辩护，或者简单说，如果不保护嫌犯的权利，则不存在实质真相。

2. 于是可以确定，正如现在所确定的，嫌犯是诉讼程序中的主体，而非客体，这在一般意义上意味着，必须保证嫌犯的法律地位，使之能够在具体案件的审理中进行创设性的参与（participação constitutiva），这要通过授予其依法确定的独立的程序性权利来实现，而有关刑事诉讼程序中的全部参与人均须尊重这些权利。

但这并不意味着嫌犯不能在法律严格、清楚规定的情况下作为强制措施的对象和本身成为证据方法。真正的含义是，针对嫌犯实施的强制措施和证明措施绝不能用于折磨其以使之作出声明或自证其罪，相反，嫌犯的任何诉讼行为都必须是其自由人格的体现。

以笔者之见，这其中体现着《政治宪法》第8条第10款对嫌犯"辩护权的必要保障"，这适用于"确立罪过之前和之后，并且适用于保安处分的科处"，因此，这种保障涵盖诉讼程序发展中的任何时刻或阶段。另外，由于《政治宪法》将对辩护权的这些必要保障包含在葡萄牙公民的个人权利、自由和保障之中，这表明，所有嫌犯在刑事诉讼程序中的法律地位都是相同的，否认任何人因出身、种族、性别、宗教或社会地位而享有任何特权[13]——而这只对应于法律面前所有公民一律平等的宪法原则（《政治宪法》

12　参见 as Notícias reconditas do modo de proceder da Inquisição com os seus presos（ca. de 1673），对此在 A. J. SARAIVA，cit. 107 中有所提及。对嫌犯在纠问式诉讼程序中的地位的平行描述，见 Cavaleiro de FERREIRA I 143 s.。

13　显然，正是应当在这个意义上理解上述平等，而不应理解为辩护权的全部和每一次表现上的具体平等，随着嫌犯地位在诉讼程序中的具体情况的改变，例如，在场抑或不在场、可归责抑或不可归责、是否为聋哑人等，平等实际上也可以（而且是正当的）随之改变。

第 5 条）。

以这种方式定义嫌犯辩护权的根本核心以后——嫌犯辩护权是极其重要的，因为任何损害该权利的一般法都必须被视为实质违宪的法律[14]——现在有必要更近距离地分析其最重要的一些表现形式，以及这些表现形式是如何影响对嫌犯作为强制措施的对象和证据方法时其地位的理解。

3. 因此，嫌犯始终并且从根本上是刑事诉讼程序中的主体，以独立的方式共同决定着具体刑事诉讼程序的构造（conformação）和发展，而不是针对其进行的某一官方"调查"（inquisição）的客体。在此外表下，嫌犯享有某些基本权利，[15] 包括被听取的权利、在场的权利、获得辩护人之援助的权利和提起上诉的权利。

a）被听取的权利是嫌犯在刑事诉讼程序中的法律地位的构成要素，在前文第五节第二部分我们已经对此进行了详细的阐述，一般而言此处无须再作补充。唯需强调的是，由于此处被授予这一被听取的权利的诉讼主体——即使其不构成一个真正的"诉讼当事人"时亦然——可能同时作为强制措施的客体和作为证据方法，这对讯问嫌犯时所应遵守的形式（formalismo）产生了极其重要的影响。但由于讯问嫌犯问题的重要性，下文第三部分我们将对此进行专门的阐述。

b）关于嫌犯在所有通常须遵守辩论和听证原则的诉讼活动中在场的权利，导致该权利产生的原因，显然——虽然我们的法律没有对此作出明确的规定——既有前述原则本身，也有公开原则，最后还有《刑事诉讼法典》第 22 条和第 418 条中规定的与此对应的亲自到场义务（dever de comparência pessoal）（例外情况规定在第 418 条各款和第 547 条中）。

作为嫌犯辩护权的构成要素，在场权的理由不可谓不明显：通过在场权，人们想使嫌犯有最大的可能随时就可能在程序上针对自己的问题发表看法，同时确保嫌犯与法官和证据之间的直接关系。但是，据此，我们法律所允许或要求的对这一在场权的某些例外情况（derrogações）就变得值得探讨。

首先的一种情况是第 35007 号法令第 13 条和唯一款规定的预备性预审的秘密性，这必然导致，在此阶段嫌犯在所采取的证明措施中没有在场权。

14　参见本书前文第二节 Ⅲ 1 和 2 e），此外，更详细的论述见 Figueiredo DIAS，RDES 18 (1971) 194 ss. e passim。

15　正如 K. PETERS § 28 Ⅳ 中所指出的，葡萄牙学者对此的论述，见 Castanheira NEVES 167 ss. 。

如果在预备性预审中收集的全部证据都必须自动地提交审判和在审判中重新作出，而在审判中嫌犯具有完全的在场权、辩论权和被听取的权利，则前述做法是可以理解的，甚至是可以接受的，这是大多数国家立法中的惯常做法。但由于存在可能性，在预备性预审中所收集的证据载入卷宗，并在审判中衡量其价值，不论是否对之进行新的调查——例如，衡量某些在预审中仅由一名警察采取的某些证明措施的价值，但该警察不作为证人出席审判和在审判中被讯问！故前述对在场权的限制变得令人无法容忍，且与《政治宪法》第 8 条第 10 款的规定相比，此时的宪法合法性更加可疑。[16] 简单说，该瑕疵在对在场权的限制上还不那么明显，更明显的表现是在那些在预备性预审中收集但没有在审判中自动重新作出的证据所被赋予的程序价值上。[17]

同样不能接受的还有一种理论（原来规定在第 35007 号法令第 39 条唯一款，在经第 185/72 号法令进行的改革之后，如今规定在《刑事诉讼法典》第 330 条第 1 款），该理论认为，法官得拒绝嫌犯参见辩论预审行为，"只要其认为嫌犯的参与与该等措施的效果或目的不相容"。有些司法见解认为，法官甚至无须就其拒绝嫌犯参加的批示说明理由，且有关之人是无法依据《刑事诉讼法典》第 646 条第 3 款的规定针对此批示提起上诉的，尽管我们不同意该等司法见解，认为其不合理和明显不合法——因为很显然，根据表明法官就拒绝嫌犯参加作出裁判的基础依据的法律文本本身，我们所面对的是一种受到约束的自由裁量权，而这种约束即表现为可上诉[18]——但我们也看不到为何在所构建的辩论预审中，法官能够拒绝……辩论！而给我们留下深刻印象的——我们这样用词，以避免产生误解——并非逻辑上的荒谬，其中明显存在着自相矛盾之处（contradictio in adiecto），而是且只是这一解决办法与《政治宪法》第 8 条第 10 款之间的规范性的矛盾，因为该款将"进行辩论预审"规定为葡萄牙公民的权利、自由和保障。

应当说，虽然被拒绝辩论，但并非因此（见前述）辩论预审就失去了

16　事实上，从这个视角看，笔者不认为我们可以像 Castanheira NEVES 167 中那样，承认对预备性预审的秘密性所作出的限制"确实仍然与被告无关"。

17　问题就是这样，归根结底，与我们前文已经讨论的问题是相同的，见本书前文第八节 III 2。

18　正是在这些条件下，我们将之视为对发展一个审理前的先决问题的不便的判断［本书前文第五节 III b）2.°］［原文如此，结合内容，译者猜测指"III 4b）2.°"］。在此方向上的准确阐述，见 Ricardo LOPES, *Questões de processo penal. O § único do art. 39°do DL n°35007 não confere ao juiz um poder discricionário*, ScIvr 15（1966）100。

其全部目的，因为对辩论预审的考虑不仅在于嫌犯的辩护问题上，而且也在"澄清和完成作为控诉依据的迹象的证据"（《刑事诉讼法典》第327条）上。这毫无疑问是正确的。[19] 但同样正确的还有，由于其职能仅限于支持控诉，辩论预审已不再能够被视为一种对"公民的保障"，正是因此而限缩了《政治宪法》第8条第10款前半部分实质含义的内容。[20] 在结论部分有关嫌犯的部分，《刑事诉讼法典》第330条第1款的规定是实质违宪的，根据《政治宪法》第123条主体部分的规定，不能为法院所适用。

于是《刑事诉讼法典》第413条中所规定的对在场权的限制——如嫌犯一再不尊重法院，则将之收容于法院之附属设施内——就完全能够理解了，因此这是嫌犯不法行为的单纯结果（也许甚至能够解释通过为人所知的构建"actio illicita in causa"而进行的限制）。[21]

关于向中级法院上诉的制度[22]的不合理的——尽管并不因此而应当将此定性为违宪的——后果，以笔者之见，归根结底是在对该等上诉的审判中不允许嫌犯在场。

c）关于获得辩护人之援助的权利，该权利正是辩护权本身的直接的和必然的产物。事实上，该权利的前提条件是，嫌犯被从罪过和证据的客体中澄清（由其所信任之人，或在任何情况下，由职能是只关心辩方的利益的人）。由此必然产生获得辩护人援助的权利——有关该权利的内容和范围将在下一节中进行更为详细的阐述——主要规定在《刑事诉讼法典》第22条中。

d）嫌犯提起上诉的权利规定在《刑事诉讼法典》第647条第2款，涉及针对嫌犯作出的所有裁判，因此，唯一的例外是"对其有利的裁判"（第

19　由此出发，可以考虑对第330条第1款的范围进行一个根本的限制，使之仅适用于——Castanheira Neves 167 s. 中也承认这一点——"进行辩论预审是为了补充完成预备性预审中不完全的调查的情况（也就是临时起诉的情况）"。但即使是在这一方面，文中接下来将提出的反对仍然有效。

20　可以说，同样的情况出现在，《刑事诉讼法典》中有规定，不允许嫌犯在简易诉讼程序和违例诉讼程序中申请进行辩论预审（第327条唯一款第2项）。笔者并不认为这一情况是相似的；但是，对此问题的阐述不属于本部分的论题范围，而应当在对辩论预审阶段进行专门研究时再作讨论（本书第二卷）。关于各种情况的概括介绍，见 José Osório, *Instrução contraditó-Conceito e função*，BMJ 1/9。

21　这一对某些立法上的解决办法的解释模型，在 Figueiredo Dias, *O problema da consciência da ilicitude* 437 s.，注释104中有所提及。

22　对此我们已经阐述过，见本书前文第七节 Ⅲ 3，最后部分。

3 款）。而还需考虑的还有本条第 4 款中规定的（可以理解的）限制，据此，"如被告并未在押或被担保，不得就起诉提起上诉，如未进入监狱，则不得就决定拒绝担保的批示提起上诉"。如此而一般地确立的制度的详细情况，仅在对刑事诉讼程序中与上诉有关的事宜进行阐述时才能够被考虑。[23]

4. 如前所述，嫌犯应当始终被视为诉讼程序的主体，不论其处于任何诉讼阶段，但这不妨碍在一定程度上，嫌犯也应当被视为诉讼强制措施的客体。[24] 如此而形成的嫌犯的地位与在纠问式诉讼程序中嫌犯所享有的地位之间的基本区别在于，一方面，正如前文所强调过的，该等措施绝对不得以强制取得并非为嫌犯自由道德人格的表达的声明或任何诉讼行为为目的；另一方面，作为结果，仅在法律严格且明确规定的情况下，才得针对嫌犯使用强制措施。

由此产生了在这一事宜上的基本原则，根据该原则，仅在绝对必要时才应当使用强制措施（必要性原则）。作为适用该等措施的原因的必然结果，还产生了前已提及的合法性原则（类型原则），以及补充原则，根据该原则，仅得以其他对嫌犯自由不会造成那么严重影响的措施取代强制措施，而不会对有关诉讼程序所追求实现的诉讼利益造成严重障碍时，才可以科处强制措施。[25] 后面在阐述"诉讼强制手段"时，我们会对前述原则中的必要的具体问题进行详细阐述。[26]

5. 最后，如前所述，嫌犯亦可能构成证据方法（*meios de prova*），而这事实上有两重含义。

a）在实质方面，是通过就事实作出的声明。如前所述，嫌犯不得被强迫作出该等声明；而现在有必要强调的是，即使其就被归责的事实作出虚假声明，亦不能因此而对其适用为虚假证言或虚假声明行为规定的刑事制

23　参见本书第二卷。

24　与 H. HENKEL § 38 Ⅲ 2 注释 7 及 Eb. SCHMIDT, Lehre I, anot. 98, 注释 10 的做法一样，我们避免了"纠问客体"或"调查客体"的称谓，以防止有人在所论述的嫌犯的地位与其在纠问式诉讼程序中的典型状态之间建立起任何联系（它们是绝对不可同日而语的）。参见下文中对此的论述。

25　对此，关于羁押，葡萄牙学者的论述可见 Eduardo CORREIA, *La détention avant jugement*（rapport général au Ⅷe Congrès International De Droit Comparé, Pescara, 1970（1971）7 ss. e Eliana GERSÃO, *A detenção antes do julgamento, em Portugal*（relatório nacional ao mesmo Congresso）, RDES 17（1970）187 ss. 此外还可参见 Câmara Corporativa 对第 14/X 号法律（1971 年的宪法修正）草案的意见书，由 Afonso QUEIRÓ 报告，n. 48, 以及关于第 185/72 号法令的报告。

26　本书第二卷。

裁（《刑法典》第238条和第241条）。这一解决办法在形式上或程序上是合理的（除了下文我们将会继续推进的关于讯问嫌犯的问题从实质视角所作的一切讨论），因为我们的法律，同大部分大陆法系国家的法律一样，并不将嫌犯视为有关案件本身中的证人或声明人——这是盎格鲁－撒克逊刑事诉讼法的做法——而是将之视为一种独立的证据方法。

在审判中将嫌犯视为真正的证人——当然，显然其可能更倾向于保持沉默而不作出声明——的制度的主要优点在于，通过这种途径，使嫌犯所作的一切声明始终能够作为交叉讯问的对象；而我们已经知道，在盎格鲁－撒克逊制度中，交叉讯问（cross-examination）的可能性是如何成为任何声明的证明能力（aptidão）的必要条件的。[27] 尽管如此，我们并不赞成采取一个这样的制度：我们知道，如果决定作出声明，必然要承受交叉讯问和不可避免的引导性问题（leading questions）——尽管在我们的法律中，由于检察院客观性义务的存在，这一不便不是特别严重——嫌犯将必然处于一种冲突的情况（situação de conflitos），这一情况是任一种"胁迫状况"的代表，损害其辩护权。[28] 因此我们认为，《刑事诉讼法典》第425条中关于在审判听证中讯问嫌犯的规定是高度可取的，对此我们接下来会进行阐述。

b）在形式方面表现为，嫌犯的身体及其身体状况可能成为检查的对象（《刑事诉讼法典》第175条和第178条）。

对此问题的专业（ex professo）研究将会在有关证据方法的部分进行。[29] 但有必要在此处指出的是，该等"检查"兼有一种类似于双重性（dupla natureza）的性质。它们一方面是证据方法，通过检查而强化关于某人的品质或特点的判断，也就是说，在检查中，首要考虑的是其或多或少地被强调的"勘验"（inspecção）或"鉴定"（perícia）的性质；但是，由于检查的对象是一个人，该人因此而被迫遭受或忍受某一就其自身进行的调查活动，故检查构成一项真正的诉讼中的强制措施——正如《刑事诉讼法典》第178条主干第二部分所清楚地表明的，其中规定，为进行检查，"法官

27　参见本书前文第八节 II 3 a）。

28　对盎格鲁－撒克逊法系在这一问题上的解决办法进行了极佳分析，同时伴随对德国、丹麦、挪威、瑞典、西班牙和日本有关制度的大量阐释，见 J. HERRMANN, *Die Reform der deutsch Hauptverhandlung nach dem Vorbild des anglo-amerikanischen Strafverfahrens*（1971）419 ss.。关于这一问题在葡萄牙的情况，参见 Eduardo CORREIA, RDES 14（1967）38 s.；在意大利的情况，参见 G. FOSCHINI I n. 185 b）。

29　本书第二卷。

（现在指检察院）得使其命令生效，甚至借助于警察机关……"——因此必然要遵守那些（前面已经提到的）严格界定该等强制措施的可采纳性的原则。[30]

在前面已提到的部分，由于检查是一种诉讼中的强制措施，那些准许适用检查的规范不能不被按照最严格的含义理解和适用，[31] 这与其余的强制措施，尤其是羁押相同：无论在何种情况下，自由都是原则，而对自由的限制都是例外。但这一例外仍然可以通过宪法而作出强行规定：《政治宪法》第 8 条第 1 款保障所有公民的人身完整权，通过关于刑事诉讼程序中的检查的普通法而对此权利的任何限制，必须遵守严格解释（strictissime sunt interpretanda）原则。

III　讯问嫌犯

1. 毫无疑问，原则上嫌犯是最有条件就与犯罪消息和控诉有关的事宜作出相关澄清的人之一，无论其是否有过错。[32] 正是因此，法律将对嫌犯的听证视为获得实质真相的一种极其重要的方法，且法律多次规定，在刑事诉讼程序进行中，须听取嫌犯的声明。这表现为嫌犯受到三种类型的讯问，以及其可能被获准在审判听证中作最后陈述。

后者规定在《刑事诉讼法典》第 468 条、第 534 条、第 539 条和第 543 条，这发生在陈述完结后，法官讯问嫌犯是否还有其他事情陈述以便为自己辩护，并听取嫌犯为其辩护利益而声明之一切内容。因此，这事实上是嫌犯辩护权的一种构成要素，且也只是嫌犯辩护权的构成要素。也就是说，此处讯问的目的不同于其他时候的讯问，其他讯问有双重目的，即提供予嫌犯一种行使其辩护权的可能性，以及作为一种可能被用于对抗嫌犯的证

30　正是因为这一原因，大部分德国刑事诉讼法学理论在进行系统阐述时，都倾向于将所谓的 körperliche Untersuchung，即对人身体的检查，置于关于强制措施或关于诉讼中的保安处分的一章中，而非关于证据的一章中。参见 H. HENKEL § 71 B 1；Eb. SCHMIDT, *Kolleg* n. 191 ss.；KERN-ROXIN § 34 II。

31　而很容易理解，正是施密特这样一位学者，他如此地关切法治国家的刑事诉讼程序要求（即使在国家社会主义最狂热的时期亦然），成为最早注意到这一问题的学者之一。参见 Eb. SCHMIDT, *Zur Lehre von den Strafprozessualen Zwangsmassnahmen*, Strafprozess und Rechtstaat（1970）113 ss.。

32　G. FOSCHINI I n. 185 中尤其强调了这一观点。

据方法，而此时的讯问则只有所指出的第一重目的。[33] 因此可以证明，对讯问制度以及对嫌犯在讯问制度中所获保障的法律地位的理解，不会产生任何疑问或困难。

但对其余三种讯问的理解就没那么容易了，三种类型的讯问分别如下。

a）由法官对被羁押之嫌犯进行的讯问，该讯问须在将该嫌犯送交该法官并连同有关卷宗或指明作为逮捕依据的证据后立即为之（《刑事诉讼法典》第 253 条前半部分）。

b）由检察院进行的讯问，针对的是未被羁押的嫌犯（第 265 条）或被前述 a）中所指法官讯问后的被羁押之嫌犯（第 264 条），在预备性预审中进行，由法官在辩论预审中进行讯问。

c）由法官或法院院长对嫌犯进行的讯问，在开始审判听证中的证据之调查时为之（第 425 条；然后还可参见第 465 条、第 531 条和第 539 条）。

无论在哪一种情况下，前述双重目的的汇集都是不容置疑的——而由此则产生了确定嫌犯的法律地位时的疑问和怀疑，对此问题，法学理论是无法逃避的。

在葡萄牙，最通行的观点倾向于认为，在前述第一种讯问的情况下——此时的讯问仿佛成为"一个确认获得和直接收集对预审和审判有用的资料的特别程序"[34]——嫌犯基本上具有当事人的地位，以进行辩护。但在前述第二种类型的讯问中，嫌犯仅仅表现为"证据的主体（sujeito de prova），而非当事人"，尽管其通常的地位仍然使所提供的声明具有某些特殊性。[35]最后，在前述第三种类型的讯问中，嫌犯同时具备当事人的身份——因为处于诉讼程序的完全的辩论阶段——被提供以"辩护的机会"，以及证据方法的身份。因为此时的讯问亦旨在"促进事实的澄清"（第 425 条第 1 款）。[36]

但是，我们并不认为这种完全区分对待嫌犯的法律地位的见解能够成立。如前所述，各种讯问在其具体制度中各有区别，这是因为，每一种讯问进行时处于不同的阶段，或有着不同的诉讼目的。但除此之外，不论在

33　参见 Eduardo CORREIA，*Proc. crim.* 200；Castanheira NEVES 173。

34　Eduardo CORREIA，*Proc. crim.* 143 e 169，还可参见 Castanheira NEVES 171 s. 以及共和国总检察长 1946 年 9 月 2 日第 80/46 号意见书，载于 BMJ 3/95。

35　参见 Eduardo CORREIA，*Proc. crim.* 169 s.。

36　参见 Eduardo CORREIA，*Proc. crim.* 196 s.。

哪一种讯问中，嫌犯的基本的法律地位都是明确的，正如我们之前所阐述的，嫌犯本身具有诉讼主体的地位，始终享有"辩护权"，但也随时可能成为"证据方法"和"强制措施的标的"，尽管仅在法律严格限定的范围内。

特别是，无论在任何时候将嫌犯的地位描绘成"诉讼当事人"的地位都是不正当的，且我们已经非常清楚地知道这是为什么。[37] 同样地，我们也看不出将某些讯问主要视为嫌犯的防御方法（指第一种和第三种类型的讯问）而将其他的讯问主要视为证据方法（指第二种类型的讯问）有任何好处。[38] 事实上，不论是在哪一种讯问中，都必须赋予嫌犯作为诉讼程序的主体所应被赋予的一切保障。因此，同时也出于必须尊重嫌犯声明的完全自由的原因，这构成嫌犯辩护权的一种表现，或者如果愿意的话，也可以说是一种防御方法。但任何一种讯问均旨在有助于实质真相的澄清，从这个意义上也可合理地将之视为一种证据方法。[39]

2. 此外，我们现在所关注的，关于在三种讯问中嫌犯的法律地位在根本上是一致的这一问题，在通过第 185/72 号法令进行的改革之后，[40] 也获得了《刑事诉讼法典》的完全承认。

事实上，法律就此规定的制度的经济学如下：对将被羁押之嫌犯并连同有关卷宗或指明作为逮捕依据的证据后送交该法官进行的讯问，在第 253 条及以下中作出详细的规定；接着在第 264 条中规定，对被羁押之嫌犯的后续的讯问，须"遵守第 250 条及以下的规定中可适用的部分"；第 265 条第 1 款中规定，检察院在预备性预审中对未被羁押的嫌犯进行首次讯问时，须"遵守第 253 条及以下的规定中可适用的部分"，而第 2 款规定，"不论是在首次讯问中还是在之后的各次讯问中，嫌犯可获得律师的援助"；最后在第 425 条第 2 款中规定，在审判听证中，"讯问被告时须遵守第 255 条及以下的规定中的可适用的部分"。还可以肯定的是，第 425 条主体部分及其第 1 款的规定基本上对应于第 254 条中所包含的理论。

---

[37]　参见本书前文第八节 Ⅱ，尤其是 1 a）。

[38]　对这一看法，Castanheira Neves 171 ss. 中进行了展开阐述。

[39]　在此方向进行过论述的，包括 E. Mezger, Z 40（1920）153 e H. Henkel § 39 Ⅲ 等。

[40]　事实上，在此次改革之前，仅在第一种和第三种讯问中确立了根本上的一致，这是通过旧的第 425 条第 2 款规定的，根据该款，"在对被告的讯问中，须遵守第 281 条、第 283 条、第 284 条以及第 286 条至第 288 条的规定"。

由此可得出结论，法律正确地将辩护保障的严格制度和就第一种对被羁押之嫌犯的讯问规定的严格的形式主义的根本点延伸至所牵涉的讯问中的任何一种，而不考虑有关讯问是由审理案件的法官、预审法官（第 2/72 号法律第 2 条以及通过第 343/72 号令核准的规章第 1 条）还是检察院司法官进行的。

通过这种途径的佐证可以获得一个有益的理念，即嫌犯法律地位在根本上的一致性（*unidade*）因此是不容置疑的；而这种理念使我们现在能够将我们的研究主要限于第 253 条及以下中规定的对被羁押之嫌犯的首次讯问上，因为这种讯问包含我们所考虑的所有各种讯问的原则性制度。在此基础上，接下来我们将阐述讯问的结构（第 3 点）、讯问对获得实质真相的贡献在嫌犯在讯问中的权利上的具体反映（第 4 点）以及在将使用的方法的可采纳性上的具体反映（第 5 点）。

3. 关于讯问的结构，[40a] 讯问的进行主要要遵守以下规定。

a）根据第 254 条第 1 款的规定，讯问开始时首先要确定嫌犯的身份和前科，应向嫌犯"询问其姓名、婚姻状况、职业、年龄、出生地、父母姓名、最后居所，如其曾经被拘禁，须询问何时及其原因，以及有否被判罪及其原因"（还可参见第 264 条、第 265 条第 1 款和第 425 条主体部分）。

关于这一事宜，产生了嫌犯说出真相的义务，对该义务的不履行在程序上不会受到制裁——也就是说，在出现此不履行的刑事诉讼程序的层面不具效力，尤其是不会有损于嫌犯的地位，也不会成为推定过错的有价值的迹象——但可因构成独立的违令罪或虚假声明罪而受到处罚（《刑法典》第 188 条和第 242 条）；在诉讼程序的预审阶段进行任何讯问时，应就此向嫌犯作出警告。[41] 这一解决办法在一定程度上是合理的，因为对嫌犯身份资料的核实构成整个刑事诉讼程序中的基本问题，但并不直接关系到嫌犯的罪过。[42] 如果该等诉讼行为针对的是在诉讼程序中受到讯问之嫌犯以外的其

[40a]　关于讯问的技术，参见 H. WALDER, *Einvernahmetechnick*, SchwZ 88（1972）361。

[41]　关于不遵守此警告义务的后果，参见我们在下文 c）中对类似情况的阐述。

[42]　但是，亦需参见 Eb. SCHMIDT, Lehrk Ⅱ Nacht. I zu § 137, anot. 17 中的论述。在本文中，笔者也作出了"在一定程度上"的限制，因为通常用来证明此种做法正当的论据，即使可能适用于对狭义上的嫌犯的身份（姓名、职业、国籍、居所）的确定，但并不必然适用于嫌犯的个人关系，更不必然适用于其前科。因此，例如在德国，说出真相的义务并不包括就关于嫌犯的个人关系的问题作出回答（《刑事诉讼法典》第 136 条第 2 款），而仅涉及那些关于嫌犯的狭义上的身份的问题：参见 H. HENKEL § 39 Ⅱ 1 e 4。

他人，则此程序欠缺诉讼前提（还可参见第 626 条第 3 款和唯一款）；而对该等诉讼行为的核实，由在刑事诉讼程序中进行活动的各官方机构依职权为之。

b）接着，根据第 254 条第 2 款的规定（还可参见第 264 条、第 265 条第 1 款和第 425 条第 2 款），"法官须向嫌犯说明其被归责的事实，并在不损害预审继续进行的前提下，指出此归责所基于的证据以及这些证据的来源"。应当注意的是，法律没有提及在此阶段必须应当向嫌犯作出这样一项告知，因为这可能对嫌犯准备其辩护具有明显的重要意义，而且这也完全是法无明文规定不为罪（nullum crimen sine lege）原则的应有之义：指明对其被归责的事实作出规定及惩罚该事实的法律规定。尽管法律无规定（silêncio da lei），但毫无疑问，总是应当将这一资料告知嫌犯及其辩护人，这是有强制性的，规定在第 253 条中。

c）"说明完毕后，（法官）须提醒嫌犯，就可能将会向其提出的关于其被归责的事实和关于其就该等事实作出的声明的内容的问题，嫌犯并不是必须作出回答"（第 254 条第 3 款）。

问题是，如果法官（还可参见第 425 条第 1 款）——或在第 264 条和第 265 条规定的情况下的检察院——未履行这一提醒义务（dever de advertência），将对有关刑事诉讼程序产生怎样的影响？与第 268 条相反，似乎应当得出的结论是，第 254 条中的这一规定仅仅构成调查证据的命令性的时效/指示，对此时效/指示的违反不会导致禁止将嫌犯作出的声明作为证据来衡量其价值，只是有关的行为人可能须承担责任（纪律责任、内部责任）。但是，这样的一个理论不能被接受。"任何人不被强迫指责自己"（nemo tenetur se accusare）原则以及由此产生的嫌犯的沉默权（接下来在第 4 点中将对此进行阐述）均为辩护权的必要要件，而辩护权受到宪法保护，规定在《政治宪法》第 8 条第 10 款中。因此，如果违反该权利却不会受到诉讼程序上的制裁这一应当为所有可能的制裁中最严厉的一种，这是不可思议的。[43] 于是应当使对前述提醒义务的违反具有真正的禁用证据的含义，[44] 即禁止在有关程序中衡量嫌犯所作出声明的证据价值——当然，嫌犯在后

---

[43]　类似的论据，关于嫌犯辩护权的另一构成性要素，见 Figueiredo DIAS, RDES 18（1971）216 ss.；此外，尤其可见正文 5 d）。

[44]　关于"证据调查的规则"与"证据禁止"之间的差异——其基本含义已经在文中阐述过——详见本书第二卷。

来的有履行提醒义务的讯问中"追认"其前述声明的除外。[45]

d)"在作出声明时,嫌犯得自认或否认该等事实,又或自认或否认有参与该等事实,并指出可阻却违法性或罪过的情节"（第 254 条第 4 款）。这正是最根本的讯问（interrogatório de fundo）。

如嫌犯自认有关违法行为,则适用第 256 条、第 258 条和第 174 条的规定。[46] 如否认有关犯罪或其被归责之事实,则适用第 257 条。特别的情节规定在第 259 条（否认已载于其他证言中的事实）和第 260 条（不懂葡萄牙语或为聋哑人士,并因此而指定传译员）中。还应注意的是第 262 条中的具有普遍意义的理论:"嫌犯得口述其回答,如其不这样做,则由法官口述,应尽可能原原本本地记下嫌犯的表达,以便每一个词语都能被很好地理解","结束前,应向嫌犯宣读回答笔录,并明确记录嫌犯是否确认这一笔录,或其对所作回答的更改","辩护人得在签名前就任何无效提出争辩"。

4. 从前面的阐述可知,就向其提出的背景问题——这些问题的标的通常被称为"罪过问题"（questão da culpa）——嫌犯既可以保持沉默,也可以对所提出的问题作出肯定或否定的回答。由此显然可见,嫌犯与刑事诉讼程序所要实现的获得真相的目的之间的关系似乎被"切断"了。这是因为,嫌犯并无义务通过其声明来参与这一目的的实现,因此不是"对刑事司法进行协助的义务"的对象。[47]

a)由此产生的原则是,嫌犯不会因行使其沉默权而使其地位在法律上受到不利影响/损害,也就是说,该原则意味着,行使这一诉讼上的权利不得被评价为过错的迹象或推定[48]（此处所出现的是一种新的和真正的禁用证据）[49]。即使已证明罪过,也不能将此作为《刑法典》第 84 条所规定的、确

45　这样,这些问题也获得了相当一部分德国学者的理解。详见 Eb. SCHMIDT, *Strafprozess u. Rechtsstaat* 222 ss.; H. HENKEL § 39 II 3; DAHS, NJW 1965/1265 s.; GRÜNWALD, JZ 1966/495。

46　关于最后一条规定的含义,见前文第六节 II 3 b)。概括性的介绍,参见 BELLAVISTA, *Confessione*（dir. proc. pen.）, EdD 8（1961）917; LIMONCELLI, *La confessione*, RivP 1952 I/121; LOSCHIAVO, *Confessione*（dir. pro. pen.）, NssDI 4（1959）25; D. FERRATO, *L'interrogatorio dell' imputato nel procedimento pretorile*, RivP 90（1966）508。

47　相同的观点见 Eduardo CORREIA, RDES 14（1967）34, 38 s.。

48　参见 SCHWARZ-KLEINKNECHT, Strafprozessordnung 27 § 261 A 4 B a 及 H. HENKEL § 39 IV 2 注释 20。一些意大利学者主张相反的观点,他们认为应根据法官自由心证原则来评价此沉默（参见 G. FOSCHINI I n. 182 d）。晚近的有关著作,参见 V. GREVI, *Considerazioni preliminari sul diritto al silenzio dell' imputato nel《nuovo》3°comma dell'art. 78°c. p. p.* RitalDPP 1970/1119。

49　对此,除前引 H. HENKEL, loc. cit. 外,还可参见 STREE, JZ 1966/595 ss. 及 WESSELS, JuS 1966/171。

定具体量刑的重要情节。诚然，根据《刑法典》第 39 条第 9 款的规定，"对犯罪的自发的自认"是一种必须要衡量的一般减轻情节，行使沉默权会导致不能适用这一情节，简单地说，这里所讨论的并不是对嫌犯的地位"不利"，而只是"不再对嫌犯的地位有利"。还要注意的是，沉默权可以只部分地行使，否则因为未回答某些问题而得出任何结论或推定将是合理的。[50]

即使嫌犯不会因行使其沉默权而在法律上受不利之后果，但显然，单纯从事实视角看，可能会对其造成不利后果，因为其沉默会导致决定性地不认知或不考虑那些能够全部或者部分地阻却不法性或罪过的情节。因此，也仅仅因此，[51] 行使这一权利对嫌犯而言是一种被憎恨的特权 *。

b）基于嫌犯就罪过问题的声明不能因构成虚假声明而受到惩罚（《刑事诉讼法典》第 241 条和第 254 条）这一事实，加之嫌犯与向司法及其发现真相的目的提供协助的义务之间的联系已被"切断"——正如我们所见，对沉默权的承认所体现出来的——这一情况，已经有人想要得出嫌犯享有真正的撒谎的权利的结论。[52] 但是，这一观点应当被摒弃。[53]

事实上，法律中不存在任何内容可以推定承认这样一项"权利"。法律之所以对沉默和协助义务的终止等事宜采取了这些解决办法，能够完美地对此作出解释的是，人们想要以此来对古老的和可憎的纠问理念进行反对，根据纠问的理念，嫌犯作为证据方法，可能被强迫——包括通过身体上和心理上的强制方法，甚至也不排除酷刑[54]——作出使自己被定罪的声明。而我们已经知道，"改革之后"的整个刑事诉讼程序已经将对此的否定作为其最突出的目的之一。[55]

但即便如此，仍然可以认为（不乏学者主张以这种方式理解前述法律解决办法，且他们的观点或多或少地是有深度的），嫌犯可在沉默或作出声明之间自由地作出选择，如果选择后者，则继续有据实陈述义务（dever de

---

50　参见前注中所引 H. HENKEL 和 WESSELS 的著作；此外，关于一个在一定程度上与此类似的问题，参见 M. E. MAYER，*Das Leugnen des Angeklagten als Strafschärfungsgrund*，Z 27（1907）921。

51　正如 LIEPMANN，Z 44（1924）671 中所指出的。此外还可参见 Cavaleiro de FERREIRA I 153。

*　privilegium odiosum，在带来利益的同时也带来不利益的例外关系。——译者注

52　H. HENKEL § 39 Ⅳ 3 注释 21 中列举了赞成这一立场的德国学者。

53　葡萄牙学者对此的论述，见 Castanheira NEVES 175 s. 及 Cavaleiro de FERREIRA I 152 s. 德国的情况，参见 H. HENKEL，loc. cit. 及注 22 中所指内容。

54　关于这一问题，尤其可参见 F. CARNELUTTI，*A proposito di tortura*，RDProc 1952 I/234 e DE LUCA，*La tortura nei rapporti tra processo e pena*，RDProc 1949 I/318。

55　参见本书前文第二节 Ⅱ 2 b）。

verdade），或者纯粹作为道义上的义务（dever moral），[56] 或者甚至作为真正的法律义务（dever jurídico）。[57] 但事实是，不会因为对这一义务的承认而对撒谎的嫌犯造成任何实际的后果，因为这样的谎言不应被衡量为对嫌犯不利的价值，在虚假声明的独立的实体层面如此，在嫌犯的诉讼权利层面亦然（包括那些与羁押有关的诉讼权利）。

于是可以得出怎样的结论？肯定不存在一种撒谎的权利能够作为此虚假的合理原因；所发生的情况只是，法律已经意识到，不可要求嫌犯切实履行告知真相的义务，因此放弃了在这些情况下规定嫌犯须履行此义务。不理解这一解决办法的只有部分人，他们认为这种不可要求性不仅是刑法罪责的标准，而且也是裁判某一行为的本身是否具有不法性的标准。而既然必须接受这是适用于法官的规范性原则，由法官关心具体地确定对实施某一特定行为的义务的对立，则无法否认这也是适用于立法者本身的原则，由立法者关心抽象地确定将要施加的各项义务的范围。[58]

如此并不会解决因嫌犯的虚假的诉讼行为（comportamento）而产生的一切问题，而该行为（comportamento）构成本书中[59]我们所称的具有双重功能的诉讼行为（acto）。[60] 笔者认为可以肯定的是，从一种程序的视角看，这并不构成一种在程序上不可采纳的行为。[61] 而可以肯定的是，从一种实质的视角看，这一行为并不已然构成虚假声明的入罪罪状（tipo incriminador）。但余下的问题是，该行为是否也不可能构成其他入罪罪状，尤其是诬告（《刑法典》第245条）和诽谤（《刑法典》第407条及以下），以及是否无论如何都不构成民事不法行为（ilícito civil）？一个否定的回答——笔者认为原则上是应当摒弃的——无非如此，既不能以上述不可要求性的理论来证明，也不能简单援引嫌犯辩护权来证明，亦不能以《刑事诉讼法典》第241条和第254条的规定来证明。

56　对此，见 K. PETERS § 28 Ⅳ以及 ENGELHARD，Z 58（1939）354。

57　对此，见 H. HENKEL，Strafverfahrensrecht 1226（改变了第二版中的概念），而葡萄牙学者对此的论述，见 Castanheira NEVES 175（"说出真相的道义义务和一般程序性义务"）。反对的观点见 H. PFENNINGER，Rittler-Fests. 365 ss. 。

58　Figueiredo DIAS，*O problema da consciência da ilicitude* 55.

59　之后本书第二卷在关于诉讼行为理论的一节中会对此进行介绍。

60　关于这一概念，参见 W. NIESE，*Doppelfunktionelle Prozesshandlungen*（1956）。

61　施密特赞同这一观点，在 *Lehrk* Ⅱ § 136 Erl. 13 和 Nachtrag I zu § 136，Erl. 26 中，该学者提及了一种"在程序上有意义的缺席"。反对的观点则见 H. HENKEL § 39 Ⅳ 3 最后部分。

5. 如前所述，认为嫌犯是诉讼程序的主体的见解的基本内容在于，嫌犯所实施的一切诉讼行为均应为其自由人格之表达。这一思想非常重要，尤其是——显然——在作出声明的事宜上，会直接导致讯问和取得声明的正当和不正当的（可采纳的和不可采纳的）方法之间的区分。

在对此事宜的规范上，我们的法律是极其节制的。根据《刑事诉讼法典》第 255 条，嫌犯被保护免于承担就任何问题草率地（或在任何情况下／更准确地说，没有适宜的时间以获得准确的回忆）作出回答的义务。而第 261 条则规定，"所提出的问题不能是暗示性的或尖刻的，也不能带有欺骗性误导、虚假承诺和威胁"；[62] 而唯一款中又补充道，"法官或检察院人员违反本条规定的，须受到相应的纪律处分（pena disciplinar）"。

由于在实践中这总是出现在葡萄牙关于获得嫌犯声明的方法的非正当性的一般法例中，这本身表明，对这一惩戒（disciplina）的理解必须以其更广阔的含义，甚至就那些不能接受的漏洞进行填补。[63] 否则，人们不得不将此法例视为一种纠问式思想的产物，而此思想已经绝对不适应我们刑事诉讼程序中的大多数其他现实，因为在对辩护权的必要保障的事宜上，我们的刑事诉讼程序已经不是最开始的那样了！

但真实情况是不同的。解释和填补的活动并不需要像前面所假设的那样广泛，因为一般法例不可避免地必须要以宪制性立法为补充。而在此框架下，所要考虑的不仅仅是我们已经了解的《政治宪法》第 8 条第 10 款，其中规定保证一切嫌犯在刑事诉讼程序的任何阶段享有"对辩护的必要保障"，而且该条的第 1 款也规定无条件地保护"生命权和人身完整性权"——如前所述，[64] 后一个概念不仅包含身体完整性，而且也包括并且主要指的是精神完整性，即"人类崇高的人格尊严"。

结合这些因素，关于讯问和获得声明的在程序上不具正当性的方法以及它们在刑事诉讼程序层面上的相应后果，我们已经可以勾勒出一个合理的理论。只需再关注两个要点：关于该等后果，接下来的阐述必须要结合

---

62 关于对这其中每一种表述的理解，参见 Maia GONÇALVES anot. 3 ao art. 261。但是对于该学者所指出的那些限制，必须与我们将在下文 a）部分中阐述的内容相联系。此外还可参见 K. PETERS 282。

63 相同的理解还可见 Eduardo CORREIA，RDES 14（1967）35。

64 参见本书前文第五节 Ⅱ 2 a）。

后面将会进行的[65]关于所谓"禁用证据"的研究；另外，虽然我们承认通过这一途径能够取得合理的结果，但这不应被理解为刑事诉讼法的立法者不再需要尽快地以可接受的方式在《刑事诉讼法典》中对此问题作出明确的规定。下面我们就来分析这一从前述宪法和一般法律概念中应当得出的理论中最突出的几个问题。

a）所有导致侵犯嫌犯人格尊严和人身完整性（包括身体完整性和精神完整性）的讯问方法和取得声明的方法，尤其是那些导致扰乱嫌犯意志和决定自由的方法，在刑事诉讼程序中必须被视为被禁止的和不可采纳的方法。这是在整个问题上最根本和最广阔的一个视角，可以毫不费力地承认（根据其本来的含义，其中主要包括使用虐待、伤害身体，实施任何性质的催眠方法以及使用残忍的和欺诈的手段），其中同样也包含着以任何手段扰乱嫌犯的记忆和评估能力，在法律明确允许的情况和限度以外针对嫌犯使用武力，以及以一种法律不允许的措施相威胁，或对法律未规定的任何利益作承诺。[66]

在实践中不可能（且确实获利有限）试验前述根据讯问的不正当手段的无穷的多样性的一般理论，这些不正当的手段是因纠问式的错误信仰和那些或古老或现代的政治惯例而不幸地在葡萄牙产生的。因此，我们只限于讨论几个我们认为有较大的实践意义的具体问题。

所说的残忍的手段，指的是那些会造成痛苦的手段，这些痛苦可能是身体上的也可能是精神上的，可能是长期的也可能是反复的。因此德国的司法见解认为，将涉嫌触犯杀婴罪的嫌犯带到死去的婴儿的尸体边，以期这种冲击能使之自认，这种做法是不正当的，并充分说明理由（BGHSt. 15，187）。[67] 以这一观点，如果因为讯问的时间、地点以及嫌犯个人状况等原

65　本书第二卷。

66　这一叙述方式与《西德刑事诉讼法典》第 136 条 a）的方式接近。该法典完全指向我们所使用的观点，这种做法仍然为大多数学者所提倡，包括诉讼法学者，甚至包括宪法学者，前者如 H. Henkel § 39 V 2，后者如 Maunz-Dürig，*Grundgesetz Kommentar* 2 anot. 34 ss. ao art. 1。比较晚近的关于这一问题的一般性介绍，见 G. Vassali，*Les méthodes de recherche de la vérité et leur incidence sur l'intégrité de la personne humaine*；D. Baigun，*Les méthodes scientifiques de recherche de la vérité*；M. Nobili，*La natura degli《accertamenti》tecnico-scientifici di polizia e i diritti dela difesa*，RitalDPP 1970/1182；e P. Lejins，*La police，la technologie moderne et les droits de l'homme*——全部载于 RintDP 43（1972）353 ss.，397 ss. e 411 ss.。

67　关于德国的司法见解，包括之前帝国最高法院的和现在联邦最高法院的，参见 Ziegler，*Zweckmässigkeitstendenzen in der hochrichterlichen Auslegung der Beweisrechts im Strafverfahren*（1969）42 ss.，46 ss.。

因,[68] 某讯问方法会使嫌犯严重疲劳, 则此讯问方法也是不正当的。

在最广泛使用的几种欺诈手段中, 有一种是欺骗嫌犯, 告知其有对其不利的证言或已由共同嫌犯作出的自认, 这一做法的非正当性是不容置疑的。同样不正当的做法还有使用隐藏的录音设备, 即使有关录音并不用作证据而只是用来胁迫作出其他的声明时亦然。[69] 同样的还有未经接听人许可的电话监听。[70] 在这些欺诈手段中最终可以找到《刑事诉讼法典》第 261 条所指的大部分问题。

关于以法律不允许的措施相威胁——例如, 以就虚假声明起诉、关入纪律拘禁室 (cela disciplinar)、剪掉头发等来威胁——唯一可能产生的问题是, 是否能够从其不正当性中得出结论, 认为所有以法律允许的措施进行的威胁都是正当的? 显然, 对法律上的可采纳性或不可采纳性必须要具体地衡量。而当是否具有可采纳性取决于进行询问者的自由裁量时 (例如《刑事诉讼法典》第 291 条中规定的非现行犯情况下之羁押), 则以相应措施进行的威胁应当被视为不正当的, 因为这不是法律授予他们自由裁量权

68　前注所指司法见解中指出过这一问题, 见 W. NIESE, JZ 1953/220 e Eb. SCHMIDT, *Lehrk* II § 136 a, anot. 11 s. 。

69　对此, 见 Eb. SCHMIDT, *Der Stand der Rechtsprechung zur Frage der Verwendbarkeit von Tonbandaufnahmen im Strafprozess*, JZ 1956/39, 206; H. HENKEL, *Die Zulässigkeit und die Verwertbarkeit von Tonbandaufnahmen bei der Wahrheitserforschung im Strafprozess*, JZ 1957/188。另一个不同的问题——此处并不探讨这一问题, 因为有关 "证据方法" 的问题应当在本书第二卷中讨论——是, 录音是否可被接受作为证据方法; 对此我们将给出一个简短的参考文献列表, 因为这些文献中的许多也或多或少地讨论了文中所提出的问题。参见 AEPPLI, *Das Tonband im Strafverfahren*, SchwZ 1959/217; FELDMANN, *Das Tonband als Beweismittel im Strafprozess*, NJW 1958/1166; V. GIANTURCO, *La registrazione magnetofonica comme mezzo di prova e di documentazione nel processo penale*, RitalDPP 1967/507; J. GRAVEN, *L'emploi du magnétophone dans la procédure pénale*, SchwZ 1958/361; H. HENKEL, cit.; M. KOHLHAAS, *Tonbandaufnahmen im Strafprozess*, NJW 1957/81; Eb. SCHMIDT, cit. e *Die Verwendbarkeit von Tonbandaufnahmen im Strafprozess*, Jellinek-Gedächtniss. (1955) 625。

70　对于这一问题, 法国学者和司法见解关注较多。学界的观点——其中的部分也涉及前注中所提及的问题——参见 BLONDET, *Les ruses et les artifices de la police au cours de l'enquête préliminaires*, Jurisclasseur pénal 1958 I/1419 ss.; BOUZAT-LÉAUTÉ, *Les procédures modernes d'investigation et la protection des droits de la défense*, supl. ao cad. 2 da RScCrim 1958; DOBRY, *Interruption des communications téléphoniques (Les tables d'éconte), étude comparée*, Rev. com. int. des juristes 1958/339 ss.; DOLL, *De la légalité de l'interception des communications téléphoniques au cours d'une information judiciaire*, Chr. Dalloz 1965/125 s.; J. GRAVEN, RScCrim 1950/313 ss.; 而比较晚近的著作, 见 G. LEVASSEUR、G. VASSALI 和 CALDERERA-VAN BEMMELEN 的文章, 分别载于 RintDP 43 (1972) 338, 371 e 515。

的目的。[71]

在对法律未（针对具体情况）规定的利益作出的各种承诺中，被认为最常见的包括，向从犯承诺，如其作出针对正犯的声明，则不受处罚[72]，又如，承诺以临时释放（liberdade provisória）代替羁押，又或承诺在狱中的特权待遇。

但近年来，主要有两种讯问方法，对它们的正当性的讨论是最为激烈的：一种是在精神麻醉分析下的讯问，另一种是使用了测谎设备（polígrafo）［通常称为"测谎仪"（detector de mentiras）］的讯问。

aa）精神麻醉分析近年来在一些国家中被使用，目的是通过此分析取得——由嫌犯或证人作出的——符合事实真相的声明。这种方法是指，向被讯问者注射特定物质［被称为"吐真剂"（soros da verdade），本质上属麻醉剂，其制备通常是以硫喷妥钠或类似物为基础］，形成一种或多或少明显的麻醉状态，并由此导致心理上的变化——放松，对外部世界的关注下降，直至对周围的情况丧失意识和内心的专注度提升——其效果是释放了作为控制意志的力量的潜意识。对处于这种状态下的个人进行讯问时，不论他们如何想要抵抗，所作出的回答都是完全符合"真相"的潜意识的回忆和印象。[73]简单说，对于这一讯问方法在刑事诉讼程序中是否具有正当性的问题，如要

71　ERBS，NJW 1951/388 和 H. HENKEL § 39 V 2 注释 33 则走得更远，他们认为，任何威胁，只要能被视为对嫌犯的一种不正确的胁迫，均是不正当的。

72　但此情况在英国法上是合法和被允许的，英国法上有所谓的原告证人制度（Witness of crown）：指被保证不受处罚的共同嫌犯，为此有义务作出针对其余共同嫌犯的证言。参见 G. FOSCHINI I n. 185 b）。

73　关于这一问题的参考文献，如今已经较难理解。在葡萄牙，除共和国总检察长 1966 年 5 月 13 日作出的载于 BMJ 163/135 的意见书，还可见 Eduardo CORREIA，*Proc. crim.* 46 s. e RDES 14（1967）34 ss.；Cavaleiro de FERREIRA Ⅱ 322，356；Diogo FURTADO，*A coacção psicológica perante o direito*，ROAdv 10/70；Ferreira GOMES，*A narcoanálise em processo penal*（*Parecer*），ScIvr 9/411；*O que é a narcoanálise*，Lumen 1950/473。关于这一问题，外国学者的参考文献，见 BOUZAT-LÉAUTÉ，前注 70 所引文献及页数；FAUCHER，*Narcose et justice*，RPenDP 1950/3 ss. e 549 ss.；J. GRAVEN，RScCrim 1950/313 ss.；HEUYER，*Narcoanalyse et narcodiagnostique*，RScCrim 1950/7 ss.；H. KRANZ，*Die Narcoanalyse als diagnostisches und kriminalistisches Verfahren*（1950）；W. NIESE，*Narcoanalyse als doppelfunktionelle Prozesshandlung*，Z 63（1951）199；V. PIOLETTI，*Narcosi e Narcoanalisi*，NssDI Ⅺ（1965）9 ss.；SCHMIDT-SCHNEIDER，*Zur Frage der Eunarkon-Versuche in der gerichtlichen Praxis*，SüddJZ 1949/449；Donnedieu de VABRES，*La justice française et l'emploi du penthotal*，RIntDP 1949/2 ss.；G. VEIGA，*Narcoánalise e processo penal*（1955）；VOUIN，*L'emploi de la narcho-analyse en médecine légale*，Chron. Dalloz 1949/1015；Ch. YOTIS，*Le point de vue d'un criminaliste grec sur la narcoanalyse*，RIntDP 1951/629；比较晚近的 G. HEUYER、G. VASSALI、LE BRIS 和 CALDARERA-VAN BEMMELEN 的著作［均载于 RIntDP 43（1972）245 ss.，376 ss.，379 ss. e 512］。

使否定的回答成立，则必须从双重视角出发，一方面是其对发现真相的适应性，另一方面是其在法律上的可采纳性。

关于第一点，事实上，在有关的科学领域中，不乏有人就通过精神麻醉分析方法获得事实的真正真相的可能性提出更大的疑问。已经有人指出——且继续坚持——虽然这种方法对精神分析学家有宝贵的作用，可以作为诊断和治疗的方法（因为精神分析学家所关注的主要是触及病人主观的印象和经验的区域），但并不为调查者提供任何保障，因为不能肯定调查者在大多数情况下所释放的不是人格的谎语癖区域，可能因而导致对有关事件的纯粹的主观记忆被表露出来，甚至只是想象力的发挥，而不是真正的历史过程。

但即使不存在这一问题，该方法在法律上的可采纳性也必须被坚决地否定，由此就引出了第二点的问题。精神麻醉分析意味着服用能使心理发生巨大变化的药物，目标是降低对意志力的控制，很明显，这种方法剥夺或者减少了有关之人在是否作出和如何作出声明上的意志和自由，侵犯了被讯问者的人格道德自主性，使之完全沦为医疗操作中的客体。于是不可避免地得出结论，通过精神麻醉分析方法进行的讯问侵犯了人类的尊严，因此不仅必须在程序上视为不可采纳的方法，而且在法律上也必须被视为违宪的方法。

急需考虑的还有，当使用该方法的唯一的目的是作为嫌犯的一种防御方法，旨在以此方式证明嫌犯无罪时，前面的阐述也丝毫不会改变：人格道德自主性和人类尊严是绝对的、不可放弃的价值，对它们的侵犯不因任何与它们相冲突的目的而合理化。

bb）上面关于精神麻醉分析的讨论，原则上也适用于测谎。测谎仪是一种机器——主要被美国的调查机构所使用，使用时至少要经嫌犯同意，或应嫌犯本人请求——连接到被讯问之人身上，在依据特定规则（尤其是，将关于被调查的事实的问题掺杂于绝对无害的问题之间）进行讯问的过程中，记录其呼吸、脉搏、血压、皮肤出汗等的运动轨迹，从而能够推断出其所作回答是真实的还是虚假的。[74]

74　关于这一讯问方法有极其丰富的参考文献，其中关于技术方面的，参见 J. REID-F. INBAU, *Truth and deception. The Poligraph* (《*Lie-dectetor*》) *technique* (1966) e DE FILLIPPO, *Impiego del lie-detector nella ricerca della verità giudiziaria*, RivP 90 (1966) 344，以及关于其可采纳性的，METZ, *Zur Frage der Zulässigkeit der Anwendung des* 《*Lügendetektors*》 *im Strafverfahren*, NJW 1951/572；SABATINI, *Poligrafo e libertà morale* (1961) e T. WÜRTENBERGER, *Ist die Anwendung des Lügendetektors im deutschen Strafrechtzulässig?*, JZ 1951/772. 比较晚近的见 J. SUSINI、G. VASSALI 和 CALDARERA-VAN BEMMELEN 的著作，均载于 RintDP 43 (1972) 255 ss., 375 e 514。

已经有很多专家对通过该方法得到事实的真正真相的能力提出疑问，他们的主要依据是，除撒谎以外，还有许多其他的心理状态（恐惧、紧张、兴奋等等）也能够改变前述运动轨迹，这就完全混淆了检查结果。[75] 无论如何，认为测谎仪的使用不具有程序上的可采纳性的原因在于，该方法想要从被讯问者在意识不受意志的指导和控制时所作出的声明中找到真相，这同样侵犯了嫌犯的道德自主性和人格尊严。

b）前述所有的讯问方法和获得声明的方法，即使嫌犯同意使用，也应当继续被视为被禁止的和在程序上不可采纳的。首先，这样的同意仅在十分罕见的情况下才可以被认为是自由的同意，因为嫌犯在作出此同意时通常都是被胁迫的，害怕拒绝作出同意会被解释为其有罪过的迹象。而且，无论如何，这样一种同意是不生效力的，因为所涉及的是不可处分的利益——人的自主和尊严以及意志和决定自由——而正是它们为此禁止提供了理由。[76] 显然，仅当该同意排除了该禁止的存在理由本身时，情况才是不同的。唯一的例子大概是电话监听和录音，当嫌犯对此作出同意时，显然它们不再构成"欺诈"手段。

c）对使用该等讯问方法的禁止，应当以完完全全相同的方式适用于负责听取嫌犯声明的任何人，因此，这既适用于法官，也适用于检察院，还适用于警察。有观点认为，"刑事司法管理处于房子的主楼层，在此处有效的是小心对待原则，而刑事警察则不同，它位于阁楼上，适用的是更严厉的习惯"，拉德布鲁赫准确地描述了这一观点并对其提出批评，[77] 该观点难以成立，应当摒弃。虽然认为那些实体与这一实体所使用的方法不是完全相同的想法亦有其道理，因为每一实体的参与都具有不同的情况，但所有这些方法均以维护人的尊严及其意志和决定自由为不可逾越的界限。

d）最后一个要在此处面对的问题是违反此禁止时在程序上的后果。[78]根据《刑事诉讼法典》第 261 条唯一款，"法官或检察院人员违反本条规定的，须受到相应的纪律处分"；而第 268 条第一部分，在关于讯问之无效的规定中，完全没有提及对现在我们所探讨的这类禁止的违反！

75　需注意的是，对嫌犯使用测谎仪不能被简单地理解为收集实施了违法行为"之人……的有关迹象"（《刑事诉讼法典》第 175 条）。事实上，这种使用似乎都不应被理解为刑事诉讼法意义上的"检查"；但即使并非如此，文中马上将会进行的思考也并不失去其效力。

76　关于这些作为同意的有效要件的元素，同时它们也是刑法中事实的正当理由，详见 Eduardo CORREIA, *Dir. crim.* II § 2.°, ns. 4 ss. 。

77　*Grenzen der Kriminalpolizei*, Sauer-Fests.（1949）126.

78　当然，除此之外还有可能产生的刑事上的、民事上的以及纪律上的后果。

但由此可得出结论，前述讯问时应当遵守的规则，只是单纯的调查证据的规则，因此违反这些规则只会导致纪律责任，但在我们看来这是一个法律怪物（monstruosidade jurídica）。事实上这意味着承认，对此违反，不适用诉讼上的制裁，而此违反是在刑事诉讼程序中可能实施的最严重的侵犯之一：同时损害了嫌犯的辩护权以及公民的人身完整权这一受到宪法保护的基本权利！[78a]

于是，如果不想深入地认为——本可以如此——对此禁止的违反必然导致"犯罪事实/犯罪的证据不足"，因此必然导致《刑事诉讼法典》第98条第1款中所关注的刑事诉讼程序的主要无效（nulidade principal），并产生第99条第1款中规定的后果：撤销所发生的行为以及后来实施的受此撤销影响的行为（受制于第2款中规定的限制），在案件的任何阶段均可对此提出争辩，且可依职权获知此情况。也就是说，如果不想走得这么远，则必须始终将我们正在讨论的这一禁止视为一种真正的和绝对的禁用证据，这样做的结果是，[79] 不允许对所作出的声明以及以此为媒介获得的关于其他证据方法的指示进行价值衡量。这种价值衡量违背前述证据禁止，构成法律上的错误（erro de direito），最高法院总是得依据《刑事诉讼法典》第646条第4款的规定对此进行审理。

IV　无嫌犯、嫌犯死亡和嫌犯缺席

1. 众所周知，一切确实为刑事责任的责任都是个人的和不可移转的（《刑法典》第28条）。将这一原则应用于刑事诉讼程序层面可得出类似的结论，即一切被郑重地传唤在某一刑事诉讼程序中向社会作出回应之人，必须亲自（pessoalmente）为之。因此，不可能存在其中没有嫌犯的刑事诉讼程序。而违反此原则的情况并不包括预备性预审的情况，预备性预审已

[78a] 这一方面尤其为某些学者所强调，参见 A. GRASSI, *Aspects constitutionels de la problématique relative aux pouvoirs du juge italien dans l'utilisation des méthodes scientifiques de rcherche de la vérité* 以及 R. OTTENHOF, *Les méthodes scientifiques de recherche de la vérité-rapport de synthèse*，均载于 RintDP 43（1972）531 ss. e 577 ss.，还可参见 N. WEINTOCK, *Les répercussions des techniques nouvelles d'investigation en droit belge*，RintDP 41（1970）241 和 P. BOUZAT, *La loyauté dans la recherche des preuves*，Études Hugueney（1964）155。

[79] 本书第二卷中关于"证据方法"的部分将会对此进行细致的研究。但现阶段可参考 R. RUNKEL, *Confessions-fruit of unlawful arrest*, Washington LR 39（1964）e *Admissibility of confessions made subsequent to an illegal arrest: Wong Sun v. US revisited*, J. of CL. Crim. & PS. 61（1970）207。

经是刑事诉讼程序的一部分，开始进行时往往"针对未知者"。郑重传唤承担责任[80]通过控诉行为以及随之作出的起诉批示为之，因此，在此时，无嫌犯使刑事诉讼程序不可执行。

2. 从个人责任原则可以得知，如嫌犯死亡（而非"罪犯"死亡，《刑法典》第125条第1款和第1款以偏概全，不正确地提到"罪犯"），则终止刑事程序，而不论该程序处于何种阶段，因此，即使在上诉阶段亦然。

要考虑的唯一的例外出现在有利于嫌犯的再审上诉中，而根据第674条和第675条的规定，甚至在嫌犯死亡之后，"其直系血亲尊亲属、直系血亲卑亲属、配偶、兄弟姊妹或继承人"仍可提出此申请；显然，明显更有理由承认的是，如嫌犯在上诉待决期间死亡，该上诉应当——尽管法律没有提到这种可能性——可以由前述亲属或继承人继续。[81] 考虑到有利于嫌犯的再审上诉的目的，这一例外是可以理解的，因为此时的再审上诉的目的不仅限于使嫌犯免服不公正的刑事处分，而且为了嫌犯的名誉，也要使之免受刑事定罪中所包含的瑕疵的影响。

3. 从个人责任原则[82]以及支配刑事审判听证的其他原则，尤其是直接原则[83]还应得出，嫌犯不在场的审判听证一般是不可能的；也就是说，真正的缺席审判的刑事诉讼程序一般是不可能的。但这并不是我们的《刑事诉讼法典》所遵循的解决办法，在第562条及以下中，法典反倒接受了在特别刑事诉讼程序中的缺席审判。之后对此问题进行研究时，会对葡萄牙法律所采纳的解决办法的优点和不足表达意见。[84]

第十四节　辩护人

参考文献：

Alexander, *Die Stellung des Verteidigers*, Z 51 (1930) 54.

80　前文我们已经注意到这一问题：本书前文第四节 III 2 b）（原文如此，疑有误，译者不能确认具体所指）。

81　联邦德国的法律中对此有明确的规定，见联邦德国《刑事诉讼法典》第361条和第371条。

82　对此，见 H. Henkel § 40 III。

83　参见本书前文第七节 III。

84　本书第二卷。

BARBIS, Ⅱ *difensore dell' imputato*, RitalDPP 1961/1142.

Araújo de BARROS, *Uma ilegalidade institucionalizada?*, ROAdv 23 (1963) 96 e *A assistência ao arguido*, ScIvr 10 (1971) 477.

BEANEY, *Right to counsel before arraignement*, MinnesotaLR 45 (1960 – 1) 771.

BELLANTONI, *Interrogatorio dell' imputato e diritto alla difesa*, ScPos 1970/520.

CRISTIANI, *Difensore (dir. proc. pen.)*, NssDI v (1960) 609.

H. DAHS, *Stellung und Grundaufgaben des Strafverteidigers*, NJW 1959/1158.

Figueiredo DIAS, *O defensor e as declarações do arguido em instrução preparatória*, RDES 18 (1971) 159.

A. ESER, *Aussagefreiheit und Beistand des Verteidigers im Ermittlungsverfahren. Rechtsvergleichenden Beobachtungen zur Rechtsstellung des Beschuldigtes*, Z 79 (1967) 612.

A. FERRÃO-S. ZENHA, *O direito de defesa e a defesa do direito* (1971).

W. GALLAS, *Grenzen zulässiger Verteidigung im Strafprozess*, Z 53 (1933) 256.

L. GERACI, *La difesa penale secondo la Costituzione*, RivP 88 (1964) 761.

HABSCHEID, *Die Unabhängigkeit des Rechtsanwalts*, NJW 1962/1985.

H. HOVEN, *La protection des droits de la défense en droit belge*, RDPCrim 47/461.

L. HUGUENEY, *Les droits de la défense devant le juge d' instruction*, RScCrim 1952/195.

THE JOURNAL OF CRIMINAL LAW CRIMINOLOGY & POLICE SCIENCE, *A Symposium on the Supreme Court and the police* 1966/237 e *Symposium: The criminal defense practice* 1971/139.

KÖHLER, *Die Lehre von der Verteidigung nach deutschen Strafprozessrecht*, GS 53/161, 321.

KRATTINGER, *Die Strafverteidigung im Vorverfahren im deutschen, französischer und englischen Strafprozess und ihre Reform* (1964).

J. et A. -M. LARGUIER, *La protection des droits de l' homme dans le procès pénal*, RintDP 37 (1966) 135.

J. Pires de LIMA, *O direito da defesa na instrução preparatória do processo criminal* (1972).

MALINVERNI, *L' avvocato, pubblico ufficiale?*, RitalDP 1957/120.

G. MANGAKIS, *Das ethische Problem der Strafverteidigung*, GA 1966/321.

R. MERLE, *Le rôle de la défense en procédure pénale comparée*, RScCrim 1970/1.

ORDEM DOS ADVOGADOS, *Exposição do Ministro da Justiça acerca dos direitos de defesa*, ROAdv 29 (1969) 282.

S. RANIERI, *Assistenza del difensore all' interrogatorio e outros*, ScPos 1971/93, 105, 112, 250 e 253.

v. RECHENBERG, *Die Aufgabe des Strafverteidigers*, SchwZ 81 (1965) 225.

REVUE INTERNATIONALE DE DROIT PENAL 1953/109: *La protection des libertés individuelles pendant l' instruction*, e 1966/11: *La protection des droits des personnes suspectées*, *inculpées ou accusées d' infraction à la loi pénale.*

Almeida RIBEIRO, *Direitos dos advogados. Sua independência e relações com a magistratu-ra*, ROAdv 18（1958）229.

ROBINSON-ESER, *Le droit du prévenu au silence et son irdot à être assisté par un défenseur au cours de la phase préjudiciaire en Allemagne et aux E. U. A.*, RScCrim 22（1967）586.

A. Santos SILVA, *Os direitos do detido e a intervenção do advogado na fase da instrução preparatória*（1969）.

SCHMIDT-LEICHNER, *Die Stellung der Beschuldigten und des Verteidigers im künftigen Straf-prozess*, *Strafrechtspflege und Strafrechtsreform*（1961）321.

G. SPENDEL, *Zur Vollmacht und Rechtsstellung des Strafverteidigers*, JZ 1959/737.

STRAUSS, *Die notwendige Verteidigung*, GS 108/247.

TÖWE, *Der Verteidiger im Vorverfahren*, GS 107/77.

F. VELOSO, *A intervenção do advogado na instrução preparatória*, ScIvr 4（1955）406.

以及前一节开篇部分所引参考文献。

I　辩护人在刑事诉讼程序中的职能和法律地位

1. 对辩护人所行使的职能以及其在一个真正的"当事人"的刑事诉讼程序中所具有的法律地位的理解，不会引起很大的讨论或困难。这里至少在原则上所指的是嫌犯真正在司法上之代理（representação judiciária），辩护人以嫌犯的名义和为嫌犯的利益，实施一切其已获得充分授权（procuração bastante）实施的诉讼行为，因此被授予——尽管还要重申，是以被代理人的名义和为被代理人的利益——有关诉讼程序赋予当事人的权利和法律地位。总之，用曼努埃尔·德·安德拉德的话说，[1] 这里所指的是"由法律专业人士（律师或法律代办）向当事人（在我们的语境下是指嫌犯），包括有完全行为能力的当事人提供的援助，目的是通过实施相应的诉讼行为，使诉讼以适合的方式进行"。

不难承认，这一特征描述原则上适用于民事诉讼程序中的辩护人；但同样容易理解的是，不能将此移植——除非是那些受到益格鲁－撒克逊启

---

[1]　M. ANDRADE-A. VARELA, *Noções fundamentais de pro. civ.*, n. 53. 其他学者从其他角度作出的详细阐释，见 F. CARNELUTTI, *Figura giuridica del difensore*, RDProcCiv 1940 I/65 及 PAVANINI, *Note sulla figura giuridica del difensore*, RTProcCiv 1957/246。

发的权利[2]——到刑事诉讼程序上。[3] 众所周知,刑事诉讼程序是无当事人的诉讼程序,无论法官还是检察院,均须依职权来守护嫌犯诉讼权利,包括嫌犯自己的辩护。从这一观点出发可以说,并不必须存在另外一个承担为嫌犯辩护的任务的机构或实体——因为无论是法官还是检察院,在整个刑事诉讼程序中的行动都必须绝对公正无私和客观!

但显然,对事物的理解不可如此:刑事诉讼程序的特殊性决定,不得以民事诉讼程序的视角来看待辩护人的职能(和法律地位),但也绝对不能禁用辩护人。[3a] 正是因为法官和检察院必须公正无私地和客观地作出行为,故只有存在一个专为辩方利益行动的机构——虽然其也要客观地行动——才能保证作为诉讼程序标的的刑事案件确已被穷尽(esgotantemente)调查,以及确已尽人类所能避免审理中出现对嫌犯不利的错误。然而,尽管法官和检察院有公正无私和客观的义务,但假如不将辩护的任务交托于拥有必需的法律知识且在程序中的唯一使命是突出一切有利于嫌犯的法律地位的事宜之人,则法官和检察院远远有更大的风险——虽然他们往往完全出于好意和良心上的压力——就嫌犯的责任作出草率的判断(由于不理解诉讼中的形式主义,嫌犯自己的行动可能加重对后果的担忧、欠考虑、模棱两可、无知等)。

2. 这样就基本上描绘出了辩护人在刑事诉讼程序中的职能的特点;而通过其职能,现在我们就能够确定这一诉讼主体的法律地位,以理解关于辩护人职能的那些独特的法律规定,具体如下。

a)首先,认为辩护人的职能保证其——以开篇我们所提到的根据民事诉讼程序的方式——作为嫌犯的司法代理人(representante judiciário)的法律地位的论点受到了损害。[4] 如不否定《刑事诉讼法典》第 22 条似乎为这

---

[2] 关于这一问题,参见 J. HERRMANN, *Die Reform der deutsch Hauptverhandlung nach dem Vorbild der anglo-amerikanisches Strafverfahrens*(1971)245 ss., 262 ss.。

[3] G. SPENDEL, JZ 1959/737 中尝试尽可能主张将与在法院的代理有关的民事诉讼法律规范适用于刑事诉讼程序中。但笔者相信,该学者并没有对刑事诉讼的某些独特之处进行应有的考虑,对此我们将在下文提及,也没有对嫌犯的某些参与的人身性和不可移转性作出应有的考虑,对此我们已经在前文第十三节Ⅴ部分(原文如此,疑有误,译者不能确认所指)提到。

[3a] 在类似的背景下进行的有关的讨论,见 K. BADER, *Strafverteidigung vor deutschen Gerichten im Dritten Reich*, JZ 1971/6。

[4] 但是,葡萄牙学者对此的阐述,见 Eduardo CORREIA, *Proc. crim.* n.40,该学者的观点是基于刑事诉讼程序"在形式上是当事人的诉讼程序"的思想。Cavaleiro de FERREIRA I n.47 和 Castanheira NEVES 176 ss. 中则指出,在刑事诉讼程序中的某些诉讼行为中,存在对嫌犯的"代理"。

一概念化（conceitualização）提供了基础，在该等情况下嫌犯并不必须亲自出现在法庭上，则必须遵从的是，在所有及任何假设下，都不应当认为辩护人作出诉讼行为的依据在于嫌犯的"司法授权"（procuração forense）或由嫌犯授予的"代理权"（poderes representativos）。[5] 相反，其依据正是直接存在于法律赋予辩护人的行使其辩护职能——意大利学者们将此称为"ufficio"并说明理由[6]——的权力－义务中，而此辩护职能不受嫌犯指示或意志的约束。在这个意义上，可以并且应当肯定的是，辩护职能是公共职能，[7] 其基础是公法，[8] 而非代理这一私法制度。

b）其次，将辩护人的职能概念化对嫌犯的援助（assistência），这即使不是不正确的，至少也是不足够的。可以理解并接受的是，"援助"一词是法律作为技术术语（terminus technicus）所使用的（《刑事诉讼法典》第22条），[9] 能够描绘辩护人所具有的相对于嫌犯的辅助地位（situação coadjuvante）。但是，在理论层面或许我们不应当满足于此。

事实上，如果通过援助我们想要解释的是一种单纯的嫌犯在诉讼程序中的协助人的职能，则我们必须反对这样的定性是不准确的，[10] 从一个双重的视角；因为如前所述，辩护职能的行使在本质上并不依赖于嫌犯的指示或意志，也不独独取决于嫌犯的主观利益——例如不惜一切代价获得无罪宣告的利益。不同的是，如果我们扩张"援助"这一概念，甚至使之相当于在辩护职能上的一种自主合作（colaboração autónoma），那么它就是正确的了；只是，如果如此，则并没有从辩护人本来的概念上增加或减除任何东西，也没有对履行其被赋予的在刑事诉讼程序中的真正的职能做出任何贡献。

c）最后，与检察院一样，辩护人——无论是或不是（第22条第2款）

5　这首先是因为，那些诉讼行为可由不具授权之人实施，例如依职权委任的辩护人即属此情况（第22条第1款和第2款）。仅在这里才可能尝试利用"法定代理"在概念上的范围，而该范围在此背景下同样不适宜。因此偏好于进行直接解释，下文中即将进行。

6　还可参见 G. FOSCHINI I cap. XV：L' ufficio della difesa。

7　亦参见 G. FOSCHINI Ⅰ 286（cap. XV B. La difesa pubblica）。

8　对此，可参见 H. HENKEL § 33 Ⅱ 2，其中引用了德国的司法见解。

9　参见 H. HENKEL § 33 Ⅱ 3. 这样的描述却获得了葡萄牙学者的接受，而未被提出较大的质疑，见本书前文脚注4中所引 Eduardo CORREIA、Cavaleiro de FERREIRA 和 Castanheira NEVES 的著作。

10　正如 ALEXANDER，Z 51（1930）60 中也是这样注解的。

律师——也是一个管理司法的独立机关，[11] 而作为这样的机关，其职责主要是与法庭合作（以其独特的方式，对此我们马上将会进行描述），以发现事实真相和落实法律。

那么，首先，既然——我们已经注意到——辩护人权利的原因和依据并非嫌犯作出的"授权"，则授权只是其中一个来源，从中能够使辩护人承担职能。辩护人实际享有的权利非常广泛，假如它们仅有合同方面的依据，且其来源就在刑事诉讼法律中，则权利不会有这么广泛。这必然意味着，辩护人行使的是管理司法的公共职能，因而是一个管理司法的机关。

另外，从前面的阐述可以得知，辩护职能超越嫌犯可能有的主观利益，以执行一项有利于法律社会（法律界？）的任务：即使是得在刑事诉讼程序中只有真正有过错之人受到处罚的任务，以及为此而产生的使一切嫌犯在法律上受到保护的任务。因此，《司法章程》第 570 条非常正确地赋予律师——且这一定性体现的是刑事诉讼程序中的任何辩护人，不论其是否为律师——以法律服务者（servidor do direito）的身份，同时强调其为一个崇高的"社会职能"而进行"合作"；[12] 这有助于解释为什么一个不幸在实践中非常流行的观念是错误的，该观念先验地（a priori）将辩护人视为检察院的对手，甚至认为其同时也是法官的对手，而事实上其处于合作者的地位——尽管是一个以其自己的方式和以不同的形式合作的合作者——以实现所有人都参与的那些目标。

但正如我们已经说过并且反复重申的，该合作是以不同的方式。事实上，辩护职能既偏离于法院的活动也偏离于检察院的活动（在这个意义上辩护人事实上可以表现为该等实体的"对手"），因此，辩护人虽然与该等实体同样致力于发现事实真相和实现正义，但其作出的行为完全是为了嫌犯的利益。而这中间不存在任何矛盾：辩护这一特定任务意味着，辩护人须向嫌犯提供建议，反驳任何有倾向在诉讼程序中形成的且不利于嫌犯的

11　葡萄牙学者中赞同此观点的有 Cavaleiro de FERREIRA I n. 47。目前德国学者中的相当一部分也赞同此观点。参见 H. HENKEL § 33 Ⅱ 4；KERN-ROXIN § 19 Ⅱ；K. PETERS § 29 I；E. SCHMIDT, *Kolleg* n. 86 ss.。KÖHLER, GS 53/161 ss., 321 ss. 也基本赞同于此。但是，有些学者不再坚持认为辩护人的设定中包含大量的代表嫌犯的要素，参见 MALINVERNI, RitalDP 1957/820 ss. 及 G. FOSCHINI I n. 127. 最晚近的著作，参见 C. BUCOLO, *Posizione del difensore nel processo penale* 及 G. LOPES, Ⅱ *ruolo del difensore nel processo di domani*，二者均载于 RivP 1970/221 e 275。

12　还可参见《司法章程》第 539 条，据此，律师公会是"审判职能的合作者"。

片面的或不公平的看法——不管是关于对事实的审查的，还是关于对法律问题的理解的——然后，努力保证嫌犯的道德自主权与其人格尊严不受任何损害。因此，正如我们强调过的，[13] 符合事实真相和对实体法的正确理解还不足够，真相（verdade）还必须是在程序上有效。唯有如此才完全符合法治理念。

这些分析赋予辩护人的据实陈述义务（dever de verdade）以一种独特的含义，但并没有触及其作为职业道德义务和诉讼上的义务的本质。一方面，据实陈述义务并不意味着辩护人有义务在诉讼程序中提出其所知悉的全部事实——否则将无可挽回地混淆辩护人的职能与检察院的职能[14]——而是只需提出可能对嫌犯的诉讼地位有利的事实真相。这就从另一方面展现了该义务的内容，即这一据实陈述义务受制于职业秘密原则［《司法章程》第574条第2款c）项、第580条g）项和第581条］，须对一切可能对嫌犯地位不利的事宜保密。[15]

正是在保护、在程序中袒护、据实陈述义务和保密等义务——这些义务在理论上和抽象层面是可兼容的，尽管在具体案件中可能相互冲突——的相互作用下，辩护人必须找到其行为准则，因为正是这些义务提供了辩护人在刑事诉讼程序中的法律地位的根本。

至于辩护人应当如何根据已研究的原则解决在其日常生活中出现的各种情况，以及在这些情况下应当真正遵循的是哪一条路径，对这些问题的具体阐述是不可能在此处完成的任务。可以肯定的是，[16] 根据该等原则，辩护人阐述所有对嫌犯有利的事实真相，越清楚越好。因此应当在诉讼程序中呈现一切能够使人相信嫌犯无罪或罪过较小的材料。而出于相同的原因，辩护人并无义务——在某些情况下甚至不被允许——提出能够证明嫌犯罪过的材料。但这绝不意味着辩护人有将其知道非为真实的事实带入诉讼程序的义务，也不意味着其应当——甚至能够——以任何方式阻碍诉讼程序中的其他主体收集和呈交不利的材料，更不意味着支持和掩饰其知道与事实真相不符

13　本书前文第六节 I 2 b）。

14　而且，不能期待嫌犯总是会将其知悉的真相告知其辩护人——从刑事诉讼政策的视角看，这是灾难性的。

15　这还导致，律师不应"作出针对授权自己为其自由、名誉或财产辩护之人的证言"（《司法章程》第580条e项）——这一理论似乎应当扩展至包括所有辩护人。

16　基本上与下文的思考一致的观点，见 H. HENKEL § 33 Ⅲ 3.；对美国法上有关问题的阐述，见 J. of CL，Crim & PS 1971/139 ss.。

的行为。[17] 事实上，如果这样做，则辩护人没有履行其职业道德义务和诉讼义务，甚至可能因实施了《刑法典》第 23 条规定的祖护他人的行为而受到处罚。

Ⅱ　辩护的可接受性和强制性（允许辩护和必须辩护）

1. 根据第 35007 号法令第 49 条第一部分的规定，"嫌犯在诉讼程序中任何时刻均得委托律师"。这样该法给人的理解是，辩护职能的行使在任何诉讼程序以及诉讼程序中任何时刻都是可接受的——这符合刑事诉讼程序中的辩护具有一般的可接受性（geral admissibilidade）的理念。但显然，这完全没有表明辩护人在诉讼程序的各个阶段被允许以何种方式参与和进行防御（defesa）[18]。

2. 如上所述，辩护在诉讼程序的任何阶段一般是被允许的，仅在特定情况下，辩护是必要的或强制的。对此，根据前引第 49 条第二部分和第三部分的规定，"在重刑诉讼程序中，如仍未委托律师，则必须在临时起诉批示[19]中指定依职权委任的辩护人（defensor oficioso）。在轻刑诉讼程序和治安程序（processo de polícia）中，应当为进行审判而指定辩护人"。"在违例诉讼程序和简易诉讼程序中，仅在嫌犯请求指定或在可科处保安处分时，法官方必须指定依职权委任的辩护人。"[20]

之所以出现这一对必须辩护的情形的限制，是因为法律接受了一种观念，认为关于事实和法律的诉讼材料并不总是那么复杂，罪犯的人格也并不总是那么难以衡量，因此也不必无条件地要求辩护人参与。在这些情况下，可能仅有法官和检察院的行动就足够了，他们负有客观和公正无私的义务，通过他们的行动即可保证对嫌犯的始终不可缺少的保护。这一思想本身是正确的，但并没有走得太远。有的问题可能在抽象上并不复杂，也不难衡量，或者不会客观地对嫌犯造成巨大损害，但具体地，尤其是从对嫌犯的主观评价的视角看，可能对嫌犯人格权的保证是极其重要的，甚至

17　关于这些问题，参见 ACKERMANN, *Die Verteidigung der schuldiger Angeklagten*, NJW 1954/1385.。

18　对此，参见后文 Ⅳ 部分的阐述。

19　但是，随着通过第 185/72 号法令进行的改革，临时起诉批示已经消失了；提及临时起诉批示的，似乎如今应当理解为系指接受申请（检察院的或嫌犯的：参见《刑事诉讼法典》第 328 条）以展开辩护预审的批示。

20　如在保安特别程序中可适用保安处分，则在有需要时，须按 1945 年 4 月 30 日第 34553 号法令第 30 条的规定指定辩护人；Cavaleiro de FERREIRA Ⅰ 158.

是决定性的。笔者认为法律不应当无视这一视角，即使在嫌犯并未自发请求指定辩护人的情况下亦然。

故以笔者之见，除第 49 条中规定的情况外，在全部以及任何辩论预审中（即使是在轻刑治安程序中进行的辩论预审亦然，见《刑事诉讼法典》第 327 条唯一款第 2 项的规定[21]），以及当嫌犯有特殊困难，诸如聋、哑、文盲和其他类似情况，以致不能有效地为自己辩护时，辩护都应当是强制的。而根据《刑事诉讼法典》第 127 条的规定，我们的法律已经非常正确地将嫌犯精神错乱（alienação mental）作为辩护强制性的理由。但除此之外，似乎必须承认，在所有通常仅被视为允许辩护的情况下，如案件的具体情况表明指定是有必要的或非常方便的，则法官可以依职权或应嫌犯申请而为嫌犯指定辩护人。

最后要强调的是，第 35007 号法令第 49 条和《刑事诉讼法典》第 127 条中规定的情况并没有穷尽所有必须辩护的情况：除了它们之外，如今还要增加的是根据《刑事诉讼法典》第 253 条和第 264 条在预备性预审阶段对在押嫌犯进行讯问的情况。

3. 根据《刑事诉讼法典》第 98 条第 4 款，必须为被告指定辩护人而无指定的，构成刑事诉讼程序的（主要）无效，其制度规定在该条第 5 款中。如该无效"实施于起诉批示或同等文件确定前，如之后指定或委托了辩护人，且该辩护人在授权书被附入卷宗或其被法官通知之指定之日起五日内没有就该无效提出争辩，则该无效获补正。如有关诉讼程序进入审判，且指定或委托了律师，则如在讯问被告前无人就该无效提出争辩，该无效获补正。如该无效是在审判听证中作出的，但所作判决为无罪判决时，则不得就此无效提出争辩"。

但除此之外还要考虑的是《刑事诉讼法典》第 268 条的规定，[22] 根据该条，"当必须有辩护人之援助时，在无辩护人援助的情况下进行的任何讯问，又或，当援助非为强制时，如律师被不适当地阻止提供援助……是无效的"。

---

[21] 而这似乎没有被包含在第 35007 号法令第 49 条的文本之中——即使考虑我们本页注释③中的讨论，也会得出同样的结论——因此，在轻刑治安程序中，并不存在起诉批示，而只需指定进行审判的日期（《刑事诉讼法典》第 394 条）。

[22] 见第 185/72 号法令对该条修改后的文本。在这次改革之前已经有基本上相同的观点，见 Figueiredo DIAS，RDES 18（1971）219 ss. 以及其中所引用的司法见解。

Ⅲ　承担辩护和辩护人其人

1. 这里首先要了解的是，在刑事诉讼程序中承担辩护的决定性的来源是什么，即了解由谁来担任辩护，是嫌犯还是法庭。如果是嫌犯，则我们面对的是委托律师的问题（第 35007 号法令第 49 条）；如果是法庭，则我们面对的是指定依职权委任的辩护人的问题（《刑事诉讼法典》第 22 条第 1款和第 2 款）。

现在已经可以注意到，如今所作的区分在某种程度上与我们之前对"强制"辩护和纯粹"可接受的"辩护交织。事实上，如果说强制辩护既可由委托的辩护人进行也可由指定的辩护人进行，而纯粹"可接受的"辩护或自愿辩护却只能由委托的辩护人实行，因为根据前述第 2 条第 1 款的规定，仅"当法律规定被告须被援助"时，即在强制辩护的情况下，才须依职权指定辩护人。

在此事宜上的一般原则是嫌犯自由选择辩护人原则，即委托优于指定原则：嫌犯在诉讼程序中的任何时刻均可委托律师（第 35007 号法令第 49条）。因此，在任何时刻，一旦嫌犯委托律师，依职权指定的辩护人须立即终止其职务（《刑事诉讼法典》第 22 条第 3 款）。因此，如所涉及的是强制辩护的情况，则仅当嫌犯不行使其选择权时，法官方为其指定依职权委任的辩护人；如果是纯粹可接受的辩护的情况，则不行使选择权意味着辩护人实际上不存在。如在依职权指定辩护人的行为中该辩护人不在场，则须就此指定向其作出通知（《刑事诉讼法典》第 24 条正文）。

但前述自由选择原则有一个不能接受的例外，出现在治安的特别程序中，在该等程序中的指定总是由法官作出——尽管会考虑嫌犯或其代理人的指定（indicação）（第 34553 号法令第 30 条和第 1 款）。向一个如此异常的制度给出的所谓理由——即此时尤其需要律师的技术能力的理由，这导致，法官只能从监狱雇主协会（Associação do Patronato das Prisões）的律师中选择[23]——明显不能凌驾于嫌犯的意志：只有嫌犯应当作为决定其辩护人之权限的裁判者。

---

[23]　关于这一点，见 Cavaleiro de FERREIRA I 159，其中指出，"这一立法上的尝试……没有产生任何预期实现的效果"。还可参见前文脚注 20。

2. 前述关于委托辩护人与指定辩护人的区分，在确定哪些人可以作为辩护人参与刑事诉讼程序的问题上具有同样重要的意义。这样，如果是委托辩护人的情况，则辩护职能仅可由律师承担——根据《司法章程》第 554 条第 2 款 a）项，这其中包括已完成前三分之一实习的律师业候选人（candidatos à advocacia），但他们不得参与重刑诉讼程序。如果是指定辩护人的情况，则辩护职能应当由律师行使——其中包括律师业候选人（《司法章程》第 552 条第 1 款和第 553 条第 2 款）——但如无律师，也可由适当之人（pessoa idónea）担任。这是从《刑事诉讼法典》第 22 条第 1 款和第 2 款中得出的理论。[24]

葡萄牙法律对此确定的解决办法在笔者看来是完全没有道理的（injustificável）。委托的辩护人可以例外地（且在最严格且紧紧控制的限度之内）为非为律师之人，看在嫌犯意志所被赋予的价值的份上，在理论上还是一个能够理解的事情，只要其意志是有意识的和清楚的，是在完全了解情况的前提下形成的即可。但是，指定的辩护人——社会学上认为，指定辩护人的压倒性多数情况发生在涉及经济、社会和文化上处于较不利地位的嫌犯身上——可以为适当之人（?!）[25] 则只是一种披着公正性的伪善外皮的解决办法，所掩盖的是一个可能在实践中出现，极度不公正且对嫌犯最基本的辩护权造成损害的状况。

3. 从《刑事诉讼法典》第 23 条和第 416 条以及第 35007 号法令第 49 条的规定中，可以得出的结论是，在现行刑事诉讼法中，每位嫌犯仅可委托一位律师为其辩护——这是一个立法者不会想要打破的传统的结果。[26] 但我们不认为这一理论是正确的，至少对程序中只有单一嫌犯的情况是如此。事实上，人们无法先验地（a priori）找到对辩护权进行这样的限制的任何理由，也不能仅因此限制而将委托超过一名辩护人的行为视为拖延诉讼程序进行的策略，或纯属钻空子的手段。恰恰相反，某些刑事诉讼程序的复杂性、重要性和专业性为委托多于一名辩护人的可能性——甚至必要性——提供了充分的理由。

24　正如 Cavaleiro de FERREIRA I 159 中所阐述的，对辩护人应为律师的原则的例外，"仅当不可能指定律师，而为避免无人辩护时，才获准许"。

25　"适当"是从哪个视角上所言的：心理上、智力上、社会意义上……还是法律上的适当？对谁而言适当？对法官还是对嫌犯？法律对此完全没有作出任何规定。关于文中所提及的问题的比较晚近的著作，B. v. LÖBBECKE, *Fürsorgepflichten im Strafprozess?*, GA 1973/200。

26　对此，比较晚近的论述见 Maia GONÇALVES anot. 3 ao art. 22.°。

不能以《刑事诉讼法典》第 23 条的规定来对这一解决办法进行反驳，此条仅涉及多个嫌犯的情况。另外，《刑事诉讼法典》第 22 条和第 35007 号法令第 49 条提及"律师"一词时用的是单数这一事实也是完全没有意义的，何况该词甚至没有接相应的基数词。

既然想要保持贴近法律文本，我们反驳时可以依据的理由，一方面是前引第 22 条和第 49 条，另一方面是关于辅助人委托律师的《刑事诉讼法典》第 20 条，二者的对照会得出相反的结论，因为后面的这条规定中明确提到了一位律师，而前面的两条规定中没有。这并不是说，如奥索里奥（L. Osório）所说，第 20 条和第 22 条的规定是类似的且限制的理由是相同的，[27] 因为在辅助人的律师的职能与辩护人职能的重要性之间没有可能的对照。虽然二者的诉讼法律地位应当尽可能平等。最后，不能以辩护人的必须单一可因其被技术人员辅助这一事实——规定在《民事诉讼法典》第 42 条——而得到弥补来辩解，因为对律师的技术辅助[28]是一个补充职能，而绝不是一个能够补偿对辩护的限制的任务。

对有数名嫌犯的情况，《刑事诉讼法典》第 23 条正文中规定，"在诉讼程序中，包括在审判听证中，每人均可由一位律师代理"，这似乎排除了每位嫌犯由多于一位律师代理的可能性——也许是因为担心其他的解决办法会给刑事诉讼程序带来巨大的麻烦和拖延。但即使在此假设下，在笔者看来也不可能只赋予该条规定一个唯一的功能，即指明在有多个嫌犯时，他们并不必须只由一名嫌犯代理的功能——这与第 35007 号法令第 5 条第二部分关于辅助人的规定相反（参见《刑事诉讼法典》第 21 条正文）。只有通过这一内容，才能确保其正确性和实用性。[29]

根据第 23 条第 1 款的规定，如其中一名或数名嫌犯已委托辩护人而其余嫌犯没有，则法官依职权在被委托之各律师中指定一名或一名以上律师为其余嫌犯辩护；而根据第 2 款，如任何嫌犯都没有委托律师，则法官指定一位依职权委任的辩护人（依职权指定一位辩护人）为所有嫌犯辩护。但无论在哪一种情况下，显然都必须排除因对多名嫌犯的辩护彼此之间不相

---

[27]　L. Osório Ⅰ 288 s. .

[28]　关于这一机制，参见 Alberto dos Reis *CPC anotado* 3 Ⅰ 140 ss.；Palma Carlos，BMJ 102/109；Rodrigues Bastos，*Notas ao CPC* 2 Ⅰ 144。

[29]　笔者提出这一点并不是想要为第 35007 号法令第 5 条第二部分的正确性和实用性辩护。关于这一点，参见本书后文第十五节 Ⅱ 3 b）。

容（incompatibilidade），以致单一辩护人将阻碍辩护职能的情形，在第 1 款和第 3 款中法律明确考虑了这一情形。[30] [31]

4. 辩护人不得被考虑回避或受怀疑——不论是依据法律，还是因为法官或检察院的行为——尽管如前所述，辩护人应当被视为一个管理司法的机关。[32] 但显然，如果是委托律师的情况，嫌犯可在任何时刻选择新的辩护人，并通过这一方式，使之前委托的律师不再辩护（"委任之废止"：《民事诉讼法典》第 39 条）。而对于依职权指定辩护人的情况，《刑事诉讼法典》第 26 条规定，基于合理理由，法官可应嫌犯的申请随时替换指定的辩护人。法律没有给出其所理解的这种情况下的合理理由的定义；但指导准则并不会因此而变得含糊：在嫌犯和辩护人（不论是委托的还是指定的）之间，必须始终存在着一种广泛的信任关系（relação de confiança）；如因对进行辩护的方式观点不同而使这一关系受到具体的损害，则法官应当命令替换依职权委任的辩护人。

这也意味着，在特定条件下，辩护人可拒绝或放弃在法院的代理（patrocínio）。对于律师，根据《司法章程》第 573 条的规定，这一拒绝具有义务（dever）的特征，针对的是一切其不认为合理的原因；且我们找不到有任何理由不考虑将此理论/主张（doutrina）延伸适用于非为律师的辩护人。至于放弃，根据《刑事诉讼法典》第 28 条的规定，仅自辩护人已被适当替换以后才会发生，否则会产生罚款的不利后果，[33] 且也包括无合理原因

30　除此之外，有人错误地认为第 1 款中所指出的路径对法官具有强制性，虽然存在上述例外。

31　对这一不相容现象的关注极其重要，以至，在意大利，《刑事诉讼法典》第 133 条第 I 款第 2 项确认，如果没有及时提出不相容的争辩，则不可以再对此不相容提出反对，这一事实足以使宪法法院宣布该规定违宪，因为它违反了对辩护权的必要保障。关于这一问题，参见 G. CONSO, *Natura del vizio derivante dall' incompatibilità del difensor comune e legitimità costituzionale del art.* 133 *c. p. p.* 及 PELLINGRA, *L' incompatibilità del difensor comune e la pretesa illegittimità costituzionale del art.* 133 *c. p. p.*，二者均载于 RitalDPP 1959/615 e 1960/218。

32　但要注意的是，例如在德国法中，如果法官发现辩护人想要在诉讼程序中同时实现不相容的不同利益，则可考虑使该辩护人回避（即所谓 Rollenkolision）。关于这一问题，参见 KALSBACH, *Zur Frage der Ausschliessung des Verteidigers im Strafprozess*, JZ 1961/593, Eb. SCHMIDT, *Zur Problematik der Entziehung der Verteidigungsbefugnis*, NJW 1963/1753 及 WUTTKE, *Ausschliessung des Strafverteidigers*, NJW 1972/1884。

33　不论是否受到《司法章程》中规定的纪律处分，见《司法章程》第 590 条。但要注意的是《刑事诉讼法典》第 24 条唯一款第一部分的规定，据此，"被指定的辩护人如果提出法官认为理由充分的原因，则被免除依职权在法院的代理"。这一理论本身是正确的，但不应忘记，这一提出原因的行为可能与职业保密义务发生冲突，在这种情况下，解决冲突时必须首先顾及该义务，于是这可能导致在具体案件中不可放弃在法院的代理。

拒绝担任依职权委任的辩护人。对于委托辩护人，放弃在法院的代理应当以《民事诉讼法典》第 39 条中规定的放弃委任（renúncia do mandato）的方式为之。

5. 另一不同于之前所分析的情况的是法庭禁止辩护人发言，交由另一律师或适当之人辩护。《刑事诉讼法典》第 412 条考虑了这种情况，根据该条，"如律师或辩护人在陈述或提出声请时不给予法院应有之尊重，或以明显及滥用之方式设法拖延或妨碍诉讼之正常进行，针对公共当局或其他任何人使用具侮辱性、粗暴性或攻击性言词，又或作出与诉讼程序无关之阐述或评论，而该等阐述或评论对明确该诉讼程序上之问题是毫无作用的，则受到法院院长有礼貌之警告。如经此警告后继续作出前述行为，法官可禁止其发言，并交由另一律师或适当之人辩护，且不妨碍可能对其进行刑事程序及纪律程序"。

这一条引起了解释和适用上的最大的（也是最有根据的）一些疑问——尤其是，法官仅在事先有礼貌地警告过辩护人以后才可禁止其发言，这一强制性（或非强制性）的确切范围的问题，以及是否辩护人在审判中所实施的所有过分的行为都被包含在了该条规定中的问题。

对在任何情况下都必须事先进行有礼貌之警告的强制性，奥索里奥发表过自己的看法。[34] 但我们认为这是没有理由的，虽然我们可以毫不费力地承认，第 412 条想要赋予辩护人一种不同的和更有利的地位，以向其在诉讼程序中履行的职能表示敬意。

首先最好注意到的是，第 412 条最后部分仍然肯定 "可能对其进行刑事程序及纪律程序"。因此，当辩护人的态度在法官看来构成一种刑事违法行为，则不能认为法官有义务仅以单纯的有礼貌之警告作出反应。摩里斯卡就是这样认为的，[35] 且似乎通过 1959 年 5 月 23 日第 2096 号法律对第 411 条第 4 款进行的改革并没有实质性地改变与此点有关的问题：这次改革想要确定性地澄清的仅仅是，[36] 对该违法行为的审判将不遵循第 411 条——尤其是其

34　v 64.

35　Ⅲ 257. 体现了这些思考的，可见若泽·卡乐乔（José Calejo）法官的归档批示，转录于 Miguel VEIGA, *De como os juizes não podem ser deuses nem os advogados anjos...* (1973) 73 ss. 。

36　此外还表明，第 93 条的规定不适用于履行职责时的律师——这已经是占据主导地位的学说（参见 RT 48/162 ss: *Os advogados e a polícia da audiência*, Beleza dos SANTOS, RLJ 64/49 e 66 及 J. MOURISCA Ⅱ 7 s. ）和司法见解（最高法院 1930 年 11 月 11 日的合议庭裁判，见 RLJ 64/13 s. ）。

第 2 款——中规定的方式（纠问式！），而要以第 412 条所保留的有效的方式，根据该条最后部分的规定，即指一般规定中规定的方式。[37]

那么，如果辩护人的不正确的行为不构成一个真正的刑事违法行为呢？在此情况下法官也可不经警告而禁止辩护人发言吗？不仅我们之前提过的奥索里奥，而且贝莱扎·山度士似乎都得出了否定的结论[38]——这一理解是没有疑问的，不仅第 412 条的文本及其历史可以清楚地表明这一点，[39] 而且这似乎也最好地与一种观点相适应，该观点认为，由于有时要辩护人保持"一种精致的正确性和无可挑剔的礼貌的态度"是困难的，[40] 有理由要求法官在面对任何不服从的行为时首先尝试进行劝导。但仍没解决的问题是，是否在辩护人的不正确行为并不构成一个刑事违法行为的所有情况下，这一纪律都是最能证明自己正确的纪律。[41]

Ⅳ 辩护职能的具体行使

如前所述，辩护人是管理司法的机关，故刑事诉讼法必须保障其权限和其参与，使之能够履行和行使其所被交托且在法律上描绘着其特征的职能。由于辩护职能的具体行使被规定和散布在规范刑事诉讼程序步骤的多个法律规定中，对此问题的研究应当在阐述程序步骤时进行。[42] 此处只会提及一些重要的观点，它们在一切与辩护人具体行使其职能时的权利和义务

---

[37] 不论是在国民议会上对作为第 2096 号法律之基础的法律草案进行讨论时，还是对该草案出具行业工会意见书时，上述解释都没有被撤销，而是正相反。有关文本见 ROAdv 19（1959）234 ss.。但最高法院最近在 1972 年 12 月 13 日的合议庭裁判中完全、彻底地无视了这一问题，见 BMJ 222/343 ss.。

[38] Beleza dos SANTOS, *Os advogados e a polícia dos actos judiciais em processo criminal*, RLJ 64/66.

[39] 参见《最新司法改革》第 1143 条、《纳瓦罗·德·派瓦草案》第 580 条以及遵循相同意思的《1882 年草案》第 302 条和《1886 年草案》第 339 条。

[40] 正如 RLJ 55/117 中所写的。

[41] 另一个难以解决的问题是，是否应当将《民事诉讼法典》第 155 条第 2 款关于上诉的（中止）效力的规定适用于刑事诉讼程序中。除非有严格的保留，否则将之适用于刑事诉讼程序是不可接受的：坚定地主张此适用，但没有指出任何理由的，见前引最高法院 1972 年 12 月 13 日的合议庭裁判，载于 BMJ 222/343 ss.；与此问题有关的更容易理解的司法见解，见里斯本中级法院 1972 年 1 月 7 日的合议庭裁判，见 ROAdv 32（1972）270 ss.。

[42] 见本书第二卷。

有关的事宜上占主导地位，[43] 同时会提及围绕此事宜产生的一些最具特征的独特的问题。

1. 首先，辩护人须尽其所能向嫌犯提供最全面和清楚的法律意见（conselho jurídico）。[44] 事实上，辩护人不应仅限于陪伴在嫌犯身边，向其提供援助，或在其各种诉讼程序上的参与中代理之，仅当在每一参与前都尽可能先行澄清实体和程序上的法律地位时，此援助或代理才有意义。但显然，就此事宜可能开始出现一个涉及辩护人的冲突，即其辩护义务与其参与发现事实真相和公正地实现法律之间的冲突。如果辩护人建议嫌犯作出不正确的或明知为虚假的证明，则辩护人的行为违背了其据实陈述义务（对该义务的内容我们已经阐述过[45]）即使它们能够导致嫌犯被宣告无罪或减轻刑罚亦然。

2. 不同于盎格鲁 – 撒克逊刑事诉讼程序中出现的情况——这很好理解，因为在此类程序中，对那些能够证明有关事实属正当或减轻责任的情节，举证责任由辩方承担[46]——在葡萄牙，辩护人没有对事实材料进行与检察院及其辅助机构的调查相平行的独立调查（investigações autónomas）的具体任务。因此，刑事诉讼法不承认辩护人可采取任何强制手段，只允许其在预备性预审中"向检察院提出采取证明措施的申请（memoriais ou requerimentos），如检察院认为该等措施有助于发现事实真相，则须考虑或批准该等措施"（第 35007 号法令第 13 条唯一款）。

但这并不意味着辩护人不能和不应亲自进行补充调查（averiguações complementares），只要这是辩护职能所要求或建议的即可。例如，检查实施违法行为的地点，寻找对辩护和证明其认识及理由起重要作用的证人或声

43　辩护人的这些权利和义务可能在很多情况下——甚至在大多数情况下——是与其职业方面的权利和义务同时存在的，这是丝毫不难理解的。但仍然有需要强调的是，我们的阐述所关注的是这些权利和义务在刑事诉讼程序方面的特征，而非它们在职业方面的特征。在这一方面，英美法上的文献，不论是学理方面的还是司法见解方面的，都是珍贵的辅助资料；除了本节中所引参考文献——尤其是关于 The criminal defense practice, J. of CL, Crim & PS 1971/139 的研讨——外，还可以阅读与文中内容十分相关的 KADISH-PAULSEN（cap. 11）700 ss. 中所收集的材料。

44　正是因此，如今英国和法国分别用 counsel 和 conseil 的法律语言来指辩护人。

45　参见前文 I 2 c）部分。

46　这一情况为侦探律师的存在提供了基础，而侦探律师的形象因侦探小说而推广，例如厄尔·斯坦利·加德纳（Erle Stanley Gardner）所创造的佩里·梅森（Perry Mason）的形象家喻户晓。

明人——当然，不能尝试以明示或者暗示的方式影响他们陈述的方向——甚至警告嫌犯在《刑事诉讼法典》第216条第3款中规定的血亲，而根据该条第3款的规定，他们没有作出声明的义务，等等。

3. 对辩护职能的稳固性和效力最重要的，显然是保证辩护人有在针对的可能是任何诉讼参与人的证明措施中的在场权。

a）我们的刑事诉讼法有效地保证辩护人在整个审判听证期间都享有这一权利，这十分清楚地表现在《刑事诉讼法典》第416条及之后数条的规定中。[47]

b）对于辩论预审阶段，原则上也同样可以这样说，因为根据《刑事诉讼法典》第330条正文第二部分的规定，"在辩论预审行为中，检察院人员、嫌犯、嫌犯的辩护人和辅助人律师可在场"。但正如我们之前所提及的[48]，紧接着的第1款中却规定，"如法官认为本条所指之权能（faculdade）与该等措施的结果或目的不相容，则可拒绝承认这一权能"。

但这一对辩护人在场的拒绝违背了《政治宪法》第8条第10款的规定。不是因为这导致——正如我们之前所阐述的当否定嫌犯本身的在场时出现的结果——辩论预审中所包含的保障被消除，因为辩护人的缺席并不会更深一层地导致对辩论性的否认。但确实是由于——马上我们将更清楚地看到[49]——在辩论预审中辩护人不在场，"对辩护的必要保障"的根本内核受到了损害，这些保障是《政治宪法》第8条第1款向嫌犯保证的，在罪过的确立之前和之后都有效，因此适用于任何诉讼阶段。因此，也是从这一观点看，不得不认为《刑事诉讼法典》第330条第1款的规定是实质违宪的。

c）辩护人在预备性预审阶段的在场权，是以非常不完善的且有漏洞的方式被保证的。实际上，根据《刑事诉讼法典》第70条的表述（通过第185/72号法令所引入的文本；还可参见第35007号法令第13条的规定），"在就起诉批示或同等文件作出通知前，或在作出命令将有关卷宗归档的确定批示前，刑事诉讼程序是保密的"，"领导预审的司法官及参与其中的辅助人员有司法保密义务"。诚然，前述第70条第1款、第2款和第3款向保密原则

47　本书第二卷才会对此进行具体阐述，届时会研究刑事诉讼程序在审判听证中的具体步骤。

48　本书前文第十三节 II 3 b）。

49　后文 c）部分。此外还可参见 Figueiredo DIAS，RDES 18（1971）194 ss.。

中掺入了杂质，但同样正确的是，它们主要指的是知悉卷宗内容的权利，[50] 而不会影响对辩护人在预备性预审期间的证明措施中在场的一般禁止。

在程序方面，这一一般禁止通常的理由是镇压犯罪的公共利益，那么，如果辩护人在收集证据的最初阶段即参与，即使其参与只表现为一种被动的参与，也可能使该公共利益成为问题。[51] 简单地说，根据嫌犯辩护权的实体法和宪法要求，这一解决办法也是合理的吗（而合理是其有效的条件）？

当所实施的证明措施并不直接与嫌犯的权利、自由和宪法的保障的范围相抗争，在所有此类情况下，例如当所涉及的是对证人和声明人的讯问时，对前面所提出的问题作出肯定的回答是不容置疑的。然而，即使在此情况下，即使该解决办法不会因为辩护权的宪法要求而不再被视为合法，它在程序上是否适宜也是有疑问的，这是因为，正如我们已经妥善强调过的，[52] 在预备性预审中收集的证据会载于卷宗，因而在程序中有直接的价值——虽然它们是在嫌犯及其辩护人不在场的情况下收集的——而不论是否在审判中再次调查该等证据。

但是，当涉及与嫌犯的宪法权利范围斗争的证明措施时，禁止辩护人在场则意味着对《政治宪法》第 8 条第 1 款保证嫌犯在诉讼程序的任何阶段所享有的"对辩护的必要保障"的根本内核的一次正面攻击，因此导致实质违宪。

正是因此，首先，针对可能使受检查者感到羞辱的检查，《刑事诉讼法典》第 178 条唯一款规定，"受检查之人可由其信任的一人或二人陪同，而受检查之人应获告知有此权利"；那么，当受检查的是嫌犯时，自然没有什么理由阻止嫌犯由其辩护人陪同。但众所周知的是，法律在这一部分没有考虑保证嫌犯辩护权的一个根本要素；如受检查之人为嫌犯，则根据前引宪法条款，始终允许辩护人在场，不论所涉及的检查是否可能使受检查者感到羞辱。

其次，第 203 条第 2 款规定，"如法官认为有必要，搜索时嫌犯必须在场，如嫌犯被拘禁于地区驻地（sede da comarca），则辩护人可在场；除此之外，如嫌犯已被允许参与诉讼程序，且法官认为嫌犯或其代理人在场不会妨碍发现事实真相，则嫌犯可在场或由其辩护人代理。为此目的，应通

50　关于此，参见后文标题 4 部分的阐述。

51　参见本书前文第八节 Ⅲ 2。

52　参见本书前文第七节 Ⅲ 4 最后部分，以及第八节 Ⅲ 2。

知在地区驻地有住所的辩护人或被告，但不影响实施有关措施"。但也是在此处，最直接地受到宪法影响的表现是，刑事诉讼法确立了辩护人可在任何针对嫌犯的东西进行的搜索或扣押措施中在场的原则。为此目的，应当通知辩护人，仅当有非常高的概率，任何延误都将严重危及该措施的目的时除外。

最后，我们已经知道，关于在预备性预审中讯问嫌犯，经第 185/72 号法令改革后的刑事诉讼法竟然认为，当嫌犯被拘禁（preso）时，无论对其进行讯问的是法官（第 253 条）还是检察院（第 164 条），辩护人必须在场，而如果嫌犯未被拘禁，则允许辩护人在场（第 265 条第 2 款）；同时该法明确声明，"当必须有辩护人之援助时，在无辩护人援助的情况下进行的任何讯问，又或，当援助非为强制时，如律师被不适当地禁止提供援助"，则讯问无效（第 268 条）。[53] 面对我们已经提及的宪法上的和程序上的要求，第 185/72 号法令就此问题给出的解决办法的正确性是不容置疑的，且它们体现了立法的伟大。[54]

至于当嫌犯在预备性预审中作出声明时，辩护人之援助是强制性的，是仅仅可接受的，还是甚至被禁止的，在第 185/72 号法令生效以前，对这一问题的讨论曾经极其激烈，但最终通过司法见解获得了很好的解决，这在很大程度上早于前述法令中包括的解决办法。

而根据《刑事诉讼法典》的最初版本，几乎不可能怀疑的是，面对第279 条旧版本的规定，为使对嫌犯的拘留合法化，在讯问嫌犯时辩护人之援助具有法定的强制性。[55] 但是，即便所涉及的是嫌犯在整个预备性预审阶段向法官作出的声明，不论其是否被拘禁，根据第 244 条第 1 款，解决办法也

53　参见前文 Ⅱ 2 和 3。

54　在这样的情况下，之后的第 368/72 号法令却摒弃了好的理论，而在其第 10 条中规定，对于由 DGS 负责预审/调查的刑事诉讼程序，"如果所委托的律师为讯问提供援助会给调查带来不便，或有关犯罪的性质表明有此需要，则可禁止所委托的律师为讯问提供援助，在此情况下，应以临时指定的专门辩护人替代该律师，或以两名有资质的且遵守司法保密义务的证人替代"，这是十分令人感到奇怪的。鉴于我们之前（第十二节 I 2 c）关于 DGS 是司法警察机关的这一定位的讨论，以及文中马上将要提及的，辩护人必须在预备性预审中向被讯问的嫌犯提供援助，其在宪法学上的基础，则所委托的律师被禁止提供援助的可能性以及以两名"有资质的"（?!）的证人取代之的可能性，在笔者看来，这一规定是否合宪是极具争议的，见《政治宪法》第 8 条第 10 款。

55　与笔者观点相同且对此问题作出详细阐述的，见 Eliana GERSÃO, *A detenção antes do julgamento, em Portugal* RDES 17（1970）198, 206 ss.。

是同样的。

不过，在《刑事诉讼法典》颁布之后，马上出现了一种违法（contra-legem）的警察实践（由旧的刑事调查警察作出），当嫌犯在由警察负责的预备性预审中作出声明时，不允许辩护人之援助。而这一警察实践被 PJ 和 PIDE 保持和强化，延续了将近三十年，直到有可能通过司法见解将此实践制止。[56] 对此起到促进作用的是一种误解，认为在这一问题上的立法状况已经通过第 35007 号法令而改变，将讯问的权限由法官转移到了检察院和某些警察机关——没有注意到或者不想注意到，该法令第 12 条第 2 款清楚地表明，转移的进行不影响有关行为的实质性质，因此也不影响应当对这些行为给予的保障的实质性质。正如 1970 年 10 月 16 日波尔图中级法院的合议庭裁判中所指出的，"接替遵循严格合法性的预审调查制度的，是一个任意的预审制度，原来由法官负责，后变为由警察实体负责，这是不可思议的"。[57]

在此基础上，大部分的葡萄牙学者继续认为《刑事诉讼法典》第 244 条第 1 款有完全的效力，他们是正确的。[58] 实际上，没有必要在此处以预备性预审的纠问、保密和非辩论特征为依据反驳该解决办法。不仅因为问题在于这一特征是否并不必须通过辩护人之援助来限制，而且因为该援助并不旨在保证辩论，而是为了赋予嫌犯辩护权以实践意义。[59]

然后要考虑的是，无论那些问题的情况如何，至少关于辩护人的可接受性的解决办法不再/无非是《政治宪法》第 8 条第 10 款所要求的：将此视为葡萄牙公民的国际性权利，对辩护给予必要保障，即使在罪过的确立前亦然；而辩护人的在场权是关系到辩护权根本内核的一个特征，而一般的立法者不能剥夺辩护权，否则将构成实质违宪。于是必然得出的结论是，之所以肯定《刑事诉讼法典》第 244 条第 1 款的有效性，不再/无非是从一

56　关于协调这一警察实践与有效的法律命令的（不可能的！）尝试，以及对该尝试的驳斥，参见 Figueiredo DIAS, RDES 18（1971）169 ss.。

57　转引自 Figueiredo DIAS, RDES 18（1971）177.

58　对此，见 Eduardo CORREIA, *Lições de proc. pen.*（1946－7）108 s.；Cavaleiro de FERREIRA I 157 e II 324；F. VELOSO, ScIvr 4（1955）406 ss.；Pinheiro FARINHA, CPP 2222, 246；Araújo de BARROS, ROAdv 23（1963）103 ss.；F. FABIÃO, *Prisão preventiva*（1964）171 ss.；A. Santos SILVA, cit.；Salgado ZENHA-Duarte VIDAL, Teses e documentos do II Congresso republicano de Aveiro I（1969）295 ss.；Eliana GERSÃO, RDES 17（1970）206 ss.；Abranches FERRÃO-Salgado ZENHA, cit.；Figueiredo DIAS, RDES 18（1971）171 ss.。

59　对此问题的详细阐释，见 Figueiredo DIAS, RDES 18（1971）184 ss.。

个符合宪法的解释的视角。[60] 如果在此基础上增加比较法上的确凿经验，即在几乎世界各地，20 世纪 60 年代的时候都接受当嫌犯在预备性预审中作出声明时允许辩护人在场的理念，[61] 我们就可以总结出大部分葡萄牙学者之所以就此问题形成这样的看法是基于哪些充分的理由，而它们至少部分地是基于我们法院的勇敢的司法实践，尤其是波尔图中级法院 1970 年 10 月 16 日和 1971 年 6 月 25 日以及最高法院 1971 年 6 月 30 日和 1971 年 12 月 9 日的合议庭裁判。[62]

虽然这样说，但并不否认的是，预审机关始终在对因讯问嫌犯时辩护人在场而对纠问式的警察习惯带来的改变进行抵抗。[62a] 但是，不应将此抵抗视为这一改变不恰当的信号，它只是表明，在镇压犯罪的公共利益与嫌犯的利益之间找到一个平衡点是有着不容置疑的困难的，前者要求进行广泛的、快速的和自由的预审/调查，而后者变现为嫌犯辩护权的稳固性和有效性。另外，对于因单纯和简单地规定辩护人在讯问中在场的权利——在第 185/72 号法令之前，我们的《刑事诉讼法典》即是如此，其中第 244 条第 1 款只是干巴巴地提到该权利——而可能导致的困难，不应像变魔术一样将它们隐藏起来，而是应当对其实现过程制定合适的成文规范，于是可能有理由担心辩护人之援助会拖延调查，加强嫌犯想要保持沉默的意向，并扰乱负责预审的实体在讯问中本应具有的冷静。

但这一切都不妨碍对原则的肯定。辩护人在场可能阻止嫌犯作出轻率、模棱两可或无知的声明这一事实：能够防止使用非法手段进行讯问，并控制进行讯问的条件；能够确保卷宗的真实性，因为在将嫌犯的声明作成书面时很容易（甚至无意识地）曲解其意；能够便利辩方收集证明材料，以在审判中对抗控方。这一切体现了充分的理由，足以使该原则成为肯定嫌犯辩护权的有效性和稳固性之上的公共利益的标志，成为衡量某一刑事诉讼法是否文明，是否真正人道主义的最好的试金石。唯独惋惜的是，长期持续的警察预审传统遮蔽了一个属《刑事诉讼法典》所独有的才华，早在

60　对此，见 Figueiredo Dias, RDES 18（1971）194 ss.。

61　见 Figueiredo Dias, RDES 18（1971）199 ss. 中的论述；观点不同，但未说明理由的，见 Maia Gonçalves, BMJ 208/115。

62　参见 BMJ 208/104 和 212/212 中提及的两个最近的合议庭裁判。

62a　在此背景下，十分有趣的讨论，见 H. Pepinsky, *A theory of police reaction to Miranda v. Arizona*, Crime & Deliquency 16（1970）379 及 N. Milner, *The Court and local law enforcement. The impact of Miranda*（1971）。

四十多年前即已确立的这一原则中所体现的发展程度，即使最先进的国外立法也是直到60年代才终于成功实现的！

通过司法肯定第244条第1款的有效性以后，正如前面刚刚阐述的，仍须对在预备性预审中实施讯问时辩护人在场的权利从正面进行规范，从中得出关于辩护权的必然推论（可能涉及嫌犯的沉默权，也可能涉及讯问以及将其声明转为书面时的忠实）；将此理论延伸适用于一切有权限听取嫌犯意见的预审实体，没有例外；[63] 定出取得真正的嫌犯地位的时刻；最后，鉴于预审实体所履行的很多职能实际上具有司法性质，将此特征的全部结果提炼出来。第185/72号法令通过修改《刑事诉讼法典》第250至269条的规定，已经在很大程度上完成了这一任务。

4. 为使辩护人能够有效地履行其在刑事诉讼程序中的职能，必须赋予其以充分的查阅卷宗和检查证明对象的权利。[64] 在就起诉批示或同等文件作出通知后，或直到有命令将有关卷宗归档的确定批示时，也就是说，当根据《刑事诉讼法典》第70条正文部分的规定，所谓"司法保密"已经结束时，前述权利似乎受到很好的保护。对诉讼程序的这一阶段，第72条笼统地作出了规定，根据该条，"书记员有义务展示任何非处于司法保密状态之已完结或待决之诉讼程序的卷宗"。但已经有人认为，且有很好的理由认为，此处可补充适用《民事诉讼法典》第168条及后续条中关于在办事处检查待决诉讼程序的卷宗以及关于律师在其家中检查的权利的规定。

对于卷宗仍处于司法保密状态的那些阶段，在经第185/72号法令修改以前，《刑事诉讼法典》第70条第2款的旧的文本以不可接受的方式（违宪的？）限缩了辩护人的查阅和检查权。[65] 在通过该法令进行的改革之后，立法的情况远比过令人满意。根据第70条第1款的规定，"在预备性预审期间，如不会给发现事实真相带来不便，可向辅助人和嫌犯或者他们各自的律师展示诉讼程序之卷宗"——这纯粹是法官的一种权能（尽管是有限制的），仅凭于此并不代表法律没有对辩护权进行几乎不获接受的压缩。但是——该条继续规定——"一旦预备性预审针对的是特定人，辩方/辩护律

63　在实定法层面，这里必须考虑前注54中所提到的限制。

64　关于这一问题的概括性阐述，见 LÜTTGER, Das Recht des Verteidigers auf Akteinsicht, NJW 1951/744。

65　关于这一问题在之前的立法背景下的情况，参见 Almeida RIBEIRO, ROAdv 18（1958）230 及 Eliana GERSÃO, RDES 17（1970）207。

师有权利知悉嫌犯作出的声明以及辅助人的声明和声请，控方和辩方均有权利知悉关于他们可在场之证明措施的卷宗以及关于他们应作为当事人参与的附随事项或抗辩的卷宗。为此等目的，应将上述声明、声请和卷宗独立放置于办事处，并开放查阅，期限为三日，且在该期间内不得妨碍诉讼程序的进行。所有人均受司法保密义务的约束"。该条第 2 款又补充道，"应允许辅助人查阅预备性预审的卷宗，以便提出控诉，且在就控诉或就检察院提出的辩论预审申请作出通知后，允许辩方查阅"；而第 3 款则规定，"在辩论预审期间，当事人可查阅置于办事处的卷宗"。

5. 使辩护权保持稳固的基石，归根结底在于辩护人以口头或者书面方式与嫌犯联系的权利。如嫌犯有行动自由，显然不会出现什么严重的问题：在任何时刻，尤其是在预备性预审阶段的任何讯问之前，基于事物的本质，他们之间有（或应当有）完全的联系的自由。但是，如果嫌犯正被拘禁，行使通信权时的问题就特别严重了。

根据《刑事诉讼法典》第 311 条第 1 款的规定（与经第 185/72 号法令修改之前第 274 条中所包含的理论有关），"被监禁之人（根据该条正文中的内容可以推断，指未确立罪过的被监禁之人）于进行首次讯问前，不得与任何人联络。法官或预备性预审中的检察院人员，可在附理由说明的裁判中命令嫌犯在被讯问后继续不得与人联络，但不与他人联络的状态不得超逾四十八小时"。而第 2 款补充道，"在不与他人联络的状态结束之后和预备性预审进行期间，如对避免企图扰乱案件调查的行为属必要，检察院人员可禁止或者限制嫌犯与某些人联络"。

在此背景下，这些规定引起我们的兴趣并非因为它们规范了羁押的程序，[66] 而是因为它们对辩护人职能行使的影响。但正是从这个角度看，它们之中所包含的理论是绝对不可接受的。法律始终十分关注（正如第 185/72 号法令中所体现的[67]），当在预备性预审阶段对被拘押之嫌犯进行任何讯问时，保证辩护人必须提供援助，而与此同时却剥夺了此援助的几乎全部实际效力，命令在首次讯问之前完全不得与人联络，这就损害了嫌犯与辩护人之间预先联络的权利。

显然，只有当辩护人在讯问中在场的唯一目的是防止或阻止针对嫌犯

66　关于这一点，参见本书第二卷。

67　参见前文 3 c）。

使用虐待或其他非法的讯问手段时，这样的矛盾才会不存在。但我们已经知道[68]事实并非如此，而这一援助的目的也是为了尽可能地保证卷宗的真实性，避免因模棱两可、困惑、恐惧或无知而作出的声明，最后使未来对辩护权的充分认识成为可能。然而很显然，如果不允许嫌犯咨询和事先联络其辩护人，这一切都无法实现。正是因此，如今大多数国家的立法将更多注意力投放在对这一通信权的保障上（真正在自由、安全和保密的条件下进行），而非辩护人在讯问中到场（身体上的）的强制性上；[69]特别要强调的是英国和美国的法律，它们认为，如警察和预审机关在逮捕时没有履行提醒义务，即没有提醒嫌犯其有在作出任何声明之前"咨询律师"的权利，则诉讼程序无效。[70]

从这一视角可以非常容易地理解，葡萄牙立法中的错误不仅在于规范不可联络的方式，而且在于将此不可联络的要求延伸适用于作为辩护人之人。甚至可以毫不冒险地断言，为保证《政治宪法》第 8 条第 10 款规定的"对辩护的必要保障"，包括在罪过确立以前的保障，仅当《刑事诉讼法典》第 311 条第 1 款和第 2 款中所包含的理论不被延伸适用于作为辩护人之人时，该等条款的合宪性才能获得承认。

最后要指出的是，即使不可联络的期间已过，有关辩护人与嫌犯协商的权利的规定仍然不可容忍地受到约束，[71]因为通过监狱改革（1936 年 5 月 28 日第 26643 号法令），辩护人原则上受制于约束任何其他来访者的同一制度[72]——如要在通常时间之外，或在保留予某些人进入之地方联络，则必须取得监狱长的许可（第 312 条）。此外还应补充的是，根据第 318 条和第 323 条，嫌犯的全部函件都受到监督和审查。律师公会一直致力于减少这些

68　亦见前文 3 c）。

69　为证明这一论断，在比较法层面上的研究，见 Figueiredo DIAS，RDES 18（1971）202 ss.。

70　对此，见《法官守则》（Judge's rules）和美国最高法院的司法见解：参见 Figueiredo DIAS，RDES 18（1971）203 e 205。同样地，STEFANI-LEVASSEUR n. 470 中也论述道，"嫌犯享有一项重要的保障——该保障已被现行法国刑事诉讼法所承认——即在与律师接触，从而能够开展其辩护之前，不受讯问"。

71　Eliana GERSÃO，RDES 17（1970）207 中将此称为"不那么慷慨的"，并说明了其依据。更有甚者，在共和国总检察长 1946 年 9 月 2 日的意见书（BMJ 3/95）中指出，"拘留制度应当适应于其目的。当为了防止对预审造成障碍或为防止实施新的犯罪行为而有必要这样做时，即使不可与外界接触的期间已经结束，仍然可以对嫌犯与外界接触的自由作出限制"！对基本自由的全部和任何限制必须明确规定在法律中，且须为《政治宪法》所容许，因此，笔者认为，显然不应将前述理论适用于担任辩护人之人。

72　参见 Eliana GERSÃO，RDES 17（1970）213。

限制，甚至想要使它们不适用于辩护人。[73] 但根据前面的阐述可以容易地看到，法律的规定是如此的不令人满意，只有将之废止并以新的规定取代，且新的规定须对嫌犯与其辩护人之间的自由通信权利给予合理的保护，这才符合《政治宪法》想要赋予所有嫌犯在刑事诉讼程序的任何阶段都可享有的"对辩护的必要保障"。

---

[73] 参见 1951 年 7 月 5 日、1954 年 3 月 24 日（由 Abranches FERRÃO 担任制作人）和 1959 年 12 月 28 日的意见书，分别载于 ROAdv 11（1951）430 ss.，19（1959）196 ss. e 397 ss. 还可参见 Almeida RIBEIRO，ROAdv 18（1958）249 及 A. Santos SILVA，cit. 18 ss. 。

第四章
被害人与受害人

第十五节　被害人与辅助人制度

参考文献:

Tinoco de Almeida, *A falta de constituição de assistente como causa de arquivamento*, ScIvr 2（1953）81.

F. Antolisei, *L' offesa e il danno*（1930）104.

V. Barosio, *I diritti della persona offesa dal reato e la formulazione coatta del accusa*, Studi Petrocelli I（1972）.

F. Bauer, *Zum Begriff des Verletzen in der StPO*, JZ 1953/298.

Abel de Campos, *Notas sobre o processo penal*, ScIvr 1（1952）193, 2（1953）82 e 3（1954）630.

F. Carnelutti, *Danno e reato*（1926）.

Eduardo Correia, *Terão os assistentes legitimidade para deduzir acusação por crimes públicos, quando o MP se tenha abstido de a formular?*, RLJ 91/301.

Ary Elias da Costa, *Manual elementar do delegado do Procurador da República* I 2（1960）109.

Figueiredo DIAS, *Da legitimidade do sócio de uma sociedade por quotas para se constituir assistente em processo por crime cometido contra a sociedade*, RDES 13 （1966） 131.

F. EXNER, *Für den Verletzen!*, SchwZ 1929/19.

V. FAVEIRO, *A intervenção dos particulares no exercício da acção penal, segundo o Decreto-Lei n. °35007*, RDES 2/3.

Cavaleiro de FERREIRA, *Legitimidade para a intervenção da parte ofendida em processo penal*, ROAdv 5, cap. 3 - 4 （1945） 36.

H. HENKEL, *Die Beteiligung des Verletzen am künftigen Strafverfahren*, Z 56 （1936） 227.

Marques LEITÃO, *O assistente na acção penal*, Iustitia 31 （1969）.

Castanheira NEVES, *A acusação dos assistentes em crimes públicos*, A Toga, supl. de 《O arauto de Osseloa》 de 8 - 11 e 20 - 12 - 1973.

PRÖLSS, *Der Begriff des Verletzen im Strafverfahren*, GS 102/128.

Beleza dos SANTOS, *Partes particularmente ofendidas em processo criminal e Parte acusadora em processo crime por testemunho falso em matéria civil*, RLJ 57/2 e 70/17.

TÖWE, *Der Privatklage*, GS 106/145.

VISCO, Ⅱ *soggetto passivo del reato* （1933）.

T. WÜRTENBERGER, *Über Rechte und Pflichten des Verletzen im deutsch Adhäsionsverfahren*, Pfenninger-Fests. （1956） 194.

Ⅰ 刑事诉讼程序中被害人的概念

1. 刑事诉讼程序中的被害人（*ofendido*），仅指根据从犯罪行为所符合的罪状中得出的标准，因该行为而受到侵犯或处于危险境地的刑法法益的持有人。这一理论是从第 35007 号法令第 4 条第 2 款中决定性地摆脱出来的（不过也只是重述了《刑事诉讼法典》第 11 条），被认为是对被害人概念的严格、直接或符合罪状的[1]定义。

这一概念在葡萄牙的刑事诉讼法上有着悠久的传统。早在 1929 年《刑事诉讼法典》以前的法律中，作为有正当性成为当时所谓"控方当事人"（parte acusadora）的条件，一般已经要求该人本人受到了直接的侵害[2]——

---

[1] 与此完全相同，德国学者称此为"符合罪状的被害人"（tatbestandliche Verletzte），这涉及两种语言对事实（Tatbestand）的理解。参见 BELING 39 注释 （3） 及 H. HENKEL § 41 I。

[2] 参见《最新司法改革》第 865 条和第 968 条 （"个人受到侵犯的当事人"），1914 年 7 月 27 日第 266 号法律 （"本人直接受到侵犯的公民"）以及 1915 年 2 月 3 日第 300 号法律第 8 条第 3 款 （ "直接受到侵犯之人"）。

可见这些法律似乎只想涵盖狭义上的被害人。不过，虽有法院裁判支持这一观点，[3] 但也不乏学者反对这一观点并主张，只要犯罪事实对某人造成损害（prejuízo），该人应被视为本人受到侵害。[4]

贝莱扎·山度士认为这一观点是明显错误的，并说明了理由：[5] 不仅该观点与前述法律文本的字面内容相左，而且，这些文本中包含——涉及各律令和1832年新司法改革中的法律思想——限制被害人的概念的言词。因此，贝莱扎·山度士所定义的被害人仅指"具有法律在制定刑事规范时特别拟保护之利益之人"[6] ——这与本节开篇我们介绍的 BELING 关于对被害人的严格、直接或符合罪状的定义完全吻合。

贝莱扎·山度士的理论在《刑事诉讼法典》第11条中获得了忠实的确认，而如前所述，后来又体现在第35007号法令第4条第2款中。[7]

2.《刑事诉讼法典》的立法者对被害人的严格概念十分坚持，甚至在第2条第1款中规定，"只要在本法典中使用'被害人'这一表述，须认为其所指的是本人受到侵害之人"。如果我们抛开对这一规定的有效性可能产生的怀疑，[8] 根据这一规定几乎可以断言，要想扩展被害人的概念，必须要有明确的法律文本存在（正如第12条至第19条的情况）。然而还要注意的问题是，如果这样做，对某些情况而言，是不是走得过于远了。

之前提到的[9]关于回避和怀疑的问题（第104条及以下），可能就属于

3　参见最高法院1894年11月23日的合议庭裁判以及里斯本中级法院1894年8月25日的合议庭裁判，载于 RT 13/198 e 83，还可参见波尔图中级法院1902年8月25日的合议庭裁判，载于 RT 21/117。但最高法院反对并废止了该裁判。

4　对此，见 Assis TEIXEIRA, *Manual do proc. pen.* （1905）100，追随此观点的还有 José DIAS, *Anotações ao proc. crim.* （1919）19。

5　RLJ 57/2 ss. e 70/17 ss. .

6　RLJ 57/3. G. FOSCHINI I n. 56 批评了这一概念［在意大利，这一概念为派特塞利（B. PETRCELLI）所主张，且卡尼卢提（F. CARNELUTTI, cit）也基本赞同于此］，认为这一概念是不足够的，因为刑法规范所保护的总是一系列或多或少具有不同性质的复合的利益。作为替代，该学者提议了另一个对于被害人的严格定义，是一个特别程序性的定义，据此，被害人是指"作为一种不可被放弃的法律状况的组成部分之人，如果放弃，则诉讼程序的标的，即刑法上的损害，将变得不可能实现"。这一概念应当被摒弃：在理论层面，因为它的基础是之前我们所批评的（前文第八节）"实质含义上的诉讼当事人"的思想，在实践层面，因为这会带来广泛的不便，例如，使人们不得不将盗窃罪中被盗物品的单纯持有人亦视为该犯罪中的被害人。

7　参见 Cavaleiro de FERREIRA, ROAdv 5, cap. 3-4 （1945）36 & Beleza dos SANTOS, RLJ 70/19。

8　参见本书前文第九节 Ⅱ 2，注释35。

9　参见本书前文第九节 Ⅱ 2，注释35。

这种情况。但对于被害人的广义概念，最容易被证明合理的做法是将之定义为：应当被赋予在因某一刑事违法行为而进行的刑事诉讼程序中提出损害赔偿的民事请求或其他任何财产性质的请求的正当性的人。在下一节中我们将专门阐述这一问题。此处只需强调的是，不同于葡萄牙，在大多数欧洲大陆国家，仅在非常例外的情况下才会允许私人参与刑事诉讼程序，他们与检察院在同一方，甚至从属于检察院。这种参与，即使被允许，也几乎永远只表现为民事当事人（parte civil）的职能，也就是说，其参与仅限于实行因刑事违法行为而产生的民事诉讼。[10]

那么，如果——且此处我们确实准备这样做——从这一视角来问受害人或被害人概念的范围，则答案将会是，任何人，如民法规定认为其在受法律保护的利益上遭受了损害，都应被视为受害人或被害人。[11] 从这个角度将得到一个广义或引申的被害人的概念，涵盖因刑事违法行为而在民事上受到损害的所有人。[12]

3. 但是，如果我们抛开私人以民事受害人的身份参与刑事诉讼程序的情况，只考虑目前我们所关心的私人在纯粹刑事事宜上的参与，则应当承认，只有被害人的狭义概念能够成立，所有想要扩大其范围的倾向都可能受到严厉的批评。[13]

该等趋向实际上意味着使这一概念广义化，甚至——当反映在一个不同于民事当事人的职能的背景下时——使之涵盖所有因某一违法行为而法益受到损害的人，不论损害的方式和程度如何。这可能变得极其严重，因为根据很多法律体制，被害的嫌犯可以例外地甚至在原则上作为刑事控诉

10　与此相关的资料，见本书后文第十六节，以及 Figueiredo DIAS，Estudos Beleza dos Santos I（1966）88 ss.，但要注意广泛存在着的术语不准确的问题，这一问题在大多数国家的法律制度中都有存在。例如，对于意大利法，G. FOSCHINI I n. 56 中建议将我们所称的"被害人"（ofendido）称为"parte lesa"，而将我们所称的"受害人"（lesado）或"民事当事人"（parte civil）称为"parte dannegiata"。

11　参见，例如，《法国刑事诉讼法典》第 1 条第 2 款的规定，据此，为弥补因某一刑事违法行为所导致的损害而进行的民事诉讼，"可由遭受该损害的任何人进行"。从《意大利刑事诉讼法典》第 22 条中也可得出相同的结论。

12　但是，正如刚刚在本部分开头所灌输的，同时也是因为其余的一些严格效力，尽管已经与私人作为民事当事人参与诉讼程序毫无关系，但不排除那些仅受到间接损害、但其受法律保护的利益因有关犯罪而遭受重大损失之人有参与刑事诉讼程序的正当性。该观点得到了一部分——也许不是大部分——德国学者的支持。参见 T. WÜRTENBERGER，Pfenninger-Fests. 194 ss. 及 Eb. SCHMIDT，*Lehrk* Ⅱ 45 ss. e 473。

13　只需参见 TOEWE，GS 106/87。

的一个重要的支持者，虽然他并不是控诉的真正的引导者，也不是负责控诉的据位人，更不是负责控诉的唯一据位人![14] 从这一视角看，不难承认的是，对被害人的广义的或引申的概念的接受，只会使刑事诉讼程序无论从哪个角度看都变成真正的私力诉讼！

而如果这是常态，则更容易理解和证实的是，葡萄牙刑事诉讼法的立法者在 1929 年之后并没有放任自己被广义的被害人概念所吸引。在刑事诉讼法中，私人的参与被赋予以更广泛的结构和职能——因为他们所参与的是纯粹的刑事事宜——它们在任何情况下都不同于其他立法赋予民事当事人的。《刑事诉讼法典》中的"控方当事人"（parte acusadora），甚至第 35007 号法令中的"辅助人"，享有远远超越民事当事人的职能。因此，与这一最广泛和最具决定性的参与相适应的，是有正当性参与的人的范围变窄。

《刑事诉讼法典》还赋予私人以前述控方当事人的身份参与几乎一切诉讼程序的权能，即展开一个与通常由检察院进行的行为平行的行为。但将此权能——归根结底是成为真正的主当事人（partes principais）的职能[15]——赋予私人的做法，长期以来始终备受反对，因为它可能被非常轻率地使用，甚至可能被以勒索为目的的使用。[16] "正如爱德华多·科雷亚所恰如其分地描述的，[17] 每走一步，这些私人如此轻易地使用这一权利，以满足其卑微的仇恨，或使其低劣的复仇想法得到满足，更有甚者，这一权利成为对抗不那么谨慎的对手的工具，以进行投机和恐吓等可恶的尝试"。

第 35007 号法令试图抵御这一劣势的易感知的那些方面。为此，该法令在强调"刑事诉讼"的公力性质（第 1 条）的同时，结束了控方当事人的存在，使本来可以作为《刑事诉讼法典》范畴内的主诉讼主体的私人成为纯粹的附属主体（sujeitos acessórios），只能以补充的方式（第 4 条第 1 款）

14　此三者分别对应葡萄牙现行刑事诉讼法、1945 年以前的刑事诉讼法以及英国刑事诉讼法，受侵犯的私人的法律地位。

15　此处所谓的主当事人，以及《刑事诉讼法典》中明确提及的控方当事人，显然必须按其更形象的含义理解，而不仅仅按技术上正确的含义理解，因此，正如前文所述（参见本书前文第八节），《刑事诉讼法典》中的刑事诉讼程序已经不能真正地、在原则上被称为一种当事人的诉讼程序。一种形象的含义是想要使人们理解，检察院的控诉职能与私人的控诉职能在根本上是可以相提并论的——尽管不应将检察院视为实质程序性含义上的"当事人"。

16　以此路径探讨的，见 Cavaleiro de FERREIRA，ROAdv 5，cap. 3 – 4（1945）37，该学者认为，《刑事诉讼法典》中关于私人的参与的解决办法"只是对之前时期的容忍，已经被法律演进所超越"。

17　RLJ 91/307.

协助检察院作出行为：只是检察院的辅助人（assistentes）。这表明，立法者在 1945 年即已充分考虑了与私人参与刑事诉讼程序有关的风险，因此想限制而非扩大私人的参与；这构成以更严格的方式理解被害人的概念的决定性原因，这是因为，如果想要限制私人的参与，但同时却扩大可以参与的人的范围，这是不协调的。

有人可能会反驳最后一个论据，认为既然第 35007 号法令已经抵御了私人参与刑事诉讼程序中的危险，将其地位由控方当事人降为纯粹的辅助人，那么扩大有正当性参与诉讼程序的人的范围不仅无妨，甚至是合理的，完全符合设定辅助人角色的目的：辅助人能够向刑事司法提供有益的合作。但这是没有道理的。这是因为，辩护人所履行的职能，尤其是刑事职能，即使是补充性的，仍然极其重要。接下来在对这些职能进行研究时我们将会看到，私人的活动能够具有极端的重要性和严重性——甚至在特定情况下，仅辅助人就能够决定有关刑事诉讼程序的继续进行——且从这一观点看，尽可能地限制有正当性参与的人的范围是必不可少的。如果将这一切都考虑到，则其实不可能不认为我们的法律在对被害人概念问题上所采取的立场是完全正确的。

II　成为辅助人以及辅助人在刑事诉讼程序中的法律地位

1. 如前所述，我们的法律从被害人的狭义概念出发，定出了有正当性作为辅助人参与刑事诉讼程序的人的范围。关于成为辅助人的正当性的一般原则，规定在《刑事诉讼法典》第 4 条第 2 款中，根据该款，"下列之人在刑事诉讼程序中得成为辅助人：被害人，即具有刑法借着订定罪状拟保护之利益之人"。

因而，有些人不能作为辅助人参与刑事诉讼程序，例如：被盗窃或被不正当据为己有的物的单纯持有人或占有人，因为通过对盗窃或信任之滥用订定罪状所保护的利益只有所有人（proprietário）的利益；[18] 受骗者，除非其同时亦为因某一诈骗罪而遭受财产损失的受害人；[19] 因某一虚假证言而在程序上受损的受害人，因为对此行为订定罪状保护的只是良好司法这一

18　在这个意义上，科英布拉中级法院 1951 年 12 月 11 日的合议庭裁判是正确的，见 *Acs. da Rel. de Coimbra* 2/13。

19　在这个意义上，科英布拉中级法院 1949 年 1 月 25 日的合议庭裁判是错误的，见 BMJ 14/140。

利益;[20] 针对某一有限公司实施了侵犯财产罪时，该公司的股东;[21] 等等。[22]

对上述一般原则的单纯适用还体现在，有结论认为，公罪存在于那些没有人能够成为辅助人的犯罪中，因为通过订定罪状拟保护的利益，无论从哪个角度看，都完全是公共性质的（妨害国家罪、妨害良好司法罪、妨害公共秩序及公共安宁罪等）。[23] 但相反的观点认为，"在有关公务上之侵占、贿赂作虚假声明、违法收取、贿赂等犯罪的诉讼程序中，任何人"都可成为辅助人（第 4 条第 5 款），这在理论上的依据可能是，在该等情况下，任何公民都因有关违法行为而本人受到直接侵害，[24] 但在实践中表现在被害人概念的扩大上，其理由在于希望得到所有私人在发现该等违法行为并进行追诉上的合作。

从有正当性之人的范围的扩大到成为辅助人，还体现在第 4 条第 3 款（"被害人丈夫在就侵犯其妻子之违法行为进行的诉讼程序中，但其妻子反对时除外"）和第 4 款（"如被害人死亡或无能力，无法管理其人身，则未分居和分产的配偶，或鳏夫寡妇，又或任何直系血亲尊亲属、直系血亲卑亲属或兄弟姐妹"）规定的情况中。前一种情况的依据如今已是有争议的;[25] 而第二种情况仍然成立，则完全是由于被害人本人无论在肉体上还是在法律上都不可能参加。[26]

20　因此，最高法院 1965 年 7 月 21 日的合议庭裁判是正确的，见 BMJ 149/249。但这一问题在学理上是极具争议的：与文中观点相同的观点，见 Cavaleiro de FERREIRA Ⅰ 124 ss.；反对的观点见 Beleza dos SANTOS，RLJ 70/19。

21　最高法院 1966 年 12 月 21 日的合议庭裁判是正确的，见 BMJ 162/235；里斯本中级法院 1963 年 7 月 31 日的合议庭裁判是错误的，见 RDES 13（1966）131 ss.，其中有菲格雷多·迪亚士的不同意见。

22　其他的司法见解，参见 Maia GONÇALVES anot. 4 ao art. 11.°，e anot. 5 ao art. 4.°do DL n.°35007 e Silva ARAÚJO-Gelásio ROCHA，CPP anot. ao art. 11.°比较晚近的著作，见 Costa AROSO，Crime de especulação-Bens jurídicos protegidos. Legitimidade para ser assistente，SciIvr 17（1958）386。

23　波尔图中级法院 1968 年 4 月 24 日的合议庭裁判是关于抵抗罪的，见 JRel 14/472；科英布拉中级法院 1959 年 6 月 30 日的合议庭裁判是关于全部违例行为的，见 JRel 5/638；1968 年 3 月 20 日的葡萄牙共和国检察长批示，是关于投机罪的；等等。载于 JRel 2/356 的波尔图中级法院 1962 年 3 月 21 日的合议庭裁判是错误的，该裁判中确认，在此背景下，堕胎是一种妨害国家的犯罪（?!）——而事实上，堕胎明显是一种侵犯胎儿生命的犯罪。

24　参见本书第四节Ⅰ 1，关于民众诉讼原则（acção popular）。

25　其依据在于，根据 1910 年 12 月 24 日第 1 号令第 39 条，丈夫负有保护妻子之人身与财产的义务。如今，夫妻间之扶持义务是相互的（《民法典》第 1673 条第 1 款），似乎再不存在一种丈夫作为一家之主保护妻子的特别义务（第 1674 条）。

26　从这个角度看（与前注 23 中所引波尔图中级法院 1962 年 3 月 21 日的合议庭裁判中确认的观点不同），被堕掉的胎儿的父母应当可以成为有关刑事诉讼程序中的辅助人。

　　最后，这一扩大化[27]还在某种意义上体现在第 4 条第 1 款规定的情况中，根据该款，"如检察院实行刑事诉讼取决于某些人的控诉或检举，则该等人"可作为辅助人参与诉讼程序。此处所讨论的是私罪——包括狭义上的私罪，也包括半公罪——应根据实体法确定有权限就有关违法行为进行检举和控告的人的范围。由于欠缺关于这一问题的一般规定（就像诸如《爱德华多·科雷亚草案》第 118 条及以下中所作出的），当面对具体牵涉的违法行为时，有必要探究关于这一问题的实体法律规定——当然，在大多数情况下，检举和控诉的权利还是属被害人所有。

　　2. 关于一般情况下成为辅助人的权利，所要注意的最大利益原则即是规定在《刑事诉讼法典》第 18 条中的原则，据此——按照第 35007 号法令以后应有的理解——任何人都不得放弃在刑事诉讼程序中成为辅助人的权能。正如该条唯一款通过确认"本条的规定不妨碍在法律允许的情况下因宽恕而导致的刑事诉讼的消灭/终止"所表明的，并不必然认为此原则使放弃（或撤回）已在程序中取得的辅助人的地位成为不可能。这确实意味着，关于不想成为辅助人的声明是无效的，是毫无意义的，而且，任何有正当性成为辅助人之人所承担的不成为辅助人的义务，也是无效的和毫无意义的。[28]

　　根据这一确切的内容，该原则在程序政治上的理由就不言而喻了：它不仅使那些利用其成为辅助人的正当性，以获取利益，甚至以向嫌犯施加压力或进行勒索为目的之人望而却步，而且凸显了存在于成为辅助人之中的公共利益（因此是不可支配的利益），以及所能期待辅助人在公诉和在协助检察院履行后者在刑事诉讼程序中的职能中所能提供的合作的公共性。

　　对公罪而言，毫无疑问这一理由有充分的依据；但对半公罪和私罪而言，这一理由是否有充分的基础是备受质疑的。我们知道，一方面，在该等犯罪中，促进刑事诉讼程序的公共利益服从于私人的意愿，另一方面，通过此种方式能够使法院摆脱一大堆社会价值和利益存疑的刑事诉讼程序。据此，如果有权检举和自诉之人已放弃行使权利，不论是直接放弃还是通过对有关犯罪的宽恕来放弃，则很难理解为什么在这种情况下仍然允许行

---

[27]　这一扩大化在德国法中也没有遭到否认，根据德国法，在某些情形之下，未受侵害之人可提出检举或自诉。关于这一点，参见 COENDERS, *Über den Strafantrag und die Privatklage des Nichtverletzen*, GS 83/286。

[28]　对此，见 L. OSÓRIO Ⅰ 245；Eduardo CORREIA, *Proc. crime* 266；Castanheira NEVES 143。

使检举和自诉权；同样，允许已经撤回检举或控诉之人重新提出检举或控诉，也是难以理解的。[29]

第 18 条将"第 8 条第 1 款、第 2 款和第 3 款以及第 14 条第 1 款的规定"作为不可放弃原则（princípio da irrenunciabilidade）的除外情形。其中第 14 条第 1 款确立了当有关犯罪导致被害人死亡时，可成为辅助人的各人之间的优先顺序，该款已被前述第 35007 号法令第 4 条第 4 款所取代，该法令中似乎不再包含相同的优先顺序，从而消除了问题。[29a] 而第 8 条及其各款中包含了一个容易理解的理论，即在公罪与私罪竞合——根据第 3 款，不仅指表面上的竞合或法定竞合——的情况下，赋予检察院以参与案件的正当性。有人认为，整个第 8 条都已被第 35007 号法令默示地废止，[30] 其他人则辩称只有第 2 款第二部分被废止。[31] 如果为前一解决办法辩护，将打开一个规范漏洞，而从案件的牵连的视角，并继而从诉讼经济的视角看时，这一漏洞可能是非常严重的。无论如何，关于这一点，通过对第 8 条各款的阅读，人们将立即理解在成为辅助人的权利不可放弃原则上——只为在这些规定中所考虑的效力——打开一个裂口的充分依据。

3. 关于成为辅助人的诉讼制度，必须注意以下几个基本问题。

a）成为辅助人的方式（forma）没有被刚性地确定下来。事实上，《刑事诉讼法典》第 19 条第 3 款规定，"可通过在诉讼程序中作出声明或通过声请成为……"但应该注意的是，根据人们对有关私罪的程序步骤的特有制度的理解，只要所讨论的非经自诉不得进行刑事程序的犯罪，则必须作出声明（第 35007 号法令第 9 条第 3 款）。

关于成为辅助人的时刻（momento），必须强调的是，"只要辅助人在辩论及审判听证开始五日前向法官声请，则得在诉讼程序中任何时刻参与诉讼程序，但须接受诉讼程序在其参与时所处之状态"（第 35007 号法令第 4 条第 5 款）。但如上所述，显然这一理论对非经自诉不得进行刑事程序的犯

29　与本文相同的观点，见《爱德华多·科雷亚草案》第 119 条及随后数条。

29a　余下的问题就是这种做法是否合适。在意大利所存在的相似的问题，参见 G. GIAMPAOLI, *Sul diritto de constituirsi parte civile nel procedimento penale nell' interesse de um minore*, ScPos 70 (1966) 65 及 C. MAIORCA, *La costituzione di parte civile nell' interesse del minore e l' eguaglianza dei coniugi*, RitalDPP 9 (1966) 272。

30　对此，见 Campos COSTA, ScIvr 5/204；Maia GONÇALVES anot. 3 ao art. 8.°中也赞同这一观点。

31　对此，见 Eduardo CORREIA, *Proc. crim.* 256 ss., esp. 259 nota (1)；v. Castanheira NEVES 124 s. 。

罪的被害人并不适用。

b）第 35007 号法令第 5 条规定，"辅助人必须由律师代理。如有数名辅助人，则仅由一名律师代理各辅助人；如在选择律师方面有不同意见，则由法官作出裁判"。

这一条款的第二部分受到了律师们的最严厉的批评，第一届全国律师大会上得出的结论认为，该条中所体现的强制性原则应当被完全和彻底地废除。[32] 一方面，显然，这一原则有其充分的依据：各辅助人的利益基本上是相同的，如果使他们由多人代理，比起协助作用来，更大的可能是复杂化甚至阻碍（无论在任何情况下，都损害）检察院在刑事诉讼程序中履行职能。另一方面，诚然，前引第 5 条仅就单一违法行为的情况作出了规定，且不想因此废止《刑事诉讼法典》第 21 条第 1 款，[33] 根据该款，"如被告被指控之各违法行为也是不同的，则法律就其中某一违法行为容许进行刑事诉讼（如今已改为容许成为辅助人）之人所组成之每组人得委托一名律师，但每人有逾一名代理人者属不合规范"。但它们都没有使强制性原则除去其暴力性，甚至纯属无稽之谈的本质，只要同一违法行为的多个辅助人之间有互不相容的利益——这种局面很容易发生，尽管容许成为辅助之人的范围有限。因此，显然在该等情况下应当完全和彻底地终止单一代理原则。

Ⅲ 辅助人的诉讼权力

本部分的主要内容是具体地确定辅助人被允许以何种方式在刑事诉讼程序中共同作出行为，为此，有必要区分不同的程序阶段，尤其是预备性预审、辩论预审、控诉、审判和上诉等阶段。另外，不能对公罪、半公罪与私罪之间的区别——至少它们在前述某些阶段中的区别——视而不见，诚然，在这样的每一组违法行为中，辅助人参与的程度和本来的含义都是大相径庭的，甚至或许应当认为，辅助人在不同情况下的法律地位是不同的。对所有这些差异进行适当的考虑后，可以形成下面的有合理的准确性的框架。

---

[32]　参见 a conclusão 10.ª do V tema，nas *Conclusões do I Congresso Nacional dos Advogados*（1973）32。

[33]　对此的准确阐述，见 Cavaleiro de FERREIRA Ⅰ 136。

1. 辅助人在预备性预审中的参与。此处的参与仅非常具体地局限于给予检察院可能的协助（colaboração）的职能，辅助人在诉讼程序中的行动完全从属于检察院的活动。事实上，唯一一种依法定出的参与的可能性是第35007 号法令第 13 条唯一款中规定的情况，根据该款，"辅助人……可向检察院提出采取证明措施的申请（memoriais ou requerimentos），如检察院认为该等措施有助于发现事实真相，则须考虑或批准该等措施，但是，须在规定的将文件附于卷宗的期间内，将从有关诉讼程序中的辅助人……接收的全部文件附于卷宗"。尽管检察院不考虑或不批准申请的权力受到严格的和目的论上的约束——受到发现实质真相的目的的约束[34]——不能将允许辅助人作出的行动视为刑事诉讼程序中的一种独立的创设性的参与，它只是一种从属于检察院的协助职能。

根据经第 185/72 号法令引入的《刑事诉讼法典》第 70 条第 1 款和第 2款的文本（对其中的理论我们已经在关于嫌犯及其辩护人的部分进行过阐述[35]），赋予辅助人或其律师在此阶段享有查阅卷宗的权力，知悉嫌犯声明的权利，知悉关于其可参与的证明措施和其应参与的附随事项或抗辩卷宗的权利，以及被允许查阅预备性预审的卷宗的权利，目的是提出控诉。[36] 之前关于允许辅助人参与类型的讨论，更有理由完全适用于此处。

似乎确实可以说此阶段辅助人在私罪和半公罪中的参与的创设性（constitutiva），因为要由他们进行检举：如前所述，[37] 检举发挥着真正的诉讼前提（pressuposto processual）的作用，因此是刑事诉讼程序可受理性的必要条件（sine qua non）。简单说，从之前的阐述中也可得知，[38] 这一提出检举的权利并非原原本本地赋予辅助人的，而是赋予实体法规定有正当性提出检举的人——主要指"被害人"。即使实体法的这一介入在我们看来仍然不足以改变将检举视为一个诉讼前提的做法，转而将之视为真正的"可处罚

---

34 此处又再一次提出了对检察院决定的可控制性的问题：假设检察院不当地使用了法律赋予其的权力，那么它的这一决定——不论是明示的还是默示的——在司法上是可以控制的吗？至少可以毫无疑问地说，该决定应当是可以控制的，这种情况属于第 2/72 号法律赋予刑事预审法官的"审判职能"的范围。

35 参见本书前文第十四节 IV 4。

36 还要注意第 35042 号法令第 15 条第 5 款赋予辅助人的一项极其重要的权能：即向共和国总检察长提出申请，请后者批准司法警察局有与对该条规定中各款所指出的不同犯罪有关的诉讼程序进行调查和预备性预审的权限。

37 参见本书前文第四节 I 3 a）。

38 参见前文 II 1。

性的客观条件"，[39] 但至少证明，我们无须在此处对这一问题进行详细的研究，尽管不应忘记从这一点中可能得出的教训，以对辅助人在因半公罪或私罪而进行的刑事诉讼程序中的法律地位进行准确的描述。

2. 辅助人在辩论预审中的参与。在此阶段就能够而且应当毫不掩饰地承认，辅助人的参与具有独立创设性，根据第 35007 号法令第 4 条第 2 段第 2 款的规定，辅助人有权限"直接参与辩论预审，并提供证据及向法官申请采取适宜的措施"。为贯彻这一原则，授予辅助人——通过其律师——的权利包括：在辩论性预审行为中在场的权利（《刑事诉讼法典》第 330 条，第 1 款已知的情况除外，但在此背景下不能被视为违宪），[40] 申请法官向证人提出任何问题以补充证言或就证言作出解释的权利（第 332 条），请求鉴定人作出必要的解释的权利（第 333 条第 2 款），以及，在控诉中/控方已经进行辩论预审的情况下，被通知以便维持或不维持控诉（第 335 条）。

3. 辅助人在控诉中的参与。根据第 35007 号法令第 4 条第 2 段第 1 款的规定，辅助人有特别权限提出独立于检察院控诉之控诉。不论应当如何理解"独立于"，至少可以肯定的是，该规定赋予辅助人以对任何犯罪提出控诉的权利。辅助人的控诉在不同于检察院的行为中提出，有不同的步骤，而且事实上也要在不同的期间提出（见经第 185/72 号法令引入的《刑事诉讼法典》第 349 条和第 350 条的文本，它们废止了第 35007 号法令第 4 条第 3 款的规定），甚至就不同于检察院所控诉的事实提出（前引第 4 条第 4 款）。

简单说——很快就要提到——既然辅助人甚至可就不同于检察院控诉标的的事实提出控诉（但是，如果法官受理检察院的控诉，不得就法官的裁判提出上诉），出于相同的原因，应当得出的结论不外乎，辅助人也能就任何犯罪提出（dar）控诉，即使检察院已经放弃提出控诉时亦然。但这一结论是草率的。前文在对控诉原则进行阐述时[41]已经隐晦地提到过，虽然控

---

39 但这一问题在德国的表现与葡萄牙完全相似，而该问题在德国法学界是极具争议的。赞同其具有实质性的，见 HEGLER，Z 36/229；KÖHLER，Frank-Festg. II 27 ss.；H. KAUFMANN，*Strafanspruch，Strafklagrecht*（1968）152 ss.；赞同其具有程序性的，见 MAURACH，*Strafrecht AT* 788 ss.；RITTLER，Frank-Festg. II 11；Eb. SCHMIDHÄUSER，Z 71（1951）551；赞同其具有双重性质的，见 BAR，*Gesetz und Schuld* III 297 s.。

40 参见本书前文第十三节 II 3 b）以及第十四节 IV 3 b）。

41 参见本书前文第四节 III 2。

诉对于确定法官审理和裁判的界线具有决定性，但不论是在控诉中指出的事实上，还是在其中依据规范向法庭建议的事由／事项／主题（tema）上，控诉则并无决定性——这里的主题（aquele）既可以理解为"订定罪状／归罪"，也可指所涉及的"具体的法律案件"。但即便如此，检察院的控诉与辅助人的控诉可以在所控诉的事实上有别，这仍然是不难理解的，尽管它们涉及的是同一诉讼标的，在这一点上它们是一致的。[42]

第 35007 号法令第 4 条第 4 款的规定确实不足以使我们知晓该条第 2 段第 1 款中所谓"独立于"的确切范围。为此，有必要单独提出的问题是，当检察院甚至已经放弃提出控诉时，辅助人的控诉是否正当。但这对国内学界和司法界而言都是一个特别熟悉的问题，所以对它的讨论可以是极其简洁的，将注意力放在最重要／相关的案件的牵连的问题上，而非讨论细节上。现在只需强调的是，对这一问题并不只有单一的（unitários）立场和出发点，而是要根据自诉犯罪、公罪和半公罪的分类，分别连续地考虑。

a）对辅助人有无"正当性"就某一自诉犯罪提出控诉——即使检察院未提出——的问题，必须给出一个斩钉截铁的肯定的回答。第 185/72 号法令之前的情况是，根据第 35007 号法令第 3 条唯一款的规定，"当刑事诉讼的实行取决于自诉时"，检察院只能就"已提出的自诉所针对的事实提出控诉"——这表明，检察院对自诉人的服从是广泛的，甚至具有决定性——有学者认为，此情况只能与辅助人的绝对独立的控诉权利相兼容。[43] 如今，随着《刑事诉讼法典》第 349 条第二部分的新文本的引入，人们渴望消除过去关于这一问题可能产生的任何疑问："如刑事诉讼取决于当事人的控诉——现在的规定是——则该当事人须在法定期间内提出控诉……随后，须将卷宗送交检察院，以便检察院亦为相同的事实提出控诉、限制其控诉的范围或放弃控诉"。

还要强调的是，面对葡萄牙法律意图赋予刑事程序取决于自诉的犯罪的含义，这是唯一合理的解决办法，即赋予私人以诉讼程序的真正的支配者（dominus）的身份，使之完全独立地对诉讼标的的是否、如何和程度（se，como，quanto）问题做出决定。诚然，有学者教导，"一旦检察院亦提出控诉"，私人将立即重新取得"辅助人"的从属地位，"因为一旦检察院

42　与第 35007 号法令第 4 条第 4 款的这一解释相同的观点，还可参见 Eduardo CORREIA，RLJ 91/302 s. 。

43　参见 Eduardo CORREIA，RLJ 91/304；Cavaleiro de FERREIRA I 123；Castanheira NEVES 127 s. 。

提出控诉……将由检察院在诉讼程序中行使法律规定属其权限的职能"。[44]但是，即使这一教导在从纯粹理论的视角看时无可厚非，但它没有任何实际意义，因此，正如我们所看到的，检察院不仅在确定诉讼程序标的时完全束手无策，而且其行动还可能因自诉人宽恕或撤回而随时中止（第35007号法令第3条唯一款第二部分以及《刑法典》第125条第6款）。

b）当所涉及的是公罪时，对于辅助人是否有正当性在检察院已经放弃提出控诉的情况下提出控诉的问题，在葡萄牙曾经发生过激烈到极致的讨论。最高法院早期坚持对此问题作出肯定的回答，但其下各审级法院中的大部分以及几乎全部学者都对此司法见解不以为然。[45]但是，各审级法院一点一点地改变了立场——而且可以说，如今已经完成了完全的转变——接受了最高法院的司法见解；而在学术界，逐渐占据优势地位的一种观点认为，这一司法见解即使无法凭借其所赞成的论据而确定无疑地成立，但至少也不能因此而认为它没有充分的依据。[46]

但应当考虑到的是，与为理解问题的立场/地位而本能给出的范围相比，可讨论/有争议的问题的范围并不是特别广阔。事实上，我们已经知道，辩论预审完结后，法官可依据第35007号法令第44条以及《刑事诉讼法典》第346条的规定，命令检察院控诉。因此，更有理由必须承认的是，法官可受理辅助人的控诉，即使检察院未提出控诉时亦然，而且第346条唯一款中明确对此作出了规定。[47]那么，有争议的领域就仅仅关系到不进行辩

44　Castanheira NEVES，loc. cit.

45　与此问题有关的完整的司法见解和学术意见列表，见 Eduardo CORREIA，RLJ 91/301，注释 1和 2。此外，学理方面的论述还可见 Porobó TAMBÁ，*O problema da legitimidade dos 《assistentes》 para acusar por crimes públicos desacompanhados do MP* (1959)，Santos SILVEIRA，*Da acusação dos assistentes na acção penal*，RT 78 (1960) 66 ss. 及 Castanheira NEVES 128 ss. e 《A Toga》，cit.。

46　笔者想要谈及的是笔者自 1961 年起在科英布拉大学法学院的口头授课——授课内容在 RDES 13 (1966) 148 e 159 e s. 中有一定反映——以及 Castanheira NEVES，locs. cits. 中的传授。

47　于是，无论可能使该条规定受到质疑的疑问有哪些——而且，有些学者认为（参见 Maia GONÇALVES，anot. ao art. 346.°），该条终究会随着第185/72 号法令第 351 条和第 367 条的重新提出而消失——在现在的背景下，该条规定始终应当被视为有效。之所以强调在现在的背景下，因为该条规定只是由于第 35007 号法令第 44 条的规定才应被视为有效力（即使在第185/72 号法令之后亦然），因此，适用于辩论预审之后的控诉；《刑事诉讼法典》第 351 条和第 367 条规定的重新提出，并没有赋予第 346 条以完整的和完全的效力——如果不然，则将完全颠覆第 35007 号法令中关于检察院在刑事诉讼程序中的地位的制度，而该制度是第 185/72 号法令（以及第 2/72 号法律）不想也不会想要废止的。参见本书前文第三节 I 1以及第四节 Ⅲ 1 b）；反对的观点见 Castanheira NEVES，《A Toga》，cit.。

论预审的诉讼程序中的控诉，或无论如何都先于辩论预审的控诉。

aa）如果仅在注释层面考虑问题，即仅对现行法律规定进行单纯的解释，则这一问题无法——任何法律问题都无法——被有效地和不含糊地解决。[48] 如果可以肯定，长期以来最高法院的司法见解正是在此层面上努力为其所捍卫的解决办法提供依据，但爱德华多·科雷亚对每一论据——尤其是那些人们努力从第35007号法令第4条第2段第1款（前面已经思考过）、第27条和第29条中得出的论据[49]——进行的详细分析已经表明，无论根据有争议的两种意义/含义中的哪一种，该见解都毫无疑问是没有说服力的。

随着将修改后的第35007号法令延伸适用于海外的1959年3月20日第17076号训令的公布，最高法院在一些判决（arestos）中非常强调的一个原因是，第4条第2段第3款确认辅助人有权限"提出独立于检察院控诉之控诉，且即使检察院已经放弃提出控诉时亦然"——不论一个简单的训令表面上的解释性价值有多大，这实质上都构成对第35007号法令立法思想的一种"有权解释"。[50] 但显然，这一论据也远远不能使人信服——一方面是因为，有充分的理由相信，对宗主国有效的解决办法可能与在海外有效的解决办法不同，另一方面还因为，该训令本身已在其第1条第1款中确认，其中是对第35007号法令的一个修改（alteração）！

bb）因此，一如既往地，有必要从逻辑和注释层面上升到目的和功能层面。如果我们保持保守，局限于制度内部的批评，则看不到制度所表现出来的矛盾甚至困惑，即使它们本来是可以超越的。

在此层面上，首先可用来反驳辅助人独立控诉的正当性的理由是，第35007号法令第1款在规定"刑事诉讼是公力诉讼"时，不可能已经想到要重新确认刑事诉讼是为公共利益而非受害人的私人利益这一论断的无可置疑性，因此只能意味着，在第35007号法律的制度中，国家是唯一的据位人（titular exclusivo），由检察院代理/代表，或在例外情况下由其他官方机构代理。[51] 但对这一论据，如果想分毫不差地理解，它证明了该制度的其他情况

48　Castanheira NEVES 130 中也同意这一结论。

49　Eduardo CORREIA, RLJ 91/302 ss. .

50　体现相同观点的司法见解，见最高法院在1960年2月3日、1960年2月24日（2）、1960年5月18日和1960年6月8日的合议庭裁判，载于 BMJ 94/162, 172 e 178, 97/265 s. e 98/426。

51　对此，见 Eduardo CORREIA, RLJ 91/304。

（dados），且与它们尖锐对立，事实上，就像正被提出一样，该原则对所有刑事诉讼都有效，因此人们从不会据此来理解类似前述第 3 条唯一款这种规定。而如果为了阻止反驳（contra-argumentação）而走上向其设置限制（restrições）的道路（第 1 条文本中已经明确指出了有哪些限制），则从此观点看将无法得知为什么这些限制必须只涵盖私罪，却不涵盖公罪，而此时检察院的弃权违反了合法性原则，却不会受到任何司法控制！

　　另一方面的理由是，如果给予辅助人以独立控诉的正当性，则第 35007 号法令第 27 条及以下规定的对检察院放弃控诉[52]的整个严厉的等级控制制度，将首先在制度的目的上失去意义。[53] 但这一结论似乎并无必要。这是因为，由于辅助人的独立控诉通常具有正当性，使上述等级控制的好处显著减弱，这是不可否认的。但仍可继续倡导对此的维持，或者是因为，这一控制职能也可由尚未成为辅助人（也不想成为，虽然可以成为）的检举人行使，或者更可能是因为，为使检察院司法官团在允许司法控制的介入前穷尽履行控诉合法性原则的一切可能性，法律对此的努力是很有道理的。而最后要注意的是，第 185/72 号法令消除了（而且是合理地）因第 35007 号法令建立的等级监督制度而可能就《刑事诉讼法典》第 351 条的有效性产生的一切怀疑，但强调，这一制度并非完全不能兼容一种间接控制，即由法官对检察院就某些事实的不起诉进行控制。

　　在第 185/72 号法令之前人们还说——企图以这种方式找到该制度的另一个（且是严重的）矛盾之处——如果赋予辅助人在重刑诉讼程序中提起临时控诉的正当性，则辅助人的权力与在《刑事诉讼法典》完全生效时（第 364 条）其所被赋予的权力相比更大了，于是将得出荒谬的结论：第 35007 号法令扩大了（而非限制了）私人控诉者（particulares acusadores）参与刑事诉讼时的权力！更严峻的是，由于法官不能因欠缺充分迹象而驳回临时控诉（与第 35007 号法令第 31 条相反），可能出现的局面是，私人提出的一个完全无理由的——甚至恶毒的——控诉，针对的是可能被科处重监禁刑罚（pena maior fixa）的犯罪，却必然（《刑事诉讼法典》第 290 条第 1 款，后有第 185/72 号法令）导致对嫌犯的监禁[54]！

　　但对于第 364 条，必须注意的是，在《刑事诉讼法典》完全生效时，

52　对此我们已经进行过详细的介绍，参见本书前文第十二节Ⅲ 1。

53　对此，见 Eduardo CORREIA，RLJ 91/305。

54　Eduardo CORREIA，RLJ 91/306 s.．

其学说因第 364 条而扩大，根据该条，法官在任何情况下均可命令检察院提出控诉。关于私人可按其意愿决定监禁嫌犯的后果（事实上是不堪忍受的），最高法院总是非常巧妙地回避，且就驳回临时控诉建立了一个如此狡猾且一定正确的结构[55]：强调法官无疑是个人自由的守护者，且不能因此而成为任何旨在在无法律依据的情况下剥夺嫌犯自由的阴谋的帮凶（不论该阴谋是故意的还是过失的），结论一方面是，第 35007 号法令第 31 条仅适用于——仅在这种情况下才有对驳回理由的限制的问题——检察院的临时控诉，而不适用于辅助人的临时控诉，且在检察院的临时控诉中，也只适用于那些检察院表明预计能够在辩论预审期间补足显示是否存在犯罪迹象之证据（prova indiciária）的临时控诉。[56] 这就完全避免了在此背景下授予辅助人独立控诉的正当性所产生的灾难性后果。

现在有必要强调，由于第 185/72 号法令，在对《刑事诉讼法典》第 329 条引入的新文本上，法院对第 35007 号法令的第 31 条的解释获得了完全的确认。但无论如何，该争议（controvérsia）毕竟已经失去了现实意义，因为在第 185/72 号法令以后，先于辩论预审的控诉（hoc sensu 临时参见《刑事诉讼法典》第 349 条唯一款）并不导致一个临时起诉批示，而是立即展开辩论预审。

归根结底，虽然在制度内部层面，鉴于第 35007 号法令的几个最突出的意图，可以说，辅助人不具正当性地提出独立控诉这一论点在一方面是获得支持的，但这不但不妨碍坚定地走向相反论点的脚步，而且相反观点还能够在通过第 185/72 号改革《刑事诉讼法典》后得到加强的一些事物中获得证明。[56a] 因此，必须从制度内部层面上升到超越制度的层面，即支配着现行葡萄牙刑事诉讼法中的所有事宜的一般原则的层面。

cc）简单说——且这样我们就能确定该问题困难的真正原因——即使在超越制度的层面，我们也将遇到一个真正的矛盾，即汇集于此解决办法中的各原则间的矛盾。[57]

---

[55]　还有许多其他的案例，见最高法院 1961 年 3 月 15 日和 1966 年 10 月 dca 的合议庭裁判，载于 BMJ 105/515 e 160/245；对这一主流司法见解的极其详尽的阐述和理由说明，见 Ary Eli-ae da COSTA，cit. 284 ss.，还可参见 Castanheira NEVES 145 ss.。

[56]　这至少假定，检察院在临时控诉中请求在辩论预审期间进行新的证明措施。

[56a]　因此，笔者赞同 Castanheira NEVES，《A Toga》，cit. 中的结论，尽管据与该学者所主张的不同［见前注 47 以及第四节 Ⅲ 1 b)]。

[57]　这个问题我们在讨论刑事诉讼程序的一般原则时已经提到，参见本书前文第四节 Ⅰ 3 b) 与 Ⅱ 3。

使辅助人无正当性地提出独立控诉这一解决办法，无疑是最（甚至唯一）贴合依职权促进刑事诉讼程序原则的。也有学者主张，从控诉原则的视角看，这是唯一一种合乎情理的解决办法，至少是因为，"法官受理辅助人提出的违反检察院意见的控诉的可能性……牵涉到公然要求未来的裁判者在诉讼程序的最初阶段表明立场，且有各种可能反映在终局裁判中，这恰恰是立法者想要避免的"。[58] 这一论据，自认为言之有理，但却以完完全全相同的条件适用于对辅助人提出的控诉的受理以及对检察院控诉的受理——这表明，对控诉原则带来的危险完全寓于内部，因为负责受理控诉和之后的起诉的法官，与负责审判的法官是相同的。[59] 因此，使辅助人无正当性地提出独立控诉这一解决办法所捍卫的并非控诉原则本身，而是依职权控诉原则，相反的解决办法必然将使此原则成为疑问。

但是，从控诉的合法性原则看，则使辅助人有正当性的解决办法是法律界可接受的唯一的解决办法。我们已经知道，检察院司法官团在宪法学意义上是"独立"的，[60] 且无可争辩的是，在与某一具体案件联系起来时，控诉的合法性原则中存在着一个实质上为法律问题的问题，因此，对该原则的遵守应当始终在法律上是可控制的。于是，由于葡萄牙的制度没有直接规定这样的控制，故根据这一观点，对于任何使对检察院放弃控诉进行司法控制成为可能的解决办法，即使是以间接方式实现此目的的解决办法，都必须被赋予公开的优势地位。

这表明，在我们看来，对于解释者被引导面对的价值观和原则的冲突，应当赋予为合法性的辩论以相对于为依职权原则的纯粹言外之意的辩论的优势地位。这不仅因为——或者说次要原因是——正如我们在合适的时候展示的，这一原则的有限性与合法性原则的绝对性形成鲜明对比，而且主要是因为，不同于依职权原则，合法性原则直接关系到公民的基本权利，例如获得刑事公正的权利，它们应当在《政治宪法》文本中有明确的记载。[61]

dd）于是我们就可以说所指出的矛盾是不可避免的，因为它似乎属于

---

58 Eduardo CORREIA，RLJ 91/305。

59 从这一视角看，第 2/72 号法律第 2 条 1 c）的规定是有道理的，该项规定赋予刑事预审法官以作出"起诉批示或类似文件以及不起诉批示"的权限。

60 参见本书前文第十一节 I 2 b）和 II 3。

61 关于这一点，参见本书前文第五节 II 1。

一个对整个刑事诉讼法而言都"疑惑的"（aporético）范畴吗？绝非如此。仅在实定法（de lege lata）层面，或者更准确地说，在现行葡萄牙刑事诉讼法律"制度"之内，这一矛盾才是不可避免的。但一旦在某些方面对制度进行修改以后，该问题即可获得一个正确的并完全消除一切实质矛盾的解决方案。

为此，有必要明确地在法律中确定一个原则，即辅助人有权限提出独立于检察院之控诉的控诉，且在非经自诉不得进行刑事程序的情况下，即使检察院已放弃提出控诉，辅助人仍有此权限。这暗示着，除私罪的情况外，辅助人没有在无检察院陪同的情况下提出控诉的正当性，甚至给依职权控诉原则中所包含的那些言外之意画上句号。

至于对合法性的必不可少的捍卫（defesa），它是以完美的方式——且不会对控诉原则和裁判者公正无私所能带来的好处造成任何实质损害——通过一个类似于德国法中的"强制起诉程序"（Klageerzwingungsverfahren）的程序实现的。[62] 为此有必要确立的原则是——私罪始终都是除外情况——如果检察院不继续处理某一检举，或促进将有关卷宗归档，又或不就有权成为辅助人之人认为应当控诉的全部事实提出控诉，则该人可就控诉的欠缺向有审判管辖权的法院的上级法院起诉。如果下级法院的裁判（人们比较容易接受，对这一裁判不可提起上诉）中指出应当提出控诉，则检察院有义务按照这一裁判推进。

通过这种方式就能够得到一个和谐的制度，在这里，不仅公民的利益被妥善地保护，而且刑事诉讼程序的各个一般原则也实现了其空间的最大化。

c）依笔者之见，不论对于私罪还是对于公罪——尽管是出于不同的原因，且它们有不同的含义和范围——一旦确定应当在实定法层面承认，即使无检察院陪同，辅助人仍有提出控诉的正当性，则显然也应当将相同的解决办法应用于半公罪的情况。

62　学理上对这一规定在《西德刑事诉讼法典》第 172 条至第 175 条中的诉讼程序的论述，参见 KRÖGEL, *Die Problematik des Klageerzwingungsverfahren nach § 172 ff StPO*, NJW 1966/1400；M. KOHLHAAS, *Das Klageerzwingungsverfahren in seiner neuen Form*, GA 1954/129；H. MAYER, *Klageerzwingungsverfahren und Opportunitätsprinzip*, JZ 1955/601；SCHWARZE, *Der Antrag des Verletzten anf gerichtliche Entscheidung bei Ablehnung des Antrags auf strafgerichtliche Verfolgung*, GS 31/284；HALL-HUPE, *Die Wiederholung des Klageerzwingungsverfahrens*, JZ 1961/360；W. HARDWIG, *Die Wiederholung von Klageerzwingungsverfahren*, GA 1959/229。

但不能忽视——因为这一问题几乎未在葡萄牙法学界出现——假如主张辅助人在私罪的情况下有提出控诉的正当性，但否认其在公罪情况下的正当性，则对半公罪应当采取怎样的立场将成为一个最最棘手的问题。一方面，在这些犯罪中，私人对控诉并没有任何特别权力——故似乎一切都应当像所涉及的是一个公罪那样进行。但另一方面，该私人拥有通过宽恕使诉讼程序终结的权能——与在私罪中的权能完全相同：《刑法典》第125条第6款——这似乎意味着，还是在这一领域，法律将之视为诉讼程序的任何阶段中的真正的支配者！由于没有关于这一问题的明确的立法决策，现在需要在斯库拉和卡律布狄斯之间作出决定（比喻进退两难——译者注），这必然是一个冒险的任务，虽然第一种解决办法——为该等效力，将半公罪视同于公罪——似乎有更充分的理由。但正如我们开始时所说的，这一问题对葡萄牙而言并不严重，无须进行更深入的考虑。

4. 辅助人在审判中和上诉中的参与。

a）正如刚刚所阐述的，辅助人有提出控诉的独立的权利，故法律自然必须赋予他们必要的权力，以在审判阶段实现其权利。因此，首先《刑事诉讼法典》第415条保证他们有一项概括性的辩论权，尽管代理人的缺席——除非在非经自诉不得进行刑事程序的情况下——并不导致中止或押后庭审（第417条第3款），且辅助人原则上并不是必须到场（第420条）。辅助人可能在调查证据过程中的任何时刻被要求作出声明（第428条），但其有权对证人进行讯问和反对讯问（第435条）。可见，辅助人在此阶段的参与是完全创设性的，他们被授予了处分诉讼标的的最广泛的可能性。当对审判阶段进行专门研究时会进行更详细的阐述。[63]

b）根据第35007号法令第4条第2段第3款的规定，辅助人有权限就确定起诉批示[64]和终结诉讼程序的判决或批示提起上诉，即使检察院没有这样做时亦然。但该原则受到该条第4段中规定的限制，根据该段，"如辅助人就不同于检察院控诉标的的事实提出控诉，而法官已经受理了检察院的控诉，则不得就法官的这一裁判提起上诉"。但正如第3条唯一款能充分表明的，这一限制仅对不取决于自诉的诉讼程序有效。但即便如此，其含义远没有实现单义化。面对同一性原则、不可分割原则和刑事诉讼程序标的

63　参见本书第二卷。

64　如前所述，这是如今存在的唯一一种起诉，因为第185/72号法令已经废除了"临时起诉"。

穷尽原则，显然，仅当辅助人控诉中指出的事实不会再成为与检察院控诉中所指出的相同的诉讼标的，这一限制才有好处。[65] 但是，面对前述辅助人控诉的独立性特征，这一限制只可能意味着，如果辅助人和检察院在他们的控诉中指出了不同的诉讼标的，辅助人不得就法官受理检察院控诉的裁判提起上诉，但可就法官不受理自己的控诉的裁判提起上诉。[66]

第十六节　受害人以及在刑事诉讼程序中裁定对损失和损害给予弥补

参考文献：

Nunes de ALMEIDA, *Natureza da reparação de perdas e danos arbitrada em processo penal*, ROAdv 29 (1969) 5.

AMBROSIUS, *Für und wieder Adhäsionsverfahren*, GS 107/143.

E. CAPALOZZA, *Aspetti problematici e prospettive di riforma del' istituto della parte civile*, Studi Petrocelli I (1972).

Pereira COELHO, *Culpa do lesante e extensão da reparação*, RDES 6/84.

Figueiredo DIAS, *Sobre a reparação de perdas e danos arbitrada em processo penal*, sep. dos Estudos Beleza dos Santos I (1966).

E. FERRI, *Sociologia criminale* n. 88 e *Principi di diritto criminale* (1928) 577.

J. FOYER, *L' action civile devant la juridiction repressive*, Quelques aspects de l' autonomie du droit pénal (1956) 320.

H. GLOSS, *Die Schadloshaltung des Verletzten*, Materialen zur Strafrechtsform II (1954) 282.

H. - H . JESCHECK, *Die Entschädigung des Verletzten nach deutschen Strafrecht*, JZ 1953/591.

E. KERN, *Die Busse und die Entschädigung des Verletzten*, Mezger-Fests. (1954) 407.

H. KÜHLER, *Die Entschädigung des Verletzten in der Rechtspflege*, Z 71 (1959) 625.

65　参见本书前文第四节 III 2，以及本书第二卷。

66　载于 JRel 15/234 的科英布拉中级法院 1969 年 1 月 31 日的合议庭裁判中认为，"如果辅助人控诉书中的某些事实没有在检察院控诉书中出现，而检察院的控诉已获受理，则该辅助人不得就不受理其控诉的批示提起上诉"，这一见解在笔者看来是没有道理的，除非根据辅助人没有正当性就检察院未指控的公罪提出控诉的思想，否则前述见解无法被接受。

J. LARGUIER, *Action individuelle et intérêt générale*, Études Hugueney（1964）87.

A. LÉGAL, *Les garanties d'indemnisation de la victime d'une infraction*, Études Hugueney（1964）35.

N. LEVI, *La parte civile nel processo penale italiano*（1936）.

NAGLER, *Das Adhäsionsverfahren im geltenden Recht und im Entwurf des Strafverfahrensordnung*, GS 112/308 e 113/1, 177.

OETKER, *Nebenklage und Adhäsionsverfahren*, GS 105/177.

Simões PEREIRA, *Cumulação da acção civil e da acção penal*, BMJ 89/333.

E. SCHAEFFER, *La faute de la victime et la réparation*, Quelques aspects…, cit.

A. SCHÖNKE, *Beiträge zur Lehre von Adhäsionsverfahren*（1935）.

Vaz SERRA, *Tribunal competente para apreciação da responsabilidade civil conexa com a criminal. – Valor, no juízo civil, do caso julgado criminal. Garantias de indemnização*, BMJ 91/147.

Dias da SILVA, *Estudo sobre a responsabilidade civil conexa com a criminal*, 2 vols.（1886 – 7）.

TOEWE, *Der Adhäsionsverfahren*, GS 106/85.

M. VERDIER, *La réparation du dommage matériel en droit pénal*, Quelques aspects…, cit. 352.

J. VIDAL, *Observations sur la nature juridique de l'action civile*, RScCrim 1963/481.

T. WÜRTENBERGER, cit. na Bibl. do § 15.

I 受害人与"依附程序"

1. 在很多案件中，刑事违法行为的实施不仅会对社会的基本法益造成侵害或带来危险，而且会侵害某些人的财产性民事权利/民事财产权——如前所述，[1] 这些人也被包含在被害人的广义或延伸概念之内，从这个角度，可以将他们称为因违法行为（在民法上的）的受害人。最常见的情况——也是唯一一种我们的法律考虑的情况，见《刑事诉讼法典》第 29 条——是，违法行为使受害人享有获得损害赔偿［在新《民法典》以前，我们的法律通常将此称为"损失及损害赔偿"（indemnização por perdas e danos）］的民事权利；但这并不一定是唯一情况，还很有可能以刑事违法行为为依

---

1 本书前文第十五节 I 2。

据，提出代替或伴随损害赔偿请求的任何其他财产性质的请求，[2] 尤其是返还（Restituição）请求。

根据其本身的性质，对这样一个请求的实体上的和程序上的处理应当属于民法和民事诉讼程序范畴。但是，在经历了刑事与民事诉讼程序"混同"（confusão）的原始阶段以后，[3] 一些国家的立法采纳了两种诉讼程序绝对独立的制度——且这一取向体现了最根深蒂固的个人主义，因此在盎格鲁-撒克逊法中相当传统——而大多数国家则转向构建各种依附制度（sistemas de adesão），共同的和基本的轨迹是有将民事诉讼附于刑事诉讼程序的可能性（甚至强制性），允许（甚至强迫）刑事审判权（jurisdição）就民事诉讼的标的至少在一定程度上作出决定。这样的制度存在的理由在于"引起两个诉讼的事实具有倾向于吸附的性质"，关注那些"从刑事视角看与民事损害赔偿相关的有用的效果[4]"。

简单说，有些国家的制度，如法国、德国和意大利，主要考虑的是，如果在某一诉讼程序中处理有关请求，例如在刑事诉讼程序中，但该程序并不是专门为此办理手续设计的，由此可能对受害人民事权利的完全实现带来哪些危险，因此这些国家将依附制度与称为择一（alternatividade）或选择（opção）的原则结合起来：受害人自由地选择或者民事管辖权或者刑事管辖权来审理其因有关违法行为而产生的民事请求，从而产生了"选择一种方式后则不能再诉诸其他"（una via electa non datur recursus ad alteram）的原则。[5]

不同的是，其他一些制度——如 1921 年《费里草案》、1929 年《墨西哥刑法典》、《挪威刑事诉讼法典》和《奥地利刑事诉讼法典》中所选择的制度[6]——考虑到那些通过落实因某一犯罪而产生的损害赔偿将获得满足的特定的社会需求，规定该裁定具有依职权性，甚至将之视为真正的公共处罚的一部分（parte da pena público）[7] 和刑事镇压的一个重要时刻，故该裁定与所科处的刑罚密不可分，随之而来的是规定民事诉讼依附于刑事诉讼

2　《意大利刑事诉讼法典》第 22 条中所使用的表述方式就使人们注意到这一点。

3　参见本书前文第二节 I 1 和 2 以及 Figueiredo DIAS, cit. 8。

4　Eduardo CORREIA, *Proc. crim.* 215, 详见 Figueiredo DIAS, cit. 9 s.。

5　关于这一问题的详细阐述，见 Figueiredo DIAS, cit. 11 ss.。

6　详见 Figueiredo DIAS, cit. 22 ss.。

7　从这个视角上命名损害赔偿的，见 A. SCHÖNKE, cit. 144 ss.。

程序以及在作出有罪判决的情况下就损害赔偿进行裁定的强制性。

《刑事诉讼法典》中所创设的制度即明显属于此种情况，该法典第 29 条规定，"以因某一应受处罚且其行为人须负责任的事实而产生的损失和损害为依据的赔偿请求，应在进行刑事诉讼的程序中提出，仅在本法典规定的情况下方可通过在民事法庭提起的诉讼独立中提出该请求"。而第 34 条正文部分规定，"在作出有罪判决的情况下，法官须裁定给予被害人一定金额，以弥补损失和损害，即使无人提出此声请时亦然"。

2. 像这样一个民事损害赔偿请求在程序上依附于刑事诉讼程序的制度，可以对其理论和实践依据简要地概括阐述如下。

作为基础的理念——为意大利实证主义法学派所宣扬，尤其是费里（FERRI）[8]——是存在于罪犯必须对其因犯罪造成的民事损害作出弥补之中的社会利益：因不法行为的损害（exdelicto）在本质上不同于因契约的损害（ex contracto）和继续存在于任何刑事违法行为中的损害，出于社会防卫的利益，应当始终并且必须对其作出弥补，因此，尽管理论上这不是一种刑罚，但在任何情况下它都构成一种弥补性的制裁（sanção reparatória），而由于该制裁的产生有关违法行为的必然结果，故所处以的制裁"不仅是为了对受害的当事人进行合理的弥补，而且也要足以制裁这一违反刑法的行为"。

从这个角度看，最适于实现前述职能的诉讼制度，一定是规定民事请求在程序上必须具有依附性，且必须对损害赔偿作出裁定的制度，这不仅因为损害赔偿所关系到的那些具有高度公共性的利益和职能，而且还因为，这样将以最好的方式履行诉讼经济、保护受害人和助力刑法的镇压功能等合理的要求。[9]

Ⅱ 在刑事诉讼程序中裁定的对损失和损害的弥补的性质

1. 从与择一或选择原则相关联的依附程序（processo de adesão）的视角看，关于在刑事诉讼程序中裁定的弥补的性质，应该不会——且事实上也确实没有——产生任何能找到依据的怀疑：该弥补是对损失和损害的一种真正的和适当的赔偿，纯粹是民事性质的。这一结论的得出，无疑或多或

---

8 E. FERRI, *Principii di diritto criminale*（1928）577 ss.，585 以及 *Sociologia criminale* n.°88。

9 更多详细的阐释，见 A. SCHÖNKE, cit. 145 ss.；OETKER, TOEWE, AMBROSIUS 和 NAGLER, cits.；Vaz SERRA, BMJ 91/156 及 Simões PEREIRA, BMJ 89/336 s.。

少地是因为一些情况，例如，处理民事请求时，有关刑事法庭须遵守民事诉讼程序和实体民法中的基本原则（前者如 "/ne procedat judex ex officio" 和 "法官不为超出当事人请求之裁判/ne eat iudex ultra petita partium"，后者主要指与 an 和 quantum respondeatur 的确定有关的），而作为结果，对民事请求进行审理的有罪刑事裁判要成为裁判已确定的案件，必须符合法律赋予民事判决以该效力时须具备的条件。

但是，当各国立法——包括那些没有采纳民事请求在程序上依附于刑事诉讼程序的纯粹的制度的国家——在处理民事请求时开始背离民法和民事诉讼的一般原则，尤其是规定在刑事诉讼程序中依职权处理被害人有权获得的就损失和损害的弥补的可能性时，[10] 所勾勒的框架并不停止因而转变。如果将该弥补视为判罪的一个刑事效果（efeito penal），则该框架甚至可能完全颠覆成为一个真正的民事请求在程序上有依附性的制度：在这里，很容易理解的是，在处理弥补的问题时并不必须适用民法和民事诉讼的一般原则，而是可以（至少在一定程度上）适用刑法和刑事诉讼自身的原则；正是因此，刑事诉讼程序中裁定的弥补并不必须与民事诉讼程序中裁定的损害赔偿相一致；相应地，在刑事诉讼程序中裁定的弥补并不必须依据民事诉讼程序的有关规定形成裁判已确定的案件。

2. 在葡萄牙，尽管有已经指出的问题，但占主导地位的理论方针倾向于认为，在刑事有罪判决中作出的给予受害人弥补的裁定，实际上是一个民事裁判——对损失和损害的一次真正的民事赔偿。[11] 毫无疑问这是主流的观点，但我们认为它还远远不是最好的。[12]

支持主导方针的，当然可以援引《刑事诉讼法典》第 29 条的字面内

---

[10] 显然这正是奥地利立法中的做法，其中的原因见 A. SCHÖNKE，cit. 117 ss. 中的解释。事实上，正是在此基础上，奥地利立法否认在刑事诉讼程序中裁定的弥补必然对民事诉讼构成裁判已确定的案件（《奥地利刑事诉讼法典》第 372 条）。参见 Figueiredo DIAS，cit. 23 s.。

[11] 同样的观点见 Cavaleiro de FERREIRA I 137 e 142；Vaz SERRA，BMJ 91/196；Gomes da SILVA，*O dever de prestar e o dever de indemnizar*（1949）109 ss.；Pereira COELHO，RDES 8/84 ss.；Nunes de ALMEIDA，ROAdv 29（1969）25 s.。

[12] 正如笔者在所引的研究中所努力展示的，在该研究中，笔者遵循最高法院司法见解中所描绘出的路径（参见所引研究，26 s.），以及 Eduardo CORREIA I 16 nota 2 中所表达出的疑问。笔者的观点后来在 Castanheira NEVES 179 ss. e 190 ss. 中获得了支持和强化，该学者比笔者（尤其参见后文 IV 部分）走得更远，他强调，仅当刑事诉讼程序中所裁定的弥补具有专门的刑事特征时，依附制度才真正有意义。

容，其中确认损害赔偿的民事请求在刑事诉讼程序中有效，[13] 但该论据并非本身即有决定性，因为虽然指出了该请求的性质，但关于刑事法庭最后可能对此请求给出的答复的性质，即在刑事法庭裁定的弥补的性质，则只字未提。而对于那些认为答复的性质假如不同于请求是一种不能解释的/莫名的不协调的人，必须要记住，这完全类似于，刑事法官由于应当宣告有关违法行为无罪而未裁定弥补，尽管也许发生损害赔偿以及由此产生的民事请求是有充分依据的！然而这只展示了那个在黑克（Ph. HECK）的调查后很多人不会再忘记的事实的充分依据，这个事实就是，法律生活的利益[14]如果不常常与这些结构的最美丽和最优雅的形式（因此是空洞的）逻辑相结合，则必须拆开那些织造得最好的图样的针脚。

而占主导地位的论点，如果没有充分的实质性的论据来支持它，肯定有反对它的站得住脚的动机/疑虑，除非以坦率的态度反抗该制度中的无可辩驳的情况，反抗制定该制度的立法者，则无法消除这些疑虑。

属这种情况的/有这样问题的，首先，人们不得不承认，正如我们所看到的，既然依附于刑事诉讼程序的民事诉讼并不因此而失去其严格的民事性质，则应当继续受到——至少基本上——民事诉讼程序规定的规范。从这个观点看，首先会感到奇怪的是，第 34 条不承认在民事诉讼中达成和解的可能性，而且更重要的是，通过要求刑事法官必须裁定弥补，"即使并无提出这样的声请"，违反了民事诉讼程序的一项不能触碰的原则，即请求的必要性（*necessidade do pedido*）原则。怎么可以认为，即便如此，这是一个在刑事诉讼程序中处理的纯粹的民事诉讼呢？[15]

其次，第 34 条将弥补视为刑事定罪的一种必要的——也是自动的——效力（第 450 条第 5 款也表明了这一点），根据该效力——尽管现代民法理论有扩大民事损害这一概念的趋势——首先要否认的是，作为刑事弥补的基础的损害可能完全就是作为民事责任基础的同一损害：后者的范围无论

13　其他一些价值和重要性较低的论据，参见 Figueiredo DIAS, cit. 29 ss.。

14　可能有人会问，此处所指的是哪些利益（例如 Nunes de ALMEIDA, ROAdv 29 [1969] 17）。答案是清楚的：尽管弥补具有刑事特征，而请求具有民事性质，法律仍然规定请求必须依附于刑事诉讼程序，因为请求与弥补可以相互协调——在这种情况下，将会产生显著的诉讼经济。显然，只要弥补与民事损害相当，不管其具有刑事特征还是民事性质，都可以使受害人获得补偿：不管是哪一种情况，100 康托（contos，旧时葡萄牙货币——译者注）就是 100 康托。参见后文 3 部分的阐述。

15　这一论据随着葡萄牙法律的历史演进而明显强化。参见 Figueiredo DIAS, cit. 32 s.。

如何扩展，永远不及前者广泛。[16]

最后，尤其重要的是，第 34 条第 2 款表明，对刑事弥补和对民事损害赔偿的评价标准是不可避免地不同的。据了解，事实上，对于民事损害赔偿，损害的标准继续具有决定性，当所涉及的是物质损害时，以所谓 "区别理论" 为基础，[17] 而当所涉及的是非财产损害时，则以适当的 "补偿" 或 "赔偿"（satisfação）的思想为基础。[18] 不同的是，在刑事责任的问题上，如今在葡萄牙有效的——可以说没有限制[19]——是罪过原则，不仅适用于罪过的抽象确定，也适用于其具体确定。

那么，对确定在刑事诉讼程序中裁定的弥补的数额起支配作用的，是罪过标准而非损害标准，首先能表明这一点的是第 34 条第 2 款，其中规定首要考虑的是违法行为的严重性，而非因该违法行为导致的财产和非财产损害。

而这并不是要反对这一观点，认为它将会被现行的《民法典》所超越，该法典在民事责任的问题上，将损害置于与侵害人的过错相关的地位，这样就将民事责任的标准与刑事责任的标准等同起来：既然《民法典》第 494 条规定，当责任是因过失（negligência 或 mera culpa）而产生时，允许按衡平原则以低于所生损害之金额定出损害赔偿，[20] 那么同样可以视为事实的是，不仅民事过错的思想不能被用来排除关于无过错责任（客观责任或风险责任：第 499 条及后续条文）甚至因合法实施而生之责任（第 339 条第 2 款、第 1347 条及后续条文以及第 1367 条及后续条文）等众多情况的存在，而且，民事责任中对过错的要求也无论如何无法与作为刑法中罪过概念的

16　Figueiredo DIAS, cit. 34 ss.

17　对此，可参见 Pereira COELHO, *O problema da causa virtual na responsabilidade civil*（1955）262 ss., Vaz SERRA, BMJ 84/14 e 170, 根据新《民法典》的论述，见 Antunes VARELA, *Das obrigações em geral* 2（1973）762 ss.。

18　关于这一点，参见 Pereira COELHO, *Causa virtual* 270 及注释，Vaz SERRA, BMJ 83/84 s. 及 Antunes VARELA, *Obrigações* 483 ss.。

19　参见 Figueiredo DIAS, *O problema da consciência da ilicitude* 167 及注释，其中有相应的说明。见《刑法典》第 26 条、第 27 条、第 44 条第 7 款和第 84 条。对此提出反对，但在笔者看来毫无道理的观点，见 Nunes de ALMEIDA, ROAdv 29（1969）22 ss., 该学者认为，葡萄牙的《刑法典》继续——如今仍然如此——承认客观刑事法律责任的最广泛的范围，例如包括全部因过失而产生的责任！不应忘记的是，在刑法上接受任何 "抽象罪过" 的思想，其实都纯粹、完全相当于承认 "客观" 或 "结果上的" 刑事责任；在此意义上，参见 Figueiredo DIAS, *Responsabilidade pelo resultado e crimes preterintencionais*（1961）126 e passim e *Crime preterintencional, causalidade adequada e questão-de-facto*, RDES 17（1970）266 及注释 11.。

20　关于这一点，比较晚近的论述见 Antunes VARELA, *Obrigações* 768 s.。

前提条件的那些要求相符合，因为后者的个性化色彩要远远强于前者。[21] 由此我们必须得出的结论是，尊重《刑事诉讼法典》第 34 条第 2 款规定的应有之义，在刑事诉讼程序中所裁定的对损失和损害的弥补，其金额可以而且往往不同于——可能高于也可能低于——假如以民事损害赔偿的名义将会裁定出的金额。

于是应当承认，根据葡萄牙现行的刑事诉讼法，在刑事诉讼程序中所裁定的对损失和损害的弥补是判刑的一种刑事效果——《刑法典》的 75 条第 3 款的规定即清楚地表明了这一点——严格说来是"公共刑罚的一部分"，不管在其目的上还是在其基础上，它都不同于民事损害赔偿，所定的弥补金额也并不必然要与损害赔偿的金额相一致。诚然，《刑法典》第 128 条——根据通过第 184/72 号法令对此法典进行修订后的版本——规定，"对与犯罪事实相联系的民事责任的归责和酌科，由民法规范"。但如果我们考虑到，这一法律条文不过是《刑法典》旧的第 127 条的翻版，则不难承认，其本意绝对并非要废止《刑事诉讼法典》第 34 条的规定，因为有必要认为我们所捍卫的理论如今应当被削弱。

3. 现在我们有能力就在本框架下出现的最大的实际问题做一决定，正如在之前的阐述中已经有所灌输的，这个问题即是：如果受害人认为刑事诉讼程序中所裁定的对损失和损害的弥补不足，无法涵盖其因有关犯罪事实所遭受的且在民法上属可赔偿的损害，则是否仍可在其后诉诸民事诉讼程序？在此意义上，所作出的刑事判罪对于与所裁定的弥补有关的民事管辖权而言，是否形成既判力？

有批评意见在以此方式提出问题后，认为这陷入了"概念法理学"的一种典型的瑕疵，使对这些实际问题的解决办法产生自刑事诉讼程序中所裁定的弥补所被赋予的法律性质，这样的评论太过轻率，而且也是不公正的。此处所面对的，显然并不是从理论争议中选择一种立场，并由此出发来解决法律实践中出现的问题，而是要从法律本身赋予某一制度——具体

21　对于民法中这一概念的个性化色彩较弱，最有力的证据之一体现在现行《葡萄牙民法典》（第 487 条第 2 款）所采纳的"抽象"过错（culpa in abstracto）中，这不仅适用于合同责任，也适用于非合同责任，其评价标准是抽象的一类人，因此与一种客观过错相联系，以此客观过错来设想行为错误。参见 Antunes VARELA, *Obrigações* 450 ss., 454 ss.; Pereira COELHO, *Causa virtual* 295 以及 Vaz SERRA, *Culpa do devedor ou do agente*, sep. do BMJ 68, 19 中所引全部参考文献。关于文中所汇集的全部问题，参见 Figueiredo DIAS, cit. 38 ss., 44 ss.。

到此处，即指在刑事诉讼程序中裁定对损失和损害的弥补的制度——的结构所必然要求的目的论上的后果中找到该等问题的解决方案。

另外要注意的是，可能导致否定在此情况下的既判力的理由可能是非常强烈的，以致即使在各国立法中也不至于——葡萄牙立法却达到了——将刑事诉讼程序中裁定的弥补视为"公共刑罚的一部分"。奥地利立法者的做法是，[22]考虑到允许在刑事诉讼程序中依职权解决对被害人的损害赔偿的问题这一事实，该国《刑事诉讼法典》第 372 条规定，"当受害一方当事人认为刑事审判中所裁定的对其的损害赔偿不能补偿其所遭受之损害时，有诉诸民事法庭的权能"。类似地，1877 年《挪威刑事诉讼法典》第 440 条第 Ⅰ 款规定，"应受害当事人的请求，检察院可负责主张其民事性质的理由"，并接着在第 Ⅱ 款中规定，"当受害人没有提出该等请求时，前款规定仍有效，但当有理由认为受害人并不想在刑事案件中主张其理由时除外"。不过，该法典接着在第 446 条中规定，"如受害当事人不满足于有关裁判，且该裁判并非应其请求或经其同意而作出的，则该当事人可在民事审判中主张其理由"。

于是，鉴于葡萄牙在刑事诉讼程序中裁定对损失和损害进行弥补的制度的各项特征，对于是否赋予其以相对于有关民事审判的既判力的问题，似乎可以得出如下推论。[23]

如果受害人在刑事诉讼程序中提出了其获得民事损害赔偿的请求，而所裁定的弥补与此请求相一致，甚至金额高于该请求（出现这种情况可能是因为，法官在具体案件中从刑事角度考虑到了预防和镇压犯罪等要求），则对受害人而言，已不存在任何具法律意义的诉之利益，[24]无法赋予其之后诉诸民事诉讼程序以正当性。

同样地，当受害人未提出损害赔偿请求而法官在刑事程序中裁定弥补，则受害人往往是对此弥补满意的——这可能是因为部分地放弃了民法所赋予其的权利，也可能是因为在具体案件中，确定损害赔偿的民事法准则与关于弥补的刑事法准则相一致——此时也适用于前述理论。在所有此类情

22　见前注 10。

23　关于下面的内容，参见 Figueiredo DIAS, cit. 51 e s. e 27, nota 45. 相同的意思，参见 Castanheira NEVES 201 ss. 。

24　只不过，正如 Castanheira NEVES 203 中所指出的，"此处甚至无从谈起程序上的没收"（Verwirkung）。

况下，将避免受害人再诉诸民事审判，因为此时其已拥有一种能够最方便和更迅速地实现其损害赔偿请求权的手段，而且通过弥补而突出的刑罚的这一辅助功能已经实现了。

但是，当受害人没有在刑事诉讼程序中提出其损害赔偿请求时，或者虽有提出，但其请求没有通过所裁定的刑事弥补而获得完全承认时，如果阻止之后由民事法庭对这一基于相同依据提出的损害赔偿请求进行审理，则表明在有关利益的目的论秩序方面忘记了前面刚刚作出的阐述，即在刑事诉讼程序中裁定的弥补的金额是可以低于依据民法所能获得的损害赔偿的金额的，因此，这种做法甚至没有履行民法赋予损害赔偿的职能。换句话说，这意味着受害人被剥夺了一项民法赋予其的权利……仅仅因为诉讼法规定其须在刑事法庭提出其损害赔偿请求，[25] 因为其所遭受的、作为其前述权利之依据的损害事实同时也是一项犯罪！

于是，在所冲突的利益层面，法律上所要求的后果是，在该等情况下，允许受害人之后再诉诸民事诉讼程序，以便在此程序中根据可适用的民事法律准则修改所裁定的弥补的金额。正如最高法院在其 1955 年 5 月 10 日的合议庭裁判中所十分准确地指出的，[26] "关于民事诉讼程序中损失和损害的赔偿，裁判者必须考虑刑事诉讼程序中已有的内容，既要在订定损害赔偿时考虑在犯罪中所定的金额……而且，当所订定的损害赔偿高于已在犯罪中确定的金额时，还要决定是否必须将前者的金额缩减到后者的金额。这发生在数额增加的情况，因为如果必须维持已定的金额，则应当为之"。[27]

与刚刚阐述的这一观点相反的观点认为，判罪的刑事判决中裁定对损失和损害进行弥补的部分，并不总是对有关民事审判具有既判效力，对此

---

25 从这一观点出发，可以论证 Cavaleiro de FERREIRA Ⅰ 141 中对笔者所辩护的立场的指责，该学者强调，按照这一立场，"将会出现损害赔偿的数额取决于程序性原则而非实体性原则这样一种异常的可能性"。

26 BMJ 49/326。而反对的观点见 1957 年 10 月 8 日的最高法院合议庭裁判，BMJ 67/400。对与此问题有关的司法见解的更详细的说明，参见对 BMJ 67/400 中所引第二个合议庭裁判的注释。

27 这样就可以说，这导致出现矛盾审判的可能性产生，而根据 RLJ 62/228，这种可能性正是依附程序所想要极力避免的。但是，即使这一论据在一定意义上、在一定程度上是可以考虑的，是形式上有效的，但笔者认为，从实质的观点看，仍不应赋予该论据以重大的价值。事实上，一旦已经裁定刑事上的弥补，则在面对新的损害赔偿请求时，民事法庭要么不受理该请求——这与刑事裁判完全不矛盾，而且只是表明该弥补已经考虑了所有在民法上应被评价的损害——要么承认所提出的请求，但要考虑已经裁定的弥补的金额。于是这仅仅表明，在具体案件中，确定民事损害赔偿的标准远比确定刑事弥补的标准要更为宽泛，但这丝毫不妨碍先前所作裁判，即刑事裁判的威信。

可以作为论据的是对《刑事诉讼法典》第 153 条的必要的延伸解释（这是大多数学者的观点，而他们又都是因为受到了贝莱扎·山度士的教化的影响[28]）。事实上，该法典中规定，"在刑事诉讼中所作出的确定判罪，不论在应收处罚之事实是否存在以及如何定性的问题上，还是在确定行为人的问题上，都构成已确定的裁判，包括其中所讨论的权利取决于有关违法行为的存在的非刑事诉讼"。但是，有人认为，既判力并不局限于上述已提及的几个方面，而是至少还必须涵盖所科处的刑罚，以及刑罚的效果；而我们知道，这些效果中就包括《刑法典》第 75 条第 3 款所规定的对被害人的损害赔偿。

简单说，即使认为对第 153 条的延伸解释是正确的，也绝对不会影响到上面所提出的结论。作为刑罚的效果而获得既判力的，是所裁定的刑事弥补，而如前所述，该弥补并不必然与受害人可能有权获得的民事损害赔偿相一致，因此不能被包含在已确定裁判的刑事案件的既判力中。[29]

Ⅲ　特别情况

1. 直到现在，我们所探讨的还只是那些民事责任与刑事责任之间的联系可适用于《刑事诉讼法典》第 29 条所规定的一般规则的情况。但对这一一般规则，法律作出了两项修正，可以肯定的是，它们是从不同的方向进行的修正。

a）损害赔偿的民事请求附属于刑事诉讼程序这一一般原则的一个真正的例外——是从择一或选择原则的角度提出的例外——是由第 30 条第 1 款的规定所确立的，根据该款规定，允许直接和独立地向民事法庭提出损害赔偿请求，而不是必须遵守刑事诉讼程序的某一阶段或效力（正如我们马上将在第 2 款的规定中看到的）。这样，根据该条第 1 款的规定，"如有关刑事诉讼为非经自诉或非经告诉不得进行刑事程序的案件，则可自由地提起民事诉讼，但是，如果提起了民事诉讼，则有关刑事诉讼因此而终止/消灭"。因此，是损害赔偿请求所依据的犯罪的性质——其私罪或半公罪性质——为一般制度的例外提供了理由。另外，值得注意的是，不仅一旦独立地提起民事诉讼，则有关刑事程序自动（ipso facto）消灭，而且民事诉讼

---

[28]　RLJ 63/6.

[29]　对此作出的准确阐述，见波尔图中级法院 1968 年 3 月 15 日的合议庭裁判，载于 JRel 14/342。

中的和解将在该等情况下阻碍后来实行刑事诉讼（第31条）。[30]

　　在第30条主体和第2款规定的情况下，则不能说它们是该原则的真正的例外：根据该条主体部分的规定，"对无须经自诉或告诉即可进行刑事程序的刑事违法行为，如检察院没有在接获检举后六个月内提起刑事诉讼，或刑事诉讼在六个月内没有进展，或当有关诉讼程序被归档，又或被告在刑事诉讼中被判无罪时，可就有关违法行为所造成的损失和损害，单独向民事法庭提起民事诉讼"；而根据该条第2款的规定，"如已经就非经自诉或告诉不得进行刑事程序的违法行为提起了刑事诉讼程序，则仅当刑事诉讼程序六个月或以上无进展，而控诉的当事人对此并无过错时，或当诉讼程序已归档，又或被告已被宣告无罪时，方可另外单独提起民事诉讼"。在该等情况下，事实上，已经不再继续存在民事请求对刑事诉讼的某种依附关系，因为仅当其中有瑕疵时才会使之从刑事诉讼中脱离出来，而在民事审判中提出和审理。[31]

　　b）与此不同，对于以《道路法典》中所规定的违法行为为标的进行的刑事诉讼程序，还存在着一种比通常的依附更加深入的依附，因为该法典第67条规定，可以强制要求对向嫌犯归责的事实只负有民事责任的人必须参加有关刑事诉讼程序。[32]

　　2. 容易理解，也毫无争议的是，在上述任何一种特殊情况下，之前所描述的在因犯罪事实而产生的刑事诉讼程序和民事诉讼之间的关系的框架都被大大地改变了。但仍有待解决的问题是，在法院所裁定的弥补的性质的问题，和刑事判罪判决对民事审判的既判力的范围问题上，之前所主张的理论是否会因这一改变而成为疑问。

　　在前所指出的第一种例外情况下——即那些在葡萄牙要适用选择原则的情况，以及广义上的私罪的情况——如果受害人选择了通过民事途径来提出其损害赔偿请求，则不会明显地出现上面的问题。但是，如果受害人选择了刑事途径，因此使其民事请求依附于针对私罪提起的刑事诉讼程序，

---

[30]　至于在这一独特角度上所提出的一些特别问题，参见 Cavaleiro de FERREIRA Ⅰ 138 s.。

[31]　对此，还可参见 Eduardo CORREIA，*Proc. crim.* 214。

[32]　关于这一点，参见 Cavaleiro de FERREIRA Ⅰ 80 s. e 140 s.；Simões PEREIRA，BMJ 89/333 ss.；Vaz SERRA，BMJ 91/150 ss.，em nota；e Moitinho de ALMEIDA，*A acção civil em processo penal. Subsídios para a revisão do Código da estrada*，ScIvr 18（1969）。关于法国法中的情况，参见 G. CHESNÉ，*L'assureur et le procès pénal*，RScCrim 1965/283。

而在该程序中作出了有罪判决，此时如何处理？

笔者认为，即使在此情况下，主张《刑事诉讼法典》第 34 条的规定不可适用于评估是否可以、在何种程度上提出损害赔偿请求，并主张不同地适用民法和民事诉讼法对该等事宜的规定，也并不是一种冒险的做法。能够对此提供充分理据的，是我们之前已经强调过的，我们所面对的是刑事诉讼程序，它所涉及的是不可处分的标的，在本质上构成一种当事人的诉讼程序，因此受到当事人的有效表达出的意思的约束。

比较难找到解决办法的是在第二种情况下出现的问题，在此情况下，民事请求依附于、依赖于刑事诉讼程序的原则非但没有削弱，反倒得以增强。而由于民事诉讼和刑事诉讼各自本身的性质，它们之间的关系也因此而大大地改变。诚然，从民法的视角看，原则上不值得以所有的事宜都是由基于风险的客观责任原则掌握这一事实作为论据[33]——这是因为，正如葡萄牙最高法院的司法见解中所准确地强调的，[34]《道路法典》第 67 条仅仅适用于有刑事责任的情况，因此，必然是嫌犯有罪过的情况；如果只有客观民事责任，则将适用第 68 条的规定，因此不应在刑事法庭中审理这一问题。另一方面，可以肯定的是，第 67 条第 1 款表明将适用"《刑事诉讼法典》第 29 条至第 34 条的规定"，但马上又将"以下各款中所规定的修改"作为例外。然而——这才真正是问题之所在——考虑到这些修改，以及学理上和司法见解中（以及法律本身：《民法典》第 503 条及后续数条以及《道路法典》第 56 条及后续数条）在此事宜上对民事责任本身所引入的修改，[35]是否有理由在此处将刑事诉讼程序中所裁定的弥补的刑事特征剥离？

对于违法行为的嫌犯、行为人或共同犯罪人，笔者找不到有任何理由排除《刑事诉讼法典》第 34 条第 2 款的适用：之前所讨论的，关于在刑事诉讼程序中裁定的弥补的特征和性质的内容，完全适用于有关违法行为属导致《道路法典》中所规定的程序的违法行为的情况。但是，对于须在民事上负责任之人，由于事物本身的性质，显然判令其承担任何刑事上的弥补都是绝对荒唐的，因此，对于这样的须负责任之人，法庭必须通过真正的损害赔偿的民事诉讼作出宣判。

33　详见 Antunes VARELA, *Obrigações* 529 s. 。

34　参见最高法院在 1966 年 11 月 2 日、1967 年 7 月 26 日和 1970 年 3 月 11 日的合议庭裁判，见 BMJ 161/318, 169/190 e 195/45。

35　对此的详细阐述，见 Antunes VARELA, *Obrigações* 529 ss. ，且其中列出了详尽的参考文献。

我们在此处所主张的二元的解决办法——刑事法庭必须裁定对被害人作出刑事上的弥补，作为判罪的效果之一，以及可能判令民事上须负责任之人承担一项不同的民事损害赔偿——一点儿也不令人震惊，而且也不失于符合法律规定，因为第 67 条已经明确地区分了嫌犯在诉讼程序中的参与和须负民事责任之人的参与。至于所裁定的刑事弥补与民事损害赔偿之间的关系，并不是特别复杂：以民事损害赔偿的金额为限，在民事上须负责任之人将会确实承担责任；从此向上，责任的实现仅仅由嫌犯承担。[36] 笔者相信，只有通过这种形式，才有可能协调《刑事诉讼法典》第 34 条与《道路法典》第 67 条的规定，使它们融入同一个协调的、无实质矛盾的体系。

IV 应然法层面上的问题

1. 研究了因同一犯罪事实产生的民事诉讼和刑事诉讼程序之间的关系的制度的基本特征，以及葡萄牙现行法律赋予该制度的结构和指导方针以后，考虑到该问题对于准确地理解刑事诉讼法的精神的巨大重要性，笔者认为可以讨论一下，在即将进行的对这一方面的改革中应被视为基本含义的内容。我们将会得出结论，有必要在很多问题点上——而不是那些不那么重要的问题点——修改现行的制度，但得出这样的结论显然并不意味着笔者不再坚信刚刚在实定法层面所主张的那些解决办法的正确性。另外，显然，除了将要建立的制度的一些基本轨迹（traços）外，这一问题并不能在此处获得重视，然而，在此事宜上，规范的细节却往往呈现出最大的实践重要性。最后笔者想提醒注意的是，我们要始终保持关注，直到能够对现有制度作出描绘而不会带来明显的诉讼政策上的不便。[37]

---

36 机动车保险单中所通常包含的一个条款的理据即在于此，根据该条款，保险人不承保刑事责任，而仅承保民事责任。

37 关于德国法学家在应然法层面上提出的建议，尤其可参见 A. SCHÖNKE, cit. 145 ss.，这是一部基础性的著作，以及之后的 OETKER, TOEWE, AMBROSIUS 和 NAGLER, cits.。时至今日，这些建议仍然在刑事诉讼程序与民事诉讼的关系问题上引发着就笔者所知最广泛的讨论，当有人想要提出在此领域进行一次全面的改革时，不能忘记这些建议。葡萄牙学者对此问题的见解，尤其可参见 Vaz SERRA, BMJ 91/147 ss. 中的研究。注意，"对刑事违法行为的受害人的损害赔偿"问题恰恰是 AIDP 第十一届大会上待讨论的问题之一，这次大会将于 1974 年 9 月在布达佩斯举行 ［详细的通知，以及对每一待讨论问题的评论，见 RintDP 47 (1971) 292 ss.］，此前已经在弗莱堡就该主题举办过一次准备性质的讨论会（1973 年 10 月）。这也是一个能够说明在应然法层面对此事宜进行讨论的原因。

2. 在此方面，第一个要作出决定的问题，是一个具有修饰性的问题，即到底是应当维持依附程序这一概念本身，还是应当提倡一种使由某一违法行为产生的民事诉讼完全依赖于与之相关的刑事诉讼程序的制度。

对于这一点，我们没有什么疑问，可以大胆地回答，依附程序这一基本思想有充分的理由在将来获得维持。[38] 反对这种观点的理由五花八门：有人认为，两种诉讼程序的标的在性质上是不同的；有人认为，在这两种诉讼程序中所应遵循的程序性原则是不同的；有人指出，嫌犯可能被施加了提出针对自己的证据的任务，这在某种程度上损害了对其的保障；有人反对的理由是在接合上诉中存在的困难；最后还有人指出，存在一些为被害人的个人利益而推进的刑事诉讼程序，而被害人更关注的是损害赔偿，而非对违法者的刑事处罚。

但是，所有这些论据在笔者看来都不能解决问题，而且，甚至其中只有极个别的论据在笔者看来是言之有理的。民事诉讼程序标的的不同性质完全不妨碍在刑事诉讼程序中对之进行处理，当然笔者也心甘情愿地承认，确实有可能因此而在此事宜上引入比刑事诉讼程序中的证明原则更模糊的证明原则；至于可能损害对嫌犯的保障，这是完全错误的，原因如前所述，[39] 嫌犯从来没有自证其罪或以任何方式促进对其的定罪的义务；上诉方面的困难确实存在，但这是一个关乎依附程序的具体结构设置的问题，与在原则上接受依附程序并不冲突；最后，关于刑事诉讼程序的推进，我们知道，针对公罪的刑事诉讼程序的推进具有官方性和公共性，但足以在其合理限度内将严格私人的利益包含进来。

但须注意的是，这并不意味着，考虑到所指出的一些困难，不应或至少不能将由某些违法行为导致的损害赔偿自始排除于依附程序的范畴之外，例如，对某些违法行为应当由特别的审判机关审理，甚至只能由专门的审判机关审理，显然即属此情况（对未成年人的审判权、军事审判权等）。[40]

在这些限制下，依附程序可以而且应当在将来的法律中继续有效，甚

---

[38]　关于对这一问题的细致的思考，见 A. SCHÖNKE, cit. 145 ss.。

[39]　参见本书前文第十三节 Ⅲ 3 c）与4。

[40]　在"简易诉讼程序"中，讨论的是小的犯罪，或者更准确地说，是重要性较低的违法行为，那么该程序亦属上述情况吗？从单纯的程序法内部的视角来看，可以认为答案是肯定的，因为依附程序必然具有的复杂性似乎过度了，且与简易刑事诉讼程序的简单不相协调。但从诉讼政策的角度看，尤其考虑到可以从依附程序中所期待的以及在下文中将会提到的一些社会层面上的好处，这种做法是十分有争议的。

至可能比起现行法而言，更有动力、更有理由在将来法中存在。要证明这一论断，首先值得一提的是，显然，它符合某种传统以及某种在社会中已经具备一定根基的法律意识。但尤其具有说服力的论据是，依附程序毫无疑问有助于实现刑罚的报复和预防目的，而且也因此而有助于实现刑事诉讼程序本身的目的——包括鼓励（这一点正变得越来越重要）私人在打击犯罪中提供协助。最后但并非最不重要的是，依附程序可能具有某些程序上的好处，例如排除了相矛盾的审判，而且它毫无疑问是符合诉讼经济原则的。

但对于葡萄牙而言，依附制度的最大的优势在于，它使受害人要求损害赔偿的权利能够更快捷、更便宜和更有效地实现，这使之成为在我们的时代中、在任何一个社会化的法治国家都不可或缺的一项制度。毫无疑问，如果没有依附制度，正是那些在经济和社会上所获保障较少的社群成员，更加不敢提起损害赔偿的民事诉讼（即使可能存在完善的司法援助亦然），当被控者为有钱有势之人时尤其如此——在这样的诉讼中，原告承担着完全的风险，而这也是所有民事诉讼的固有特征！用比较容易接受的话说，依附制度的确立，有助于改善对立各方的力量在经济和社会上的不均衡，因此也有助于确保对许多刑事违法行为受害人的真正的和有效的保护。

3. 在确认了依附制度应当继续获得接受——包括在未来法的层面——以后，现在有必要确定的是，在该制度中应当遵循哪些基本原则。我们看到，对这样的一个制度，事实上还有空间进行大量的塑造。那么，哪种塑造/描绘是从未来法律改革的角度（de lege ferenda）所应被接受的呢？[41]

a) 一种论点认为，刑事诉讼程序中所裁定的弥补是公力刑罚的一部分，我们就是以此来解释葡萄牙的现行法的，但笔者对于能否在未来法律改革的角度（de lege ferenda）上接受这一论点则有十足的怀疑；要注意的是，这并不是因为笔者质疑在一个民事诉讼与刑事诉讼程序之间关系的协调制度之内将此弥补理解为定罪的刑事上的效力的可能性，而是因为这样的一种理解在笔者看来并不是刑事诉讼政策的纯粹视角上最可取的。事实上，作为一种刑事弥补，正如我们之前所指明的，它在任何案件中/情况下都不得妨碍之后提起标的与在刑事诉讼程序中所提出的请求相同的民事诉讼——否则就是不正当地和莫名其妙地削弱了受害人的民事法律权利。只是，如果并不总是阻止提起之后的民事诉讼，则法律制度将丧失依附所具

41　关于这一问题的详细阐述，亦见 A. Schönke, cit. 153 ss. 。

有的一些最显著的优势（诉讼更经济、快捷、简便），归根结底所凭借的名义，在我们看来仍然是官方保护受害人权利中的一种多余和夸张。

当然，对于这一我们在应然法的层面进行批评的观念，仍然有一些支持它的观点继续存在着。

一种观点是基于对受害人（lesado）其人的更周到的关切，即保护犯罪中的受害人（vítima）[42] 的思想，该思想本身即可证明，不经请求即裁定弥补是正当的，弥补的裁定可不取决于民法意义上的损害的确认，且在裁定弥补的数额时所采纳的标准并不必然要与民法上的标准相一致。简而言之——除了从刑事政策的角度看，这一无限制地保护的思想可能导致不公正的结果外，尤其重要的是，在保护受害人的托词下，实际上是赋予其一种不公平的"奖励"[43] ——前面所提出的反对观点在此处仍然继续完全适用。

另一种支持观点可以在现在的一种思想中找寻，即刑罚本身应当拥有一个特别针对被害人的目的：仅当所受到的损害获得弥补时，才真正可说犯罪的害处受到了报复，不法分子为其错误付出了代价。[44] 只不过，绝对不能因为这一关于刑罚的概念而认为该损害赔偿是刑罚的一部分，而是应当十分肯定地将之视为纯粹的民事损害赔偿——与此紧密联系的思想是在对此进行裁决时要在一定程度上顾及官方机构。

---

42 自晚近以来，甚至有一些思潮引起学界更加关切地考虑受害人的处境，甚至在研究犯罪人的科学（狭义上的犯罪学）以外又产生了一门专门致力于研究被害人的科学：被害人学（vitimologia）。这一思想是基于 HENTIG, *The criminal and his victim* （1948）397 ss. 中所首次提出的观点，之后由 B. MENDELSSOHN, *La victimologia-science actuelle* 和 P. CORNIL, *Contribution de la 《victimologia》 aux sciences criminologiques* 中也对此观点进行了思考，二者均载于 RDPCrim 1959/619 e 587。此外还可参见 S. VERSELE, *Appunti di diritto e di criminologia con riguardo alle 《vittime》 dei delitti*, ScPos 1962/593；F. PAASCH, *Problèmes fondamentaux et situation de la victimologie*, RintDP 38 （1967）121；G. de FARRO, Ⅱ *sogetto passivo del reatto nell' aspetto criminologico. La cosi detta 《vittimologia》*, ScPos 1970/228；U. EISENBERG, *Zum Opferbereich in der Kriminologie*, GA 1971/168。尤其与我们文中所阐述的内容相关的，见 Marvin WOLFGANG, *La compensazione alle vittime di violenze alla persona*, ScPos 1964/434 以及 Bruce JACOB, *Reparation or restitution by the criminal offender to his victim*：applicability of an ancient concept in the modern correctional process, J. of CL, Crim & PS 61 （1970）152 中的研究。

43 想想那些被害人中所提出的案例，被害人在某种程度上亦须为发生在其身上的事情负一定责任。参见 P. CORNIL, RDPCrim 1959/590, G. de BOCK, *Justice et publicité*, RDPCrim 1960/57 ss. 以及与我们的问题最相关的，R. VOUIN, *L'exercice de l'action civile en cas de participation de la victime à l'infraction*, RScCrim 1954/239。

44 与这一思考相同的观点，见 Eb. SCHMIDT, *Strafzweck und Strafzumessung in einem künftigen Strafgesetzbuch*, Materialen zur Strafrechtsreform Ⅰ （1954）16 及 H. KUEHLER, Z 71 （1959）625，629。

最后要注意的是，将此弥补视为纯粹的民事损害赔偿的思想体现在《Eduardo Correia 草案》第 106 条和对该草案的第一次部级修订的第 12 条中；而正如从前文的阐述中所能得出的结论，对于在因某一犯罪而产生的纯粹的民事责任中引入的修改，如果只有那些来自刑法范畴的修改才能够获理解，则必须将那些规定理解为拒绝赋予刑事诉讼程序中裁定的弥补以刑罚的特征。

根据葡萄牙实定法赋予该弥补以刑事性质所依赖的基础，在应然法层面却被拒绝，但并不因此而必须否定该弥补对刑罚的辅助功能；真正必须要做的是，总是将该弥补视为刑罚的外部，因此化约为其民事损害赔偿的纯粹结构。

b）于是我们会说，正是替换或选择的制度最好地适应于依附思想中所包含的诉讼政策意图？笔者相信，根据直到目前我们所论述的一切，没有理由阻碍我们继续坚持民事诉讼依赖于刑事诉讼程序的原则，将此作为一般原则，以及由此而产生的，受害人必须在刑事诉讼程序中提出其民事请求的强制性。[45] 关键点仅在于，一方面，赋予该制度以远比在现行法中更大的灵活性，另一方面，在建立依附程序的具体构造时，在任何时刻都要尽可能地不忘记在刑事诉讼程序中所讨论的对象的民事特征。

上述更大的灵活性的实现，首先应当通过向在刑事诉讼程序中提出民事请求的强制性的一般原则引入更大数量和范围更广的例外。在此原则之外，事实上，因刑事违法行为而产生的民事请求应当可以分开提出，即在民事法庭提出，除葡萄牙现行法已经在《刑事诉讼法典》第 30 条中确认的情况外，在以下情况下也是如此：1）在刑事诉讼程序中提出控诉之时还没有损害，损害未被发现，或其范围还没有那么大；[46] 2）当民事请求针对嫌犯以及仅负有民事责任之其他人主张时（类似我们已经讨论过的在《道路法典》第 67 条所规定的情况中所可能发生的），或只针对仅负有民事责任之人，而嫌犯被召唤应诉；[47] 3）当刑事诉讼程序是在特别的法庭进行时

45　反对的观点见 A. SCHÖNKE，cit. 155 s. 。

46　Vaz SERRA，BMJ 91/200 中所提出的第 6 条第 1 款中也指出了相同的意思。将此情况作为一种例外的原因显然在于，如果不将此作为例外，则依附的强制性将导致受害人的民事权利受到不可容忍的损害。

47　Vaz SERRA，BMJ 91/200 中所提出的第 6 条第 2 款也基本上提出了这一意思。事实上，能够给葡萄牙的现行法带来严重不便的，并不是《道路法典》第 67 条中所确立的制度，而更多的是该制度与在刑事诉讼程序中提出民事请求的强制性之间的联系。

（除非人们认为，在该等情况下，[48] 在民事诉讼与刑事诉讼程序之间建立起完全的依赖关系是更好的解决办法）；4）当民事请求的金额超出了独任法官的权限范围，而有关刑事诉讼程序通过独任法官审理（同样，除非人们倾向于选择依赖制度这一解决办法）；[49] 以及最后，当刑事判决中没有就在刑事诉讼程序中提出的民事请求作出裁判时。

此外，最后的这一情况还将我们带入了另一些考虑，它们能够使我们从民事诉讼依赖于刑事诉讼程序这一制度中期待实现更多的好处。如前所述，根据葡萄牙现行法，仅当刑事诉讼程序的停止已经超过了一定的时间，或当刑事诉讼程序已被归档，又或被告被判无罪时，刑事法官方不裁定补救。但是，不容置疑的——而在此处曾经找寻过针对所有和任何依附程序的主要论据，正如曾经将该制度在实践中的破产归因于这种情况，即使是在那些确立有替换或选择原则的法律体制中亦然[50]——是，在很多时候，或者由于欠缺刑事诉讼程序中关于损害赔偿问题的足够要素，或者更多的是因为由刑事法官审理民事问题可能导致刑事诉讼程序异常复杂和耗时，结果使依附变得非常不利。

因此我们毫不迟疑地认为，未来法应当允许，刑事法庭依职权或者应受害人或嫌犯在第一审判决作出前提出的申请，考虑到上述裁判要素的欠缺、复杂性或耗时性，不对民事请求进行审理，而是让利害关系人诉诸民事法庭；[51] 同样还应当允许的是——这在一定程度上已经存在于现行法中：见《刑事诉讼法典》第34条第3款——刑事法庭考虑到证据不足而无法定出损害赔偿，从而命令在执行判决时才对损害赔偿进行清算，在此情况下，

48　正如笔者在前文所灌输的，见前文2以及注释40。

49　事实上，仅仅因为导致损害赔偿产生的事实是一刑事违法行为，就使独任刑事法官有权限就原本只有合议庭才有权限审理的损害赔偿作出裁定，这仍然是令人震惊的。

50　指出这一情况的主要是德国学者，他们指出，依附程序在实践中的破产几乎是彻底的。参见 H.－H. JESCHECK，JZ 1958/591 ss. 及 K. PETERS § 68 Ⅲ。于是，在德国法中，在刑事诉讼程序中所提出的民事请求具有民事法律特征，是不容置疑的。真正的问题在于，具体地、无歧义地确定损害有多大是有困难的，而如果不确定损害，刑事诉讼程序的正常进行则将受到很大的损害。这一情况使被害人在本来可以在刑事诉讼程序中提出民事请求时选择逃避。正是因为此，而且为了维护依附程序在实践中的效用，笔者倾向于使用民事请求必须依赖于刑事程序这一观点来提出该制度，而不使用替代的思想。但是显然，必要为上述困难设置一道安全阀，而这道安全阀只能是，在特定的情况和条件下，允许刑事法官拒绝对损害赔偿作出裁定，而令利害关系人诉诸民事诉讼程序——这已经为德国法所采纳，但在葡萄牙正被大力推动。

51　与所主张的观点类似的观点，见 Vaz SERRA，BMJ 91/199 s. 中所提出的第5条。

清算和执行须在民事法庭中进行，而刑事判决则作为执行名义。

c）最后也是笔者认为最重要的，而且涉及应当主导着未来的依附程序的基本原则的一点是，对刑事诉讼程序中所裁定的弥补的社会特征的强调。这种强调是如何表现的呢？

以笔者之见，其决定性的作用在于，有观点认为，检察院在刑事诉讼程序中不仅应当提出与其负责亲自代理的受害人有关的民事请求，而且应当提出一切以及任何与明确请求检察院这样做的受害人有关的民事请求——尽管一旦转由律师在诉讼程序中代理有关受害人，检察院以此身份在程序中的参与即告终止。为使这一理论——即检察院作为公共实体，向在经济和社会上处于较不利地位的受害人提供一种真正的援助——具有实际效用，应当要求，不论检察院还是向其提供辅助的警察机构，都必须通知任何有权被听取的受害人，有在刑事诉讼程序中主张民事请求的权利，且为行使此权利而有权被检察院代表。

4. 最后，关于未来法中的依附程序的具体构造，显然在此处对此问题的各个方面进行完整的阐述是过度的。因此，我们将仅限于干脆、简洁地着重提及那些在笔者看来最为重要的观点，而这些观点的依据则几乎全部是从我们之前关于这一话题的阐述中得出的。

a）依附于刑事诉讼程序的民事诉讼的标的应当可以是一个民事请求，而该请求既可以是损害赔偿请求，也可以是任何其他财产性质的请求（主要是返还请求），只要该请求是因某一刑事违法行为而产生的。

b）有正当性在刑事诉讼程序中提出民事请求之人，应当包括全部以及任何根据民法和民事诉讼法中的可适用的原则而拥有所被侵犯的权利之人——甚至包括那些并没有成为甚至也不能成为刑事诉讼程序中的辅助人之人。但显然，如果不是辅助人，则他们不应在专门的刑事事宜上有任何种类的参与——因此他们的诉讼活动将严格限于民事诉讼。

c）刑事法庭绝对不能就没有被请求的任何损害赔偿作出裁定。[52] 然而，民事请求一经提出，法官应当依职权调查由有关违法行为导致的损害，以及就该请求作出裁判所需的全部重要情况。当然，受害人应当可以在任何时候放弃实现其民事请求。

至于与民事请求有关的证据，提供这些证据的期间应当与刑事案件中

52　不同的观点，见 Vaz SERRA，BMJ 91/197 中所提出的第 1 条第 4 款。

提供证据的期间相同。关于证人，正如葡萄牙现行法，即《刑事诉讼法典》第 32 条及第 3 款中所规定的，除了刑事案件的证人外，每位申请人或每位应负责任之人不应当被允许提供三名以上的证人。但是——为了缓和这样一个原则的刚性，因为有些实务工作者认为，这种刚性是导致依附程序目前在葡萄牙运作糟糕的其中一个原因——应当使法庭在条件允许的情况下，能够许可像在民事诉讼程序中所允许出庭的那么多证人出庭。[53]

通过将民事诉讼程序原则与刑事诉讼程序原则混合，使它们同时适用于民事诉讼中——但在此间，民事诉讼程序的基本原则不能有任何的废弃——人们将尝试使民事请求获得公正的评价，同时将尽可能地减轻因在刑事诉讼程序中进行民事诉讼而不可避免地导致的错综复杂。

d）评估因刑事违法行为而产生的民事请求的实体标准由民法规范。于是，相应地，就民事请求作出审理的定罪刑事裁判，在与法律规定民事判决确定的条件完全相同的条件下，构成裁判已确定的案件。[54] 但是，当依照法律，可以在刑事诉讼程序以外单独提出民事请求，但刑事诉讼程序正在进行时，则民事法官应当停止对该民事请求的审理，直到在刑事诉讼程序中作出确定裁判。这一原则，即民事部分要等待刑事部分的结果（le criminel tient le civil en l'état）的原则，在一些全部或者部分地确立了替换或选择制度的法律体制中获得了承认和接受，且这是有据可依的。[55]

e）最后应当概括地阐述受害人在刑事诉讼程序中要求因可归责于嫌犯的事实而仅须负民事责任之人作出损害赔偿的可能性——因《道路法典》中的规定，这种可能性如今在葡萄牙存在着——该等须负责任之人可自愿参加针对该嫌犯提起的刑事诉讼程序。同样，当在刑事法庭中审理损害赔偿的问题，而嫌犯声明欲召唤仅须负民事责任之人应诉时，不应因此事实而终止该刑事法庭审理损害赔偿事宜的权限。[56]

5. 根据上述对依附程序的结构和含义的阐述，笔者相信，该程序未来

53　相同的观点，见 Vaz Serra，BMJ 91/202 中所提出的第 7 条第 6 款。

54　这些相同的条件，见 Vaz Serra，BMJ 91/197 e 202 s. 中所提出的第 1 条、第 3 条和第 8 条。

55　在法国和意大利即是如此，但德国的做法则相反，德国并不承认这一原则——甚至正如 H. – H. Jescheck，JZ 1958/593 中所言（还可参见 Vaz Serra，BMJ 91/153 s. e 177 em nota e Figueiredo Dias，cit. 12 s.），这是德国法与法国法在该问题上的最明显的差异。在此背景下的探讨还可参见 Chavanne，*Les effets du procès pénal sur le procès engagé devant le tribunal civil*，RScCrim 1954/239。

56　类似的观点见 Vaz Serra，BMJ 91/200 s. 中所提出的第 6 条第 2 款、第 3 款和第 4 款。

将可葡萄牙发挥重要作用，且在刑法所旨在实现的镇压和预防的功能之内。但是，尽管我们一再强调表明强化依附程序具有正当性的社会功能，但在一个真正的社会化的法治国家中，如果向犯罪的受害人进行损害赔偿的全部问题不被同时在另一视角下考虑，则笔者也不十分笃定该程序的存续。而如果在此处做到了这一点，则我们认为就在未来法的层面上分辨出了真正的实质。

对此，我们想提出的一种观点认为，在刑事诉讼程序中对受害人民事权利的捍卫，必须被视为公共任务[57]——据此，即使不意味着须将所裁定的弥补视为定罪的刑事效果，也意味着国家应当落实一系列其他的实体和程序措施，因为针对犯罪和犯罪者采取措施以维护法律秩序和恢复公共安宁是国家的任务。

还有一个问题，虽然没有必要在此处深入探讨，但并不因此而失去其正确性，也就是说，既然社会须为动摇其基础的犯罪共同负责，那么也同样须为其成员因某一刑事违法行为而遭受的民事损害共同承担责任——但不影响国家事后向有关犯罪分子求偿。这种国家对刑事违法行为受害人的损害赔偿的共同负责，哪怕是暂时性的负责，可以表现为一种刑事政策手段，对便利犯罪分子重返社会（因为允许其重建经济地位，并享有一定的安宁）以及强化一般预防功能（因为犯罪分子与受害人之间的关系转而被视为一种由社会全体成员承担的责任）都有极高的价值。

《爱德华多·科雷亚草案》即遵循了这些考虑的路径，在其第 107 条中规定："但是，如果因为某一犯罪的效果而使某人遭受了损害，该人因此有获得损害赔偿的权利，而情况表明犯罪分子没有弥补该损害所需的财产，则法庭可应受害人的请求，以所引致的损害的数额为限，将变卖扣押物所得、价金或与有关利益相应、支付或转账予国家的价值等，以及行为人所被判处的罚金的金额，判给受害人……"同时，不难理解，该条唯一款又规定："当适用本条规定时，国家以其支付的金额为限，代位取得受害人的损害赔偿请求权。"

这一对一个极其重要的问题的进步的（虽然如今这一点的表现已经很微弱了）规范，似乎曾经被认为过于大胆和革新，因此在第一次部级修订

---

[57] 接下来阐述的问题，基本上对应于 H.–H. JESCHECK 对 AIDP 第十一届大会（见前注 37）上待讨论的第三个问题的评论，可见于 RintDP 42（1971）303 ss. 或 Z 84（1972）ss.。

的文本中就已经不再出现了。但也正是这样一个规范，假如立即落实在法律中，本来可以成为世界范围内的先驱——同样，如今已经完全无法将此规范视为一个大胆进取的规范，因为在过去数年间，国外很多国家已经在就有关问题进行立法和起草提案时引入了这样的规范。[58] 葡萄牙学者对于法律问题——尤其是刑事法律问题——的最开放的、最先进的观点，似乎总是有一种令人惋惜的命运，它们在后来国外的实践中被投票通过和超越，之后出现在（如果还会出现的话）一般的世界性的运动的尾部！

接受了由国家对犯罪中受害人的损害赔偿承担临时的共同责任的观点以后，则有必要设立一个特别公共基金，以确保该损害赔偿的实现。同样，也可以考虑在社会援助或社会保险的框架内落实这一损害赔偿。在此背景下，在对该制度进行具体构建时，有很多问题有待解决；我们之所以不在此处探讨这些问题，是因为它们明显超出了刑事诉讼程序所考虑的范畴。但是，如果不通过某种或另一种方式进行这一发展步骤，则可以肯定，能够从民事诉讼依附于刑事诉讼程序的诉讼制度中期待获得的最重要的一些好处将会落空。

58　属此情况的，例如法国（1951 年），比利时（1956 年），意大利（1969 年），新西兰（1963 年），英国（1964 年），美国的加利福尼亚州（1965 年）、纽约州（1966 年）、马萨诸塞州（1963 年）、马里兰州（1968 年）、内华达州（1969 年）和伊利诺伊州（1971 年），加拿大的萨斯喀彻温省（1966 年）和特拉诺瓦省（1968 年），澳大利亚的新南威尔士州（1967 年）和昆士兰州（1968 年），以及仍然处于法案讨论阶段的荷兰（1966 年）和联邦德国（1971 年）。参见 RintDP 42（1972）303。

参考文献

E. BELING, *Derecho processual penal*, trad. espanhola, 1943.

G. BETTIOL, *Instruções de direito e processo penal*, trad. portuguesa da 2.ᵃed. italiana, 1974.

K. BINDING, *Strafprozessrechtlichen Abhandlungen* Ⅱ (1915).

BOUZAT (PIGNATEL), *Traité de droit pénal et de criminologie*, Ⅱ (procédure pénale), 1963.

F. CARNELUTTI, *Principi del processo penale* (1960).

Eduardo CORREIA, *Processo Criminal* (lições, 1956).

Eduardo CORREIA, *Direito Criminal*, Ⅰ (1963), Ⅱ (1965), com a col. de Figueiredo Dias.

Eduardo CORREIA, *Caso julgado e poderes de cognição do juiz* (1948).

Cavaleiro de FERREIRA, *Curso de processo penal*, Ⅰ (1955), Ⅱ (1956), Ⅲ (1957).

G. FOSCHINI, *Sistema del diritto processuale penale*, 2.ᵃed., Ⅰ, Ⅱ (1965).

GOMES ORBANEJA-ERCE QUEMADA, *Derecho processal penal*, 6.ᵃed. (1968).

Maia GONÇALVES, *Código de processo penal anotado e comentado* (1972).

H. HENKEL, *Strafverfahrensrecht, ein Lehrbuch*, 2.ᵃed.（1968）.

KADISH-PAULSEN, *Criminal law and its process*（1969）.

KENNY-TURNER, *Outlines of criminal law*, 19.ᵃed.（1966）.

KERN-ROXIN, *Strafverfahrensrecht*, 11.ᵃed.（1972）.

G. LEONE, *Trattato di diritto processuale penale*, I, II, III（1961 – 5）.

V. MANZINI, *Trattato di diritto processuale penale italiano*, a cura di G. D. Pisapia, 6.ᵃed., I（1967）, II（1968）.

Caeiro da MATTA, *Apontamentos de processo criminal*, 2.ᵃed.（1914）actualizada por Cunha e Costa.

MERLE-VITU, *Traité de droit criminel*（1967）.

J. MOURISCA, *Código de processo penal*（anotado）, 4 vols.（1931 – 4）.

Castanheira NEVES, *Sumários de processo criminal*（1968）.

NAZARETH, *Elementos do processo criminal*（1879）.

M. NORONHA, *Curso de direito processual penal*（1964）.

L. OSÓRIO, *Comentário ao Código de processo penal português*, 6 vols.（1932 – 4）.

K. PETERS, *Strafprozess, Lehrbuch*, 2.ᵃed.（1966）.

H. ROEDER, *System des österreichischischen Strafverfahrensrechts*（1951）.

Beleza dos SANTOS, *Apontamentos do curso de processo penal. Código de processo penal*（lições col. por B. Pereira, 1931）.

Eb. SCHMIDT, *Deutsches Strafprozessrecht, ein Kolleg*（1967）.

Eb. SCHMIDT, *Lehrkommentar zur Strafprozessordnung und zum Gerichtsverfassungsgesetz*, I（2.ᵃed., 1967）, II（1966）.

Dias da SILVA, *Estudo sobre a responsabilidade civil conexa com a criminal*, 2 vols.（1886）.

STEFANI-LEVASSEUR, *Procédure pénale*, 7.ᵃed.（1973）.

O. VANINI, *Manuale di diritto processuale penale*, a cura di G. Cocciardi, 5.ᵃed.（1965）.

注：除此处所列举的参考文献外，还应关注每节所列出的专著。

缩略语

Ac.：Acórdão 合议庭裁判

AcP：Archiv für die civilistische Praxis《民法实务档案》

ADPCP：Anuario de derecho penal y ciencias penales《刑法与刑事科学年鉴》

AIDP：Association Internationale de Droit Pénal 国际刑法学会

AöR：Archiv des öffentliches Rechts《公法档案》

BFDC：Boletim da Faculdade de Direito da Universidade de Coimbra《科英布拉大学法学院学报》

BMJ：Boletim do Ministério da Justiça《司法部公报》

CA：Código Administrativo《行政法典》

CC：Código civil《民法典》

CCom：Código comercial《商法典》

ConstP：Constituição política《政治宪法》

CP：Código penal《刑法典》

CPC：Código de processo civil《民事诉讼法典》

CPP：Código de processo penal《刑事诉讼法典》

D：Decreto 令/命令/政令

DJT：Deutsche Juristentag 德国法学家大会

DL：Decreto-Lei 法令

DG：Diário do Governo《政府公报》

DGS：Direção-Geral de Segurança 安全总局

EdD：Enciclopedia del diritto《法律百科全书》

EJ：Estatuto Judiciário《司法章程》

Fests.（g）：Festschrift（Festgabe）纪念研究

GazT：Gazeta dos Tribunais《法院公报》

GNR：Guarda Nacional Republicana 葡萄牙国民警卫队

GS：Gerichtssaal 法庭

IGAE：Inspecção-Geral dos Abastecimentos Económicos 经济用品总监察署

J. of CL，Crim & PS：The journal of criminal law，criminology and police science《刑法学、犯罪学与警察科学杂志》

JRel：Jurisprudência das Relações《中级法院裁判汇编》

JuS：Juristiche Schulung《法学教育》

JZ：Juristenzeitung《法学家报》

L：Lei 法律

LR：Law Review 法律评论

MDR：Monatsschrift für deutsches recht《德国法月刊》

MKrim：Monatsschrift für Kriminalbiologie und Strafrechtsreform《犯罪学与刑法改革月刊》

MP：Ministério Público 检察院

NJW：Neuen Juristischen Wochenschrift《新法学周报》

NssRJ：Novíssima Reforma Judiciária《最新司法改革》

PIDE：Polícia Internacional de Defesa do Estado 国防暨国际警察

PJ：Polícia Judiciária 司法警察

PSP：Polícia de Segurança Pública 治安警察

RDAdm：Revista de direito administrativo《行政法评论》

RDES：Revista de Direito e de Estudos Sociais《法律与社会研究评论》

RDPCrim：Revue de droit pénal et de criminologie《刑法学与犯罪学评论》

RDProc：Rivista di diritto processuale《诉讼法评论》

REPen：Revista de estudios penitenciarios《监狱学评论》

RintDP：Revue Internationale de Droit Pénal《国际刑法评论》

RitalDP：Rivista italiana di diritto penale《意大利刑法评论》

RitalDPP：Rivista italiana di diritto e procedura penale《意大利刑法与刑事诉讼法评论》

RivP：Rivista Penale《刑事法评论》

RLJ：Revista de Legislação e de Jurisprudência《立法与司法见解评论》

ROAdv：Revista da Ordem dos Advogados《律师公会公报》

RPenDP：Revue pénitentiaire et de droit pénal《监狱学与刑法学评论》

RScCrim：Revue de science criminelle et de droit pénal comparé《犯罪学及比较刑法学刊》

RT：Revista dos Tribunais《法院评论》

SchwZ：Schweizerische Zeitschrift für Strafrecht/Revue pénale suisse《瑞士刑事法杂志》

ScIvr：Scientia Ivridica《法学》

ScPos：La Scuola positiva. Rivista di criminologia e diritto criminale《实证法学派：犯罪学与刑法学杂志》

STJ：Supremo Tribunal de Justiça 最高法院

SüddJZ：Süddeutsche Juristenzeitung《南德法学家报》

Z：Zeitschrift für die gesamte Strafrechtswissenschaft《整体刑法学杂志》

ZZP：Zeitschrift für Zivilprozess《民事诉讼杂志》

译后记

迪亚士教授是葡萄牙最负盛名的刑法学教授，在其担任葡萄牙刑法与刑事诉讼法立法改革委员会主席期间，葡萄牙制定了新的《刑事诉讼法典》（1987 年），并对《刑法典》进行了改革（1995 年），因此，在葡萄牙很多人将迪亚士教授称为"刑法典之父"。

迪亚士教授与我国澳门地区亦颇具渊源，为现行《澳门刑法典》与《澳门刑事诉讼法典》的起草者，并曾在澳门大学法学院授课，为澳门过渡期本地法律人才的培养作出了不可磨灭的贡献。迪亚士教授已有多部刑法学专著被译成中文并在澳门出版，包括澳门大学法学院 2014 年、2015 年出版的《刑法》教程，本书"作者简介"部分提及的由其所编著的《科英布拉刑法典评注 [1]》等。即将付梓的本书是迪亚士教授首部被翻译成中文的刑事诉讼法学专著，也是其首部在中国内地出版的专著。

不论是葡语原著还是中文译著，迪亚士教授的著作都有着极高的引用率，可以毫不夸张地说，在葡萄牙、中国澳门以及继受葡萄牙法的国家和地区，没有法律人不知晓迪亚士教授，每位法律人大概都曾经或者正在阅读和引用迪亚士教授的著作。

译者正是其中的一员。因此在本书编委会询问我是否愿意承接本书的翻译任务时，虽然深知翻译迪亚士教授的作品绝非易事，我还是毫不迟疑地答应了。翻译工作促使我一字一句地、反复地阅读大师的作品，使我有机会跟随大师的思维足迹去系统地思考一些基本的法律问题，这对我是一次极好的训练。

兴奋之余，我开始艰难地迎接挑战。还是那句话，翻译迪亚士教授的作品绝非易事，本书尤甚！

熟悉迪亚士教授文风的读者大概都会感叹其文笔之流畅，教授极擅用长句，从句套着从句，一个句子占数行甚至十余行、一整段简直司空见惯，尽显葡萄牙语如诗般的魅力和严谨的语法逻辑。这样的句子读起来朗朗上口、赏心悦目，但要转化成中文可就不容易了。一方面，译者尽力使译文符合中文表述习惯，另一方面，由于所面对的是迪亚士教授的作品，译者又想尽量保持原貌；当两相矛盾时，译者通常选择后者。

而与迪亚士教授比较晚近的其他著作相比，翻译本书的特殊困难表现在，本书的内容主要是对刑事诉讼法原则和精神的探索，而少有论及具体的程序步骤和程序的进行，也较少关注法条和案例，内容本身比较抽象，这对于一介后学的译者而言也是比较有难度的。

但也正是因为本书有这样的特点，这部问世于 1974 年的著作并没有因后来《葡萄牙刑事诉讼法典》的多次修订而成为基尔希曼所言之"废纸"，反倒作为一杆标尺，指引着后来几十年间历次法律改革的进行。说到此，有必要说明的一个问题是，本书作者原本打算再完成一部《刑事诉讼法》（第二卷），介绍刑事诉讼程序的具体进行，甚至在本书的脚注部分多次提到"见本书第二卷"，但据译者所知，该卷至今并未成形，对此，作者在本书"前言"部分说明了原因。

当然，强调翻译中遇到的困难并不是为了给译文中必然存在的纰漏开脱，译者想说明的是，囿于水平，译者在信、达、雅中只能竭尽全力确保了"信"，所以推荐本书最好的阅读方法是将葡语原文与中文译文对照着阅读，将译文作为参考，以辅助读者更好地理解原文。

这对于我国澳门的很多法律学生和法律工作者而言都是有条件做到的。本书对于澳门法律人而言是极具价值和意义的。由于众所周知的历史原因，澳门在很大程度上承袭了葡萄牙的法律制度，包括《刑法典》和《刑事诉讼法典》在内的多部主要法律也是以葡萄牙法学理论为基础制定的，唯有精读葡萄牙经典法学著作，才能透彻地理解澳门现行法律，不仅要知道现在的规定是什么，也要知道它们是如何产生和演进的，如此方能更好地完成将来可能进行的各项法律改革工作。

但本书的目标读者并不限于澳门法律人。本书中所探讨的问题绝非葡萄牙和澳门所特有,它们关乎全人类对刑事诉讼程序的目的、价值、原则、精神等的理解,以及该等理解的历史发展。在阅读本书的过程中读者会清楚地发现,作者不仅大量参考了法国、德国、意大利、西班牙等欧陆诸国的法律制度和法学理论,而且对英美法也表现出极大的兴趣。对国内学者而言,本书不仅对比较法研究极具意义,有助于大家了解葡萄牙和澳门的法学理论,而且相信本书中关于刑事诉讼法基本原则以及各诉讼主体法律地位和职能的讨论,对国内目前正在进行的司法改革也不无参考价值。希望译者的努力能够使这一价值发挥出来。也是出于这方面的考虑,对一些澳门已有的固定翻译方法但内地学者可能比较陌生的法律术语,译者采用澳门通行的翻译方法,但在译者注中简要地解释其含义。

在本书即将出版之际,我还想借此机会表达心中的一些敬意和谢意:感谢本丛书编委会,尤其是澳门大学法学院院长唐晓晴教授,他不仅是一名优秀的法律学者,为澳门的法制发展和法律交流作出了卓越的贡献,更是一位优秀的教育家,多年来致力于挖掘和培养潜在的法律研究人才,给年轻人机会,并用人不疑;感谢澳门大学法学院法律研究中心主任尹思哲教授及庄莉莉小姐,我只需专心于翻译,很多琐碎的事务都是由他们完成的,他们是本书的幕后英雄;感谢社会科学文献出版社的编辑,他们非常耐心地对全书进行反复编校,纠正了不少错误。要感谢的人还有很多,但由于时间关系,我无法逐一征询他们的同意,不能在此具名道谢,但他们的恩情我将永远铭记于心,亲友的支持也是我进步的最大动力。

最后要说明的是,在我接手本书的翻译工作之前,缴洁博士已经进行了大量的准备工作,但由于缴博士教学和科研任务繁重,始终没有具备完成翻译并出版的条件。我接手后,为保证质量,经与本书编委会商定,并征得缴博士同意,全书的每一句都由我重新翻译,对初稿的几次校对也由我独立完成。但鉴于缴博士在前期所作的工作,她理应作为第二译者,也感谢她对本书付出的努力!

译者学识尚浅,错漏之处在所难免,还请各位读者不吝批评指正。

马　哲

2018 年 11 月于澳门

图书在版编目（CIP）数据

刑事诉讼法. /（葡）乔治·德·菲格雷多·迪亚士著；
马哲，缴洁译. -- 北京：社会科学文献出版社，
2019.4
（澳门特别行政区法律丛书. 葡萄牙法律经典译丛）
ISBN 978 - 7 - 5201 - 4200 - 7

Ⅰ.①刑… Ⅱ.①乔… ②马… ③缴… Ⅲ.①刑事诉
讼法 - 研究 - 葡萄牙 Ⅳ.①D955.252

中国版本图书馆 CIP 数据核字（2019）第 014257 号

·澳门特别行政区法律丛书·葡萄牙法律经典译丛

刑事诉讼法

著　者／〔葡〕乔治·德·菲格雷多·迪亚士
译　者／马　哲　缴　洁

出 版 人／谢寿光
责任编辑／张　萍
文稿编辑／高欢欢

出　　版／社会科学文献出版社·当代世界出版分社（010）59367004
　　　　　　地址：北京市北三环中路甲 29 号院华龙大厦　邮编：100029
　　　　　　网址：www.ssap.com.cn
发　　行／市场营销中心（010）59367081　59367083
印　　装／三河市龙林印务有限公司

规　　格／开本：787mm × 1092mm　1/16
　　　　　　印张：24.25　字数：403 千字
版　　次／2019 年 4 月第 1 版　2019 年 4 月第 1 次印刷
书　　号／ISBN 978 - 7 - 5201 - 4200 - 7
著作权合同
登 记 号　／图字 01 - 2018 - 8525 号
定　　价／180.00 元